心理动力学派的
理论与实践

董 华 著

XINLI DONGLI XUEPAI DE
LILUN YU SHIJIAN

江西高校出版社
JIANGXI UNIVERSITIES AND COLLEGES PRESS

图书在版编目(ＣＩＰ)数据

心理动力学派的理论与实践/董华著. --南昌:江西
高校出版社,2023.1(2024.9重印)
ISBN 978－7－5762－3563－0

Ⅰ.①心⋯　Ⅱ.①董⋯　Ⅲ.①心理学　Ⅳ.①
B84

中国国家版本馆 CIP 数据核字(2023)第 006688 号

出 版 发 行	江西高校出版社	
社　　　址	江西省南昌市洪都北大道96号	
总编室电话	(0791)88504319	
销 售 电 话	(0791)88522516	
网　　　址	www.juacp.com	
印　　　刷	三河市京兰印务有限公司	
经　　　销	全国新华书店	
开　　　本	700mm×1000mm　1/16	
印　　　张	26	
字　　　数	400千字	
版　　　次	2023年1月第1版	
	2024年9月第2次印刷	
书　　　号	ISBN 978－7－5762－3563－0	
定　　　价	88.00元	

赣版权登字－07－2023－18

前　言

心理动力学,又名精神分析,是奥地利心理学家西格蒙德·弗洛伊德创立的现代西方心理学重要的学派之一。

1899 年,弗洛伊德发表《梦的解析》一书,标志着精神分析学派的创立,然而这部精神分析的经典之作仅仅首印了 600 本,而且花费了漫长的 8 年时间才销售完。1909 年,弗洛伊德应美国克拉克大学校长霍尔的邀请,参加克拉克大学 20 周年校庆,并做了系列演讲,精神分析开始被学术界初步接纳。20 世纪 50 年代后,由于精神病治疗药物的发展,作为心理治疗的理论,精神分析影响日渐式微,1993 年美国《时代》周刊甚至还发表了《弗洛伊德已经死去?》的封面报道。21世纪,随着科技的进一步发展,现代神经科学越来越有力地证明了精神分析理论的科学性:2004 年,《科学美国人》杂志上刊登了马克·索姆斯写的文章《弗洛伊德归来》;2006 年,美国《新闻周刊》做了《弗洛伊德并未死去》的封面报道,发表了《弗洛伊德就在我们身边》一文……

虽然精神分析有过短暂的不被接纳的时期,但是现代科学一再证明,精神分析在心理治疗和社会文化等方面的影响是不可替代的,正如中国精神分析泰斗车文博教授所说:"精神分析可以被超越,但永远无法被绕过。"

作为一名心理咨询师，你可以不把精神分析学派的理念作为自己的主导思想，但无论你是哪一个流派的心理咨询师，都不能不懂精神分析，否则在咨询的过程中，就会陷入盲人摸象、缘木求鱼的迷茫和错误中。不止心理咨询师，商业工作者、教育工作者、文艺工作者、社会工作者……可以说任何一个行业，只要是与人打交道，都离不开人的心理学，而精神分析就是一门解读人类心理的学问。

本书的内容分为三部分：

第一部分介绍大师的理论，目的是让读者知道精神分析理论不是某一个人的理论，也不是某一个分支流派的理论，而是一个经历了传承、批判与超越的系统发展过程的理论。无疑，作为精神分析学派的开山鼻祖，弗洛伊德的地位是无人能撼动的，但是弗洛伊德的理论并不等同于精神分析理论。弗洛伊德理论中的重要支柱，如本能驱力、俄狄浦斯情结、人格结构理论等，在现代精神分析思想中都已经受到质疑。如果把精神分析比作浩渺的大海，那么弗洛伊德的观点仅仅是汇成大海的第一滴水。后世蓬勃而出的个体心理学、分析心理学、自我心理学、人际关系心理学、客体关系心理学、自体心理学以及柯恩伯格、拉康的理论与弗洛伊德的经典精神分析一起构成了精神分析的海洋。

为了便于读者梳理各流派理论发展的脉络，在这一部分中，我把同一流派和与其相近流派的理论放在一起阐述，而不是根据理论提出的先后顺序介绍。在叙述的结构方面，因为弗洛伊德、荣格、阿德勒、霍妮，这些早期的精神分析学派（心理动力学派）的大师，他们理论的建立更多地受他们自身成长经历的影响，所以在叙述中，我把他们的理论与各自的成长背景放在一起阐述；而后世的自我心理学、客体关系心理学、自体心理学乃至拉康的结构主义精神分析的理论成果则更多地受经典精神分析的影响,所以在介绍这些心理学流派的时候,多采取与经典精神分析比较的方式。不过,这种比较仅仅是点到为止,重心是介绍所属流派的主要理论倾向和实践应用。另外,为了帮助读者了解不同流派的观点提出的时代背景,本书在最后补录了大师们生卒年代的排序。

第二部分为我对精神分析理论的理解和总结。这一部分更多地呈现我个人对精神分析理论的见解。支撑起这部分观点的骨骼是大师们的理论,流淌的血液则是众多案例给予我的启迪。因此,这一部分既是对大师理论的梳理,也是一名资深心理咨询师根据心理咨询的实践对精神分析理论的总结。

第三部分是心理治疗。自从精神分析诞生以来,大师们往往孜孜不倦地把专注点放在对理论的阐释上,在咨询的实践方面,则着墨甚少。本书立足于精神分析理论,结合自己的咨询实践,试着把个性化的、动态的心理治疗程序化。当然,这种所谓的程序化,就像一年有春夏秋冬、古诗有起承转合一样,仅仅是一个笼统的结构模式。正如有生命力的诗歌永远不是僵化的模式,有效的心理咨询也永远离不开治疗的个性化和动态化。因此,这里的程序化仅仅是一些对咨询思路的启发,目的是从实践的角度解读精神分析理论。

本书的亮点在于精神分析理论的系统化和深入浅出地阐释复杂深刻的理论。

精神分析理论博大精深,现在市场上有关精神分析的书籍,大多只对某一个流派不厌其烦地讲解,很少对整个精神分析理论进行系统化的梳理,这样难免会让读者产生只见树木不见森林的认知。因此,在构思这部书的时候,我试图从整合的角度去分析各流派的思想,使之趋向系统化。

另外,因为精神分析理论来自西方,所以国内流传的精神分析书籍,大多是从国外翻译过来的,由于东西方语言习惯的差异和翻译的出入,读起来往往佶屈聱牙,有些语句甚至让读者百思不得其解。在创作这部书的时候,我把阅读的对象定位于心理咨询师和心理学爱好者,尽可能地用简洁流畅的语言来叙述深刻的精神分析理论。

这部书可以让你得到的收益:

心理咨询师读完这部书,能对精神分析理论有一个系统的了解,进而对各类心理问题的发病机理及治疗思路了然于胸。

心理学爱好者读过这部书,会不自觉地融入书中的内容,并以精神分析的理论和思维来解读自己、别人和生活中的事情,对婚恋情感、亲子教育、婆媳矛盾、职场压力、危机应对等生活中的问题以及恐惧、抑郁、焦虑、强迫等心理问题有更为深入的了解。

一些受心理问题折磨的患者,读了这部书,能够觉知内心痛苦的原因;一旦觉知心理问题形成的原因,也就自然知道自我调理的方法。另外,"觉知"本身就是一种治疗方法,因为觉知了,也就"潜意识意识化"了,疗愈也就自然发生了。

最后,还有两点需要向各位读者解释一下。其一,这部书最初的名字为"走进精神分析",一些业内朋友认为书名最好再直观、通俗些,几经思考,才有了现在的名字。虽然"精神分析学派"和"心理动力学派"两词表达的内涵是一致的,但是为了避免叙述和理解的混乱,本书中凡涉及"心理动力学"和"精神分析"概念的时候,均称之为"精神分析"。其二,为更符合国内读者的阅读习惯,本书把"3 岁到 6 岁"的孩子称为"幼儿",把"0 岁到 3 岁"的孩子称为"婴儿";本书引用的国外文献中的"幼儿"概念指"0 岁到 6 岁"的孩子,与本书中的"婴幼儿"概念内涵相同。

精神分析博大精深,本书仅为一家之言,如果能有机会得到专家的批评指正,将不胜感激。

目 录 CONTENTS

第一部分

大师的理论

西格蒙德·弗洛伊德　荣格　阿德勒　霍妮

安娜·弗洛伊德　哈特曼　斯皮茨　马勒　雅各布森　埃里克森

科胡特

沙利文　克莱因　比昂　费尔贝恩　温尼科特

柯恩伯格

拉康

第一章　西格蒙德·弗洛伊德和经典精神分析

第一节　从生理的性到心理的性

科学离不开假设,正如牛顿为了解释天体之间相互围绕的运动,提出了万有引力假设;爱因斯坦为解决狭义相对论与质能方程,提出了一切匀速直线运动或者静止的坐标系下物理定律都一样的假设。对于生命种族的存在,我们不妨也做一个假设:如果要设计一种生物,它必须在地球上能持续地活下去,并拥有最高的生存权利,那么这种生物需要有什么能力?

毫无疑问,我们能罗列出很多的能力,比如吃饭的能力、抵抗疾病的能力、和其他种族的交往能力、生育的能力等等,不一而论。不过,如果再筛选一下,我们就会发现,在这么多能力之中,生存能力和与性有关的种族繁殖能力无疑是最重要的。那么,就生存能力和种族繁殖能力而言,哪一个更重要呢?

南美洲热带沙漠中的昙花,为了繁殖,把生命浓缩到夜间。

蜉蝣早上出生,完成了交配,晚上就死了,留下了"朝生暮死"的成语。

黑蜘蛛之所以被称为"黑寡妇",就是因为它的雄性配偶完成了交配工作之后献出了自己的生命。

公螳螂洞房结束之后,就被母螳螂吃掉,把生命的全部归结为交配。

这样看来,对动植物而言,繁殖就好像成了生命的第一要素。那么,人呢?

自从诞生之日起,人类就开始了对繁殖的好奇和思索:人是怎么产生的?生命的意义是什么? 正是在这种思索下,才有了亚当和夏娃偷吃禁果的神话故事,才有了希腊原始宗教崇拜自然物和自然神灵尤其崇拜繁殖神的行为,才有了孟子"食、色,性也"的观点。由此可见,繁殖自古以来就是生命关注的焦点。

再看当代人的审美,男人眼里的美女是前凸后翘:前凸,意味着乳汁充足;后翘,意味着臀部有力量。这样看来,男人眼中的前凸后翘的 S 形曲线体型,是与繁殖有关系的。女人心仪的男人,则是肌肉发达、孔武有力,这也是生殖能力的保证。正因为如此,才有人说:其实我们眼中的美丽归根结底还是和繁殖有关;基因就是这样,为了让自己传承下去,它会在方方面面控制我们的思想和行为。

在漫长的历史进程中,繁殖无时无刻不在,也无时无刻不影响着人们的心理和行为。然而,由于社会价值观的影响,与繁殖有关的性一直在人类面前以"只能做,不能说"的状态心照不宣地存在。直到19世纪末20世纪初奥地利著名心理学家西格蒙德·弗洛伊德精神分析学说诞生后,性才逐步揭开了蒙在它头上的神秘面纱,款款走进人们的视野,让人们了解性在心理意义上的价值。

弗洛伊德在他的理论中,提出了性本能理论,认为性作为一种生的本能,是推动个体行为的内在动力。无疑,弗洛伊德的精神分析理论,特别是关于性本能的见解,影响了甚至颠覆了那个时代的思想:在弗洛伊德时代之前,人们认为自己是神的子女,与其他生物界限分明;而弗洛伊德性驱力理论指出了"野性对我们的呼唤、在我们薄薄的文明举止行为外壳之下隐藏的原始冲动和幻想"①。

第二节 从弗洛伊德到经典精神分析

一、早年成长经历

西格蒙德·弗洛伊德,1856年出生于奥地利,父母都是犹太人,母亲比父亲小20岁,有两个同父异母的哥哥、五个妹妹和一个弟弟。

弗洛伊德3岁时,6个月的弟弟去世。弟弟的去世使弗洛伊德很内疚。因为有了弟弟后,妈妈把更多的爱放在弟弟身上,弗洛伊德感到弟弟夺走了妈妈对自己的爱,对弟弟有很多不满。弟弟去世的时候,弗洛伊德认为是自己对弟弟的憎恶夺走了弟弟的生命。后来,弗洛伊德通过自我分析才化解了这段心结,从负罪感的阴影中走出来。

1859年,父亲在摩拉维亚经营的毛纺厂破产。1860年,4岁的弗洛伊德随父母迁居到维也纳。在童年和少年阶段,弗洛伊德对父亲的感情很复杂:一方面认为父亲心胸开阔,很喜欢父亲;另一方面在内心深处又潜藏着对父亲的蔑

---

① 米切尔,布莱克.弗洛伊德及其后继者:现代精神分析思想史[M].陈祉妍,黄峥,沈东郁,译.北京:商务印书馆,2007:166.

视和怨恨，因为当时犹太人在欧洲是受人欺负的，而父亲对于这种现象逆来顺受，这让童年的弗洛伊德感受不到父亲的权威和力量。

25岁时，弗洛伊德从维也纳医科大学毕业，进入维也纳综合医院工作，从神经学角度开展对精神障碍的研究。

二、发现潜意识

在弗洛伊德26岁到28岁期间（1882—1884），他遇见了自己人生中的重要人物——布洛伊尔博士，并合著了《癔症研究》（发表于1895年）一书。布洛伊尔关于安娜·欧的案例，给了弗洛伊德很大的启迪：通过谈话法，释放自己压抑的情绪，就能化解癔症。

安娜·欧21岁，出生于中产阶层家庭，美丽、聪明。她在护理患病的父亲时，突然对喝水感到恐惧，6周不能喝水，只能靠吃水果补充水分。

在催眠放松的状态下，她突然说出这样一件早已忘记的事情：童年时，她走进自己不喜欢的女佣的房间，看到家里的狗正在舔食杯子里的水；后来女佣拿起被狗舔过的水杯，把里面剩下的水喝了。她感到恶心，但是出于礼貌，什么都没有说，并忘记了这件事。让人不可思议的是，安娜·欧说出这段记忆后，就拿起桌子上的水杯，喝了很多水，从此再也不恐惧喝水了。①

后来，弗洛伊德29岁的时候，得到了一个留学法国的机会，在法国，弗洛伊德师从当时著名的神经科医生、现代神经病学创始人沙可。有一次，沙可教授对自己的学生演示了精湛的催眠术。在催眠中，被催眠者很快就出现了幻觉、意识丧失、肌肉僵直等状态。沙可的催眠术让弗洛伊德感到很震惊；另外，沙可关于癔症由体质弱化导致的观点，也启迪了弗洛伊德对精神疾病的认识：精神疾病由心理原因所致。

1886年，弗洛伊德的诊所开业。治疗时，弗洛伊德主要运用催眠技术来疗愈患者。其间，弗洛伊德接触了很多患者。其中埃米夫人的案例，让他有很大感触：

埃米夫人40岁，是一个癔症患者，生长在一个富有的家庭，23岁结婚。丈

---

① 李武石.寻找弗洛伊德:精神分析理论与经典案例[M].李光哲,李东根,杨华瑜,译.修订本.北京:科学出版社,2014:9.
本书对此处文献做了叙述性整理。

夫是显赫的实业家,比她大很多,婚后不久死于中风。这之后的 14 年中,埃米夫人一直为各种病痛所苦,她频繁到各地旅游,接受过电疗、水疗等。她有两个女儿,分别是 14 岁和 16 岁,都患有神经过敏,埃米夫人把孩子的问题都归因于自己(认为是自己的疾病造成的)。几个月前,埃米夫人病情加重,有抑郁、失眠、疼痛等症状,被推荐到弗洛伊德处就诊。①

开始,弗洛伊德想通过催眠以直接暗示的方式让其症状消失,但并未奏效。这时候,弗洛伊德意识到,只有找到诱发埃米夫人恐惧发作的根本原因,才能为她消灾祛病。然而在清醒的意识状态中,表层的原因可能得以揭露,但是深层的、起主宰作用的原因却无从知晓和觉察。鉴于此,弗洛伊德便借助于催眠对话的方式来寻求埃米夫人的致病缘由。

这一方法果然灵验。如同层层剥笋,患者将她童年历次受惊吓的经历毫无保留地吐露出来。弗洛伊德还观察到,她每谈到一件往事,都要打一个寒战,面部和全身的肌肉也会抽搐几下。最终弗洛伊德用这种方式治愈了埃米夫人。

能够治愈埃米夫人,让弗洛伊德非常高兴。不过,让弗洛伊德更为兴奋的是在治疗埃米夫人时,他发现在埃米夫人的心灵深处有两个自我:一个是害得她得了精神病的、反常的、次要的自我;另一个是正常的、主要的自我。用她自己的话来说,她是"一个镇定自若、目光敏锐的观察家"②,坐在大脑的角落里,冷眼观察另一个自我的一切疯狂行为。由此可见,埃米夫人有两种截然不同的状态:一种是公开的(即意识状态),一种是隐藏的(即无意识状态)。这种发现,让弗洛伊德欣喜若狂,就像哥伦布发现新大陆一样。弗洛伊德自豪地声称:"我观察到了这两种意识状态的完整的活动过程,现在对这股'第二势力'(即无意识)的工作方式已有了清楚的认识。我已经瞥见了一个还没有人知道、没有人勘探过的新大陆,一个具有极其重要的科学研究价值的领域。"③

这样,弗洛伊德发现了潜意识的存在,形成了心理地形图理论:把心灵划分为三个不同的区域,分别为潜意识、前意识和意识。潜意识是意识不到的想法

---

① 弗洛伊德,车文博. 弗洛伊德文集:卷 1　癔症研究 [M]. 北京:九州出版社,2014:182 - 184.

本书对此处文献做了叙述性整理。

② 邰启扬. 催眠术教程 [M]. 北京:社会科学文献出版社,2009:60.

③ 邰启扬. 催眠术教程 [M]. 北京:社会科学文献出版社,2009:61.

和情感,前意识是能够变成意识的想法和情感,意识是能够觉察到的想法和情感。

在心理活动的过程中,意识只是微不足道的一部分,潜意识才是心理活动的主体和动力所在。如果把人的心理活动比作大海,潜意识就是海平面下汹涌的水流,意识仅仅是海面上的一点波澜。潜意识包括人类进化过程中保留的动物性的本能和后天生存过程中趋利避害的本能欲望。因为很多欲望不被现实容纳,所以潜意识被压抑在意识层面之下,即使加以注意,也不为人们所知。但是被压抑并不意味着消失,潜意识有时候通过伪装,以一些象征性的画面或者某种神经症状态,出现在个体的梦中和意识层面。潜意识里储存了大量的、无法控制的、所有行为背后的主要驱动力;在人类生命的历程中,它无时无刻不在支配着人的心理和行为。例如,在火车上,我们常常发现一些抱着孩子沉睡的妇女,周围的嘈杂声和车厢里的难闻气味都不能影响她们酣睡。然而怀里孩子的一个轻微的动作,就能让她们迅速地睁开眼睛。这些妇女虽然在意识上已经入睡,可是潜意识里一直在关注着孩子。

前意识是指当下意识不到,但是经过回忆能转化为意识的记忆、知觉与思想。例如,开车时,不知不觉地就能运用曾经学习过的、平时不在我们记忆中的一些开车技术。人类大部分的习惯行为或技术,都是在前意识的调节下进行的。另外,前意识还有分析问题、解决问题的逻辑思维能力。例如,有时候一些棘手的问题,平时百思不得其解,但是在似睡非睡的状态下,竟然能灵光一闪,找到解决的办法,这就是前意识工作的结果。因此,前意识一方面同潜意识一样都在意识之外,另一方面又同意识一样,具有理性思维能力。

弗洛伊德把个体的心理分为意识、前意识、潜意识三个层次,提出了心理层次的地形图,让复杂的心理变得清晰起来:个体所有的心理体验都是潜意识与意识、前意识持续互动的结果,而神经症症状则是被压抑的内容经过伪装的表现形式。例如,向我咨询过的一个患者,在与母亲一起吃饭的时候,突然手臂僵硬。经过分析知道,该患者对母亲有非常大的“仇恨”,看到母亲给自己夹菜的动作,突然产生了想打母亲的冲动,而这种冲动又是患者的价值观(即后文提及的“超我”)绝对不能接受的,于是就以手臂僵硬的躯体化症状来表达内心的冲突。

潜意识的表现形式主要有梦、口误、笔误、行为倒错及玩笑等。后来通过对梦的解析,弗洛伊德发现了潜意识行为机制:凝缩、移置、象征。

第三节　梦　的　解　析

关于梦,弗洛伊德有过这样的论述:

"通过自由联想,我认为梦具有一定的含义,对梦进行解析已成为一项科学,古人认为,通过梦可以预测未来,近代科学则对梦无任何研究,只把它视为一种迷信或单纯的躯体现象。但是,我把梦看作一种神经症的症状,对梦的内容进行自由联想,从而了解到梦的隐意。"[1]

弗洛伊德还多次强调:"梦中有一个元素是不可或缺的,这就是潜意识中的欲望……欲望的满足才是梦的最主要特征。"[2]

看得出来,在弗洛伊德看来,梦不是预言,不是迷信,更不是毫无根据,而是被压抑在潜意识中的欲望、恐惧和冲突通过画面形成的表达,是通往潜意识的大门;释梦就是进入潜意识的房间,了解潜意识。

弗洛伊德认为梦有显梦和隐梦两种表征:显梦是梦中呈现的画面,即梦境;隐梦是显梦隐藏着的意念或潜意识。两者正如谜面和谜底、原文和译文。隐梦通过凝缩、移置、象征、润饰改变潜意识本来面目进入显梦,而释梦也要通过凝缩、移置、象征、润饰的回转找到隐梦真实的表达。

凝缩是杂取种种合成一个,正如中国龙的形象,它有蛇的身、驼的头、鹿的角、牛的耳、羊的须、鹰的爪、鱼的鳞。有时候在梦中出现的人物也具有这种特征,既像 A,又像 B,还像 C。

移置就是一种替代,是将对某个对象的情感在梦中转移和投向另一个对象。

我的一位患者说自己梦到了一个看不清面孔的黑衣女子,在梦中自己总想走近她,却怎么也走不到那个黑衣女子的身边。

分析这个患者的成长经历,我发现梦里的黑衣女子就是该患者对母亲感受

---

① 李武石.寻找弗洛伊德:精神分析理论与经典案例[M].李光哲,李东根,杨华瑜,译.修订本.北京:科学出版社,2014:52.

② 弗洛伊德.图解精神分析引论[M].文思,译.北京:中国华侨出版社,2013:212.

的移置。原来患者的妈妈在该患者很小的时候就离开了他,这使得该患者潜意识里,一方面想念妈妈,另一方面又怎么都不能走近她。

象征,是指梦中毫无逻辑的视觉形象对某个具体东西的替代。比如,在梦中出现的小动物象征孩子,拔牙象征阉割,山峦和岩石象征男性生殖器,花园和门洞象征女性生殖器。不过,弗洛伊德并不否定甚至更强调象征意义的个性化,"弗洛伊德警告说,尽管这些象征物有明显的普遍性,但许多象征物仅限于在进行精神分析的某一个人,而对另外的一个人来说可能就具有不同的意义"①。

润饰,是指梦者醒来以后,回忆梦时会对自己的梦进行加工,使混乱的情节变得更加有条理一些,或者把梦中最有意义但是可能引起梦者不安的东西放到不太重要的位置或漏掉。梦者通过润饰,使得显梦成为似乎合乎逻辑的、连贯的整体。

下面是向我咨询的一个大学生的梦:

他梦见自己正在艰难地上楼,很古旧的楼梯,楼梯都是铁做的,都生锈了。他几乎是爬着上去的,到达一个狭小的教室,看见里面坐着孩子,老师在教书。

他自己这样解读:"古旧的楼房和楼梯代表我以前很难看到的我心灵中残破的一面,因此它们是腐朽的;老师正在狭小的教室里教学生,说明我以前错误的认识正在被纠正,我内在的小孩受到教育。"

在释梦的过程中,咨询师就像一个考古工作者,利用废墟中的碎片,还原出几百年前乃至上千年前的建筑和生活图景。对凝缩、移置、象征、润饰的还原,则是释梦的主要途径。

伴随着释梦技术和潜意识理论的完善,弗洛伊德开始探索通过说出遗忘的记忆,以治疗病症的方法。在从业过程中,弗洛伊德发现一个令他吃惊的现象:如果层层拨开患者早年的记忆,找到引发患者痛苦的核心,这些记忆几乎毫无例外地都与经历的性遭遇有关系。基于这种发现,弗洛伊德大胆地提出了幼儿诱惑理论(幼儿创伤理论)。"1896年,经过几年的临床实践后,弗洛伊德确信,性冲突是所有神经症的首要原因。他声称,大部分的女性患者在童年时都有过

① 舒尔茨 D P,舒尔茨 S E.人格心理学:全面、科学的人性思考:原书第10版[M].张登浩,李森,译.北京:机械工业出版社,2016:40.

性创伤经历。"①

这个时候,也许是由于弗洛伊德本人对催眠技术不是太精通,再加上催眠的疗效不长久,而且容易移情,弗洛伊德不再执着于对催眠的研究,而是更多地运用自由联想技术来疗愈患者:让患者躺在沙发上,弗洛伊德坐在患者的后面,引导患者放松,让患者进入自由联想状态,并说出大脑呈现的画面。

与此同时,弗洛伊德还提出了冲突、防御、阻抗和移情等重要概念。他认为早年的创伤特别是性创伤,是形成神经症的原因,心理治疗就是要释放压在潜意识深处的创伤。这就是潜意识意识化的治疗理念。

第四节　性本能和死本能

"1897 年,弗洛伊德41 岁,那是弗洛伊德首次提出'精神分析'这一术语后的第一年,他遇到了一位 42 岁的女病人。患者有严重的失眠症,和别的女患者一样,其病症与父亲的性诱惑有关。可是,这位妇人与别人的情况略有不同,即她每次所讲的内容都不一样。弗洛伊德经过思考才恍然大悟,原来这些故事都是编造出来的。她所诉说的'性骚扰'不是事实,而是幻想的产物。"②

这件事对弗洛伊德触动很大,这种不是事实的"性骚扰",也就意味着他曾经的"幼儿诱惑说"缺少客观的事实依据。为此,弗洛伊德闷闷不乐,并触发了他对自身的分析。

他回忆自己 3 岁的时候,曾与母亲、弟弟一起坐火车旅行,晚上看到母亲在车厢里换衣服的场景,并产生了对母亲的裸体异常兴奋的感觉。在记忆中,弗洛伊德七八岁的时候,做过一个关于母亲的梦:梦中两三个长着鸟嘴的人将沉睡的母亲抬到床上。而在弗洛伊德关于梦的理论中,鸟嘴象征着性。

1896 年,弗洛伊德81 岁的父亲去世。对于父亲的去世,弗洛伊德一方面感到非常悲痛,另一方面隐隐约约好像有一种获胜的感觉,为此他产生了深深的

---

① 舒尔茨 D P,舒尔茨 S E.人格心理学:全面、科学的人性思考:原书第10 版[M].张登浩,李森,译.北京:机械工业出版社,2016:27.

② 李武石.寻找弗洛伊德:精神分析理论与经典案例[M].李光哲,李东根,杨华瑜,译.修订本.北京:科学出版社,2014:21.

负罪感。在举行父亲葬礼的那天晚上,他做了一个梦,在梦中似乎看到"请闭上你的眼睛"①的字句。弗洛伊德对这句话的解读为:希望父亲闭上眼睛,不要指责简单操办丧事的他,也希望父亲宽恕他所犯的罪。这个梦揭示了弗洛伊德对母亲有性的渴望,把父亲当成竞争对手,渴望被引诱。

通过自我分析,弗洛伊德感到每个男孩在小时候都有恋母仇父的心态,为此而产生了深深的负罪感和恐惧感。为了形象地说明这种心态,弗洛伊德引用了古希腊神话人物俄狄浦斯无意中杀父娶母的故事,因此,男孩的恋母情结又被称为俄狄浦斯情结(女孩的恋父仇母情结称为"伊莱克特拉情结"或"厄勒克特拉情结")。

俄狄浦斯(Oedipus),在希腊神话中是底比斯(Thebes)国王雷厄斯(Laius)的儿子。当安菲翁(Amphion)与西苏斯(Zethus)占领了底比斯城的时候,雷厄斯前往珀罗普斯(Pelops)处寻求庇护,但是却用绑架珀罗普斯的儿子克吕西波斯(Chrysippus)来回报他的善意,因此而招致了对自己家人的诅咒。雷厄斯在安菲翁与西苏斯死亡之后回到他的王国,并娶了裘卡丝塔(Jocasta),不过,阿波罗警告说他们的儿子将会杀了他。于是,当俄狄浦斯诞生的时候,他的双脚被钉子刺穿然后被抛弃在契特龙山区。一个牧羊人发现了他,把他带去给科林斯(Corinth)国王波吕波斯(Polybus)和他的王后墨洛珀(Merope)。王后将他视如己出,抚养他长大。后来,俄狄浦斯因为并非波吕波斯亲生子而受到嘲笑,他为了知道身世前往阿波罗神庙寻求神谕。但是,他只是被告知他将杀死他的父亲并娶他的母亲,他以为这指的是波吕波斯和墨洛珀,于是决定永远不再回到科林斯城。他在一个三岔路口遇到雷厄斯(他并不认识雷厄斯),被命令让路,在随后的争吵中俄狄浦斯杀死了雷厄斯。他继续前往底比斯城,当时该城正受到斯芬克斯(Sphinx)的灾难。这个怪兽问人谜语,并将那些不能回答的人杀死,裘卡丝塔的哥哥克瑞翁(Creon),也是底比斯城的摄政王,提供了底比斯的王位给任何为国家消除祸害的人。俄狄浦斯解答了斯芬克斯的谜语,怪兽随即自杀了,俄狄浦斯成为底比斯国王,并娶了裘卡丝塔为妻。他们生了两个儿子,厄忒俄克勒斯(Eteocles)与波吕涅刻斯(Polynices);两个女儿,伊诗萌(Ismene)与安提戈涅(Antigone)。最后,在一次瘟疫盛行期间,神谕宣示说,如果杀死雷厄斯

---

① 李武石.寻找弗洛伊德:精神分析理论与经典案例[M].李光哲,李东根,杨华瑜,译.修订本.北京:科学出版社,2014:21.

的凶手被逐出城,这些灾难将可以避免。于是俄狄浦斯开始调查是谁杀死雷厄斯,结果发现了他自己是雷厄斯的儿子,也是杀父的凶手。真相揭露之时,裘卡丝塔吊死了自己,俄狄浦斯弄瞎了自己的双眼。俄狄浦斯被免除了王位并驱逐出境,他在安提戈涅的陪伴下流浪到阿提卡(Attica)的科龙弩司(Colonus),在那里他受到提修斯(Theseus)的保护直到死亡。①

在弗洛伊德精神分析理论中,俄狄浦斯情结是一个重要的理论。一般而言,孩子到四五岁,会依恋异性父母,排斥同性父母。男孩子一方面想独自拥有母亲,另一方面又恐惧父亲的报复和处罚而产生焦虑,这种焦虑被称为"阉割焦虑"。"弗洛伊德坚称,俄狄浦斯情结具有普遍性,在男孩和女孩身上都会出现"②,而且正是这种发自心灵深处的冲突才导致了神经症的产生。这种矛盾冲突,会在孩子成长的过程中,在逐步认同同性父母的过程中消除。当孩子知道自己的父母爱的是对方,而不是自己,慢慢就会接纳、认同,并且在心理和行为上向同性父母靠拢,想成为同性父母那样的人;否则,就会导致神经症性心理问题。

随着弗洛伊德对俄狄浦斯情结的研究,他逐渐感悟到,患者记忆中的"性诱惑",事实上是不存在的,而是患者自己的一种幻想,引起病症的原因不是现实的创伤性事件,而是内在的欲望。于是弗洛伊德在 1897 年提出了幼儿性欲理论。

弗洛伊德认为"幼儿期(这里指 6 岁之前)性冲动的基因是一个人与生俱来的"③,是先天的本能,主要表现为身体不同部位的紧张,需要通过相应的活动来释放。例如,通过撕咬、亲吻表达对口腔区的快感欲望,通过对排泄粪便的控制表达对肛门区域的快感欲望,通过生殖器的显露和触摸表达对生殖器的快感欲望。这种天生的驱力开始指向内部,后来感到内部幻想不能满足,便转向外部客体,而被驱力指向的外部客体(对象)则是在生活经验中被发现的。例如,乳房作为口欲期驱力的指向客体,是在幼儿吸吮乳房时被发现的。

---

① 沃德尔.内在生命:精神分析与人格发展[M].林晴玉,吕煦宗,杨方峰,译.北京:中国轻工业出版社,2017:256-257.
本书对此处文献做了叙述性整理。
② 奥金克洛斯.精神分析心理模型[M].钱秭澍,译.北京:人民邮电出版社,2019:95.
③ 弗洛伊德.性学三论[M].廖玉笛,译.北京:台海出版社,2018:41.

个体性快感在童年的不同时期，会在身体的不同部位有反应。口欲期在0~1.5岁，快感区在口腔；肛欲期在1.5~3岁，快感区在肛门；生殖器期在3~6岁，快感区在生殖器；潜伏期在6~11岁，快感来自与同伴的玩耍，身体不同区域的快感暂时隐藏；生殖期在11岁之后，表达在性行为的体验上。个体如果对快感欲望过度压抑，就会形成相应的性心理固着。例如，具有强烈口欲固着的儿童，会有口腔欲的依赖主题；具有强烈肛欲固着的儿童，会有肛欲的支配和控制主题；具有强烈生殖器固着的人，会有生殖器欲的冲突、焦虑主题。

性本能又被称为力比多，是弗洛伊德本能学说的核心概念。弗洛伊德认为，性本能为个体的心理、行为提供驱动力，患者的心理问题是性本能受到压抑而产生的。

需要补充说明的是，性欲的意义远远不止于两个成人之间的性交。在弗洛伊德的理论中，性欲快感是身体器官的舒适感，包括口腔欲、肛门欲、生殖器欲，最后才是两性生殖欲快感。个体从出生时就开启了身体器官快感的需求，这是一种先天倾向，每个发展阶段的身体快感部位都不同。所以弗洛伊德理论中的性快感不仅仅是性交，正如伊丽莎白·L.奥金克洛斯说的那样，"如果我们说，弗洛伊德坚称'人类的一切行为都源于性兴趣'，这种说法是正确的。如果我们说，弗洛伊德坚称'人类一切行为都是源于性交的兴趣'，那么，这种说法就是错误的"[1]。

1919年，当时弗洛伊德63岁，第一次世界大战刚刚结束，弗洛伊德开始关注战争中人的攻击行为。他发现很多杀戮和自虐都是指向毁灭的，而这种毁灭也会带给人快感。1920年，弗洛伊德提出了死本能的观点，并赋予攻击驱力与性驱力在本能上的同等地位。

在弗洛伊德的理论中，攻击快感也可以在力比多的口欲期、肛欲期、生殖器期呈现出来。例如：在口欲期对乳房或其他东西的啃咬；在肛欲期对掌控感的渴求；在生殖器期通过展示阳具来释放支配欲念。个体的攻击驱力呈现出多种表达方式，按照强烈程度依次为武断和掌控、愤怒和怨恨、施虐和攻击。

过去，弗洛伊德一直认为，人始终在与被禁止的冲动和欲望抗争，而过度的压抑和限制是形成心理问题的原因，心理治疗就是引导个体以建设性的方式摆

---

① 奥金克洛斯.精神分析心理模型[M].钱秭澍，译.北京：人民邮电出版社，2019:130.

脱压抑,让本能释放自身的快乐和满足。战争强大的破坏力让弗洛伊德逐渐认识到,被压抑的不仅是无害的性欲望,还有从死本能衍生的毁灭。这个时候,弗洛伊德开始对社会控制持有更赞赏的态度,认为社会控制对避免人类相互伤害是必要的。除了自身对本能的压抑和社会对本能的控制之外,弗洛伊德还提出了升华的防御机制:性本能可以升华为具有这种能量的建筑艺术,比如塔和城门,就是男女生殖器的升华;死本能可以升华为竞技类体育运动,比如足球、拳击等。

第五节　自　恋

弗洛伊德58岁的时候,也就是1914年,提出了"自恋"概念。在弗洛伊德最初的自恋概念里,刚出生的婴儿所有的自恋力比多能量都是指向自身的。慢慢地,他发现营养的需求仅仅靠内在的幻想不能满足,这个时候婴儿接触到了乳汁,于是乳房乃至母亲成了婴儿内在张力释放的对象。这样,婴儿的力比多能量就指向了乳头(客体),自恋力比多转变为客体力比多。不过,这时候的婴儿是主客体不分的,在婴儿的感觉中,乳头乃至母亲,都是婴儿自身的一部分,婴儿认为自己创造了乳头和乳汁。

如果外在客体能无条件地满足孩子的需要,客体力比多就会激发婴儿向外探索,形成健康的心态;如果外在客体使婴儿的力比多能量受挫,婴儿指向客体的力比多能量就会退回自体内部,形成自恋性人格。

所谓自恋性人格,就是个体把本来应该投注于外在客体的力比多能量,反向投注到自己身上,个体无法与客体建立有效的和融洽的亲密关系,并且经常沉浸于不切实际的幻想。一个人在自恋性人格障碍状态下,要么感觉自己吞噬了外在客体,无所不能,所有的人都要以他为中心;要么感到被外在客体吞噬,过于在意别人对自己的评价,别人的一个眼神都让自己惴惴不安;要么两种现象交替存在于同一患者身上。

为了更形象地说明自恋理论,弗洛伊德引用了古希腊神话传说的故事:

纳西索斯是希腊神话中最俊美的男子。纳西索斯在水中发现了自己的影子,然而却不知那就是他本人,爱慕不已、难以自拔,终于有一天他跳水求欢,溺水死亡。

在弗洛伊德的理论中,力比多能量是守恒的,一个人投注于外在的能量越多,那么投入自身的能量就越少;反之,"一个人投注于自身的能量越多,可用于依恋他人的能量就越少"①。当一个人把过多的能量投注到自身,就无法对外在客体形成共情。在弗洛伊德看来,自恋性人格障碍患者在咨询中不能对咨询师形成移情,所以咨询师是无法对自恋性人格障碍患者进行精神分析治疗的。

能量守恒理论表明,弗洛伊德把生命个体看作一个封闭的能量系统,刺激引发系统产生的紧张必须在系统内得到释放,如果释放的某个渠道被阻塞,没有被释放的情绪就必须在个体封闭的系统内寻找其他释放的途径(例如,自恋心理是能量由外转向内,恋物癖是指向异性的力比多能量转向其他物体)。对人类来说,最重要的是要消除刺激影响,"(心理)结构最初的努力是尽可能地使自己远离刺激"②。

第六节　人格结构论和神经症

进入老年以后的弗洛伊德并没有停止心理咨询的实践活动,也没有停止对心理咨询理论的思索。弗洛伊德在早年的理论中,把心理问题产生的原因看作是意识层面的社会伦理对潜意识深处性本能的压抑,治愈的途径就是潜意识意识化。

后来,弗洛伊德发现了这一理论的不合理性:既然意识是人可以觉察的,如果患者正在压抑某些潜意识的心理冲动,那么患者的意识一定会明白自己在压抑潜意识中的什么事情,但是事实上,患者根本不知道自己压抑的是什么。也就是说,患者心理的冲突不是在意识和无意识之间,而是在无意识内部,"不仅冲突和愿望是无意识的,而且防御似乎也是无意识的"③。这样,过去的心理层

---

① 米切尔,布莱克.弗洛伊德及其后继者:现代精神分析思想史[M].陈祉妍,黄峥,沈东郁,译.北京:商务印书馆,2007:177.

② 格林伯格,米歇尔.精神分析之客体关系理论[M].王立涛,译.上海:华东师范大学出版社,2019:22.

③ 米切尔,布莱克.弗洛伊德及其后继者:现代精神分析思想史[M].陈祉妍,黄峥,沈东郁,译.北京:商务印书馆,2007:35.

次模型就不能充分地解释患者的心理问题,需要诞生一个新的理论来阐释这一心理现实。1923 年,67 岁的弗洛伊德提出了人格结构模型理论。

结构模型认为人自身所有的结构主要成分都在无意识中,主要包括本我、自我和超我。

本我包括吃、喝、拉、撒、性、攻击等本能的欲望,是力比多能量的蓄水池,拥有原始的、无结构的、冲动的能量,遵循快乐原则,自私任性,要求立即满足。例如,神经性贪食症患者,就是本我过于强大,控制不住自己的食欲。

自我是人格结构中理性的主人,来自本我,并且不独立于本我。它的目的并不是阻碍本我的冲动,而是遵循现实原则,帮助本我减少紧张感,使得本我在合适的时间、以合适的方式获得满足。例如,一个人既要满足食欲的本能需求,也不能过度肥胖,就只好选择吃八成饱。

超我是从俄狄浦斯期开始发展的一种人格结构成分,它规定了什么能做,什么不能做,是内化在心灵深处的是非观念。超我来源于对早年创伤的恐惧、父母制定的各种行为准则和被认可的理想自我成分。例如,有"阉割焦虑"的孩子为了回避父母的攻击,就在认同父母的管教、内化社会价值伦理的过程中形成了具有批判自我、限制本我的超我。作为道德的"法官",超我冷酷无情地追求完美。它不像自我一样延迟本我追求快乐的冲动,而是要完全消灭这种本能的冲动。例如,神经性厌食症患者,为了心中自身形象的完美,过度控制自己的饮食欲望。

在弗洛伊德的理论中,自我是非常柔弱的,它像一个没有话语权的协调者,又像一个木偶,被人格结构中的本我、超我和动力学中的力比多、攻击驱力左右。面对本我、超我和力比多、攻击驱力的威胁,自我的处境非常艰难,当自我过度紧张的时候,焦虑的产生就成了必然。

在弗洛伊德看来,焦虑来源于出生创伤,是一种没有目标的恐惧,也是心理问题和精神病行为形成的基础。焦虑共有三种类型:现实性焦虑、神经性焦虑、道德性焦虑。现实性焦虑是对现实生活中真实危险的恐惧;神经性焦虑是担心本能冲动受到现实的惩罚;道德性焦虑是害怕因为自己的行为或思想不符合自我理想的标准而产生的良心谴责。有了焦虑,自我就产生了为减轻焦虑的防御机制。所谓自我防御机制,就是自我为缓解本我欲望和现实要求之间的冲突而形成的自我调节方式。弗洛伊德提出了压抑、否认、反向形成、投射、退化、合理化、置换、升华等自我防御机制。如果自我防御机制使用得当,内心的痛苦会减缓;如果使用不当,人格结构内部的冲动和压抑就以症状的形式表现出来,形成各类心理问题。

由此看来,弗洛伊德在他的人格结构模型中,极大地吸收了达尔文理论的相关观点,认为人一方面想释放动物本能的、为所欲为的欲望,另一方面还要接受文明驯化的折磨,所以人格内部是冲突的。正是这种冲突形成了神经症的症状,即症状是人格结构内部冲突的表达。这样,67 岁的弗洛伊德破解了神经症症状的秘密。

弗洛伊德的人格结构论也在一定程度上解释了人是什么的问题:人就是神性、人性、兽性三者的结合。"神性"是要接受道德伦理(超我)的约束;"兽性"就是要释放动物性快感(本我);"人性"(自我)就是要根据现实情况,既不违背社会道德伦理,又要部分地满足本能欲望。人格结构内部冲突的特性,在中外神话传说以及其他文学作品中常常被酣畅淋漓地表达出来。比如,中国神话传说《白蛇传》中的法海、许仙、白蛇,分别就是超我、自我、本我的象征性表达。《西游记》中真假美猴王的打斗,表达的也是本我和超我的冲突。小说最终的结局是超我消灭了本我,孙悟空变得规规矩矩,和唐僧没有了冲突。不过,缺少了本我的孙悟空也失去了一个猴子顽皮、我行我素的本性。

人格结构理论的出现,让弗洛伊德关注的重心由潜意识的压抑转向了自我的防御机制。可惜,他年龄太大了,而且被多种病痛折磨。弗洛伊德实在没有精力在自我心理学方面提出更为精粹的见解,最后只能把这个未竟的任务交给他的小女儿安娜·弗洛伊德。

1939 年受病痛折磨的弗洛伊德在伦敦去世,然而他创立的精神分析理论却一直是后世的精神分析学者乃至任何流派的心理学家都不能绕过的理论。

第七节　精神分析理论的传承

弗洛伊德就像一位考古学家,在对心理世界未知领域的探索中,每一次发现都让他欣喜若狂。他的探索行为吸引了众多的追随者,每一位追随者都在孜孜不倦地寻找自己需要的宝藏,精神分析理论也在弗洛伊德本人和众多追随者的阐释中不断丰满起来。荣格擎起了分析心理学大旗,阿德勒提出了个体心理学理念,沙利文阐释了关系心理学理论……不过,我认为在众多继承并发扬弗洛伊德心理学说的后世学者中,最不能忽视的是两个女人:一个是他的女儿安娜·弗洛伊德;另一个是梅兰妮·克莱因。(这里仅做简单介绍,后文将详细加以论述。)

安娜·弗洛伊德启蒙了自我心理学,比较有名的自我心理学家有海因兹·哈特曼、勒内·斯皮茨、玛格丽特·马勒、伊迪思·雅各布森、爱利克·埃里克森……他们继承了或部分继承了弗洛伊德的驱力理论,也不否认社会环境对心理的影响。后来,以安娜·弗洛伊德的朋友和学生自居的科胡特开创了自体心理学,他从"内在适应"的角度看待自体心理的发展,重视婴儿期的自恋。

梅兰妮·克莱因启蒙了客体关系心理学,客体关系心理学否定了弗洛伊德根植于生物学意义上的驱力理论,认为与客体的关系才是驱力,更重视成长经历对心理的影响。有名的大师主要有比昂、费尔贝恩和温尼科特等。

在当代,对弗洛伊德及其后继者的精神分析理论进行总结并创新的两个大师级学者分别是客体关系心理学家奥托·柯恩伯格和结构心理学家雅克·拉康。

第二章 卡尔·荣格和分析心理学

无论什么时候，我们仰望精神分析世界的星空，都会发现在璀璨的群星之中，有一颗星特别耀眼，它闪烁的光芒几乎盖住了弗洛伊德的光环，这颗星就是卡尔·荣格。

荣格之所以取得这么大的成就，与他的天赋有关系，也与他经历的生活环境有关系。

第一节 成 长 经 历

一、童年

从生命诞生的那一刻开始，荣格身上的血液，就一直流淌着严谨的逻辑和奇特的想象。荣格的祖父是瑞士巴塞尔大学的医学教授、校长，曾致力于儿童精神问题的治疗，是一位严谨的学者；荣格的外祖父是瑞士巴塞尔的主教，不仅知识渊博，而且具有诗人的才气，据说还有通灵的能力；荣格的父亲和荣格的六个舅舅都是牧师。荣格就是在严谨的科学和神秘的神学的双重熏陶下，走向了自己生命的独特和圆满。

荣格 1875 年 7 月 26 日出生于瑞士北部的凯什维尔村庄，在他的回忆录中，不仅没有对他父亲列夫·保罗·荣格做太多的记录，而且在不多的文字之中还有一点不满。但是他对母亲艾米莉却有生动、热情的描述，认为母亲是一个温和、慈祥而又神秘的女人。父亲与母亲关系并不太好，荣格夜里经常会听到母亲卧室里传出神秘、奇怪、恐惧的声音，荣格内心非常恐惧，有时候会做一些奇怪的梦：

有一天晚上，我迷迷糊糊看见一个人影从她(母亲)房间里出来，那影子的头不在脖子上，在身子前面浮动，就像一个小月亮。突然，又出现了另一个头，那头也离开了脖子。[1]

---

[1] 荣格.荣格自传[M].张小燕,译.长春:吉林出版集团股份有限公司,2019:9.

荣格的舅舅们是牧师,每当有葬礼,总喜欢把小荣格带入现场,荣格一直到老都清晰地记着那些葬礼的仪式——黑乎乎的墓坑旁放着一个又黑又大的棺材;舅舅和其他牧师身穿黑色长袍、头戴黑色高帽,庄严地主持着整个仪式;他们的面孔阴沉而忧郁……看得出来,整个童年,荣格都沉浸在恐惧的氛围中。

当荣格实在承受不住这种恐惧的时候,就独自一人躲到阁楼上,上面有一个只有他自己知道的秘密:那里放着一个用木头雕刻的头像,在孤寂的时候,荣格就与这个头像对话。荣格小时候常常连续几个小时坐在一块大石头上,苦思冥想:"我是那个坐在石头上的我呢,还是上面坐着他的石头呢?"①看得出来,小时候荣格非常敏感,而这种敏感的特质一直伴随着荣格,并成为荣格心理学成长与发展的助力。

二、学生时代

荣格在 11 岁的时候,从农村来到城市,进入巴塞尔大学预科,开始时很不适应,产生了厌学情绪。这个时候,荣格脑海里常常出现两个人物:一个是认真学习的小男孩,一个是多疑、恐惧、远离人群的小男孩。12 岁的时候,荣格被一个同学推倒,脑袋磕到石头上,晕倒了。此后,一提及与学习有关的事情,荣格就头晕。很多医生为荣格做了很多次的治疗,效果都不好(现在看来,这应该是因为恐惧上学而形成的躯体化反应)。直到有一天,荣格无意中听到父亲绝望地对他人说:"医生也不知道他到底得了什么病,他们认为可能是癫痫病。如果治不好就太可怕了。我已经一无所有了,可这个孩子要是不能自谋其生,该怎么办呢?"②荣格一下子醍醐灌顶,大脑深处的两个小男孩整合成一个勤奋学习的小男孩,克服了眩晕,开始努力学习。

进入大学后,荣格选择了医学,在大学的第一年,荣格的爷爷去世。对于荣格来说,爷爷的去世是一件非常伤心的事情;不过,荣格在大学里过得还是非常快乐。其间,荣格经历了一些灵异的事情:一次是荣格在读书的时候,一张非常坚硬的桌子裂了一条缝;另一次是厨房里的面包刀突然裂成了一堆碎片。另外,荣格在大学时多次参加表妹的"降神会",表妹在恍惚状态下能以已经去世的外公的口吻,讲述一些她不可能知道的事情(现在,我们如果把荣格的外公、

① 荣格.荣格自传[M].张小燕,译.长春:吉林出版集团股份有限公司,2019:10.
② 荣格.荣格自传[M].张小燕,译.长春:吉林出版集团股份有限公司,2019:17.

母亲和表妹的通灵能力,放在精神病诊断学的角度看,荣格母亲的家族应该有精神分裂的基因,而荣格也不可避免地受到了遗传的影响)。荣格在人生中经历的这些神奇的、神秘的生命奥秘,与荣格内心深处的敏感形成共鸣,激发了荣格对心理学和精神病学的兴趣,他最终把精神病学作为自己从事的专业。

三、走向精神分析之路——字词联想技术

1900 年大学毕业后,荣格就职于苏黎世的柏格尔茨利精神病院,潜心研究异常心理学。1905 年在医院院长的支持下,荣格建立了一个实验室,利用"字词联想测验"研究患者精神病背后的原因。具体做法是:

准备一份写有一百个单词的纸,这个单词表要尽可能包括更多方面的内容,比如金钱、疾病、刀枪、人际关系等方面的内容。咨询师读一个单词,让患者回答由此单词联想到的内容,并记下他反应的时间。如果一个单词对患者很重要,他反应的时间必然延长。将那些反应时间比较长的单词联系起来,就可以串联成一个故事。

荣格对一位 35 岁的人做了分析,通过字词联想实验,发现了他的一桩秘密。荣格说:"我不知道你竟然曾有过如此不愉快的经历。"被试人盯着荣格说:"我不懂你在谈些什么。"荣格说:"你明白,你曾喝醉酒,有一桩以刀伤人的不愉快的纠葛。"被试人说:"你是怎么知道的?"随后被试者讲述了整个事件的经过。他出身高贵,家庭单纯而正派,有一次因醉酒与人发生争吵,用刀刺伤了对方,蹲了一年班房,回到本地后没人知道这件事。①

荣格在测试中发现,被试者对"刀""矛""打""尖锐的""瓶子"这五个单词,反应时间明显延长,超过平均时间很多。把这些词联系起来,就形成了"醉酒用刀伤人经历"的猜想。

在荣格看来,每一个词背后都表达一个或几个意思,如果这个词与自己内心感触多的事情相合,会触发内心的波动,反应就会有所停顿。正如荣格说的,"当你说'购买''钱'这类单词的时候,那些具有金钱情结的人就会被击中"。后世的绘画治疗、沙盘治疗、文字心理学,就是根据荣格提出的心理投射的原理发展出来的治疗技术。

---

① 申荷永.荣格与分析心理学[M].北京:中国人民大学出版社,2012:85 – 88.

四、与弗洛伊德的友谊和决裂

荣格和弗洛伊德因《梦的解析》结缘。荣格发现自己的很多观点与弗洛伊德在《梦的解析》中的理论不谋而合。从1906年起,荣格开始把自己的一些论文寄给弗洛伊德,并表达了对弗洛伊德的支持,这种支持对于当时被扣着"满脑子黄色思想的淫棍"大帽子的弗洛伊德而言弥为珍贵。1907年,荣格接受弗洛伊德的邀请到维也纳弗洛伊德家里做客。两人一见如故,谈了整整13个小时。这次会面后,弗洛伊德立即写信给荣格说:

"我信任你,我得特别强调的是,你使我对未来充满信心。我现在已经清楚地意识到,正像其他任何人一样,应该有人来取代我的位置,而在我看来你正是我所指望的最恰当的人……来继续并完成我为之奋斗的事业。"①

从此,两个人开始了6年的友谊,弗洛伊德视荣格为自己的接班人,并推荐荣格做国际精神分析学会的第一任主席。通过多次书信往来和面谈,荣格也在弗洛伊德身上找到了自己需要的能量和方向,感到激动万分,在给弗洛伊德的一封信中写道:

"你是我所认识的最杰出的人物,就我的认识和理解而言,没有谁能比得上你。请允许我以儿子之于父亲,而不是平辈的身份来感觉你的爱。"②

可以说,荣格和弗洛伊德从第一次见面就感到相见恨晚,两个人的思想迅速交融,荣格一度被弗洛伊德视为自己学术的接班人,而弗洛伊德也在某种程度上填补了荣格对自己父亲不满的遗憾。一个找到了"父亲",一个找到了"儿子"。不过,荣格想找的父亲不仅要有巨大的能量,还要有对自己的支持和包容,而弗洛伊德不是;弗洛伊德想找的儿子是一个听话的、接纳自己理论的、崇拜自己的儿子,而荣格不是。所以他们分道扬镳是必然的。

其实,从荣格和弗洛伊德开始"一见钟情"的背后,就隐藏了他们的分歧。这种分歧主要表现在"灵性"和"性欲"上。1909年荣格去维也纳拜访弗洛伊德的时候,提起"心灵感应",弗洛伊德两次毫不客气地说"这可是胡说"。但是,有宗教背景的荣格对神秘的"灵性"却深信不疑。

在性欲理论方面,弗洛伊德认为性本能是人格的根本动力,所有心理问题的背后都有性的因素,并让荣格保证不改变性本能在精神分析理论中的地位。

---

① 月半弯.极简心理学:精神分析的那些事儿[M].北京:民主与建设出版社,2019:107.
② 月半弯.极简心理学:精神分析的那些事儿[M].北京:民主与建设出版社,2019:108.

弗洛伊德曾对荣格说:"亲爱的荣格,你一定要答应我永远不要放弃性欲这个理论,在一切事情中,这是最根本的。您知道,我们必须让它成为一种教条,一种无法撼动的堡垒。"①荣格并不认同弗洛伊德这种带有宗教性质的绝对化观点。在荣格看来,力比多是一种普遍的生命力,它包含了吃喝拉撒、油盐酱醋茶等生活的各方面,性本能仅仅是其中的一部分而已。

1911 年,随着荣格的心理学著作《力比多的转换与象征》的发表,荣格和弗洛伊德的矛盾也走向公开化。虽然荣格的夫人艾玛竭力周旋,但也没能改变他们分裂的进程。最终,在 1913 年,弗洛伊德和荣格正式决裂。

在荣格看来,推动人格发展的能量主要来自日常生活中的所见、所闻、所感形成的心理刺激,心理刺激转化为心理能量,心理能量推动人的行为。如果行为释放了被压抑的能量,个体的内心就能趋向平衡,一旦内心达到相对平衡状态,就会有一些新的刺激来打破这种平衡,人格就是在一次次的打破平衡、建立新平衡、再打破平衡、建立新平衡的循环往复的过程中得到发展。例如:当看到邻居家盖了新房子,自己就会产生攀比心理,努力赚钱,争取盖上更好的房子;当盖上新房子,发现邻居又买了车子,就又激发了自己赚钱买车子的欲望。

如果个体不接受外界的刺激,就不会形成新的能量,人格也得不到成长。例如:生活在山里的狼孩,得不到社会生活事件的刺激,就会缺少正常人在成长过程中形成的动力。有心理问题的人,比如抑郁症、焦虑症患者,他们在成长的过程中没有得到充足的抱持,内在能量小,一旦遇到外在生活的挫折,往往会退回自我封闭状态,进而中断正常人格的发展进程。

另外,个体心理的能量和躯体的能量是相互影响的,当个体心理出现问题的时候,有时候会躯体化,例如,伴随着心理问题,会出现睡眠障碍、呕吐、头晕、躯体僵硬、吃不下饭等现象。当然,一个人的身体状况也会影响心理状态,例如,一个抑郁症患者如果能天天坚持一定强度的跑步或其他运动,心理状态也会有明显的改善。

五、涅槃与重生

1913 年与弗洛伊德正式决裂后,荣格的情绪陷入了低谷。正如他说的:"与

---

① 荣格.荣格自传[M].张小燕,译.长春:吉林出版集团股份有限公司,2019:107.

弗洛伊德分道而行后,我的内心有好长一段时间产生了一种无可适从的感觉,甚至可以说失去了方向。那个时候,我还没有找到立足点,感觉就像完全被悬在了半空中。"①对荣格来说,这是最艰难的时期,他开始不断地出现幻觉,经常梦见洞穴、尸体、木乃伊、鲜血……荣格辞去了工作,断绝了社会交往,宅在家里不断地与幻觉对话。在与幻觉的对话中,荣格有了两个方面的收获:一方面整合了自己内在生命的冲突;另一方面荣格的心理学理论也慢慢地呈现出来。

在这期间,荣格的幻觉中出现了一位老人——斐乐蒙,他头上长着牛角,身上有翠鸟的羽翼,腰里系着一串四把钥匙,手里紧握着一把。斐乐蒙在梦幻中对迷茫的荣格给予了启迪,让荣格有了拨云见日般的领悟,不过,也给荣格带来了疑问:斐乐蒙从哪里来的呢? 又是怎么形成的呢? 后来,荣格在神话传说和寓言故事中找到了答案:人心灵深处存在着的种种事物,不是由意识派生出来的,而是自然存在的。与斐乐蒙这位智慧老人的对话,启发了荣格对集体潜意识和原型的思索。

在荣格生命的瓶颈期,他每天都将自己的梦境、感受,顺着自己的内心冲动,画成圆圈。他慢慢觉察到画圆圈可以调和心中矛盾、对立的情绪,从而保持心灵的宁静和平和。后来荣格发现,他所描绘的圆圈在神秘的东方叫曼陀罗,于是荣格就对东方文化产生了浓厚的兴趣,并详细地研究了中国的《易经》和炼金术。炼金术中的祈祷和冥想方面的内容,为他后来创立分析心理学提供了灵感。

在与弗洛伊德决裂后,荣格经历了涅槃的痛苦,也收获了分析心理学核心理论的硕果。1916 年,荣格"重出江湖",创立了一个新的精神分析学派——分析心理学。从此,荣格和荣格的分析心理学在精神分析的王国里掀起了狂风巨浪。

1921 年,荣格发表《心理的类型》,首先提出了人格类型理论。

1961 年 6 月 6 日,荣格在苏黎世湖畔的家中安然去世。

---

① 荣格.荣格自传[M].张小燕,译.长春:吉林出版集团股份有限公司,2019:122.

第二节　分析心理学的基本理论

一、心理结构

(一)意识与人格类型

弗洛伊德认为个体心理由意识、前意识和潜意识构成,后来进一步发展成本我、自我、超我的人格理论。荣格根据自己对个体内部结构的认知,提出了意识、个体潜意识和集体潜意识的理论。

荣格的意识概念和弗洛伊德的意识概念基本重合,指的是个体能意识到的所有心理行为,是表达自我的部分。荣格认为意识出现的时间比较早,有可能在胎儿时期就已经形成了。人的意识具有感觉、思维、情感、直觉几种功能,并且通过这四种功能来觉知自己和外在客体的关系。感觉是告诉你有什么,思维是告诉你为什么,情感是能否感动你,直觉是预测怎么样。

这四种功能,并不是平均使用的,人天生会倾向较多使用其中的一种。所以每个人都是一个独立的个体,都是有个性的,人格具有相对的稳定性。例如:看到一处优美的风景,感觉型的人快乐地欣赏;思维型的人会考虑这处景色怎么形成的;情感型的人会激动得泪流满面,诗兴大发;直觉型的人就会感觉此处必然隐藏着某种奥秘。

除了这四种意识功能,荣格还根据心理能量的指向,把人格分为内倾型和外倾型两种。内倾和外倾,分别指人在社会生活中展现的内向型和外向型特征。不过,每个人不是绝对的内倾型或外倾型,而是某一种占优,而非主导地位的类型会变成个体潜意识的一部分,影响着个体的行为。也正是因为如此,有些外向的人,表面上看与人交往八面玲珑,口若悬河,但是内心却很孤独,很难有人真的能走进他们的内心;有些内向的人,虽然讷于言,不喜欢热闹的场所,却反而有几个亲密的、无话不谈的好友。

两种心态与四种意识功能组合构成八种基本人格类型,分别为内倾感觉型、内倾思维型、内倾情感型、内倾直觉型,外倾感觉型、外倾思维型、外倾情感型、外倾直觉型。

（二）个体潜意识与情结

对于潜意识,荣格的观点与弗洛伊德的观点有所不同。弗洛伊德认为潜意识是被压抑的原始本能的冲动,是妖魔鬼怪,是洪水猛兽。荣格认为潜意识是有智慧的、有生命力的,是灵感的源泉,比如荣格在心理崩溃的时候出现的智慧老人斐乐蒙的形象。

弗洛伊德把潜意识分为前意识和潜意识。潜意识是不能觉察到的记忆和情绪,能在梦中、口误时、诙谐中泄露部分内容。前意识是已经遗忘了的,在需要时就可以意识到的部分。

荣格把潜意识分为个体潜意识和集体潜意识。个体潜意识是个体经历的"曾经意识到,但以后由于遗忘或压抑而从意识中消失掉的内容"①。个体潜意识由情结组成,情结是围绕着某个共同主题而组织的情绪、记忆、知觉以及愿望的核心或模式。"情结这东西……是一种非常隐匿的,以特定情调或痛苦的情调为特征的内容的聚集物。"②

情结是荣格提出的概念。1905 年荣格进行"字词联想测验"时,发现如果患者对某个词反应时间过长,或者是在做出反应的时候表现某种情绪,就说明这个词与某种情结有关系。情结通过多种方式影响个体的思想和行为方式,决定了个体如何觉察世界和行为的指向。比如,有处女情结的人,会在意"初次""性行为""戳破""二手货""帽子""初恋""流血"等词。

开始,荣格认为情结是由早年的创伤形成的,早年具有相同或者类似情绪的生活事件,在岁月的流逝中会慢慢淡出人的记忆,但是事件对当事人形成的情绪会留下来,类似的情绪聚集在一起形成情结,进入人的潜意识。例如:父爱缺失、母爱充盈的成长环境有可能形成恋母情结;早年与母亲被迫分离,也有可能催发个体形成一种持久的恋母情结。后来,荣格认为情结的背后似乎有更久远、更神秘的生命因素,有集体潜意识原型的核心。

当潜意识里形成了某种情结后,心灵就会被这种情结强势占据,沉迷于与情结有关的事情,意识不到其他的生活情趣。例如:有恋母情结的男人,对于年

① 荣格.荣格文集[M].冯川,译.北京:改革出版社,1997:83.
② 荣格.分析心理学的理论与实践:塔维斯托克讲演[M].成穷,王作虹,译.北京:生活·读书·新知三联书店,1991:76.

轻的女孩往往没有兴趣,而对于母亲或者年长的女性有更多的情感投入;有上帝情结的人,就会根据善恶的标准去感受一切,相信只有他才能给人类指出通向正义的道路,甚至成为偏执狂。

在荣格看来,每个人都有多多少少的情结,都在不同程度上受情结的摆布,心理咨询的目的就是引导患者了解自己的情结,帮助患者解开情结,进而形成积极、健康的人生态度。

(三)集体潜意识

集体潜意识指人类祖先进化过程中形成的、应对外界环境的精神沉积物,通过遗传传承下来的、处于人类精神的最底层的、不能意识到的、为人类所普遍拥有的部分,集体潜意识由原型组成。为了更形象地说明集体潜意识,我们先看1909年荣格和弗洛伊德一起去美国的路上,荣格做的一个梦:

我身处一所两层楼的屋子里,这个屋子我并不认识。在梦里,它是我的"家"。我走到二楼,这里就像个客厅,家具是具有洛可可风格的、做工精致的老式家具。客厅的墙上挂着一些古老的珍贵名画。我很奇怪这怎么会是我的家,便想:"真不错。"

但紧接着我就想起来了,我还不清楚一楼的样子呢。于是,我沿着楼梯走到了一楼。在这里,一切东西显得更加古老,我觉得可以追溯到15世纪或者16世纪。这里显得非常阴暗,摆设都是中世纪风格的,用红砖铺的地板。

我从一个房间走到另一个房间,心里想:"哦,看来我得好好观察一下整座屋子才是。"我走到一道门前,这道门显得非常厚重,我费了不少劲才打开它。我在门那边发现了一道通向地下室的石砌梯级。我顺着石梯走下去,走到尽头发现自己在一个有拱顶的美丽的房间之中,这个房间则显得更加古老。我仔细察看了四壁,发现在普通的大石块上砌有一层层的砖,并且在灰浆里发现有砖头的碎块。一看到这个,我就清楚地知道这墙壁可以追溯到罗马时代。到了这里,我的兴趣变得高涨起来。我更加仔细地观察地板,发现它是用石片铺成的,我在这些石片的其中一块上发现了一个环。我立即拉动这个环,石片就抬了起来,我又看到了一道窄窄的石级通往地下更深处。顺着这些石级,我走了下去,最后走进了一个低矮的洞穴,这是一个从岩石里凿出来的洞穴。一层厚厚的灰土铺在石洞的地面上,灰土中散布着一些骨头和陶片,就好像一种原始文化的遗物。我还看到了两个人的头盖骨,显然它们的年代很久远,而且快要裂成碎块了。这时,我醒了。①

在荣格看来,二楼就是意识层面,自己能觉察到的东西;一楼是个人潜意识层面,曾经有历史记忆的,带有个人情感烙印的东西;地下石洞是集体潜意识,这里的头盖骨代表我们的祖先,代表原始文化的残余。

"荣格认为就像我们把每个人的经验积累并归档在个体潜意识中一样,人类作为一个物种,也会将人类和史前人类经验放置于集体潜意识中,通过遗传传递给下一代。"②这就说明,远古祖先的心理体验有可能是人类心灵的基础,并引导和影响个体当下的行为,而集体潜意识就是有力的、具有控制性的、祖先经验的仓库。因此,在荣格看来,我们每个人不仅仅是当下的个体,也是个人过去经验的个体,还是印刻着先祖痕迹的个体。

现在世界上几乎所有的人都有害怕蛇的心理潜质,其原因就是在人类生命的早期,无论是黑夜,还是白天,对于以狩猎为生的早期人类来说,蛇都是令人恐惧的存在:蛇可以入侵早期人类居住的任何地方,无论山洞,还是树上。对蛇的恐惧经过一代又一代的积累,延续到生命的今天。当然,人类有害怕蛇的潜质,并不说明人类一定害怕蛇,毕竟个体潜意识的感受还受每个人的成长经历影响。

为了证明自己观点的合理性,荣格考察了世界各地的史前文化。他发现在很多距离遥远、没有任何沟通可能的地方,竟然出现了很多共同的主题和符号;不仅如此,荣格还发现在患者的梦境和幻想中也出现了与史前文化相同的符号。

集体潜意识理论,是荣格在弗洛伊德潜意识理论的基础上发展起来的、最伟大、最深奥,也是最具有争议性的部分。

二、原型

荣格对于集体潜意识的认知开始于原型,那么荣格是怎么发现原型的呢?

荣格与弗洛伊德亲密关系的决裂,对于 38 岁的荣格来说,是巨大的打击,

---

① 荣格.荣格自传[M].张小燕,译.长春:吉林出版集团股份有限公司,2019:113 - 114.本书对此处文献做了叙述性整理。

② 舒尔茨 D P,舒尔茨 S E.人格心理学:全面、科学的人性思考:原书第 10 版[M].张登浩,李森,译.北京:机械工业出版社,2016:61.

他一下子陷入极度痛苦之中。在这个时候,荣格大脑中常常出现一些幻觉,这些幻觉对荣格影响最深的是斐乐蒙老人的形象,每到荣格走投无路的时候,斐乐蒙就跳出来为他指点迷津。斐乐蒙这类在幻觉中出现的形象,让荣格产生了疑问:他们是从哪里来的呢?

荣格翻阅大量资料后发现,几乎每个国家的神话传说中都有类似斐乐蒙的形象,比如西方的先知、东方的老子……神话传说中出现的这种智慧老人形象是千百亿年来人类祖先积累的经验的形象化,是全人类共同的东西,是智慧的原始模型。幻觉中出现的这类形象虽然不能在意识中表现,但是会在梦中、幻觉中和神经症中以不同的象征形象表现出来,荣格把这种形象称为原型。看得出来,荣格理论中的原型是一种原始意象,是代代相传的、人类经验的形象化。

荣格认为原型具有反应的倾向性,即人类采取与自己祖先同样的方式来把握世界和做出反应,这种反应是通过大脑遗传下来的先天的潜能存在。例如,母亲原型慈爱包容,魔鬼原型冷酷严厉,英雄原型进取和无私。另外,原型还有内容的含义,原型作为先天性的心理反应模式,会把与之相关的经验吸引到一起,最终带着原型情结的能量进入个体生命。正如荣格所说的:"人生中有多少典型情境就有多少原型,这些经验由于不断重复而被深深地镂刻在我们的心理结构之中。这种镂刻,不是以充满内容的意象形式,而是最初作为没有内容的形式,它所代表的不过是某种类型的知觉和行为的可能性而已。"①

提出原型理论之后,荣格如同发现新大陆一样兴奋,结合自己的体验和神话传说,对原型进行深入的研究,提出了上帝原型、魔鬼原型、英雄原型、死亡原型、母亲原型等等。荣格认为原型虽然是集体潜意识中彼此分离的结构,但是却可以以某种方式结合起来。例如:英雄原型如果和魔鬼原型结合在一起,就是"残酷无情的领袖"的形象;英雄原型如果和母亲原型结合在一起,就是"无私奉献的领袖"的形象。正是这种不同组合形成的相互作用,才使得个体生命中的人格差异出现。

无论是原型,还是个体潜意识中的情结,它们的表达形式都是意象。所谓意象就是主观感受的形象化。从某种意义上说,患者主观感受中出现的一人、一物、一花、一草,都带有患者的主观情感,都是意象。例如:如果一个人内心恐

---

① 魏广东.心灵深处的秘密:荣格分析心理学[M].北京:北京师范大学出版社,2012:90.

惧,往往在梦中或冥想中就会呈现出魔鬼或者其他的恐惧形象;如果焦虑,往往会出现凶狠的狼狗或其他东西在追逐自己的画面。通过对原始意象的追寻,荣格找到了一条认识人类生命和人类感受的最深源泉、最初根基的途径。因此,在荣格心目中,原型不仅仅是认识和疗愈心灵的中介和手段,更是一种目的。

在众多的原型意象中,荣格对人格面具、阴影、阿尼玛、阿尼姆斯、智慧老人、自性等原型意象做了重点分析。

(一)人格面具

人在生活中,总是用不同的角色来处理生活中的问题。比如我:坐在心理咨询室里,是心理咨询师;站在讲台上,是教师;面对妻子,是丈夫;面对孩子,是父亲;面对父母,是儿子……不同的角色有不同的行为,这种适应社会生活的角色就是面具。面具就是表现给别人看的自己。

一个心理健康的人,面具切换自如,到什么山上唱什么歌;有心理问题的人,往往被某种面具支配。例如退休综合征,一个人,特别是长期在领导岗位上的人退休了,往往会出现焦虑、抑郁、失落、恐惧等心理问题,其原因就是一直戴着领导面具生活和工作,不知不觉中把自我融进了领导面具里;一旦退了休,没有了领导面具,感受不到在领导面具下享受的阿谀奉承,脆弱的自我就暴露无遗了。

很多人都是戴着面具生活了一辈子,常常把面具当成了真的自己,直到走到生命的最后一刻,才发现,自己一生都在戴着面具表演。正如荣格认为的那样:"自我可能会逐渐认同人格面具,而非个体的真实本性,从而导致人格面具膨胀。无论个体是扮演某个角色还是相信某个角色,都将求助于欺骗。第一种情况是个体去欺骗他人,第二种情况则是个体欺骗自己。"[①]澳大利亚演员希斯莱杰出演了小丑之后,入戏太深,导致患上了重度抑郁症,28岁离开了人世。

人格面具类似弗洛伊德理论中的超我,是以社会规范为行为准则的,适应社会要求而形成的角色定位;一个人如果过于受控于面具,本我(荣格理论中的阴影)被过度压抑,生命就会失去应有的活力和激情。

(二)阴影

阴影是和人格面具相对应的原型意象,当一个人戴面具久了,就会压抑生

---

① 舒尔茨 D P,舒尔茨 S E. 人格心理学:全面、科学的人性思考:原书第10版[M].张登浩,李森,译.北京:机械工业出版社,2016:62.

命中的本能欲望,这种被压抑的欲望就是隐藏在面具下的阴影。压抑久了,面具下伪装的自己和压抑的本能欲望(也就是阴影)形成冲突,随着冲突的加剧,往往会产生心理问题和障碍。

有这样一个案例:

某名牌大学博士,内心非常纠结和痛苦。原因是控制不住想"黄色"的东西,特别是见到美女,就有性冲动。该患者一方面很自责,认为自己人品低下,没有道德;另一方面又控制不住自己,以至于不能安心做实验,影响了学习和工作。

该患者一直品学兼优,积极上进,在家长、同学、老师眼里是德才兼备的好学生。久而久之,学校教育中的主流价值观成了患者强大的超我面具。在面具的压抑下,他内心深处的本我冲动,就变成了见不得人的阴影。随着被压抑的阴影的增加,阴影与面具的冲突也就越来越严重,成为心理问题。

金庸的小说《笑傲江湖》中,岳不群号称"君子剑",在"君子"的面具下,他内心贪婪奸诈的阴影愈加强烈,一旦阴影冲破面具,就露出了小人的奸诈。

从某种意义上说,阴影就是弗洛伊德理论中的本我,充斥着野兽、魔鬼、性冲动、死亡冲动等,有时也会激发出个体的创造激情和力量。当接受并释放了阴影,个体就会充满灵感、激情和力量,这也是具有创造性的人总是洋溢着生命本能激情的原因;反之,如果阴影被过度压抑,就会中规中矩,循规蹈矩,感受不到快乐,缺少创造力。所以"好孩子"常常收获不了顶尖的成就,而一个该学习就学习、该工作就工作、该玩就痛快地玩的人,往往灵感丰富,创造力强。在金庸的小说《笑傲江湖》中,令狐冲就是一个随性、狂放的形象,无论在什么情况下都表里如一,他的武学创造性灵感反而更多。

总之,阴影使个体的人格具有完整性和丰满性,让生命更具有活力和创造力;排斥和压抑阴影会使个体变得平庸。

(三)阿尼玛和阿尼姆斯

在生活中,有时候两个异性陌生人,第一次见面就有一种似曾相识的感觉,甚至一见钟情,就像《红楼梦》中贾宝玉第一次见林黛玉的时候说的"这个妹妹我见过"。这种现象之所以出现,就是因为每个人内心深处都有一个异性形象,荣格把男人身上的女性形象称为阿尼玛,把女性身上的男性形象称为阿尼姆斯。

荣格认为:"每个男人心中都携带着永恒的女性心象,这不是某个特定的女人的形象,而是一个确切的女性心象。这一心象根本是无意识的,是镂刻在男性有机体组织内的原始起源的遗传要素,是我们祖先有关女性的全部经验的印痕或原型,它仿佛是女人所曾给予过的一切印象的积淀……由于这种心象本身是无意识的,所以往往被不自觉地投射给一个亲爱的人,它是造成情欲的吸引和拒斥的主要原因之一。"①

从这段话,我们可以看得出来,在荣格的理论中,每个人都是雄雌的复合体,都有与自己性别形象相对应的异性形象,并且不自觉地根据潜意识中的异性形象产生对异性的感受、评价和选择。

无论是阿尼玛,还是阿尼姆斯的形成,都和个体早年生活经历中对异性的感知有关系。由于异性父母是个体最早见到的异性形象,所以异性父母的容貌和行为对个体形成阿尼玛和阿尼姆斯原型意象影响巨大。如果母亲温柔大方,那么男性心中的阿尼玛就会把母亲的特征内化为个体内在的自己,表现出豁达、随和、和蔼的正面形象;如果母亲脾气暴躁,那么个体心中的阿尼玛就会表现出敏感、冲动、神经过敏等负面形象。同理,父亲对于女性心中的阿尼姆斯形象的形成也是如此。因此,母亲往往是男孩潜意识深处的阿尼玛的化身;父亲往往是女孩潜意识深处的阿尼姆斯的化身。男孩往往参照母亲的内在、外在形象找对象;女孩往往参照父亲的内在、外在形象找对象。

阿尼玛和阿尼姆斯在与人格面具相处的时候要和谐共处,否则就会出现心理问题。如果阿尼玛和阿尼姆斯无限度地膨胀,甚至冲破了人格面具,那么男孩就会女孩化,女孩就会男孩化。同理,如果人格面具过度打压阿尼玛和阿尼姆斯,阿尼玛和阿尼姆斯就会转向潜意识寻求补偿,男孩往往外厉内荏,稍有挫折就会优柔寡断;女孩就会外柔内刚,具有温柔的外表,但做事心狠手辣,毫无同情心。

(四)智慧老人

荣格在自己最崩溃的时候,通过幻觉结识了斐乐蒙。斐乐蒙就是智慧老人的原型意象,他有白白的胡须,头上长着牛角,两翼展开,周身长满翠鸟的羽毛,拿着开启智慧之门的钥匙。在斐乐蒙的指引下,荣格走出困境,整合了自己,完

① 霍尔,诺德贝.荣格心理学入门[M].冯川,译.北京:生活·读书·新知三联书店,1987:54.

成生命的飞跃。古希腊神话中的索菲亚、赫尔墨斯,中国的孔子、老子、阿凡提等,都超越了一个具体人的内涵,而成为整个民族的智慧老人原型的象征。

智慧老人是潜意识智慧的形象化,他一方面能启迪人的思维,在绝望的时候给人以醍醐灌顶的指引,例如荣格在中年危机时看到的斐乐蒙;另一方面也有可能会膨胀为一种超自然的神力和智慧,进而影响整个人格结构的整合,例如某些具有偏执心理的精神分裂患者。其实,所谓智慧老人的智慧,是一种潜意识化解问题的呼声。如果个体能心平气和地倾听、感受潜意识,明白智慧老人只是自我潜能的形象化身,并不是神秘的力量,那么个体的人格就能得到健康、充分的发展。

智慧老人原型的形成,是在生命进化过程中人类智慧的集结。在个体生命之初,如果母亲对孩子充分地关心、关注、关爱,给予孩子抱持的养育环境,个体的内在自我就会形成强大的支撑,在以后的挫折中,智慧老人的形象往往也更丰满。否则,如果个体在婴幼儿时期,受到打压、拒绝、否定,内在智慧老人的形象往往单薄,不能形成对个体生命的支撑。抑郁症患者之所以感受不到内在生命的能量,精神疲惫,缺少方向和激情,就是因为缺少内在智慧老人原型的指引和启迪。

(五)自性

在荣格的理论中,生命是一个整体,而且从一开始就是一个整体,处于这个整体中心位置的就是自性。它像一块磁石把潜意识的其他原型吸引在自己周围;它又像一位优秀的厨师,把其他原型调到适合自己的位置,并使其处于和谐、稳定状态,让整个人格形成稳定感和一体感。

荣格与弗洛伊德决裂后,常常通过画圆圈的方式来释放自己的情绪,慢慢发现随着笔头的移动,画的圆圈呈现出向心的曼陀罗形象,而自己的内心也减轻了烦躁、混乱的感觉,达到了和谐、稳定状态。荣格把内心从凌乱、烦躁、冲突的状态发展到一种整合、统一、完整的个性化过程称为自性化。正如著名的心理学家安德鲁·赛缪斯所言:"自性化过程是围绕以自性为人格核心的一种整合过程。换句话说,使一个人能够意识到他或她在哪些方面具有独特性,同时又是一个普普通通的男女。"①对于荣格来说,画曼陀罗的过程就是走向自性化

---

① 申荷永.荣格与分析心理学[M].北京:中国人民大学出版社,2012:77.

的过程,曼陀罗是自性的显现。

自性化是在无意识过程中自然而然地发生的过程。在这个过程中,咨询师不能干涉,更不能左右自性化的进程。但是在患者自性化的过程中,咨询师也并不是毫无价值。心理咨询师能做的就是要给患者的自性化营造一个促进自性化的环境,让患者能够在安全、安静、放松的状态下完成自性化,而不是妄加干涉。

荣格认为对自性的认识是获得自性完善的途径。一旦患者有了对自己内在心理现实的了解,也就意味着把潜意识中的情结变成了意识中的觉知,进而明白自己对他人的愤怒都是情结的驱使,并自觉地调整,促进自性化发生,使自我内部以及自己与客体之间的关系走向和谐。心理咨询师可以帮助患者认知与理解梦和原型意象的象征意义,促进原型意象沟通整合。荣格认为宗教中的坐禅也是自性化的一种方式。

在荣格看来,原型理论对于心理咨询的价值非常大。在咨询中,患者内心深处积压的能量激活原型意象,被激活的原型意象能在意识的参与下形成整合。因为有了原型意象,患者就能把内心深处看不见摸不着的情绪转化为可以看得到的视觉形象,一旦有了这种饱含着患者内心情绪的意象,无论患者,还是咨询师,都能通过有形的意象认知压抑的情绪,也能循着原型意象的轨迹进行能量转化,甚至可以创造出新的内在形象。

下面是我咨询的一个案例:

患者,21 岁,平时比较敏感,易激惹。母亲控制欲强,唠叨;爸爸平时很少说话,严厉;爸爸妈妈关系不好,经常吵架,甚至打架。患者近期感到有一种内在力量,一直在冲击着自己,自己很难控制,非常恐惧。

在咨询过程中,我引导患者感受自己内在的恐惧,患者"看到"一个张牙舞爪的魔鬼形象(实质上是恐惧情绪的形象化);接着魔鬼变成了骷髅;然后又依次变幻出很多意象:骷髅长出肉、恐惧的自己、羞愧的自己、火焰、火焰中诞生一个英俊的骑士形象。

意象的转化,就是患者内心的调整和整合。下面是该患者意象整合的一个片段:

我化成一条红色的大龙,浑身充满着血液和龙的血肉,坚硬无比,坚不可摧。这条龙不仅力量无穷,而且有极大的接近无限的能量,能够应对周围所有事情,并且掷地有声,能够听取和接纳别人的意见和看法,是一条智慧的龙、野蛮的龙,也是一条好龙,是兼具力量与智慧、善良与英勇智慧的龙……除了那条红色的龙神之外,还有一条巨大的骨龙,它在哀鸣,好像很痛苦,很不舒服,想要杀死一切,毁灭一切,甚至不惜以粉碎自己为代价;好像在悲叹对别人的不甘和委屈,现在失去了一切东西,已经奄奄一息,即将归于尘土。骨龙流出的血把天空和尘土都映红了,世界又变为缤纷绚烂的世界,大家又幸福地生活在了一起,庆祝骨龙的死去。骨龙仍然有很多委屈和不甘,但是那些东西都化为了红血,流入了大海,把大海都染红了,然后大海变得混浊不堪。大龙神在大海上空翱翔,把大海中的红血都吸收了,终于变成了一条红色的巨龙,变成了一条温顺听话,能够接纳一切、放弃一切的龙神。最终,迅疾飞翔的龙变成了我自己……

三、梦与梦的治疗

荣格分析心理学的理论,决定了他在对梦的解析方面也与弗洛伊德有很多不同。弗洛伊德认为梦是一种潜意识的表达,是不被认可的欲望扭曲的形象化,梦就是通过扭曲的形象来伪装并逃避自我的检查,以达到释放潜意识能量的目的,不具备预言功能。弗洛伊德的释梦就是要运用自由联想的技术,剥去梦的伪装,发现梦想要表达的真实,而梦所表达的真实更多的是指向性本能。例如,患者如果梦到一头牛在吃草,引导患者从母牛开始联想,那么可能就会出现"草""草原""奶""母亲""父亲"等想象,进而把显梦中母牛的形象转化为隐梦中患者的真实感受。

荣格认为不仅被意识觉察到的生活内容会出现在梦中,不被所知的潜意识内容也会出现在梦中,梦是潜意识与意识交流的一种形式,分析梦能了解一个人的潜意识并能化解潜意识冲突产生的心理问题。在有关梦的理论中,荣格非常重视集体潜意识的价值,他认为个体潜意识和集体潜意识都会出现在梦中,而集体潜意识是全人类具有的共同经验的沉淀物,并蕴含着当下某些问题的答案和个体未来的发展方向,所以梦往往走在梦者的意识前面,具有预示功能。另外,荣格认为,梦根本不需要伪装,梦用自己的语言来表述,而原型意象就是梦的语言,因此对集体潜意识的原型解读是了解梦的重要途径。所以在荣格看来,解梦要运用原型理论,注重患者文化中的神话、传说、宗教、童话、寓言的意义和作用。

对梦关注的角度,荣格和弗洛伊德也是不同的。弗洛伊德更关注潜意识深层次的寓意,荣格更关注自我选择内在的原因。例如,如果梦见把钥匙插进锁孔里开锁这一画面,弗洛伊德关注的是性的主题,荣格关注的是为什么选择用钥匙开锁,而不是用铁丝、铁棒、锤头等。

荣格曾用这样一个案例来阐述他分析梦的方法与技术:

病人是一位男性,梦到一个醉醺醺、披头散发的泼妇。梦中的这位女人似乎是他自己的妻子,尽管与现实中他的妻子完全不同。荣格说,从表面上看,这个梦完全失实。梦者也认为是很荒唐的一个梦。若是让他开始自由联想,那么他肯定会愈加偏离梦的不愉快的一面,并且以其情结而告终。那样,尽管我们能够找到病人的情结,但却无法了解这梦的特殊意义。

对此,荣格解释道:梦中的"失实的妻子",正是他的内在原型意象阿尼玛,也就是其内在的女性形象。而这个内在的女性不仅仅没有得到良好的发展,而且有了堕落的表现,这也就是病人问题的根本所在。无意识通过梦境,表达了这么一种十分重要的信息和意义。①

对于梦的解析,荣格认为要了解梦者的生活经历和状态、梦的文化背景、梦中原型的具体内涵,并提出了联想分析、扩充分析和积极想象三种主要的方法和技术。联想分析就是咨询师通过联想技术引导患者感知梦中形象与自己生活事件的联系和内在情感,让患者把所联想的内容回归梦中,对梦中的意象进行分析;扩充分析就是从集体无意识的角度,分析梦中形象的原型意义,在神话、历史和文化背景下解读某一意象的比喻、隐喻和象征寓意;积极想象就是感受梦中形象并与之进行对话交流。

例如,患者如果梦到母牛在吃草,就会感受到生活中与母牛有关的人或事情(联想分析);知道母牛在中国文化中是象征耐劳与奉献的母亲形象(扩充分析);然后感知母牛的内心世界,甚至与母牛进行对话(积极想象)。

① 申荷永.荣格与分析心理学[M].北京:中国人民大学出版社,2012:89.

第三节　心理问题的治疗

一、积极想象技术

荣格是分析心理学理论的建造者,也是心理咨询的实践者。在咨询的过程中,他非常重视无意识层面的工作、象征性分析原理和感应性转化机制。无意识层面的工作不仅是深入患者的个人潜意识,化解患者潜意识深处的情结,也包括对患者集体潜意识原型意象的解读,例如梦表达的潜意识情感;象征性分析原理主要是针对情结意象和原型意象的解读方式,例如白鸽象征和平,松树象征不朽,水象征女性的柔情;感应性转化机制是咨询师和患者之间不再是一问一答、一个刺激一个反应的互动或反馈,而是具有"移情""共情""共时性"的特点,共融共生,一起成长,产生咨询中的移情感应、共情感应、共时性感应。

具体的心理咨询技术有"词语联想技术""梦的分析""积极想象"。"词语联想技术"和"梦的分析"前文已经讲过,这里不再赘述。现在我们着重了解一下荣格的积极想象技术。

1935 年荣格在讲述积极想象这一技术的时候,举出自己童年的例子:

在荣格的姑妈家里,有他爷爷的一幅像:作为主教的爷爷,配带着徽章,走出房门,站在台阶上……荣格说,他常常跪在一把椅子上凝视着这幅画像,直到觉得他走下了台阶。……荣格说,在 1935 年在塔维斯托克讲演的时候,"但我知道我看见他走了下来"。荣格接着说,你们看,就这样,那幅画像开始动了起来。同样,当我们全神贯注于头脑中的一幅图景的时候,它会开始动起来,意象会变得更加丰富,还会变化发展下去。[①]

从荣格的描述中,我们看到荣格的积极想象技术:当患者专注于自己的意象的时候,意象就有了自己独立的生命;咨询师引导患者主动参与到意象中,让自己与意象融为一体,甚至进行互动。荣格在《金花的秘密》一书中,对积极想象是这样描述的:"只要意识中没有主客观的对立,人的心灵就会由潜意识统治。在这种情况下,潜意识被吸收消化为内心的体验,也就是说被心理化了。这时,动植

---

① 申荷永.荣格与分析心理学[M].北京:中国人民大学出版社,2012:96.

物与人的界限打破了,人既是人也是动物植物,一切都是活的,鬼神无处不在。"①
"这样的心理事实最好的表达是,'不是我造就着心理,是心理主宰我'。"②

这是一种通过意象来调整心理感受的方法,现在的意象对话心理分析技术
就是对荣格积极想象理论的应用。

下面是我对患者做意象治疗时的一个片段:

我:现在调整你的身体,让自己坐在最舒服的位置,你可以闭上你的眼睛。
当你闭上眼睛的时候,你会感到非常放松,下面做几次深呼吸。当你深呼吸的
时候,你会感到你身体的每一块肌肉和神经都很放松。这个时候你可以想象离
开你坐的位置,走出房间。当你走出房间的时候,你会看到一条你从没看到的
小路,看到了吗?

患者:看到了。

我:这是一条什么路?

患者:这是一条非常窄的土路。

我:你可以沿着这条非常窄的土路,向前走。在向前走的时候,你看到周围
有什么?

患者:周围是已经枯黄的草,远处隐隐约约有一片树林。

我:好的,继续向前走,向前走的时候你又发现了什么?

…………

在治疗的过程中,我通过简短的对话,引导患者产生意象,并进一步形成与
意象的交流,最终达到改善患者情绪的目的。

二、荣格关于心理分析疗法四阶段的描述

"荣格把心理分析划分为四个阶段:倾诉、阐释、辅导、转化。"③而这四个阶
段分别对应了布洛伊尔、弗洛伊德、阿德勒和荣格的心理咨询理念。

第一个阶段是倾诉。每一位患者都是带着压抑的痛苦来做心理咨询的,心
理咨询师首先要做的就是让患者释放自己的痛苦。在这个阶段,咨询师要给予
患者一个抱持的环境,让患者充分表达。咨询师只是倾听,并向患者传达共情。

---

① 卫礼贤,荣格.金花的秘密[M].邓小松,译.合肥:黄山书社,2011:62.
② 卫礼贤,荣格.金花的秘密[M].邓小松,译.合肥:黄山书社,2011:70.
③ 申荷永.荣格与分析心理学[M].北京:中国人民大学出版社,2012:149.

在倾听的时候,咨询师最好不要轻易打断患者的表达,更不要与患者辩论。布洛伊尔就是运用这种谈话疗法治愈了安娜·欧,安娜·欧把这种方法戏称为"扫烟囱法"。

第二个阶段是阐释。在咨询的过程中,咨询师仅仅靠倾听有时候不能化解患者内心的痛苦。因为有很多患者自己都不知道自己痛苦的原因是什么,心理咨询师需要帮助患者找到自己真正痛苦的根源,也就是把潜意识的内容意识化。弗洛伊德就是采用自由联想的技术,让患者压抑在潜意识深处的秘密呈现出来,进而引导患者明白自己性压抑带来的纠结。

第三个阶段是辅导。有些病人做了精神分析,也产生了领悟,但症状并没有完全消除。阿德勒认为当患者明白了自己问题的原因之后,接下来就是教育和辅导。通过教育和辅导,患者会对未来产生信心进而形成新的动能。在阿德勒看来,所有的心理障碍都是自卑引起的,因此"鼓励"在整个过程中都处于中心地位,通过鼓励让患者获得勇气,进而形成积极的心态,并开始改变行为。

第四个阶段是转化。在心理咨询的实践中,荣格发现阿德勒的教育仅仅对那些普通的问题有作用;对于有严重心理问题的患者来说,教育不能让患者达到真正的满足。一个人要想在生活中活得明白,活得圆满,必须围绕着自性对自己内在的原型意象进行整合,也就是要进行自性化。

荣格式分析的重点是挖掘自性的种种变形,使人逐步认清自己的本质,并把它们整合起来,形成一个整体,超越善与恶、意识与无意识、自我与自性的二元对立。在荣格的分析理念中,咨询师和患者不是一般的共情和移情关系,而是一种"共时性"心灵感应关系,相融相生,共同转化。

回顾弗洛伊德和荣格,我们会发现这两位精神分析大师有很多的不同:弗洛伊德竭力向生物学方向靠拢,力求让心理学符合科学的逻辑;而荣格更重视生命个体的主观能动性,将人格看作一个整体,称之为"心灵",他认为个体心理(心灵)的成长受集体潜意识和社会环境的双重影响。他们的观点之所以有这么大的差异,我认为与他们成长的背景有关系:弗洛伊德博览群书,受达尔文进化论影响比较深;荣格母亲家族的宗教背景深刻地影响了荣格,使得荣格的分析心理学更强调心灵的主观性。荣格的这种理论也开启了心理学发展的一个新方向,家庭系列排序、沙盘治疗、绘画治疗、意象治疗等心理咨询技术都与荣格的分析心理学理论一脉相承。

第三章　阿尔弗雷德·阿德勒的个体心理学

第一节　阿德勒的生平

阿尔弗雷德·阿德勒曾经说过这样一句话："熟悉我生活的人能够很清楚地发现我的童年和我所表达的思想之间的一致性。"①所以研究阿德勒的个体心理学,不能不解读阿德勒一生的经历。

1870 年 2 月 7 日,随着婴儿的一声啼哭,心理学界另一颗璀璨的明星降临到奥地利维也纳的彭钦镇,他就是阿尔弗雷德·阿德勒。阿德勒从出生的那一刻起,就几乎注定了自卑与超越自卑将成为他生命的主要内容。矮、丑、病、笨、驼背等带有贬义色彩的形容词伴随着阿德勒度过了整个童年。更让阿德勒感到憋屈的是,大他 2 岁的同父同母的哥哥却长得身材高大,威武英俊,聪明活泼,堪称完美。比较,产生自卑。阿德勒从小就在与哥哥的比较中咀嚼着自卑的痛苦。甚至到了不惑之年,阿德勒提及他的哥哥,还是醋意满满的:"西格蒙德,一个善良又勤奋的家伙,他一直比我强,一直比我强……"②(阿德勒的哥哥也叫西格蒙德,与弗洛伊德同名。)

3 岁的时候,阿德勒眼睁睁地看着小他 2 岁的弟弟因白喉病死在自己身边。弟弟的去世,让幼小的阿德勒内心蒙上了一层恐惧的死亡阴影。更悲催的是,阿德勒在 5 岁的时候,得了严重的肺炎,一直高烧昏迷,医生都束手无策,甚至下了死亡诊断。不过,令人惊奇的是阿德勒竟然活了过来。这次起死回生,直接影响了阿德勒成年后的择业方向。

后来,阿德勒在他的回忆录中写道:"当我康复以后,我立即决定以后要成为一名医生,那样就可以更好地抵御死亡的威胁,并要有比那个家伙更高明的

① 舒尔茨 D P,舒尔茨 S E. 人格心理学:全面、科学的人性思考:原书第 10 版[M].张登浩,李森,译.北京:机械工业出版社,2016:73.
② 月半弯. 极简心理学:精神分析的那些事儿[M].北京:民主与建设出版社,2019:185.

医术,我要坚持走下去,哪怕我和目标之间存在众多的困难……"①

阿德勒的求学之路并不顺利,因为数学成绩不好,阿德勒一度被老师视为"学渣",甚至被老师建议去做鞋匠。不过,也许是老师的话刺激了好胜的阿德勒,最终阿德勒逆袭成为数学科目的"学霸"。这是一件让阿德勒非常自豪的事情,以至于他在以后的人生中多次扬扬自得地提及这件事。

也许冥冥中阿德勒将与大自己 14 岁的弗洛伊德有一段缘分:阿德勒与弗洛伊德都是犹太人,而且都住在维也纳,他们就读的中学和大学也是同一所学校,选修的专业都是医学,也都对心理学有浓厚的兴趣。不过,与弗洛伊德更多地得到母亲的宠爱相反,阿德勒在成长经历中得到更多的是父亲的爱,对父亲情感更深一些。直到成年,阿德勒一直都记得父亲对他的激励:不能被眼前的困境束缚,不能相信眼下的困难就是你的一生,要勇敢地去突破,创造自己的生活。

不同的家庭养育环境,从某种意义上也预示了他们将来的思想会有剑拔弩张的冲突。

1895 年,阿德勒在维也纳大学获得医学博士学位,并在大学与他的妻子罗莎相遇,罗莎是个有着社会主义思想的俄国人,阿德勒一生都深受其思想的影响。大学毕业后,阿德勒开了自己的诊所,阿德勒的诊所处在犹太人和基层体力劳动者的居住区域。当地经常有一些杂技演出,阿德勒发现一些杂技演员的技艺非常精湛,甚至可以称之为绝活,然而他们的身体却一般都有这样或那样的缺陷。这个发现,给了阿德勒启发:"人有自卑并不奇怪,它是人类改善自身处境的动力。"②也许从这个时候开始,阿德勒个体心理学关于"超越自卑,追求卓越"的人格成长动力就开始有了萌芽。

在开诊所期间,阿德勒认识到人一旦死亡就无法挽回,而得了心理问题却有更多挽回的机会。于是阿德勒把自己的事业转向了心理学。1902 年,阿德勒偶然看到了弗洛伊德的《梦的解析》,并且写了一封支持弗洛伊德观点的公开信。公开信发表不久,阿德勒就收到了弗洛伊德寄来的参加精神分析活动的邀请函。

1902 年秋天的一个星期四晚上(没错,著名的"星期三心理学会"的第一次

---

① 月半弯. 极简心理学:精神分析的那些事儿[M]. 北京:民主与建设出版社,2019:182.
② 阿德勒. 自卑与超越[M]. 陈玢,译. 北京:民主与建设出版社,2019:46.

聚会是在星期四),在维也纳贝格街 9 号私人诊所里,包括弗洛伊德和阿德勒在内的五名犹太人医生围坐在一张会议桌旁,举办了一次心理学术会议。这就是现代心理学发展史上著名的"星期三心理学会"的第一次集会。

开始,阿德勒的很多观点都得到弗洛伊德和其他同人的认同,甚至在荣格出现之前,弗洛伊德一度将阿德勒视作精神分析运动的接班人。但是,随着学术讨论的深入,阿德勒与弗洛伊德的分歧变得越来越大。阿德勒对弗洛伊德的性本能从一开始就不认可,他更倾向于把生命的动力归结于"超越自卑,追求卓越"。阿德勒的观点,在弗洛伊德看来无疑是大逆不道,因为这种观点动摇了弗洛伊德理论的核心——性本能。

最终,1911 年阿德勒辞去维也纳精神分析研究会的主席一职,带着自己的观点创办了新精神分析协会(后改名为"个体心理学会")。

阿德勒的离开让弗洛伊德很受伤,弗洛伊德一度称阿德勒得了妄想症。一直到阿德勒去世,弗洛伊德都没有原谅他。弗洛伊德的追随者更是诋毁阿德勒"太肤浅,没有办法理解精神分析的深刻"。阿德勒也针锋相对地说,弗洛伊德的理论是淫秽的、堕落的理论,是一个被母亲宠坏了的孩子发展的理论,而且非常反感别人说自己是弗洛伊德的学生。

1912 年,阿德勒发表个体心理学的开山之作——《神经症的形成》。在书中,阿德勒阐述了自卑感的作用,并提出了"追求卓越"等个体心理学核心概念。1914 年,第一次世界大战爆发,战争促使阿德勒思索"为什么发生战争""如何避免战争""人类的未来在何方"。伴随着 4 年的战争,阿德勒思考了 4 年,最终他把提升"社会兴趣"作为避免战争、走向和平之路的灵丹妙药。

所谓社会兴趣就是个体与生俱来的与他人合作、实现个人价值的潜能,没有社会兴趣的人可能成为神经症患者,甚至成为罪犯。

一战后,阿德勒和他的同事及学生,在维也纳 30 多所中学建立了个体心理学诊所。这些诊所不仅解决学生的心理问题,也对老师进行培训。阿德勒希望通过对个体心理学知识的传播,完善儿童健康的人格,事实上也成绩斐然。据统计,1921 年到 1934 年,维也纳的青少年犯罪率大大降低。这些成就一方面证明了阿德勒的成功,另一方面也彰显了儿童心理健康的重要性。

1926 年后,阿德勒两次访美讲学,并取得巨大成功;1929 年定居纽约,成为美国哥伦比亚大学的访问教授;1932 年出版个体心理学巨著《超越自卑》,并被长岛医学院聘为医学心理学教授;1937 年 5 月 28 日在欧洲讲学旅行途中,心脏病突发,病逝于苏格兰阿伯丁,终年 67 岁。

第二节　阿德勒和弗洛伊德思想上的冲突

1913 年,阿德勒将脱离弗洛伊德后建立的自由精神分析学会更名为个体心理学会。至此,个体心理学正式开山立派。

阿德勒之所以将自己所创立的心理学称为"个体心理学",是因为他更关注个体的独特性,反对弗洛伊德将人归因于普遍的生物性动机和欲望。阿德勒认为"必须把人理解为一个整合和完整的个体"①,必须在自然、社会、环境中理解人,而不是像弗洛伊德那样把人格看成很多碎片的集合。

阿德勒认为,"在个体心理学,我们考虑的是精神本身,是统一的心灵"②,人的思想、行为、价值观等都是一个整体,而不是无数个零件的组合,他反对把人格拆分为本我、自我和超我。他认为,人每一个反应、每一个冲动、每一个活动,都是人格整体特征的外显。

不仅生命个体的内部结构是一个整体,而且个体与其所处的环境也应该是有关系的。阿德勒认为,"人主要是由社会关系所驱动的,而不是性驱力"③"人类生活离不开意义的领域"④"生活的意义在于关心他人并与他人合作"⑤。在阿德勒看来,世界上的每一个事物都与周围环境有关系,一个事物的意义就在于与其他事物存在着关系,整个世界就是一个系统的关系世界,人作为社会上的生命个体,必须在社会关系中寻求意义。

此外,与弗洛伊德强调潜意识的作用不同,阿德勒更看重认知的价值。

潜意识理论是弗洛伊德的三大理论支柱之一(精神分析三大理论支柱分别

---

① 科里. 心理咨询理论与治疗的理论及实践:第八版[M]. 谭晨,译. 北京:中国轻工业出版社,2010:70.

② 阿德勒. 自卑与超越[M]. 陈玢,译. 北京:民主与建设出版社,2019:39.

③ 科里. 心理咨询理论与治疗的理论及实践:第八版[M]. 谭晨,译. 北京:中国轻工业出版社,2010:70.

④ 阿德勒. 自卑与超越[M]. 陈玢,译. 北京:民主与建设出版社,2019:2.

⑤ 阿德勒. 自卑与超越[M]. 陈玢,译. 北京:民主与建设出版社,2019:8.

是潜意识论、性欲论、梦论),弗洛伊德认为在人类的心理活动中,意识只是微不足道的一部分,潜意识才是心理活动的主体和动力所在。在弗洛伊德看来,人本能的欲望与被内化的社会规范的冲突形成了心理问题,心理问题是无意识冲突的表达。

阿德勒更强调意识的作用,重视个人的选择和责任、生活的意义以及个体为追求成功所做出的主观努力,认为个体有能力去解释、影响甚至创造自己的生活事件,心理治疗应该关注个体意识范畴而不是无意识。

在阿德勒看来,个体在意识上追求优越感的目标是非常强烈的,"我们每个人多少都会采用这个意义——成为神或接近神的圣。即便是无神论者,他也想征服神,比神更高一筹"①。如果个体在追求优越感的行动中遭受失败,就会导致逃避社会的认知和行为发生。逃避,意味着个体与社会形成隔离;隔离,必然会导致神经症。在阿德勒的理论中,患神经症的根本原因在于患者对人生价值的错误认知,这种错误的认知割裂了人和世界的关系,把自己封闭在一个与世隔绝的小岛上。几乎所有的心理问题患者和刑事罪犯都不同程度地存在着社会意识发育迟缓、缺少与他人沟通的能力、不能与他人合作之类的问题;而心理健康的人总是与人友善,善于向别人学习,并为社会做出自己的贡献。

根据弗洛伊德和阿德勒的理论,我们可以推想:一个因恐惧而一个多月没有上学的大学生,如果找弗洛伊德咨询,弗洛伊德会从患者的成长经历中,特别是俄狄浦斯冲突中寻找不来上学的恐惧根源,进而让患者明白他这种不上学的行为是源于潜意识深层的恐惧心结;如果找阿德勒咨询,阿德勒会更强调意识的作用,直接对他说:"其实你可以去上学的,你之所以不去上学不是因为其他原因,而是你自己选择了不上学,你认为不上学比上学更让你快乐!"

现在看来,弗洛伊德和阿德勒的理论之所以有如此大的差异关键在于他们观察问题的角度不同:弗洛伊德是从潜意识视角看心理问题发生的深层原因;阿德勒看到的是有心理问题或行为不良的人在社会生活中的表现,从意识的视角去寻找问题发生的原因。观察问题的角度不同,发现的问题自然不同,正如中国诗人苏轼所言:"横看成岭侧成峰,远近高低各不同。"

阿德勒的个体心理学思想是在弗洛伊德领导的精神分析学派内部,第一个

---

① 阿德勒.自卑与超越[M].陈玢,译.北京:民主与建设出版社,2019:51.

敢于对弗洛伊德说"不"的心理学体系,这是一次精神分析理论内部的学术争鸣。这种争鸣虽然带来了人身攻击的诟病,但是也使以后的精神分析学者不得不关注社会因素的重要性,对后世喷薄而出的自我心理学、人际关系心理学、客体关系心理学的形成和研究都有着非常重要的影响。

第三节　自卑与超越自卑

开始,弗洛伊德把性驱力作为冲突和心理问题的根源。不过,需要特别指出的是,弗洛伊德虽然把性驱力作为动力的根源,但并没有否定性驱力以外的其他动力,比如生存本能,只不过他认为性驱力以外的其他驱力都是性驱力衍生的冲动和愿望。弗洛伊德所说的性驱力并不是狭义指两个人的性交,而是身体器官的舒适感,比如口腔欲、肛门欲、生殖器欲等。后世的学者,甚至阿德勒,常常狭隘地认为性驱力就是两性关系,我个人认为是不妥的。

后来,特别是第一次世界大战爆发后,面临侵略者的屠杀和破坏,弗洛伊德对驱力有了另外的见解:攻击也是一种驱力。不过,在当时他依然把攻击欲看作是性欲的衍生品。直到1920年,弗洛伊德才赋予攻击和力比多在驱动心理过程中的同等位次,这就是后人所说的"双重驱力理论"。

阿德勒从一开始就对弗洛伊德的性本能不认同,他明确地提出"我们每个人都有不同程度的自卑感,因为我们都想要改善自己所处环境不如意的地位"[1]。在阿德勒看来,自卑感就是人格发展的动力,也是社会发展的动力,正如阿德勒说的"事实上,依我看来,我们人类的全部文化都是以自卑感为基础的"[2]。

阿德勒提出这一观点,应该与他本人的成长历程有直接的关系。阿德勒从小就自卑,为了克服自卑,他一次又一次地挑战自己的恐惧,最终获得成功。例如,成年之后的阿德勒在脑海里一直印刻着一段童年的记忆:在他上学的路上,会路过一个公墓,他每次走过都很害怕,但是他的同学却不害怕。为了克服自己的恐惧,阿德勒故意把书包扔在墓碑后面,然后多次来回穿过公墓,直到他克

---

① 阿德勒.自卑与超越[M].陈玢,译.北京:民主与建设出版社,2019:43.
② 马莹.心理咨询理论研究[M].北京:人民卫生出版社,2010:49.

服了自己内心的恐惧。然而,后来阿德勒与其他同学谈及这件事,其他同学都没有关于坟墓的记忆。

自卑是所有的人共有的,也是必不可少的。每一个婴儿出生时都是以弱者的形象在这个世界上出现的,面对周围人这些"庞然大物",婴儿自然会产生弱者所共有的自卑心理;再者,婴儿要生存就必须从养育者那里索取必要的物质,作为脆弱的索取者,面对"无所不能"的养育者必然产生自卑心理。所以刚刚诞生的新生命面对早已在世界上存在的他人会产生无法回避的自卑感。

在成长的过程中,让孩子自卑的因素也几乎无时无刻不存在。阿德勒的理论阐述了以下几种主要因素:

养育者的溺爱。养育者对孩子的溺爱,势必会剥夺孩子自我探索的机会。一旦失去了自我探索的机会,就只能坐享其成,孩子看着养育者或者他人做成一件一件自己不能完成的事情,自然会滋生出自卑心理。另外,溺爱也常常会让孩子形成唯我独尊的心理,只会索取而不付出,往往不能体谅别人、爱别人,更不懂与他人合作,一旦进入社会,遇到自己无法化解的问题时,通常会以一种假装的"优越感",来隐藏无所适从的自卑感。

养育者的忽视。养育者的忽视(包括虐待),让幼小的孩子独自应对生活中的无奈,孩子内心自然会充满危机感,自我存在感不强、安全感不充分,感到周围的环境充满敌意和危险,活得战战兢兢,如履薄冰。

躯体的缺陷。最初,阿德勒将自卑感与身体的缺陷联系起来,认为有身体缺陷的人会自认为被别人瞧不起,性格变得孤僻、胆怯,意志消沉,丧失生活的信心。后来,阿德勒扩大了机体自卑概念的范围,认为任何身体的、精神的或是社会的障碍,都会激发人的自卑心理,而不管是真实的还是想象的障碍。例如,厌食症患者,并不是身体真的肥胖,而是认为自己肥胖。

那么,自卑在人格中扮演什么角色呢?

阿德勒认为,"自卑感会带来压力,迫使个体采取补偿性举动来取得优越感"①,当个体在躯体上或者其他方面存在缺陷的时候,会非常痛苦,进而努力用自己的成功去抵消因缺陷带来的痛苦,这就是阿德勒个体心理学理论中与自卑对抗的生理和心理"补偿"。例如:个子矮的女人总爱穿高跟鞋,整容的女人

① 阿德勒.自卑与超越[M].陈玢,译.北京:民主与建设出版社,2019:44.

都认为自己的身体有缺陷,这是生理的补偿;阿德勒因为小时候体弱多病,渴望成为一名医生,这是心理的补偿。但是,过度补偿会使人脱离现实的生活,用一种自我幻想或敏感冲动的方式去应对生活的问题,陷入孤独和痛苦的泥潭。下面是我咨询的一个案例:

患者,女,38 岁,在事业单位上班,小时候父母离婚,患者跟着父亲,继母有一个比患者大 5 岁的女儿。在成长经历中,因为父亲常年不在家,患者感到总是被继母和这个异父异母的姐姐欺负,在恐惧焦虑中长大。工作后,患者内心缺少安全感,总担心别人伤害自己。有时候同事不经意说的一句话,患者就觉得是针对自己,控制不住情绪与别人发生冲突,致使患者不愿意与人接触,内心很痛苦。

自卑使患者防御过度,他人不经意说的一句话,患者就觉得是针对自己,控制不住情绪与别人发生冲突,进而"会想尽一切办法去避免面对失败,而不是追求成功"[①]。这样,患者为了避免面对失败,就限制自己的活动范围,甚至龟缩在家里,失去了追求成功、积极应对的勇气。

在阿德勒看来,自卑激发了个体追求优越的欲望和行为,成为人格发展的动力;为抵消自卑而形成的过度补偿,是心理问题形成的根源。

第四节　虚构目的论

弗洛伊德重视童年的经历,特别是俄狄浦斯冲突带给人的心理创伤,认为个体之所以出现心理问题,是因为过去受到的创伤。

阿德勒认为弗洛伊德的理论错了,错在过于强调"过去"。毕竟在个体的成长经历中,几乎每个人都或多或少地有过创伤,但是有心理问题的个体毕竟是少数。另外,即使知道曾经的创伤形成了人的心理问题,对化解心理问题的价值也不大。就如同一个人得了感冒,即使医生告诉他,是因为昨天淋雨受凉了,患者的感冒也不能疗愈。

与弗洛伊德的因果论不同,阿德勒更重视指向未来的目的,认为每个人都

---

① 阿德勒.自卑与超越[M].陈玢,译.北京:民主与建设出版社,2019:44.

根据自己设定的目标进行思维、感受和行动,不管正常人,还是有心理问题的人,即使目标是虚构的。因此,要想了解一个人,就要了解其为之努力的目标。

学生刻苦学习是因为相信努力能够考上大学。

登山者攀越高峰是因为相信自己能够攀越。

搞传销的是因为相信自己能挣到大钱,虽然事实上他们的认识是错误的。

"阿德勒认为我们的目标是虚构或想象的理想,不能被现实所验证,我们依靠这样的理想而生活。"①这种目标,哪怕是虚构的,都深深地影响着我们对周围世界的知觉和互动,我们依靠这样的目标而生活。正如,信仰宗教的人面对现实生活的无奈和艰辛,依然坦然自若,从某种意义上就是相信来世会有福报。

"个体心理学假设所有的人类行为都有其特定的目的,人类会自己设定目的,而且会依据这些目标做出种种行为。"②对于个体来说,最重要的不是"从哪里来",而是"往哪里去"。只有知道自己生命的方向,个体才能让自己向着认定的方向前行,而不是总纠结于过去。正如开拓者能够筚路蓝缕奋勇向前,就是相信自己的努力必将会获得成功,而不是一味地纠结于曾经失败了多少次、前行的道路多么艰难。

需要指出的是,阿德勒反对强调过去,并非忽视过去经历的重要性。阿德勒更强调以时空整体的视角寻找生命的连贯性,认为个体做出的决定建立在过去的经历、现状以及未来方向的基础上。在阿德勒看来,心理健康者和有心理问题的人的虚构目标之间的差别在于与事实相关联的程度和虚构的僵固性上。

假如因为工作失误,被领导指责,心理状态不同的人会有不同的虚假目标(心理设想)。

心理健康的人:这次失误,可能给领导留下不好的印象,不过,失误也是有原因的。(就事论事,对当下的设想)

有焦虑症的人:领导以后可能再也不会重用我了。(对虚构的未来担心)

有抑郁症的人:我没有能力,没有人看得起我。(把"一次失误"固化成一种"我不行"的"信念")

---

① 舒尔茨 D P,舒尔茨 S E. 人格心理学:全面、科学的人性思考:原书第 10 版[M]. 张登浩,李森,译. 北京:机械工业出版社,2016:75.

② 科里. 心理咨询理论与治疗的理论及实践:第八版[M]. 谭晨,译. 北京:中国轻工业出版社,2010:72.

对于有心理问题的人来说,他们常常把一个脱离事实依据的虚构目标当成自己坚守的信念,并且不断地强化,不允许自己有其他的备选项,从而固化自己的状态,给自己的生活带来困扰。在虚构目标不断被固化的过程中,现实的价值感会逐渐减少甚至荡然无存,探索生活的勇气也会越来越少。

第五节　生　命　风　格

生命风格即"活法",就是个体在克服自卑、追求卓越的过程中,用来化解生活问题,适应生活的方式和方法。

每个人都在自卑的驱使下追求卓越,但是成长经历不一样,生活环境不一样,追求优越目标和实现目标的方式也不同。阿德勒认为:"在儿童成长时期的第五年,孩子们便形成了自己特有而固定的行为模式。"[①]这一点与弗洛伊德的观点很相似,弗洛伊德认为人在 6 岁之前完成了超我,个体完整的人格结构基本上就形成了。

具体而言,个体的生命风格主要包括自我概念、自我理想、对世界的看法以及非伦理观念四个方面。自我概念是关于"我是谁"的信念,自我理想是关于"我到哪里去"的认知,对世界的看法主要体现在"世界是什么样的"的人生观,非伦理观念主要体现在"什么是对的,什么是错的"的价值观。例如,有心理问题的个体和心理健康的个体的生命风格是不同的:有心理问题的个体总担心失败,心理健康的个体总是渴望成功。

孩子在四五岁之前,主要在家庭环境中成长,所以家庭是影响个体生命风格的主要原因,具体而言,包括父母的心理状态和关系、家庭状态、出生顺序几个方面。

父母的心理状态和关系。如果父母心理是健康的,给孩子一个充满爱和自由的环境,那么孩子就会形成积极、乐观、敢于探索的心理;如果父母有心理问题,而且彼此冲突不断,无论是忽视孩子的成长,还是虐待孩子,都容易使孩子形成心理问题。

---

① 阿德勒.自卑与超越[M].陈玢,译.北京:民主与建设出版社,2019:11.

家庭状态。穷人家的孩子过早感受到生命的艰难,往往有自卑心理;中产阶层家庭更看重孩子未来的发展,重视孩子教育而对孩子过于严格要求,反而会增加孩子内心的焦虑;富人家庭,因为物质条件优越,常常会放松对孩子的培养,孩子就会因缺少约束而没有集体观念;单亲家庭的孩子往往因家庭不完整而内心脆弱和敏感;与老人生活在一起的孩子往往因被长辈溺爱而不能形成独立的人格。

出生顺序。不同出生顺序的孩子,在家庭中成长的环境不同,不同的成长环境促使他们竭力调整自我,从而形成了不同于他人的生命风格。

一般而言,长子女都曾经历过"众星捧月"的"独宠"时光,也经历过老二出生后的"门前冷落":这种环境上的强烈反差,长子女不可能平静地接受,除非长子女能坚信父母对他(她)的爱。这种成长背景下的长子女往往会通过不停地制造各种麻烦,引起父母注意。如果父母依然忽视长子女而把关注点放在弟弟妹妹身上,长子女就会把自己的委屈和怒气压抑在内心深处,在行为上变得易激惹、挑剔或叛逆。因此,长子女的梦境常常会呈现出一些从高处坠落的画面。长子女对母爱的争夺会持续很久,甚至一生。成年后,如果不得志,长子女往往脾气古怪、畏首畏尾、不善于与他人合作而变得孤独;一旦得势,就感到别人随时会取代自己的位置而变得小心多疑。不过,长子女如果成长顺利,没有感到父母的忽略,就会在帮助父母照顾弟弟妹妹的过程中变得乐于助人,而且有很强的组织能力。

第二个孩子一出生就在同哥哥或姐姐分享父母的关爱,所以出生后就学会了与他人合作。当然,因为有哥哥或姐姐的竞争,第二个孩子也会产生危机感而变得更加努力。因此,第二个孩子的梦境常常会出现赛跑、追火车或者其他竞技类比赛的内容。

幼子出生后不仅能得到哥哥或姐姐的照顾,而且不用担心弟弟或妹妹的威胁,还不用照顾他人,所以能集中精力追求成功,而不会顾及他人的感受。此外,如果家人过于宠爱,则常常会使得幼子缺少独立性,而且贪婪,甚至自卑。至于幼子的自卑感,是很容易理解的:在整个家庭中,周围的人都是"庞然大物",而且经验丰富,唯独自己既小又弱,有自卑情绪是必然的。

独生子女虽然没有其他兄弟姐妹的竞争,不过也有"敌人",那就是父亲——感到父亲在抢夺应该全部属于自己的母亲。母亲的过度疼爱,有时候会使孩子滋生出"恋母情结"。另外,有时候妈妈说"再给你生个弟弟或者妹妹"这类的玩笑话,也会让独生子女感到担心。独生子女长大后,一旦感到自己不再是周围人瞩目的焦点,常常会愤愤不平,甚至不能控制自己的情绪。阿德勒认为"问题儿童中,第一个孩子的比例最大,其次是最小的孩子"①。

在阿德勒看来,孩子的出生顺序影响孩子的生命风格,但并不绝对。例如,如果孩子年龄相差太大,后面的孩子因为没有感受到哥哥或姐姐的竞争,也可能会呈现出长子女或独生子女的特征。

孩子 6 岁之后,更多的是受学校老师和同学的影响,有时候老师不经意的一次表扬或者否定,就会影响孩子一生。中国孟母三迁的故事就说明了教育环境的重要性。

阿德勒认为,性格特质(即人格)"并不像许多人所认为的那样是遗传得来的,也不是先天具有的"②。在个体心理学看来,人格是在战胜自卑和追求优越的过程中形成和发展的,自卑心理能促使个体努力去克服自卑。生命过程中的环境和不同的生活方式塑造着孩子,每个孩子都在环境的模式中发展出自己的生命风格,而生命风格则是指导以后行为的框架。

个体有四类生命风格:

支配—统治型。这种人像君主一样,颐指气使地安排或者命令周围的人按照他的意愿做事情;又如同疯狂的野兽,肆无忌惮地攻击别人。其实,这种看似强大的支配—控制行为并不能说明其内心真的强大,恰恰相反,他们是心灵的弱者,这种人内心缺少安全感,边界感不强,想通过控制别人来显示自己的强大。阿德勒认为违法少年、自杀者、吸毒者多属于支配—统治型的典型代表。

索取型。这种人依赖心理比较强,总想着从别人那里获取一切,就像笼子里的鸟、温室里的花朵,没有独立觅食的能力,经不起风雨的吹打,缺少自信,以弱者的姿态存在。一般而言,溺爱环境下长大的孩子,多呈现出坐享其成、不劳而获的心态。

回避型。这种人缺少解决问题的锐气,也没有承担失败的勇气。逃避,是这种人处理问题的主要方式。面对自己爱的人,"明明很在乎,却假装不在乎;明明很喜欢,最后却选择了错过","想要的,没勇气;喜欢的,不敢争取",一直在

---

① 阿德勒.自卑与超越[M].陈玢,译.北京:民主与建设出版社,2019:119.
② 阿德勒.洞察人性[M].欧阳瑾,译.北京:台海出版社,2018:133.

虚幻的想象世界里,感受自我的存在。成长经历中一次次的创伤,让他们更愿意像乌龟一样把头缩在坚硬的防御壳里。

对社会有益型。这种人能直面生活中的风风雨雨,能够与别人合作,为他人谋福利。这种人心理是健康的,多成长于和睦而充满爱心的家庭,在自由的环境中长大。

阿德勒虽然认可并重视成长经历和环境对人格的塑造,但是并不像弗洛伊德那样坚信人格的发展是被动地被人格结构中的本我力量和原始生命动力中的生本能、死本能所驱动。"他认为,一个人能够发挥主观能动作用,按照自己的生活风格决定自己的人格能力,使之与外界协调。"①在阿德勒的理论中,人作为有意识、有逻辑思维的生命个体,是有能力理性选择自己生命风格的。

在阿德勒论述的生命风格概念里,体现着三层含义:环境和成长经历塑造着生命的个体性;生命风格不是完全被环境被动雕琢的,而是存在着个体意识主动创造的成分;生命风格是个体生命的特色,具有个性化表征。

生命风格在个体心理学中是一个非常重要的概念,对此,阿德勒提出了三种研究途径:出生顺序、早期记忆、梦的分析。("出生顺序"的内容前文已有论述,在此不再赘述。)

阿德勒认为,"记忆绝不是偶然的……他会不断地从这些故事中寻求警示或慰藉,用这些故事帮助其集中精力在自己的目标上,并参考过去的经历,用已被检验过的行为方式来帮助其应对未来"②。言为心声,一个人的早期记忆表达的往往就是个体潜意识深处当下的心理状态,而这种心理状态决定了一个人的为人处世、与别人的关系以及生活目标和生命风格。

阿德勒在《自卑与超越》中,记录了一个女孩的最早记忆:

"因为我和我妹妹是家中最小的两个孩子,我需要在家照顾她,直到她可以上学了,我才能上学,我们同一天上学。我仍然清晰地记得,妈妈逢人便讲我们第一天上学时她是多么寂寞。她说'那天下午我好几次跑到大门口,盼望着女儿们回来。我担心她们再也不会回家了'。"③

通过这段文字,我们可以断定这个女孩与她的妹妹是竞争关系,母亲是焦

① 马莹.心理咨询理论研究[M].北京:人民卫生出版社,2010:51.
② 阿德勒.自卑与超越[M].陈玢,译.北京:民主与建设出版社,2019:61.
③ 阿德勒.自卑与超越[M].陈玢,译.北京:民主与建设出版社,2019:64－65.

虑的,所以这个女孩潜意识里会感到别人是阻碍或限制自己发展的主要障碍,在日常生活中往往有妒忌心理,担心竞争,不愿意接触比自己小的女性。

我们再看前文提及的阿德勒自己的早期记忆:"成年后的阿德勒所能回忆起的一个早期记忆是他5岁时刚刚入学,他很害怕,因为去学校时要穿过一个公墓。"①为了终结自己的这种恐惧,阿德勒强迫自己多次去公墓,直到克服了这种恐惧为止。

30年后,阿德勒与同学谈及这段经历,所有的同学都说在去学校的路上根本没有公墓。由此可见,这段记忆是虚构的。然而这段虚构的记忆,却折射了阿德勒当时的心理状态及其对阿德勒成长的影响——恐惧和自卑,以及为克服这种恐惧和自卑而做的努力。

阿德勒认为:"人们关于童年早期的记忆包括:①确信和支持他们对自己在当前这个世界中的看法的描绘;②支持他们追求意义感和安全感方向的记忆。(他的)记忆具有选择性,并且关注被记住的生活风格。相反,弗洛伊德解释早期记忆的理论强调通过压抑机制而被遗忘的东西。"②

对于梦的分析,阿德勒说:"生活方式决定了梦的内容,它可以激发人们形成有利于自己的感觉,一个人在梦境中体现着他的人生态度。"③在阿德勒的理论中,梦和现实是相联系的,当人在生活中遇到压力,往往会做梦,梦通过隐喻和象征的方式来表达做梦人的感受及行为倾向。一个学生害怕考试,晚上可能会做一个站在悬崖上的梦,在他看来,参加考试就像站在悬崖上,前进一步就是万丈深渊,梦给了自己一个逃避的借口。同理,一个备受生活压力折磨的中年人,可能会梦见自己正在参加考试却一道题都不会做或者找不到笔,这个梦借用考试的隐喻,来表达现实的焦虑。

下面是阿德勒咨询的一个案例:

曾经,有一位32岁的神经病患者来找我治病。她是家中的老二,和大多数次女一样,她也野心勃勃。她凡事都想争先,处处追求完美。她找到我时,精神

① 舒尔茨DP,舒尔茨SE.人格心理学:全面、科学的人性思考:原书第10版[M].张登浩,李森,译.北京:机械工业出版社,2016:80.
② 舒尔茨DP,舒尔茨SE.人格心理学:全面、科学的人性思考:原书第10版[M].张登浩,李森,译.北京:机械工业出版社,2016:80.
③ 阿德勒.自卑与超越[M].陈玢,译.北京:民主与建设出版社,2019:84.

几乎崩溃。原来,她爱上了一个大她很多的已婚男子,并期望与他结婚,但是那个男人收入低,还很难与妻子离婚。后来,她做了一个梦,梦见自己住在乡下,有一个男人租住在她的公寓,他搬进来不久后,他们便结了婚。但是这个男人不会赚钱,还懒惰。由于男人付不起房租,她只能赶他搬走。由此,我们就能看出这个梦和她的处境之间的联系。她正纠结着是不是要和这个落魄的男人继续下去。她这个情人很穷,还不能帮助她。更甚者,他们一起吃晚饭,他却付不起账。这个梦的目的就是引起她对和他结婚的担忧。她是一个志向高远的女人,内心是无法接受和一个窘迫的男人生活的。在梦里,她借用了一个比喻来问自己:"对他这种付不起房租的访客,我该怎么办?"答案是:"把他赶走。"①

这个梦,与患者现实紧密相连,也与患者的生命风格一致。她是一个支配—统治型的人,追求完美,志向高远,凡事争先,不能容忍不劳而获,担心对方对自己的依赖。梦根据她的生命风格给予了她选择的理由:我决不能嫁给他,因为他很穷。

我们再看阿德勒接触的另外一个女人的梦:

我和几个人坐在一辆汽车里。我们开车飞驰,直到丛林深处才停下来。大家纷纷下车,跑进树林里。哥哥他们比我高大。我跟他们进入一个电梯,下到一个10英尺(约3米)深的矿坑里。我想,若是我们出不去了,一定会被闷死。最终,我们安全地出去了。我们在那里待了一会儿,又乘电梯上来,回到了汽车里。②

从这个梦,我们可以看出这是一个充满合作精神(我和几个人坐在一辆汽车里)、希望自己更高大一些(哥哥他们比我高大)、比较乐观的女孩(最终,我们安全地出去了)。

---

① 阿德勒.自卑与超越[M].陈玢,译.北京:民主与建设出版社,2019:90.
② 阿德勒.自卑与超越[M].陈玢,译.北京:民主与建设出版社,2019:96 - 97.

第六节　三大人生任务与社会兴趣

阿德勒的个体心理学强调每个生命的个体都有与生俱来的自卑心理,正是自卑使得个体有了超越自卑、追求卓越的欲望。无疑,阿德勒个体心理学是积极的,这是一种强调个体的主观选择和创造性并对人生持乐观态度的理论,但是阿德勒这种过于重视个体欲望满足的心理学观念,受到很多学者批评。这种批评,促使阿德勒开始对自己的理论进行漫长的反思。

第一次世界大战期间,阿德勒作为一名军医,参与了战争,也见到了战争的残酷。战争的冷血让阿德勒内心受到极大的震撼,这种震撼促使阿德勒思索:为什么发生战争?如何避免战争?人类的未来在何方?

伴随着4年战争,阿德勒的思索最终找到了答案——社会兴趣,进而完善了自己的个体心理学理论体系。在阿德勒看来,社会兴趣是个体与生俱来的与他人合作实现个人和社会目标的潜能。避免战争的前提就是让每个社会成员都充分发展自己的社会兴趣。

根据阿德勒的理论,我们可以这样解读社会兴趣的形成:社会兴趣是一种与生俱来的潜能,类似孟子提出的"人人皆有恻隐之心";这也是一个必须经过教授、学习和运用的过程,而形成的一种感同身受的共情体验。伴随着早年在家庭和社会群体生活中的体验,个体在社会生活中找到自己合适的位置,并在与他人互动中感受到自我的归属感和成就感,形成自己的社会兴趣。随着社会兴趣的发展,个体的自卑感和孤独感将逐渐消失。

社会兴趣有多种表现形式,主要体现在:遇见困境,能与他人合作、帮助他人;奉献大于索取的心理倾向;富有理解他人思想、感情和经验的能力。阿德勒认为社会兴趣是心理健康的核心指标,个体事业成功与否,取决于个体是否有追求健康的、有益于社会的心态,能否与他人建立联系和合作关系。

阿德勒认为,"一切人类问题均可概括为职业、社会和性这三类。每个人对生活意义的解读,都可以体现在他解决这三大问题的行为之中"[1]。个体在克

---

① 阿德勒.自卑与超越[M].陈玢,译.北京:民主与建设出版社,2019:5.

服自卑、追求卓越的生活中，必然会遇到职业选择、社会交往活动和爱情婚姻三大人生任务，要完成这些任务，个体之间必然有分工、有合作，而要完成分工与合作，就要把个体追求卓越的欲望与社会的需求形成联结。为了顺利完成个体欲望与社会需求的联结，个体就要充分发展自己的社会兴趣。

如果一个人在爱情乃至婚姻中冲突不断，工作充满了失败感，周围也没有可以谈得来的朋友，甚至不能与他人进行正常交流，那么这个人一定缺乏社会兴趣。对此，阿德勒得出结论："那些失败者——神经症患者、精神病患者、犯罪分子、酗酒者、问题少年、自杀者、堕落者、妓女——失败的原因是他们对社会缺乏兴趣，在社会中没有归属感。"①

我咨询过这样一个案例：

患者，男，某名牌学校大三学生，在溺爱家庭中长大，善良、内向、敏感，不善于也不愿意与他人交往，对生活中一些不合理现象非常愤怒。同学邀请他出去吃饭，他总是拒绝。甚至一个对他有好感的外地女同学为表达爱意，给他寄来一盒月饼，他也要给对方把钱汇过去，致使该女同学一怒之下删掉他的联系方式。患者内心非常苦恼，感到人心不古，到处充满危险，一度想休学。

在咨询时，我观察到该患者对党组织还是比较认可的，于是建议该患者积极向党组织靠拢，多参加义工活动，按时参加党员培训方面的会议。患者采纳了我的建议，积极参加社工活动，在帮助别人的过程中，感受到了自我成就感。现在该患者已经入党，并且非常自信、积极、乐观。

该患者能够疗愈，一方面在于党小组活动使患者有了坚定的人生理想，并且产生归属感；另一方面在参加社会活动的过程中，患者形成了自己的社会兴趣，感受到自我的价值感和存在感。

需要指出的是，阿德勒虽然把社会兴趣看作是一种与生俱来的与他人合作的潜能，具有生物学因素，但是在理论中更强调早期的社会经验在形成社会兴趣中的价值。"我们与生俱来的社会兴趣潜能在何种程度上能成为现实取决于我们早期的社会经验。"②

因为新生儿出生后最早接触的客体是母亲，在婴儿社会兴趣的形成和发展

---

① 阿德勒.自卑与超越[M].陈玢,译.北京:民主与建设出版社,2019:7.
② 舒尔茨 D P,舒尔茨 S E.人格心理学:全面、科学的人性思考:原书第 10 版[M].张登浩,李森,译.北京:机械工业出版社,2016:77.

过程中,母亲发挥着至关重要的作用。母亲的理解、包容和支持,促使婴儿形成指向母亲的力比多驱力。一旦拥有了指向母亲的力比多驱力,婴儿在日常的活动中,往往会把这种力比多驱力泛化到其他客体身上。例如:刚刚吃过奶的婴儿,会高兴地玩自己的玩具;得到母亲鼓励的孩子,会更开心地与其他小朋友玩耍。因此,我们可以这样说:母亲提供的良性养护环境使婴儿形成了指向母亲的力比多驱力,这种力比多驱力又进一步触发了婴儿与其他客体的基本联结,包括社会兴趣在内的心理发展,都将在这种联结中发生。

针对母亲在婴儿社会兴趣形成中的价值,阿德勒曾说过这样一段话:

这种联系(儿童与母亲之间)是如此紧密,影响如此深远,以至于在之后的数年中,我们无法显示遗传所决定的特征,每种遗传而来的倾向都可能因适应母亲而改变,受到母亲的训练、教育和再造。母亲的技能或技能的缺乏会影响儿童所有的潜能。①

第七节　个体心理学的心理咨询理念

与弗洛伊德重视潜意识的功能不同,阿德勒更看重意识的价值,他认为个体对自己的认知、对人生方向的把握、对社会的看法以及是非的评价标准,左右着他的人生态度和行为方式。也就是说,在个体心理学看来,决定行为结果的不是事件本身,而是个体对事件的态度及应对方式。阿德勒强调放下不能改变的事实,帮助患者发现心灵深处的能量,意识到负性事件背后的正向意义。塞翁失马的故事,恰如其分地诠释了阿德勒的这一理论。

个体心理学家在对个案咨询的时候,遵循个体心理学的咨询理念,主要从以下几个层面对患者开展疗愈。

首先,建立咨询关系。阿德勒学派的咨询关系与弗洛伊德经典精神分析理论中的治疗关系不同,经典精神分析中的咨询师更像是长者、审判者,而阿德勒个体心理学的咨询师与患者是合伙关系,彼此更平等,更注重共情。为了促进合作的咨询关系,阿德勒认为咨询师应该协助患者发现自己的成功和资源,而

---

① 舒尔茨 D P,舒尔茨 S E.人格心理学:全面、科学的人性思考:原书第10版[M].张登浩,李森,译.北京:机械工业出版社,2016:77.

非像经典精神分析那样一味地探讨患者的创伤与缺点。在咨询的初期阶段,咨询师应借助倾听、反应、尊重、相信对方等方式,让患者接纳咨询师,进而建立良好的咨询关系。

其次,帮助患者探索心灵动力。在这个阶段,咨询师一方面要引导患者了解自己的生命风格,另一方面要引导患者觉察自己的生命风格对其生活中各项功能的影响,鼓励患者检查自身的错误知觉,并利用自己的资源与才华向已有的错误知觉、定论挑战。

再次,鼓励患者自我理解和领悟。与弗洛伊德重视自由联想后的解译不同,阿德勒学派更注重支持,在支持的氛围中,咨询师一方面要利用面质的武器,鼓励患者觉察自己错误的生命目标和引起自我挫败的行为;另一方面也要通过解释,促进患者对自己生命风格的洞察,重点是让患者明白此时的行为与期望目标之间的背离关系。

最后,重新定向与再教育,将患者的领悟付诸实践。这一阶段重在对患者进行辅导教育,引导患者形成正确的生命风格。此阶段利用激励法、类比法、欲擒故纵法、泼冷水法等技术,帮助患者找到超越自卑、追求卓越的路径。荣格非常佩服阿德勒,因为他为引导患者走向新生活做了很多努力。荣格曾说:"如果说弗洛伊德是一个调查者和解释者,那么阿德勒则主要是一个教育家。他拒绝把病人继续留在一种小孩子的状态中,尽管已经获得了一切宝贵的认识和理解,但是却依然无能为力;他尝试着每一种教育的方法,以使病人变成正常适应的人。"①

无疑,阿德勒的一生是在自卑和超越自卑的经历中成长的,他的理论也围绕着自卑和超越自卑,在精神分析领域乃至整个心理学界大放异彩。在与弗洛伊德的关系上,有人这样概括:阿德勒的成就离不开弗洛伊德,但离开了弗洛伊德,他取得了更多的成就。最终,阿德勒成为个体心理学的创始人、人本主义心理学的先驱、现代自我心理学之父。

---

① 申荷永.荣格与分析心理学[M].北京:中国人民大学出版社,2012:154.

第四章　新精神分析理论的开拓者——卡伦·霍妮

无论是在精神分析学派里，还是在社会伦理观念中，卡伦·霍妮都是一个"大胆妄为"者的存在。

作为一个经过精神分析理论系统培训过的分析师，霍妮是第一个敢于站出来与弗洛伊德唱反调的——她认为弗洛伊德的"性本能"宿命论过于悲观，提出了个体心理的成长受社会环境影响的观点。

作为一个生长在虔诚的天主教家庭的孩子，霍妮是一个大胆的性自由主义者，她的身边从来不缺少男人，但也从来没有哪一个男人能够让她死心塌地地爱上。

第一节　成　长　经　历

霍妮，德裔犹太人，1885 年 9 月 16 日出生在德国汉堡附近的一个村庄。爸爸是个船长，笃信天主教，独裁而沉默寡言。霍妮不喜欢父亲，厌恶父亲信仰的宗教；父亲也不喜欢霍妮，认为霍妮外貌丑陋，天资愚笨。因此，霍妮从来没有感受过弗洛伊德理论中的女孩恋父情结。母亲比父亲小 19 岁，偏爱哥哥，对霍妮并没有倾注更多的关注；霍妮在母亲那里，也没有得到充足的爱和安全感。父爱、母爱的双重缺失，使得霍妮自小就有无法摆脱的自卑，正如霍妮说的："我是令人讨厌的孩子！"①

也许是出于一种报复的心理，霍妮 9 岁的时候，就下了一个决心："如果我不能变得漂亮，我决定要变得聪明。"②也正是在这种心理的激励下，霍妮学习刻苦，从小学到中学，一直成绩优异，并于 1906 年考入弗莱堡大学医学系，1913

① 迟毓凯.爆笑吧！心理学大神来了[M].北京:北京联合出版公司,2020:149.
② 舒尔茨 D P,舒尔茨 S E.人格心理学:全面、科学的人性思考:原书第 10 版[M].张登浩,李森,译.北京:机械工业出版社,2016:89.

年获得柏林大学医学博士学位。在那个年代,上大学,特别是学习医学,是男人的事情,霍妮做到了只有优秀的男人才能做到的事情,实现了自我生命的超越。

在医学院读书期间,霍妮遇到两位让她心动的男性,分别是高大帅气的洛什和博学而温文尔雅的奥斯卡。霍妮开始与洛什同居,后来却选择与奥斯卡结婚。婚后,霍妮有三个女儿,不过,她的婚姻生活并不幸福。17 年后,这段并不幸福的婚姻最终还是走向解体。

霍妮长期受到抑郁情绪的折磨,为了缓解痛苦,霍妮开始向柏林精神分析研究所的卡尔·亚伯拉罕寻求治疗,并对精神分析产生了浓厚的兴趣,接受了 4 年的精神分析训练。1920 年到 1932 年霍妮在柏林精神分析学院任教,并创建了自己的私人工作室。随着对精神分析理论学习的深入,霍妮开始对弗洛伊德的理论产生了质疑,“霍妮认为,人格并不像弗洛伊德所说的那样完全取决于生物力量。否则,我们不会看不到不同文化之间具有如此大的差异”①。在霍妮看来,弗洛伊德从生物学角度解读心理是一个误区,社会文化对个体心理塑造的影响力更大。在女性心理学方面,霍妮提出了很多与弗洛伊德不同的观点。

面对霍妮彪悍的针锋相对,重视自我权威的弗洛伊德自然要清理门户。当时,霍妮的日子非常难过,因为她遭遇了很多变故:弗洛伊德信徒的攻击,弟弟的去世,坚守了 17 年的婚姻破裂……

1932 年,霍妮决定离开保守的欧洲,奔赴更开放、更有活力的美国。来到美国后,霍妮开始在芝加哥精神分析研究所担任副所长。两年后,她迁居纽约,创办了一家私人诊所。1941 年,她与正统的精神分析理论彻底分裂,创建了美国精神分析研究所,并担任所长,直到 1952 年去世。

移居美国的时候,霍妮已经 47 岁了,而且是三个孩子的母亲。不过,这时候的霍妮依然拥有不可抗拒的女性魅力,很多年轻人拜倒在她的石榴裙下。对此,美国存在主义心理学之父罗洛·梅深有感叹:“她从未刻意卖弄风情,但魅力就散发出来。”②后来,霍妮遇见了比她小 15 岁的另一位精神分析学者艾里希·弗洛姆,一段跨越 10 年的爱情拉开了帷幕……

弗洛姆是精神分析社会学的奠基人之一,霍妮和弗洛姆在一起不仅能够得

---

① 舒尔茨 D P,舒尔茨 S E. 人格心理学:全面、科学的人性思考:原书第 10 版[M]. 张登浩,李森,译. 北京:机械工业出版社,2016:88.

② 迟毓凯. 爆笑吧! 心理学大神来了[M]. 北京:北京联合出版公司,2020:149.

到心灵上的快乐,而且学术上也得到极大的提升。在弗洛姆的鼓励下,霍妮将研究的重心从女性心理学转到神经症的研究领域,并从社会文化的角度去解读人格的成长。更让霍妮感动的是,当霍妮被精神分析主流阵营唾弃的时候,弗洛姆依然坚定地与霍妮站在一起。

不过,令人遗憾的是,两人最终还是分道扬镳。至于分手的原因,有的说是他们彼此都有混乱的男女关系,相互伤害了对方;有的说弗洛姆的成功,让霍妮感受到危机,于是霍妮就开始打压弗洛姆;有的说霍妮因为弗洛姆没有博士学位而反对弗洛姆给研究生上课,弗洛姆一怒之下就离开了霍妮……

回顾霍妮的一生,在学术上,霍妮更像一个行走在真理之路上的孤独而又坚定的开拓者,承受重大挫折的同时,也收获了硕果,形成了关于女性心理学和神经症学方面的理论。在私人生活上,霍妮信仰的是性自由。不过,当霍妮一次次追求性带来的躯体快感的时候,也不得不承受混乱的性生活带给她的伤害:一方面,性生活的不检点,损害了霍妮的个人声誉;另一方面,混乱的师生关系也干扰了霍妮研究所的工作,最终导致霍妮的学术理论后继无人。

第二节　女性心理学和与之相关的对俄狄浦斯情结的解读

女性心理学是霍妮创立的一种心理学流派,这种心理学流派的理论以反对弗洛伊德关于俄狄浦斯情结有关女性的论述为开始,强调社会环境和文化因素在女性心理发展过程中的作用,开创了女性心理学研究的先河。

弗洛伊德对女性心理的论述主要体现在俄狄浦斯情结有关女性的思想上。他认为在儿童早期,女孩和男孩一样,没有性别差异,后来女孩发现自己的生殖器比男孩的生殖器少了一件东西,于是就产生了"阳具嫉妒",后来又发现自己依恋着的母亲同样也缺少阳具,就认为母亲没有把阳具生给她们或者是母亲造成了她们被阉割的状态。这样,女孩就对母亲产生了抱怨,而把对母亲的爱转到父亲身上,渴望从父亲那里得到阳具作为补偿,于是便产生了女孩恋父的俄狄浦斯情结。

霍妮认为弗洛伊德关于女性心理的看法过于强调男性生殖器官的优越性,暗示女性低人一等,这种观点有明显的性别偏差,是建立在男性视角上的女性心理学,不客观,也不科学。例如,"弗洛伊德宣称,女人不是女人,而是没有阳具的男人"①,这就无形中剥夺了女性的性别身份,而赋予男性高人一等的地位。

在霍妮看来,弗洛伊德之所以贬低女性,一方面是因为弗洛伊德的男性身份,"精神分析是男性天才的产物,几乎所有发展了这一思想的人都是男性,他们更容易演化出一门男性心理学"②;另一方面是因为当下以男性为主导的社会文化现实,"我们整个文明是男性文明。国家、法律、道德、宗教和科学都是男性的产物"③。因此,她认为,应该用一种全新的视角,特别是女性视角来研究女性心理学。

霍妮认为没有阳具是女人固有的生理构造和成长规律。女性嫉妒男人,是因为希望拥有所属文化认可的属于男性的特质或特权,比如力量、勇气、独立、成功、性自由及选择伴侣的权利,这些都是文化因素而非生物因素决定的。同样,男性也嫉妒女人,因为所有的人,包括男性,都是经过女人的子宫孕育后出生的,而男人没有子宫,也就没有生育能力,缺少生育功能的"缺陷"使男性产生自卑和"过度补偿"心理。针对男性因嫉妒女性而产生的过度补偿心理,霍妮提出了"子宫嫉妒"的概念来与弗洛伊德提出的"阳具嫉妒"相抗衡。"对女性进行了相当长时间的分析之后,在我开始分析男性时最令人惊喜的结果就是这种对怀孕、生孩子和做母亲的强烈妒忌。"④在她看来,正是源于这种因嫉妒而产生的"过度补偿"心理,男人才奋斗自己的事业,以弥补自己身体的缺陷;也正是源于这种嫉妒心理,男人才总是把女人视为邪恶,视为洪水猛兽,并试图通过征服、打压、否定女性来证明男性所谓的"强大"。

针对女性心理的不同见解,弗洛伊德与霍妮进行过专门探讨。最后弗洛伊

---

① 凌子倩. 谁的"女性心理学"?:论霍妮对弗洛伊德的继承和反动[J]. 语文教学通讯,2017(9):79.

② 凌子倩. 谁的"女性心理学"?:论霍妮对弗洛伊德的继承和反动[J]. 语文教学通讯,2017(9):79.

③ 凌子倩. 谁的"女性心理学"?:论霍妮对弗洛伊德的继承和反动[J]. 语文教学通讯,2017(9):80.

④ 舒尔茨 D P,舒尔茨 S E. 人格心理学:全面、科学的人性思考:原书第 10 版[M]. 张登浩,李森,译. 北京:机械工业出版社,2016:95.

德得出的结论是:"她很有能力,却很恶毒。"①由此可见,霍妮的女性心理学观点,对弗洛伊德造成了很大的心理冲击。

当然,以现在的观点看,无论弗洛伊德的"阳具嫉妒"理论,还是霍妮的"子宫嫉妒"理论,都是从生理结构的角度对异性心理的主观臆断,都不具备科学性。任何心理学理论,包括女性心理学,都应该超越性别立场的主观性,去客观地描绘心理发展的真实。不过,霍妮对精神分析学派祖师爷的雷霆一击,也足以引起后人对权威理论的辩证思索。

至于弗洛伊德理论中的俄狄浦斯情结,霍妮也旗帜鲜明地提出了不同的见解。

弗洛伊德认为,孩子成长到 3 至 5 岁,内心深处就会形成对异性父母依恋、对同性父母排斥的心理,这种心理被称为俄狄浦斯情结。男孩子一方面因"前俄期"对母亲的依恋惯性,想独自拥有母亲而排斥父亲;另一方面又恐惧父亲的报复和处罚,而产生焦虑心理。女孩子因为自己没有阳具,形成"阳具嫉妒"心理,并发现母亲也缺少阳具,就会认为母亲没有把阳具生给她们或是造成了她们被阉割的状态,而怨恨母亲,渴望从父亲那里得到阳具,产生恋父情结。在弗洛伊德看来,俄狄浦斯情结的纠结是一切神经症心理问题的根源。

霍妮反对弗洛伊德理论中因生理结构不同而形成的神经症观点,她认为儿童对待父母不同的感情体验,并非基于性或者其他生物性冲动,而是由父母的养育方式决定的。儿童感受到的父母的爱,激发儿童对父母的爱;儿童感受到的父母对儿童的伤害,激发儿童对父母的恨。而且现实生活中的恋母情结和恋父情结,也并不是基于生物学结构而出现的普遍现象,而是因为同性父母对儿童持久伤害而异性父母对儿童持久关爱而形成的感情排斥和认同。也就是说,成长经历中,父母的关爱或者打击行为造就了儿童依恋父母或者仇恨父母的心理,而不是生理冲动引起的。

看得出来,霍妮强调孩子对父母复杂的俄狄浦斯情结并非基于性或其他生物性冲动,也不是普遍存在的事实,而是在养育环境中,父母的行为使孩子感受到威胁时才出现的。霍妮有这种观点,与她自己的成长经历有关。霍妮小时候,父亲对霍妮严厉而冷漠,认为她长得丑,并且天资愚笨。父亲的否定和指责

---

① 舒尔茨 D P,舒尔茨 S E. 人格心理学:全面、科学的人性思考:原书第 10 版[M]. 张登浩,李森,译. 北京:机械工业出版社,2016:96

对霍妮造成了严重的心理创伤,所以霍妮也非常厌恶父亲,并没有形成弗洛伊德理论中小女孩的恋父情结。

遗憾的是,弗洛伊德并没有对霍妮富有挑战性的女性心理学观点做出回应,也没有重新阐释他的俄狄浦斯情结概念。为此,霍妮感到愤愤不平,认为弗洛伊德忽视了自己的理论和贡献。不过,幸运的是,随着心理学的发展,特别是客体关系理论的兴起,越来越重视养育环境和社会文化对个体心理的影响。无疑,霍妮的观点更符合现代精神分析的理念。

第三节　神经症理论

一、神经症的形成

弗洛伊德理论认为神经症是人格结构内部超我、自我、本我冲突而形成的心理问题,是童年期未解决的并被压抑到潜意识的婴儿冲突,在青春期和成年期被类似的创伤再度激活而形成的痛苦体验,主要表现为焦虑、抑郁、强迫、神经衰弱等症状。

霍妮并不认同弗洛伊德的观点。

霍妮认为人的生命就像一颗种子,"如果时机成熟的话,种子的内在生长潜力自然会暴露出来"①。个体的生命也需要一个适宜的环境,这个适宜的环境主要体现为温和、亲切和关爱。在这样的环境里,孩子才能产生安全的感受,毫无顾忌地表达自己,让生命沿着自我本来的面目自由地成长。当然,成长过程中,也需要一些对成长有利的挫折和冲突,适当的挫折和冲突能够让孩子知道世界上不只有他一个人,还要考虑别人的想法和意愿。如果个体的生命在关爱和摩擦中相互理解和包容,那么,个体就会在成长中形成真正的自我。

然而,现实生活中,理想的成长环境,总是可望而不可即。

很多家长将自己的思想强加给孩子,而忽视了甚至抹杀了孩子自身的想法和需要,孩子只能被动地按照家长期望的模式,扭曲真实的自我,力图成为家长眼中的"好孩子",从而导致孩子完全失去了主动性和创造性。为了让孩子按照

---

① 霍妮.自我的挣扎:神经官能症与人性的发展[M].邱宏,译.沈阳:万卷出版公司,2011:1.

自己设想的模式成长,家长会动用自己的资源和智慧,按照自己的情绪对待孩子,或溺爱,或恐吓,或漠视,或打压,或偏袒……或者多管齐下,总之,孩子必须按照家长规定的生命路线前行。虽然父母的出发点是好的,但是孩子毕竟是一个独立的生命,有其个性的发展规律;家长施压或者恐吓,只能让孩子时时担心父母对自己的行为不满意,内心充满恐惧和焦虑。

霍妮将父母控制孩子、削弱孩子安全感的行为称为"基本罪恶",具体包括冷漠、拒绝、敌意、偏爱、嘲笑、羞辱、不兑现承诺、不公平的惩罚、让孩子远离他人等。这些错误的养育方式让孩子陷入恐惧的深潭。霍妮认为受到父母一种或多种"基本罪恶"养育的孩子,会产生对父母的"基本敌意",这种基本敌意是对父母的敌对情绪。孩子一方面要依赖父母生存,对父母感恩;另一方面因父母的"基本罪恶"而产生反抗的敌意。面对这种矛盾冲突,孩子内心必然是痛苦的。

在成长的经历中,内心受伤的孩子会不断地把针对父母的"基本敌意"泛化,推及生活的各个方面,觉得每件事、每个人都是潜在的危险,进而形成"基本焦虑",而基本焦虑是形成神经症心理的基础。有了基本焦虑的个体内心是恐惧的,一旦个体带着恐惧的心理看周围世界,那么看到的周围环境也都是不安全的,进而形成孤独、恐惧、无助的心理。因为内心充斥着基本焦虑,个体必然会通过防御机制来寻求对付心理上的"敌人"和保护自己的方法,"为生存而斗争的过程中增强的潜意识努力,我把这些心理困扰称为神经症倾向"[1]。一旦有了以应对生存危机为主旨的神经症倾向,个体就会摒弃真实的情感、感受和表达。这样,个体在生活中,就失去了真实自我,不知道自己到底是谁,无法以自己真实的情感与他人沟通。

一般而言,当面临自认为"恐惧"的环境时,个体为应付危机,会根据自己的情况,敏感而夸张地使用接近、反抗或者逃避等不同的行为方式,来应对自认为的外在危机,而自己真实的情感就被屏蔽了。这样,神经症的外显行为就形成了。

下面是我咨询的一个案例:

患者,35 岁,女,大学老师。父母在 50 多岁的时候,因为不能生育,收养了

---

[1] 霍妮.自我的挣扎:神经官能症与人性的发展[M].邱宏,译.沈阳:万卷出版公司,2011:29.

患者。患者在很小的时候就知道自己不是父母亲生的，从小就比较听话、懂事，总担心养父养母会抛弃自己，因此学习非常刻苦，成绩优秀。研究生毕业后，患者在某大学任教，总认为别人看不起自己，不敢与别人交心，活得很累。在课堂上，如果发现有学生说话，患者就怀疑自己讲得不好；平时看到领导，能躲就躲。

这个案例就是因为患者小时候担心被人抛弃，产生了对未来、对他人潜在的恐惧感，成年后，泛化了这种感受，防御心过重，面对生活中的问题总是自责和逃避。

因为失去了真实的自我，神经症患者内心必然会形成孤独和迷茫感，这时候，就需要一种"求之于外"的、让患者觉得有意义的自我存在感，而能够满足患者这种自我存在感所需要的、最简单的且立即就能实现的方法，只有幻想。于是，神经症患者就利用自己的幻想，建立自己的"理想自我"形象。在患者理想自我的形象中，患者被赋予了无限的力量和崇高的品质，把自己想象成了英雄、天才。在对理想自我美化的过程中，顺从变成了善良，攻击变成了有领导魄力，冷漠变成了淡泊名利的逍遥……就像西班牙作家塞万提斯笔下"行侠仗义"的堂吉诃德。这种理想自我的存在，使患者的人生有了对外在追求的驱动力，内心因缺少自我而形成的迷茫和痛苦得以缓解。

当个体有了理想自我，就会在行为上、感受上向理想自我的目标迈进，理想自我也就成了用以判断自身的"知觉"和评判自己行为的标尺，并且成为个体生命的驱动力。于是，一些患者因别人的赏识而感到自我存在的价值感，因自己雷厉风行不顾他人感受的行为而产生掌控一切的自我陶醉感，将自己隐居深山的避世行为自诩为超凡脱俗。

由于理想自我是幻想形成的，所以神经症患者必然带有"追求完美的需求""绝对掌控权的需求""报复性的需求"。

在追求实现理想自我的驱动力下，拥有理想自我的患者，"不仅只是企图修饰自己，而且还要将自己改造成理想形象中的圣人"①，在这种"追求完美"的心理下，患者往往给自己规定"应该和禁忌系统"②。我咨询过这样一个案例：

---

① 霍妮. 自我的挣扎：神经官能症与人性的发展[M]. 邱宏，译. 沈阳：万卷出版公司，2011：6.

② 霍妮. 自我的挣扎：神经官能症与人性的发展[M]. 邱宏，译. 沈阳：万卷出版公司，2011：6.

一个对佛教有虔诚信仰的患者,认为人在拜佛的时候,应该心无旁骛,不应该有任何杂念,更不应该对佛有任何亵渎的意念。然而事实上,他在拜观音佛的时候,脑海里总是控制不住地出现一些自己与观音发生性行为的画面。患者非常恐惧,总觉得观音菩萨会惩罚自己或者自己的家人,每天惶惶不可终日。

有的神经症患者还会在内心深处滋生出一种容不得他人反对的"绝对掌控欲",认为自己是拥有特权的、无所不能的英雄,否则就会感到莫大的侮辱和痛苦。例如,有个中学生患者,因为在班级考试中拿不到最高分,就认为是奇耻大辱。受这种掌控欲控制的患者,往往对自己所做事情的内容并不放在心上,关注的是超越别人的优异,比如上述案例中因为在班级考试中不能拿到第一就痛苦的患者,并不在意自己学到多少知识,而是在意名次上的第一。

"报复性的需求"也是神经症患者的驱动力之一,这种驱动力源于患者要雪洗早年耻辱而采取的报复性冲动,这是一种凌驾于他人之上,而求得打败或侮辱他人的需求。我咨询过这样一个患者:

一位 55 岁的农村女性,因为年轻时遭到不公平的伤害,30 多年来一直上访寻求帮助,要求严惩坏人,弥补自认为失去的婚姻、财富、地位。虽然有关部门非常重视她的反映,也按照法律程序做出了回应和弥补,但是患者的怨气依然不能完全释放。她仍然不停地上访,即使身患重病也不停止。

这个案例中,患者不知疲倦地上访就是在报复欲望的驱力下产生的行为,至于自己的要求是不是合理,并不重要。近代史上希特勒也是一个典型的例子,他年轻时经历过受侮辱的事情,在以后的生命历程中,一直幻想着将别人打败,进而掌控一切。

神经症患者在追求理想自我的驱力下,脱离了生命中真实自我发自心灵深处的"我想要……"的自由表达。神经症患者的理想自我,是脱离现实情况,通过幻想形成的、僵硬的、不可改变的、求之于外的虚假自我,与生命个体内在的、真实自我之间有着不可调和的冲突。这种求之于外的自尊标准,势必会压抑内在真实的自己。所以神经症患者试图借助理想自我来化解内心焦虑的目的依然不能实现,仅仅是一种暂时的甚至是饮鸩止渴式的缓解。

二、神经症的人格

由于父母的原始罪恶,孩子形成缺少安全感的心理,内心充满了担忧、焦虑、恐惧、孤独、愤怒等情绪。孩子面对父母对自己的"伤害"（虽然父母的出发点是好的，但是违背了孩子内心真实的感受，所以孩子感受到的是"伤害"），不知道怎么应对，但凭着直觉和经验，会逐渐形成适应生存环境并免于受到伤害的应对方式：有的孩子压抑自己的感受，完全服从父母，迎合父母的爱好，盲目复制父母的生活模式和人生观；有的孩子厌恶所有针对自己的命令、建议或指责，感到这些命令、建议和指责威胁了自己的领地，通过发脾气等反抗的方式针锋相对；有的孩子隔离自己的感受，以逃避的方式来应对外界的恐惧。

随着父母"原始罪恶"行为的累加，孩子缺少安全感的心理慢慢就会泛化到生活的方方面面，感觉生活中的每件事、每个人都是潜在的危险，进而形成基本焦虑。这样，孩子就变成了神经症患者。神经症患者为了应对内心深处的焦虑，必然会延续自己曾经熟悉的应对方式，这样就逐渐形成了三种应对"恐惧"环境的基本行为模式——接近、反抗、逃避。

根据神经症患者应对基本焦虑不同的行为模式，霍妮总结了三种不同的神经症人格：顺从型、攻击型、退缩型。

（一）顺从型人格

顺从型人格主要表现为：缺乏自信，感觉周围的人都很强大，只有自己很渺小；敏感，过于在意别人对自己的评价；抬高他人，压抑甚至贬低自己；不敢发出请求，很难拒绝别人；渴望被爱、被需要以及被保护。这种类型的人依赖心强，内心极度缺乏安全感，常用一味讨好与顺从的方式获取安全感，需要不断地被别人认可和保证。

某作家在《奇葩大会》栏目上分享了她自己的经历和感受：

在谈恋爱的时候，男朋友给我打电话，在通电话过程中责骂我。然后我一直道歉，道歉了2个小时，但他认为这个道歉很敷衍，挂了电话后还一直打、一直打。

我看着密密麻麻的来电显示，吓得浑身发抖，但我不敢跟他说"你不要再给我打电话了，再这样下去我会生气"这样的话。

我从少年成名开始，有意无意地逢迎大人，甚至过分礼貌恭敬成了我28年来的唯一标签。

无疑，这位作家就是顺从型人格，总是担心别人不接受自己，总是担心别人受到伤害，于是总是道歉，从来不敢说"不"。

顺从型人格往往在否定、指责的环境中长大，小时候缺少认可和关爱，内心缺少安全感，没有形成独立的自我。其实，我们每个人都是在别人的认同中，扩大自己的心理空间，逐渐走向独立自信的。如果在早年的成长经历中个体没有得到足够的认可，那么这种缺失性需求就会在以后的岁月中愈加强烈。另外，在经济困难、父母性格懦弱的家庭中成长的孩子，也容易形成顺从型人格，因为在没有支撑的生存环境下，儿童常常需要通过观察别人的脸色来获得生存。

霍妮认为顺从型人格的行为根源是他们对敌意的压抑，在他们顺从的背后，活跃着强烈的反抗和报复愿望，只是为了生存，内心的敌意冲动必须被压抑，所以顺从型个体总是试图愉悦他人，而不敢向他人索取。

(二)攻击型人格

这类人对权力、成就、声望、野心、掌控感、别人的崇拜比较执着，在他们看来每个人都充满敌意，只有最强势的、最狡猾的人才可以生存下来，因此他们强势、盛气凌人，不顾及别人的感受。攻击型人格看似强大、霸道，其实色厉内荏，内心焦虑，渴望通过掌控来获得安全感。

下面是我咨询的一个案例：

某女，52岁，父亲曾经被多次批斗，对子女管教严格，不允许孩子有出格行为。姐妹三人中，患者是最小的。妈妈没有安全感，爱唠叨，两个姐姐对自己也非常苛刻。患者在否定、指责中长大，成年后内心非常焦虑，总是夸大未来潜在的危险。

患者工作后，雷厉风行，成绩优秀；控制欲强，与同事关系紧张，与老公关系也不好。患者爱干净，可是老公不讲究卫生，而且爱喝酒，她认为"对老公改造了一辈子，最终生了一辈子气，也没有改造好"。患者现在敏感、冲动，看什么都不顺眼，一旦感到别人侵犯了自己，就控制不住发脾气，甚至有杀了对方的冲动。

该患者就是攻击型人格，内心缺少安全感，所以做事情总是未雨绸缪，而且雷厉风行，永远争第一。在工作和生活中患者总是按照自己内心的标准要求员工和老公，人际关系不好；一旦患者感到不能掌控局面，内心就非常痛苦，甚至有发疯杀人的冲动。

一般来说，攻击型人格的患者也与成长背景有关系。溺爱家庭的孩子，在"万人瞩目""唯我独尊"的背景下长大，以个人意志为中心，不理解别人的感受,稍有不如意就采取"还击"的方式回敬。专制型家庭长大的孩子,在成长经历中常常遭受打骂,内心受到压抑,郁结了很多愤怒,所以比较冲动;另外,父母的专制,也往往在无形中形成孩子的控制欲。

(三)回避型人格

回避型的人,远离他人,并与他人在情感上保持距离,对他人不爱、不恨、不合作、不联系;遇事以逃避为主,生活上希望离群索居;克制自己的情感、压抑自己的欲望,不轻易表达看法;远离他人,喜欢孑然一身。

我咨询过这样一个案例:

某14岁女孩,上初中一年级,现在已经一个月没有去学校了,提及上学就恐惧,不愿意出门。据回忆,患者曾经在校园里,不小心碰到别人一下,就禁不住说"对不起",而且不厌其烦地多次对别人说"对不起";一次在学校餐厅吃饭的时候,无意中把别人放在餐桌上的筷子弄到地上,患者感到自己犯了弥天大错,于是就胆战心惊地道歉,而且每次见到对方都道歉,以至于后来对方都感到不耐烦了。上学期间,每到周五心情就好一点,每到周日想到明天要回学校就非常痛苦,患者希望能够待在家里,不愿意见任何人。

患者小时候,爸爸妈妈脾气都不好,经常起冲突,甚至打架,每次爸爸妈妈起冲突,患者内心都很恐惧,感觉天要塌下来。妈妈性格急躁,经常骂患者,对患者要求非常严格,患者觉得自己什么都做不好,什么都不敢做。爸爸有时候也打患者,一次爸爸伸出手要打患者,患者突然跪在爸爸面前,并且重复说"都是我不好,都是我不好……"吓得爸爸再也不敢打患者了。

看得出来,在这个案例中,患者具有回避型人格和顺从型人格的双重特征。该患者从小在打骂的环境下长大,缺少爸爸妈妈的认可,内心缺乏安全感,总是认为自己不好,担心别人伤害自己,所以总是向别人道歉,渴望躲在家里。

回避型神经症人格的人,如果旅行,总是孤单前行;如果待在家里,总是一个人独自守着空空的房子。空想成为这类患者最忠实的伴侣,他们靠幻想或者虚幻的网络世界来缓解内心恐惧,感受虚假的自我存在;他们的优越感来自自己的感受,不屑于(实质上是不敢)与他人竞争。

这种类型的神经症患者,童年时期经常被父母训斥,在缺少认可和爱的环境下长大,内心时时有危机感,认为自己是不值得被爱的,也不相信能得到别人的爱,只好消极避世,通过幻觉在虚拟世界里寻求内心的安全感和存在感。

霍妮认为冲突是神经症的核心,也是普通人无法避免的心理现实。神经症患者与普通人的区别在于冲突强度的大小和应对方式僵硬与否。神经症患者内心冲突的强度更大,采取的应对方式也更僵硬;普通人会根据情境的要求灵活运用相应的应对方式,有时表现为攻击型,有时表现为顺从型,有时表现为回避型。而在神经症患者身上,这三种人格倾向往往有一个是主导,占主导的神经症人格倾向确定了个体对他人的行为和态度;这样,另外的两个神经症人格倾向就必然被抑制,而抑制往往又会形成患者内心深处更为复杂的冲突和痛苦。

三、神经症的自我

自我,源自弗洛伊德的人格结构理论,弗洛伊德认为人格结构包括本我、自我和超我。自我是人格的三大结构之一,是在后天经历中形成的应对现实的功能,按照"现实原则"做出选择;本我是由先天的生物本能和欲望组成的,追寻"快乐原则",是人格结构的基础;超我是内化父母说教和社会伦理道德而形成的价值观,超我的活动遵循"道德原则"。

在霍妮的理论中,人格不是支离破碎的碎片,而是一个动态的整体。神经症自我是在生活经验中形成的自我意象,往往由三种不同的自我意象构成:现实自我、真实自我、理想自我。

(一)现实自我

现实自我,是个体在现实生活中的真实存在,是当下的自己,是"一个人在某一段时间内所拥有和表现的一切的总称,包括躯体的或心理的、健康的或神经症的"[①]。

面对"人生不如意者八九,如意者一二"的社会现实,生命的个体有时候呈现出"我想出去看看,但是没有钱"的物质条件尴尬;有时候受"欲渡黄河冰塞川,将登太行雪满山"的环境限制;有时候有"黄金无足色,白璧有微瑕"的个人缺陷……

同样,我们每个人都有自己安身立命的资本甚至长处,即使没有万贯家财,却也可以凭着双手在土地上、在工厂里讨生活;即使不能博学多才,却也可以在

---

① 沈德灿.精神分析心理学[M].杭州:浙江教育出版社,2005:343.

自己的爱好里自得其乐;即使天有不测风云,却也能够靠着自己的努力和他人的帮助,"关关难过,关关过"……

生命中的每个人,都是普通的生命个体,每个人都不是完美的,关键是我们要接纳、认可自己。

(二)真实自我

其实,在霍妮的理论中并没有关于真实自我的定义,正如精神分析学者Paris说的"真实自我是霍妮理论中最重要的概念,也是最不清楚的概念,它显得很模糊、很神秘、很费解"①。不过,如果联系霍妮关于现实自我和理想自我的描述,我们是可以探寻出霍妮理论中真实自我的庐山真面目:真实自我是个体自发的真实情感的表达,是个体健康成长、发展的内在力量,是一种可以实现的"潜能状态"。霍妮的真实自我类似荣格理论中的自性。

霍妮认为真实自我的形成条件是充满爱的养育,是有求必应的满足,使个体的童年在必须依赖养育者才能生存的环境中仍能遵循自发的情感来安排自己的生活,而不是被养育者规定"应该"怎么做。

由此看来,霍妮理论中的真实自我,是遵循生命个体的独特性而形成的真实的、个性化的自我。不过,霍妮也坦言,真实自我在现实中是难以实现的,因为在市场经济竞争和社会文化背景下,个体总是在不自觉地被家长和社会文化规定的模式塑造,失去了真实自我,甚至形成理想自我。

(三)理想自我

理想自我用虚假的自我意象遮蔽了内心的冲突,个体通过虚构的想象来感受到自己的存在感,并在内心深处营造出一种生存驱力。

霍妮认为个体早年的不良人际关系,使个体形成基本焦虑,基本焦虑催发以生存为主旨的"神经症倾向",在以生存为主旨的情况下,个体必然采取相应的方式来缓解:或迎合他人,或对抗他人,或逃避他人。这样,个体为应对基本焦虑,必然会压抑或疏离真实自我——毕竟在面临"威胁"的时候,"活着"永远比舒服的感受重要。一旦失去了真实自我,个体必然会陷入孤独和迷茫的痛苦。为了减轻痛苦,个体需要并形成一种能让自己内心稳定下来的存在感;而能够满足这种要求的存在感,对于在现实世界无能为力的个体来说,只有通过

---

① 丁建略.霍妮的自我理论及其当代响应[J].医学与哲学(人文社会医学版),2008,29(1):34-36.

幻想是最容易实现的。这样，个体就利用自己的幻想，建立了理想自我形象。

尽管理想自我意象不符合现实，但是对于创造他们的神经症患者来说，却是"真实"的，他们认为自己就是理想自我的样子，而且这是他们应该成为的样子。理想自我是个体脱离了现实而凭空虚构的自我意象，它为神经症患者提供了一个虚幻的、十全十美的自我形象错觉；理想自我远离真实的自己，自然是不可能实现的，理想自我和现实自我的不一致和不可能实现，必然形成患者内心的冲突。患者为了减轻内部冲突引发的焦虑，往往将内部冲突投射到外部世界，从而相信给自己带来痛苦的根源在于外部环境而不是他们自身。

例如，一个教师如果有了已经泛化的焦虑感受，为逃避这种焦虑，往往会把自己幻想成一个才华横溢的理想自我意象，认为自己的课讲得特别好（理想自我）。假如上课的时候，他看不到学生积极的反馈（现实自我），这个老师要么非常愤怒地认为"学生是不是与我有仇，是不是有敌意"，然后大发雷霆，这是攻击型神经症人格的行为模式；要么非常焦虑地认为"学生不愿意听我的课，会不会把我轰下讲台"，于是就刻意巴结学生，这是顺从型神经症人格的行为模式；要么非常悲伤地认为"这些学生领悟能力太差了，没有必要跟他们浪费时间和精力"，讲完课就走人，这是回避型神经症人格的行为模式。

我们可以用通俗的话来概括霍妮理论中的三个自我：现实自我是"我是什么样的人"，真实自我是"我能成为什么样的人"，理想自我是"我想成为什么样的人"。

现实自我和理想自我的不一致，必然使个体形成对现实自我的憎恨。为了消除现实自我的"无能"，个体就会再次启动幻想，以偏激的行为来为实现理想自我而努力。这样，理想自我就成了神经症患者的驱动力，而来自生命本源趋向现实的真实自我驱力，则被扭曲的理想自我驱力代替。但是理想自我毕竟是建立在幻想通道上的"乌托邦"，是不可能实现的，理想和现实的落差带给患者的依然是痛苦。这样，神经症患者就陷入了痛苦的死循环之中。

我咨询过这样一个案例：

某女，42岁，出生后父亲去世，跟着母亲改嫁。继父平时沉默寡言，但是非常严厉，动不动就打骂患者的妈妈，呵斥患者。患者内心缺少安全感，总担心被继父嫌弃，从小就懂事，学习努力，成绩优秀。因为继父不愿意供患者继续读书，患者初中毕业就进工厂了，后来又自学会计，考了会计证做会计，后来又办了个会计培训学校。近两年,招生情况不好,患者压力大,总认为是学生不认可自己讲的课,才造成招生不好的。患者感到非常紧张,越紧张,讲课的时候就越容易出现差错,内心非常痛苦。

在这个案例中,患者就是因为小时候继父的原始罪恶,内心缺少安全感,形成防御心理。随着年龄的增长,这种防御心理泛化为基本焦虑。为了应对基本焦虑,患者就幻想自己成为一个非常优秀的讲师,自己培训班的招生也非常顺利,但是现实情况并非如此。由于经济大环境影响,所有的培训机构都招生困难。患者的现实自我与理想自我差距非常大,内心非常焦虑。患者带着焦虑的情绪讲课的时候,就会过于在意学生对自己讲课的反应,而不能聚精会神地讲课。因为患者不能集中精力讲课,讲课内容自然就会出现差错。一旦发现了差错,患者就更加焦虑。这样,患者就陷入了神经症的死循环。

四、神经症的治疗

霍妮认为对神经症的治疗,"可将目标置于帮助病人与别人建立良好的关系上"[1],要从帮助患者建立好人际关系开始,引导患者重新认识自己,放弃理想自我,回归真实自我。

从霍妮的理论,我们看得出神经症患者活在理想自我的驱力下,就像古希腊神话中不停地向山顶推石头的西西弗斯一样,在无效又无望的死循环劳作中,重复着自己内心的痛苦。因此对神经症的治疗,关键在于引导患者放弃理想自我和因之形成的行为模式,从而激发出心灵深处的真实自我。

霍妮在《自我的挣扎:神经官能症与人性的发展》一书中举出这样一个例子:"有个商人,曾经因为火车不按他方便的时刻开车而感到十分愤慨。但是他的一个朋友,因为并不过分在意事情的得与失,所以就会指出这个商人实在是太苛求了。而商人竟然恶语相向,认为这位朋友并不了解他所说的实质内容。因为他是个大忙人,希望火车能在可预知的时间准时开动,对他而言这是很合理的要求。"[2]

---

① 霍妮. 自我的挣扎:神经官能症与人性的发展[M]. 邱宏,译. 沈阳:万卷出版公司,2011:176.

② 霍妮. 自我的挣扎:神经官能症与人性的发展[M]. 邱宏,译. 沈阳:万卷出版公司,2011:16.

在这个例子中,商人以自己为中心,因为他希望火车在自己需要的时间开车,就认为火车必须在自己需要的时间开车,如果火车不能在自己期待的时间开车,就触犯了他的利益和自尊,然后就勃然大怒。

我们来分析商人"发怒"的行为模式:商人把自己"希望"火车能够按照自己的时间发车,变成一种"必须"的要求,如果火车不能在他认为的"必须发车的时间"发车,他就感到受到了伤害,所以发怒。在这里,商人把"希望"和"必须"混淆,而出现这种状况的原因是商人在自身存在的神经症倾向的驱力下,把自己幻想成了一个心想事成的理想自我形象,而现实自我恰恰是无能为力的,根本达不到理想自我的标准,因此被激怒了。

霍妮认为:"分析家帮助病人了解所有作用于他身上的力量,阻碍性的或有建设性的,他帮助病人对抗前者而引动后者。"①

在上述案例中,咨询师(分析师)要引导商人明白要求火车"必须按照自己所想要的时间开车"的欲望是阻碍性的,这种幻想出来的理想自我驱力,只能带给自己更多的痛苦;而商人内在的、适应环境的、平和的、理解他人的真实自我心态,是一种建设性的驱力,可以让自己在任何环境中都能更恰当地应对。

为了更好地说明霍妮的治疗理念,我们来看霍妮治疗的一个案例。

克莱尔,女,30岁,某杂志编辑,因感到精神疲惫、浑身无力、不能正常工作和生活而接受心理治疗。

克莱尔的母亲是一个十分虚伪的人,自负、专横,觉得自己非常值得别人尊重,一旦意识到别人批评她,就会对其产生敌对心理。克莱尔的出生并不受欢迎:父母感情不好;在生下哥哥后,母亲就不打算再生了;母亲在怀她的时候,曾多次想要打掉她。出生后,母亲虽然没有虐待和歧视克莱尔,但是她并不像哥哥一样受到关注,而是在忽视的环境下长大。即使她生病的时候,也没有人关心她,身边的人完全不在意她是否在场,别人从不称赞她的相貌和成绩,她没有朋友。父亲是一个乡村医生,经常不在家,对两个孩子完全不关心,虽然父亲很爱母亲,但是母亲对父亲没有感情,厌恶、蔑视父亲。这些都对克莱尔的情感世界造成极大的影响,让她觉得只有与强大的人为伍,才能获得安稳。

成长的环境,让克莱尔没有机会形成自信心,心中充满了烦躁、愤怒和怨

---

① 霍妮. 自我的挣扎:神经官能症与人性的发展[M]. 邱宏,译. 沈阳:万卷出版公司,2011:180.

恨。在他人的否定和嘲笑下,克莱尔始终觉得自己是个不正常的人。在这种不安的情绪笼罩下,克莱尔很容易认同别人眼里的自己,感觉错的是自己。因为没有足够的自信心,克莱尔就非常在意别人对她的评价,寻求在外界的赞美的基础上建立起虚假的自豪感。

克莱尔因为没有真正的自我,自然也没有了自己的爱、怨恨、恐惧和欲望。她不再愿意表达爱,因为她感觉自己不配得到爱。当遇见爱她的人时,她会觉得喜欢她的人看错了她;有时候,她觉得别人之所以喜欢她,是因为别人感激她的帮助,或者有求于她。因为没有自信,她一方面压抑了自己的愿望和请求,对别人形成强迫性谦逊,只考虑别人,不考虑自己;另一方面,她迫切地需要超越旁人,从而显得自己强大。

霍妮对克莱尔的治疗,大致分为三个阶段:

第一个阶段是引导克莱尔发现她的强迫性谦逊;第二个阶段是引导克莱尔发现自己对同伴的强迫性依赖;第三个阶段是引导克莱尔发现她迫切渴望他人认可的优点(我认为此处翻译不妥,根据霍妮的理论和后文内容,此处应翻译为"引导克莱尔发现她的真实自我")。

第一个阶段的任务是让克莱尔觉察自己的强迫性谦逊及其背后的神经症倾向。霍妮在咨询的时候,通过克莱尔生活中的事件,让克莱尔来认知事件背后的心理倾向。比如,老公出轨的时候,即使非常痛苦,克莱尔也觉得那个女人比她更有魅力,更讨人喜欢。霍妮让克莱尔明白正是因为她坚信自己是一个愚笨、毫无魅力的人,总是觉得自己没有才华,所以才总是认为别人是正确的,把别人的欲望看得比自己更重要。这个阶段,最好的治疗方式是认可克莱尔的优点,鼓励她,找到生命的闪光点。

第二个阶段的任务是消除她过度依赖"同伴"的行为倾向并引导其明白这种依赖带来的后果。因为她对自己不认可,感觉自己无法实现自己的愿望,所以渴望另一个人来帮助她实现;因为她感到没有能力保护自己,所以渴望另一个人来帮助她;因为她看不到自己的价值,所以渴望另一个人来认可她。而且克莱尔这种强迫性谦逊和极度渴望同伴关系之间存在严重的矛盾。因为她害怕被抛弃,所以把大部分怨恨强行压抑下来,但是这种被压抑的怨恨,会让她对别人的反应非常敏感,反而破坏了她与他人的关系。

第三个阶段的任务是找到她被压抑的为实现理想而做的努力(即真实自

我)。在咨询的过程中,通过引导克莱尔回忆成长经历中的事件,发现她生命中始终存在的被压抑的真实自我。例如,克莱尔回忆起儿时的叛逆、好斗和种种淘气的行为,以及上学时曾经萌生的豪情壮志。另外,在这个阶段,还要引导克莱尔明白内心真实情感的动力和上述两种倾向(即强迫性谦逊和强迫性依赖)的冲突性关系。正是因为她压抑了自己内在的真实需求,所以才渴望依赖别人或者战胜别人甚至报复别人,以求得自我存在感。对第三个阶段问题的解决,使得克莱尔的注意力从获得别人的认可或者战胜别人的快感转移到主观意识的自我实现上。①

在《自我分析》一书中,霍妮明确指出分析是一个复杂的过程,每一个咨询师、每一个患者都是不同的,因此治疗模式也不尽相同。不过,一般来说,分析过程都分为三个步骤:"一是了解神经症倾向;二是找出其根源、表现形式以及带来的影响;三是找出它与人格的其他部分,特别是与另一些神经症倾向之间的关系。"②

分析霍妮的治疗理论,我们可以看得出来霍妮依然遵循着弗洛伊德的治疗理念——"潜意识意识化"。至于具体的治疗技术,霍妮仍然延续着弗洛伊德的自由联想和梦的解析等技术。关于释梦的具体技术,霍妮有着更为清晰的认知,她说:"理解一个梦最可靠的线索存在于患者做梦时所表现出的感觉中。"③霍妮的释梦理论告诉我们:梦中的故事都是虚构的,梦中所表达的情绪都是真实的。这非常符合当代咨询师的释梦理念。

霍妮的神经症理论批判地继承了弗洛伊德的神经症理论,并有突破性的发展。在弗洛伊德看来,神经症是由社会文明内化成的超我和个体欲望支配的本我冲突引起的;残留在人类身上的动物性本我欲望需要释放,而社会文明内化的超我又压抑本我,本我和超我的冲突长期得不到解决,最终导致神经症。霍妮的神经症理论虽然继承了弗洛伊德的观点:"神经症是由得不到解决的冲突引起的。"④但是霍妮也旗帜鲜明地指出,冲突的内容不是本我和超我(霍妮反

---

① 霍妮.自我分析[M].霍文智,译.北京:北京理工大学出版社,2020:34-40.

② 霍妮.自我分析[M].霍文智,译.北京:北京理工大学出版社,2020:70.

③ 舒尔茨 D P,舒尔茨 S E.人格心理学:全面、科学的人性思考:原书第10版[M].张登浩,李森,译.北京:机械工业出版社,2016:97.

④ 丁建略,田浩.霍妮神经症理论述评[J].医学与哲学(人文社会医学版),2007(11):44.

对把个体切割为本我、自我和超我）的对抗,而是患者为逃避痛苦通过幻想形成的理想自我和当下生活中不能让自己满意的现实自我的冲突。看得出来,霍妮更多的是从社会文化的视角来寻找神经症的焦虑根源。

无疑,霍妮在精神分析学派中乃至整个心理学界中都算得上一个巨星,她以自己的开拓性思维,发展了精神分析理论,更看重社会文化对心理的影响。

虽然因为种种原因,霍妮理论没有得到更好的延续,但是后世精神分析学者的研究成果,有力地证明了霍妮理论的价值。例如,客体关系心理学家温尼科特提出了抱持的养育环境,自体心理学家科胡特也重视个体童年的成长经历。

霍妮的理论不仅在后世的精神分析学派内部有许多共鸣,而且也启发了其他心理学流派理论的创立:人本主义的代表人物马斯洛本身就是霍妮的学生,也正因如此,"霍妮的神经症理论是马斯洛自我实现理论的直接理论来源"[1];存在主义疗法、叙事治疗和聚焦治疗等流派都不同程度地受到霍妮理论的影响。

---

① 丁建略,田浩.霍妮神经症理论述评[J].医学与哲学(人文社会医学版),2007(11):45.

第五章 群英荟萃的自我心理学

第一节 安娜·弗洛伊德的自我防御理论

在弗洛伊德1923年之前的理论中,"自我"是指自我意识,也就是个体能够意识到的心理内容,主要对潜意识中违背社会伦理道德的本能欲望起到防御作用;1923年在《自我和本我》一书中,弗洛伊德开始认识到自我防御如果是意识层面的,那么防御的内容也一定是意识层面的,因为自我既然在防御,就不可能不知道自己在防御什么。但是,事实上患者在意识层面上根本不知道自己的痛苦就是自己内在的秘密,更不知道自己在防御这些秘密,这就说明了患者内在的冲突不是在意识和无意识之间,而是在无意识内部。由此,弗洛伊德提出了结构模型理论,认为个体心理由本我、自我和超我三部分组成,自我为协调本我和超我的冲突,在无意识层面形成了一系列的防御机制。不过,弗洛伊德在结构模型理论下,强调的依然是本我的动力价值,而不是自我的协调作用。

弗洛伊德去世后,自我心理学家在弗洛伊德经典精神分析的基础上,把研究的方向聚焦在人格结构层次的自我层面,针对影响自我形成的内在、外在因素和自我防御机制背后的深层含义进行了全面而深入的探讨。

弗洛伊德的女儿安娜·弗洛伊德(1895—1982),是运用精神分析理论对儿童进行分析的先驱,也是自我心理学流派的启蒙者。在弗洛伊德去世后,安娜接过了精神分析研究的大旗,系统地总结和拓展了弗洛伊德对自我防御机制的研究。

安娜在对自我防御机制研究的过程中,发现心理咨询运用自由联想治疗心理问题,实际上是一种通过解放(释放)本我冲动和淡化甚至瓦解自我防御功能的方法。对于这种治疗方法,无意识的本我冲动当然是欢欣鼓舞的,而无意识的自我防御却被压抑了。这样,心理咨询师在本我冲动和自我防御的战争中,好像成了罪恶的帮凶,对文明的防御进行了无情的绞杀。

如果把本我的欲望比作监狱里的囚徒,那么自我防御机制就是关押囚徒的监狱。要想彻底解放囚徒,不应该仅仅释放几个囚徒,而是把整个监狱都打开,也就是要使自我无意识的防御机制得到解放。正如安娜曾经说的那样:"分析师的责任,把无意识带入意识,无论他属于哪个精神结构。"①

然而,本我和超我往往躲在潜意识层面,根本无从知晓:当本我的欲望处于一种满足的状态时,本能欲望会平静地待在潜意识的本我层面而不会侵入自我的领域,自然也不会产生自我的紧张和痛苦,这时候个体对本我的内容就会一无所知;当超我与自我之间处于和谐的状态时,超我也就湮没在自我觉知的盲点,自然也无法感知超我的庐山真面目。在人格结构三元素中适合人们观察的领域只有自我;通过对自我的观察,我们可以了解和分析本我和超我的状态。因此,在安娜的精神分析理论中,咨询师工作的焦点要从追寻本我冲动的阵地转移到意识之外的自我工作。

下面是我咨询的一个案例:

某女,20岁,国外留学,家庭富裕,控制不住偷同学的东西,特别是关系比较好的同学的东西,但她从来不拿商店里或者陌生人的东西。患者一旦偷拿了同学的东西,内心就陷入痛苦、纠结、后悔的状态,担心别人看到。

该患者小时候跟着父母长大,父亲性格比较暴躁,总是忽视和打骂患者,而患者几乎每时每刻都想获得父亲的认可。因为总是得不到父亲的关注,患者就报复父亲,偷偷地给父亲制造一系列的麻烦。每次看到父亲焦虑的神情,患者就产生一种成功的快感。该患者来到国外后,积极参加公益性活动,帮助别人,同别人形成很好的关系。一旦形成比较好的关系后,当发现别人忽视自己或者拥有比自己更多的金钱或者更精美的物品的时候,患者就控制不住拿走或者破坏别人的东西。

传统精神分析理论会从该患者幼儿期本能的愿望入手,解释这种偷窃行为的象征意义:偷窃意味着吞噬别人的东西,这种无意识本能源于最早期的原始口腔欲的攻击驱力;该患者本我欲望想完全占有父亲而不得,在留学经历中,就通过高度伪装的象征、置换以偷窃的形式获得满足。

自我心理学理论从能够观察到的自我防御机制入手,像剥洋葱一样,清晰

---

① 米切尔,布莱克.弗洛伊德及其后继者:现代精神分析思想史[M].陈祉妍,黄峥,沈东郁,译.北京:商务印书馆,2007:42.

地探索出患者一系列行为背后的心理动力:早年爸爸的忽视和打骂,使患者内心缺少安全感和存在感。留学后,患者"积极参加公益性活动,帮助别人,同别人形成很好的关系",以此来增加自己的存在感。看到好朋友"忽视自己或者拥有比自己更多的金钱或者更精美的物品",患者就会激发出早年形成的、存储在潜意识深处的挫败感。为了减轻内心深处的挫败感,患者就特别渴望朋友陷入窘迫之中。这样,患者偷盗和破坏的欲望(即攻击驱力)就被激发出来。偷盗后的占有让患者内心收获了兴奋和成功感。但是,一旦偷盗成功,患者的成功感释放出来后,潜意识中的超我又让患者陷入懊恼和后悔的体验之中。患者之所以不偷商店或者其他人的东西,是因为陌生人与患者不构成攀比关系,不能激发起患者潜意识深处的失败感,不存在偷窃他们东西的动力。对于该患者的治疗,咨询师不仅要通过潜意识意识化,释放患者本我的欲望,也要针对患者的自我防御机制,增加患者对自我的认可和接纳。

在安娜·弗洛伊德看来,分析防御机制不一定要等到患者自由联想出现阻抗的时候,也可以主动地从患者不经意透露出来的行为细节入手。安娜的这种思想从某种程度上为精神分析治疗提供了新的路径。另外,安娜·弗洛伊德还拓宽了自我无意识防御机制的外延:弗洛伊德最早把自我防御描述为自我为应对痛苦的或无法忍受的观念和情感而做出的努力,刻板的防御方式是形成病症的原因之一。例如:癔症(表演性人格障碍)多使用压抑和躯体化的防御机制;强迫型人格障碍多使用反向形成、隔离、理智化和抵消的防御机制;偏执型人格障碍多使用投射的防御机制。安娜认为防御机制是"自我在正常发展的过程和神经症中用来回避痛苦的或不快的情感(不仅是冲突)的方式和方法"①。即防御机制既可以是病理性的,也可以是适应性的,是一种适应社会、调节自己心理状态的应对方式。

个体的防御机制分为初级防御过程和次级防御过程。自我与外界的边界较为模糊的个体,情绪容易受外在环境影响,表现为脾气暴躁,易激惹,多采用初级防御机制,如极端退缩、否认、全能控制、极端理想化或贬低、投射、内摄和投射性认同、自我分裂、躯体化、付诸行动、性欲化、极端解离。自我与外部边界相对清晰的个体,内心的痛苦产生于人格结构内部之间的冲突,情绪表现为懊

① 杨慧芳.安娜·弗洛伊德对自我防御机制研究的贡献[J].南京晓庄学院学报,2017,33(1):90-95.

恼、后悔和纠结,多采用次级防御机制,如压抑、退行、情感隔离、理智化、合理化、道德化、间隔化、抵消、攻击自身、置换、反向形成、反转、认同、升华、幽默。

第二节 自我心理学的创始人——海因兹·哈特曼

一、适应理论

海因兹·哈特曼(1894—1970),奥地利人,被称为自我心理学之父,是安娜·弗洛伊德的学生,继承和发展了安娜·弗洛伊德对自我的研究成果。不过,他和安娜对自我的关注点不同:安娜关注的是自我对本我的防御功能,在弗洛伊德和安娜看来,人的自我是从本我发展出来的,对本我欲望具有防御功能,像监狱,像盾牌;在哈特曼看来"自我就像驱力一样,是生物学的产物"①,自我的生物禀赋,具有先天的和后天的适应功能,而不是防御功能,就像鱼适应在水里游泳,骆驼适应在沙漠中跋涉。先天具有的适应性的自主性装置称为初级自主性,后天形成的自主性装置称为次级自主性。

初级自主性,是对外界先天的适应功能和心理感受,例如婴儿1岁之前的哭、闹、蹬腿、喝奶等行为。次级自主性是在与本我欲望冲突中形成的适应生活的自我机能。例如,个体通过学习,学会了骑自行车,以后想都不用想,坐上车子就会骑;再如,随地大小便是本我的欲望,因为这种排便欲望不能被社会接受,个体就通过反向形成的防御机制,把随地排便的快感转化成厌恶感,而对干净整洁产生了愉悦享受感,这种次级自主性是由自我防御机制发展而来的适应快感。哈特曼关注的是自我无冲突性发展,在他看来,心理治疗的目标不再是揭露人内心被压抑的本能冲动,而是修复心理结构本身。

其实,如果深入研究,我们就会发现海因兹·哈特曼的思想和弗洛伊德的一样,都来源于达尔文的物种进化论,只是哈特曼和弗洛伊德对达尔文物种进化论的关注点不一样。

我们都知道,达尔文物种进化论的两个理论分别为:人是从动物进化来的理论和适者生存理论。弗洛伊德从达尔文那里继承了人是从动物进化来的理

---

① 格林伯格,米歇尔.精神分析之客体关系理论[M].王立涛,译.上海:华东师范大学出版社,2019:192.

论,所以说经典精神分析认为,人身上有很多动物的特性,也就是本能的欲望,弗洛伊德有很多观点(例如幼儿的攻击性本能),都能从达尔文的理论中找到踪迹。

哈特曼关注的是适者生存。在哈特曼看来,动物之所以能在社会上存在,是因为动物的身体机能能适应自然界,正如老虎的凶猛、大象的力量、斑马的奔跑、变色龙的掩饰;同样,自然界环境也适应动物生存,草地、水源、空气,都是动物生存所必需的,动物的有机体和环境是持续的、和谐的交互关系。人也应该是这样,一方面人的机体适应社会环境,正如人的感知、语言、思维,另一方面社会环境也适应人的机能心理,它们之间是和谐的交互关系。由此看来,哈特曼强调的是人和环境的适应,既然是人与环境适应,那么这种适应就不会仅仅限于生理方面,也必然包括人的心理,人之所以出现心理障碍就是因为不适应。

当哈特曼把自我功能描述为一个"无冲突"过程的时候,必然引发另一个问题:这种无冲突的适应性自我功能的能量是从哪里来的? 为此,他提出能量的中性化,是指一种把本能能量改造成非本能模式的过程。

按照他的理论,能量的中性化开始于自我从本能(这里的本能是自我、本我未分化的本能,在哈特曼的理论中,自我驱力具有生物学基础,而非来本本我驱力)中解脱而为自己服务之时,是通过自我调节实现的。例如,当孩子饥饿的时候,就会产生饥饿的内驱力,这个时候孩子就可以调动过去满足的记忆,用哭声来呼唤母亲。在饥饿内驱力和呼唤母亲的联系中存在着能量的中性化。现在看来,这种中性化更像一种积极应对,是正能量和负能量的中和,是在浊流中注入清水,在中和过程中改变了驱力的性质,把本我的欲望转换成自我的应对。看得出来,哈特曼把中性化看作自我的一种功能,一种能够影响驱力能量的释放功能。后世的自我心理学家马勒把中性化理解为,良性的养育环境下婴儿攻击驱力的力比多化。比如,妈妈对婴儿的抚摸、亲吻等促进情感和谐的行为导致婴儿的愤怒情绪变得平和。对此,我们很容易产生这样的解读:不是力比多释放产生快乐体验,而是快乐的人际体验产生力比多。

在对本能驱力的转化上,弗洛伊德曾经提出过升华的防御机制。不过,哈特曼的"中和"与弗洛伊德的"升华"不同,升华是一种替代性的满足或部分满足,依然残留着原始的驱力。例如,有暴力倾向的运动员,虽然能在竞技场上通过剧烈的运动释放情绪,但原始的攻击力依然存在。中和是把汹涌的河水转变为清洁的电能,是彻底的改变。

1937 年哈特曼出版了《自我心理学和适应问题》,也正是这部书奠定了他在自我心理学方面的地位。哈特曼的理论强调自我和环境的调节作用,不仅改变了自我从本我衍化而来并隶属于本我的看法,也改变了自我机能主要是应对本我防御的看法,使精神分析从研究本能冲突的病态心理学向研究自我适应的普通心理学转变,从而在古典精神分析与普通心理学之间的鸿沟上架起了一座沟通之桥。

需要进一步指出的是,哈特曼理论中的"适应"是基于躯体生存的需要,躯体需要之外的需要(例如,情感需要),并没有得到重视。哈特曼思想的这种倾向性与他对精神分析的定义有直接关系。

二、对精神分析的定义

弗洛伊德认为"精神分析是对潜意识过程的研究"[①]。对于这一见解,哈特曼虽然没有提出异议,不过从他写的《自我心理学和适应问题》一书中,我们还是可以清晰地看出其理论对自我适应性的强调。哈特曼明确提出精神分析要具有三个特征:生物学取向,诠释性的而不是描述性的,元心理学观点。

哈特曼与弗洛伊德一样,从生物学有机体的角度来阐释自己的心理学理论,认为人类"天生就可以成为具有强烈社会成分的生物学系统的一部分的动物"[②]。本我驱力来源于躯体,自我也是生物学的产物。人类特有的生物性设置,使自我具有适应、合成、整合、组织等功能。后世的心理学家,无论是比昂,还是温尼科特,都强调养育者主动"找到"婴儿,并对其做出恰当的回应。在哈特曼看来,"有机体与环境之间的适应本质上是系统发育所塑造的,而不是婴儿与其养育者之间互惠交流所缔造的[③]",婴儿与外界联系的通道一开始就存在,并且遵循其自身成熟的过程,环境仅仅是为身体生存提供了必要的条件。

精神分析概念具有诠释性特征。非精神分析的学者,可以对某种现象进行

---

① 格林伯格,米歇尔.精神分析之客体关系理论[M].王立涛,译.上海:华东师范大学出版社,2019:191.

② 格林伯格,米歇尔.精神分析之客体关系理论[M].王立涛,译.上海:华东师范大学出版社,2019:197.

③ 格林伯格,米歇尔.精神分析之客体关系理论[M].王立涛,译.上海:华东师范大学出版社,2019:197.

精准甚至优美的描述,不需要探究该现象的发生机理;精神分析关注的不是心理内容的描述,而是心理内容产生的深层次原因,找到其动力性根源和遗传学基础。例如,对于躯体化现象,作为一个精神分析取向的咨询师,并不是描述个体在躯体化状态下的症状,如疼痛、打嗝、反酸、恶心、呕吐、麻木、僵硬、烧灼感、蚁走感等,而是找到这些症状背后的心理动力及其形成的原因。

元心理学,是指以心理学为对象的深层理论研究,亦称为心理学的心理学。"弗洛伊德将元心理学定义为对建立精神分析理论基础的研究"①,对精神分析的动力、结构、发展提出了三种假设:在动力上,人的心理活动是各种冲突力量的交织;在结构上,弗洛伊德 1900 年和 1923 年分别提出了心理发展的层次(潜意识、前意识、意识)理论和心理结构(本我、自我和超我)理论,从两个角度探索心理活动在神经系统内发生的规律;在发展的方面(即能量在身体内的循环),他强调某个心理倾向的能量数量以及自身和客体的交融(隔离)关系,这些数量和关系促使能量在身体里循环。

哈特曼在元心理学上更重视自我的价值。

在动力上,哈特曼认为自我驱力是对抗本我驱力的力量,并非来自本我,而是源于真实世界生存的需要。另外,与弗洛伊德相同的是,哈特曼依然把力比多快感作为最重要的驱力,"对于哈特曼来说,获得快乐依然是其理论的中心,即使儿童生活中重要他人的个人特征直接影响了快乐次序,驱力及其变迁依然是动机中心"②。

在结构上,哈特曼虽然没有否定潜意识的价值,但更强调意识行为的运作;认为自我不是本我分化的一个结构,有自己的功能单元。自我一方面要促使心理内部结构的和谐,另一方面要协调个体与环境的关系。

在发展上,哈特曼更重视驱力的质量而不是数量,将所有驱力能量的特质置于自我(部分)控制之下,认为自我可以在各种驱力之间"选择",自我的选择影响了驱力能量的最终分配。原始的自我能量(伴随着出生而形成的自我驱力),促使了初级自主性功能的形成;中性化能量(通过自我调节而形成的驱力)

---

① 格林伯格,米歇尔.精神分析之客体关系理论[M].王立涛,译.上海:华东师范大学出版社,2019:193.

② 格林伯格,米歇尔.精神分析之客体关系理论[M].王立涛,译.上海:华东师范大学出版社,2019:202.

促使了次级自主性功能的形成;无冲突的自我领域(包括感觉、记忆、联想等)形成了婴儿与现实联系的通道。

第三节　勒内·斯皮茨

勒内·斯皮茨(1887—1974)是奥地利著名的精神分析学家,曾接受弗洛伊德的分析和指导。1938年,为躲避第二次世界大战,斯皮茨迁居纽约,在纽约从事精神分析研究与教学长达18年,曾任纽约精神分析学会副主席。

一、生命需要情感滋养

斯皮茨把自己研究的对象定格在婴儿的前语言期,也就是婴儿两岁之前,特别是一岁之前的语言。虽然斯皮茨比哈特曼大7岁,但是他一直沿着哈特曼的自我心理学方向砥砺前行。针对哈特曼提出的环境对自我能力的影响问题,斯皮茨借鉴实验心理学的方法,进一步解答了环境的本质特点是什么,外部环境又是怎样影响自我发展的。

提起斯皮茨的自我心理学,我们不得不说说他在《医院制度》一书中记载的他在育婴堂观察到的一个令人心碎的现实:"在育婴堂中,他们的生理需求能够得到充分满足,但任何可持续的养育性互动都被剥夺。他们无一例外变得抑郁、孤僻、体弱多病。如果情绪上的饥饿持续超过三个月,眼睛协同能力就会衰退,出现发动迟滞。幼儿会变得愈发无精打采,终日安静地躺在婴儿床里,把小床垫压出一个凹槽。满两周岁前,三分之一的孩子会死亡。而那些幸存者活到四岁时,几乎还都不能坐、立、行、言。然而,如果母亲在最初的三个月回来的话,这种退化会自行反转。"①

斯皮茨在育婴堂见证的悲剧,说明了婴儿健康的成长不仅仅需要物质营养,还需要情感的滋养。这种见解突破了哈特曼理论中的"适应"是基于躯体生存需要的观点;在某种程度上,也与弗洛伊德宣称的剥夺是自我发展的一种刺激的观点相左。在弗洛伊德看来,本我充斥着本能的冲动,这些冲动追寻着快

---

① 米切尔,布莱克.弗洛伊德及其后继者:现代精神分析思想史[M].陈祉妍,黄峥,沈东郁,译.北京:商务印书馆,2007:54.

乐原则,对社会或者他人形成伤害,必须经过超我和自我的压抑,才能化解和升华。在弗洛伊德的理论中,文明是对本能的一种压抑。

二、力比多客体

弗洛伊德为了说明人与周围世界的关系,引入了"客体"的概念,在弗洛伊德看来,客体就是人本能冲动的目标,可以是人,也可以是无生命的东西。通过他(它),本能的张力得以释放。正如恋物癖,足、鞋子、丝袜……就是患者力比多投向的客体。这些东西本身没有什么价值,它的价值就是让患者的力比多能量得到释放。婴儿刚刚出生的时候,他的力比多能量是投向自身的,慢慢他发现营养的需求仅仅靠内在的幻想不能满足,这个时候婴儿接触到了乳汁,于是乳房乃至母亲成了婴儿内在张力释放的对象。在弗洛伊德的客体概念里,母亲是模糊的、不清晰的,是可以用奶瓶代替的,只要能释放个体的张力就可以。

按照弗洛伊德精神分析理论,当一个人把力比多能量投向客体的时候,如果客体接纳了,那么力比多能量得以释放。如果不能接纳,力比多能量要么退回自身,形成自恋;要么通过认同的防御机制,来缓和丧失带来的挫败体验。我们可以看到,很多男孩子长大后的言谈举止总是很像他的父亲,女儿的一笑一颦、一举一动很像母亲,这都是在成长过程中对父母的认同。也正是这种认同让孩子学会了在他所处的文化环境中生存。例如,3 岁之后的幼儿都要经历俄狄浦斯期冲突所带来的痛苦,而俄狄浦斯期的冲突就是靠认同的防御机制来修通的。

大约 3 岁以后,孩子与母亲的二元关系变成了由父亲、母亲和自己组成三元关系,无论男孩还是女孩都会突然感到家里多了一个在性别上与自己有竞争的人。男孩认识到本来完全属于自己的母亲其实是父亲的。这个时候,他会产生被欺骗的感觉,想完全占有母亲,对抗父亲,恢复到母子二元关系。不过,父亲的强大让男孩感受到自己不是父亲的对手,再加上父亲对自己和妈妈的疼爱,于是就形成了男孩矛盾的心理:一方面希望父亲死掉,另一方面又因为自己罪恶的想法而内疚。当孩子长到 5 岁左右时,父母亲密关系的现实,使得男孩彻底地放弃了完全占有母亲的想法,形成对父亲的屈服,开始认同父亲。俄狄浦斯情结得以化解。

在弗洛伊德认同防御机制后,他的女儿安娜·弗洛伊德还提出了向攻击者认同的概念,变成具有攻击者行为特点的人去欺负其他人。

我咨询过这样一个案例:

患者是一名女大学生,小时候,她的爸爸一直对妈妈和患者进行家暴。该患者在恐惧和愤怒中长大。进入大学之后,患者处了一个男朋友。在恋爱过程中,患者一旦发现男朋友的行为不符合自己的心意,就控制不住情绪,不断惩罚男朋友。

在这个案例中,患者的行为就体现了向攻击者(父亲)认同的机制。

总之,在弗洛伊德看来,与客体的认同是次选的解决方案,是当本能满足不能实现时勉强接受的补偿。

斯皮茨经过实验、观察,发现婴儿通过客体,释放了自己积压在本我里的力比多能量,而且在释放能量的过程中,婴儿的自我会滋生出一种关爱的感觉和与客体联结的深度愉悦体验;不仅如此,这种关爱的感觉和愉悦的联结还会泛化到其他的人和物体上。婴儿吮吸母亲乳头,滋养满足后,在心理上和精神上得到了快感,然后婴儿情绪就会变得很柔和,本能的破坏力就会减少,就会带着自己的快感玩玩具。

"斯皮茨保存了弗洛伊德的概念,认为力比多本身是寻求快感的。"[1]不过,孩子健康的成长不仅仅需要充足的营养物质,而且还需要爱的滋养。在爱的滋养中,孩子发展出关爱的情感体验,形成对客体联结的力比多驱力。斯皮茨关注的重点,从经典精神分析中的本能驱力理论转移到了自我心理学中的自我功能上。

通过斯皮茨的理论,我们知道在养育孩子时,养育者爱的投入至关重要,正是养育者的爱,才形成了孩子内心深处的力比多客体,进而让孩子产生更多的力比多能量,促使孩子积极主动地与其他的客体交往。相反,如果在成长的过程中,孩子的心理需求没能得到充分满足,没有与养育者形成良性互动,这些孩子长大后往往就会面临一些困难,如抑郁、孤僻、抵抗力低下,甚至精神迟滞。

那么,我们接下来需要思考的问题是:幼儿关爱的感觉是怎么形成的? 与客体联结的能力又是怎么被激活的?

为了更清晰地说明这个问题,先谈一下我咨询的一个案例:

---

[1] 米切尔,布莱克.弗洛伊德及其后继者:现代精神分析思想史[M].陈祉妍,黄峥,沈东郁,译.北京:商务印书馆,2007:56.

某男,25岁,国外读的大学,因学分不够,没有毕业,目前在国内,一直不愿意同家人住在一起,在外面租房子住。患者内心自卑,不愿意与任何同学交往,敏感、冲动,看问题极端化,一旦感到父母处理问题不当,就彻底否定父母,多次与父母断绝关系。患者内心非常痛苦,经常失眠。

父母都是国企职工,因为工作比较忙,患者出生后,被寄养在姥姥家,12个月后由奶奶养育,20个月后跟着父母一起生活,跟着保姆长大。父亲性格不好,经常打骂孩子。患者中学时期情绪就不好,不能集中精力学习,成绩也不理想。后来到国外留学,依然学不进去,最后没有达到学分。回国后,患者因为情绪冲动,与人打架,被拘留2个月。

在这个案例中,患者经历多次分离,每一次分离都是创伤。在分离的创伤环境下,患者很难形成安全感。对于孩子来说,出生就意味着与母体的分离,而这种分离不仅仅是躯体的分离,也有心理层面的分离。分离则意味着恐惧,刚刚出生的患者非常需要与曾经熟悉的感觉联结。对于新生儿来说,最熟悉的人自然是母亲,毕竟胎儿在母亲体内存在了10个月。然而母亲因为工作原因,不能守在患者身边。姥姥很爱患者,但毕竟不是母亲。无论是声音、呼吸、味道、心跳,还是视觉形象,姥姥都与母亲不一样,姥姥给患者带来的感觉是完全陌生的,患者对于陌生人会自然而然地产生恐惧。当患者对姥姥稍微熟悉,慢慢接纳姥姥后,养育者又变成了奶奶,而奶奶又是与姥姥不一样的人,这样就再次形成分离。患者20个月的时候,养育者又变成了一个保姆,保姆对于患者来说,依然是陌生人。这样,患者内心就一直有分离、再分离、继续分离的创伤感觉,内心形成被抛弃、再被抛弃、继续被抛弃的恐惧体验。再加上患者的父亲脾气不好,经常打骂患者,患者的内心必然会产生恐惧和愤怒的情绪,体验不到恒定的、安全的、爱自己的力比多客体的存在。在恐惧和愤怒的情绪心境下,患者无法产生与他人联结的力比多驱力,每天草木皆兵,如履薄冰,甚至暴跳如雷。

古语云:蓬生麻中,不扶而直;白沙在涅,与之俱黑。这说明成长环境对一个人的发展非常重要,这个环境不仅要充满关爱,而且要稳定。对于婴儿来说,最好的环境就是母亲,因为胎儿在母亲体内生活了10个月,已经熟悉母亲的味道、声音、呼吸、心跳。婴儿出生后,如果一直由母亲养育,母亲的关爱乃至母亲的形象就会内化到婴儿心灵深处,成为恒定的力比多客体(能给幼儿带来能量的内化客体),婴儿就会变得安全、有力量。当婴儿长大后,无论天涯海角,母亲带给他（她）的安全、关爱感觉,都会伴随着他（她）。有了安全、爱的感受体验,个体就能用自己的关爱与其他人正常交往,在生活中保持稳定的心态,即使遇到挫折,内心深处也会"也无风雨也无晴"。正所谓心中有太阳,即使风雨交加,内心也是明媚的。

斯皮茨认为,"拥有力比多客体是一种发展性成就,反映出个体的复杂心理能力,能够建立选择性的、非常个人化的依恋"①,即使依恋对象不在身边,个体也仍然能够保持内在的心理能量。拥有了力比多客体赋予的正能量,个体就能够带着这种正能量与其他人建立联结,在联结中使自身心理得到发展。

三、心理融合

生命是从精子与卵子的结合开始的,随着受精卵不断地分裂,最后形成拥有各种器官的胎儿。胎儿在母亲的子宫里,跟随着母亲的心跳和呼吸,慢慢生长。这个时候胎儿和母亲之间是寄生关系,这种寄生关系不仅仅体现在躯体上,也体现在心理上,彼此介入对方的生命流动,这就是胎儿和母亲原始的融合状态。

婴儿出生后,心理寄生关系和心理融合状态没有变化,婴儿的自我、超我,甚至基本的力比多和攻击驱力都尚不清晰,处于一种混沌状态,斯皮茨把这种状态描述为"未分化和非分化"②。因此,婴儿出生后,接生的护士最好不要马上把婴儿抱走,也不要给孩子洗澡,而是要先把婴儿放在母亲的胸膛上,让婴儿重新感受类似在子宫里融合的感觉,感受母亲的心跳、体温、身体的味道,延续婴儿和母亲生命上的流动,这种熟悉的感觉能让婴儿形成强大的心理支撑。如果一出生就被送去洗澡了,完全断绝与曾经熟悉感觉的连接,婴儿往往会陷入不适应状态。出生,是生命的第一次分离;如果分离不是一个渐进的过程,对孩子来说就是灭顶之灾。

孩子出生之后,对于刚刚接触到的陌生世界,感觉到的不是惊喜,而是被大量无法加工的信息吞没,处于紧张的高能量状态,内心是恐惧的、不舒服的,有

① 米切尔,布莱克.弗洛伊德及其后继者:现代精神分析思想史[M].陈祉妍,黄峥,沈东郁,译.北京:商务印书馆,2007:56.
② 米切尔,布莱克.弗洛伊德及其后继者:现代精神分析思想史[M].陈祉妍,黄峥,沈东郁,译.北京:商务印书馆,2007:56.

一种被洪水卷走、吞噬的感觉。婴儿如果孤独地面对这个恐惧的外部世界,就会像斯皮茨在育婴堂里看到的婴儿一样,要么呆滞,要么死亡。

不过,幸运的是,婴儿身边有一个与其连体的、心理上融合的母亲。母亲通过与婴儿心理融合的体验,行使婴儿"附属自我"功能。这个时候,如果母亲是稳定的,婴儿在恐怖的旋涡中即将被吞噬的内心就能得到安抚。婴儿借助母亲的安抚,进而形成能够接受外界刺激的能力。如果母亲也是惊慌失措、恐惧无助的,婴儿长大后也往往是多疑的、敏感的、惊恐的。

我咨询过这样一个案例:

患者是一个32岁的女孩,漂亮、善良,在事业单位上班,内心非常痛苦,感到别人都不理解自己,甚至针对自己。患者谈过多次恋爱,每次恋爱都是因为对方不懂自己而分手。昨天,男朋友的妈妈需要住院,患者和男朋友开车把她送到医院,男朋友对患者说:"你还到病房去吗?"患者说:"我就不去了,在车里等着。"然后男朋友就带着他妈妈去病房了,患者很伤心,认为男朋友应该再次邀请自己去病房陪他妈妈,而不是只象征性地说一下。晚上,患者因为这件事哭了很长时间。

其实每一个人都是一个独立的个体,都有自己的生活习惯和价值观。该患者内心还残留着渴望与他人融合的碎片,认为别人应该懂得自己,总是用自己内心的想法要求别人。这种心理的形成往往跟早年的养育环境有关系,如果早年没有与母亲形成充分的心理融合,感受不到稳定的力比多客体,个体就会一直停留在与他人心理融合的想象中,渴望他人能如自己内心所愿,胆战心惊地揣摩别人,试图从他人的反应中来确定自我的存在感。

前3个月的婴儿没有自我意识,基本上和母亲处于融合状态,这种融合状态对孩子是非常有保护意义的。母亲起到了婴儿"附属自我"的功能,向婴儿传达着自己对这个世界的感受,如果母亲传达的感受是安全的,婴儿就感到安全,反之亦然。

婴儿的内心就像一张白纸,在早期的生命过程中,给它涂上什么色彩,这张纸就成为什么色彩的纸。如果母亲和母亲给予的养育环境是安全的,那么婴儿的潜意识里就会储存阳光,即使将来遭遇挫折,孩子也会积极面对;相反,如果母亲是焦虑的、暴躁的、不安全的,婴儿的内心就会涂抹上焦虑的负性感受,并把焦虑的负性感受储存到潜意识深处,而这种潜意识深处的焦虑,也将会成为婴儿以后感受周围世界的情感基调。

四、自主功能

刚刚出生的婴儿延续着胎儿在母亲体内时母子一体的寄生关系,保持心理的相对稳定状态。不过,孩子总要长大,总要成为一个独立的个体,那么孩子怎么才能走出母子一体的融合状态呢?

斯皮茨观察到前3个月的婴儿和母亲的互动,是通过"对话"来进行的。不过,母婴之间"对话"互动,不是用语言,而是使用一种"整体感觉系统"模式,母亲通过声音、抚摸、表情、体态、动作、语调等与婴儿进行交流,帮助婴儿识别周围刺激的意义:这里安全吗? 这样好吗? 这个可怕吗? 这个可以吃吗? 母亲的表情、语调、抚摸等方式和力度的大小,调节着婴儿每次的感知和对每个动作的经验。正是通过不断的、日复一日的互动,婴儿逐渐从对刺激的混沌感受中建立起可以识别的意义系统。3个月后,婴儿的感知觉和认知系统逐渐发展起来,刺激的意义也随着经验积淀在婴儿的记忆中。

斯皮茨认为一个好的妈妈,"能够以近乎透视的精准性共情地猜想婴儿的需求,精确感知到婴儿的非言语信息"[1]。从某种意义上说,这是有生物学基础的,毕竟胎儿在母亲体内生活了10个月,彼此的呼吸、心跳,乃至心理的感应都是相通的。所以即使是性格粗犷的女孩,一旦有了自己的孩子,也能理解孩子为什么哭、为什么笑,并能够做出正确的反应,比如抱起、逗弄、安抚、喂奶、帮助孩子处理大小便……在一次又一次的互动中,帮助婴儿认知、感受外在世界的信息和自身的感觉状态,并对这些感觉状态进行分类,促使婴儿形成可以辨别的、程序化的类别(例如,从挨饿到吃饱、从不愉快到愉快、从开始到结束之间的变化),让周围世界的意义系统地呈现出来。这样,在生命的第1年里,婴儿的自我能力,就在与力比多客体的互动中初步形成了。

斯皮茨通过实验、观察和拍摄的方式,记录了婴儿对他人行为态度的外部表现,并得出结论:婴儿的某些外部表现,是婴儿心理趋向复杂的路标,标志着

---

[1] 米切尔,布莱克.弗洛伊德及其后继者:现代精神分析思想史[M].陈祉妍,黄峥,沈东郁,译.北京:商务印书馆,2007:58.

至关重要的发展转变点。对此,他称之为"心理记事簿"①。

(一)3 个月的微笑反应

在 3 个月大时,婴儿会对人脸或类似人脸的物体发出微笑,斯皮茨将其称为"微笑反应"。微笑反应的出现表明了婴儿开始感受到外部刺激,自我的现实原则开始起作用。需要注意的是,婴儿是对人脸而不是对其他东西有微笑反应,说明记忆痕迹已经形成了。由于这些记忆痕迹是保存在前意识(通过回忆可以呈现的意识称之为前意识)中的,因此这也意味着婴儿的潜意识、前意识和意识这三大心理机制开始形成。

(二)8 个月的焦虑

婴儿 6 到 8 个月大时,只会对熟悉、喜欢的人微笑,而对陌生人则表现出不同程度的不愉快反应。斯皮茨将这一现象称为"8 个月的焦虑",也称为"陌生人焦虑"②。8 个月的焦虑,说明婴儿对看到的人脸与自己心中母亲的意象进行了对照,这标志着婴儿建立了单一的且个人化的依恋,自我的一些防御机制开始形成。

(三)15 个月的摇头

婴儿在 15 个月大时出现了摇头动作。婴儿通过摇头这样的方式,表达"不"的概念。摇头是一种有意义的动作符号,这说明婴儿获得了对符号的操作能力以及初步抽象化的能力。

婴儿早期人格发展的每个环节都离不开与母亲的互动,母亲和母亲创造的环境对婴儿的人格发展至关重要。那么,这个时候我们又要思考一个新的问题:婴儿从母亲的心理融合状态脱身出来后,怎么成长为一个自主的儿童呢?这个问题的解答最终由著名的发展自我心理学家玛格丽特·马勒完成了。

五、病理学理念与心理治疗

斯皮茨在临床上提倡依恋性治疗。由于儿童和成人的障碍都与早期的客体关系有关,因此,治疗要返回到前语言期。也就是说,缺什么补什么,治疗师

---

① 米切尔,布莱克.弗洛伊德及其后继者:现代精神分析思想史[M].陈祉妍,黄峥,沈东郁,译.北京:商务印书馆,2007:58.

② 米切尔,布莱克.弗洛伊德及其后继者:现代精神分析思想史[M].陈祉妍,黄峥,沈东郁,译.北京:商务印书馆,2007:58.

要像"好"妈妈一样,提供给患者所缺失的客体关系。

在心理治疗的时候,发现患者心理问题的固着点非常重要,因为从这些固着现象中可以追溯到特定阶段的情感创伤。

"斯皮茨对固着现象进行了详细的探讨。他指出,客体关系的缺失或变异会干扰成熟与发展之间的整合。如果这种情况发生,那么自我会通过变异的整合方式来补偿发展的延迟。由此产生的变异的自我内核与后来正常的环境需求相冲突,引起了固着现象的产生并出现退行。同时,变异的自我内核还与正常的自我内核一起被整合到一个聚合的结构中,结果产生了变异和不平衡的自我。当发展不平衡在某一水平上稳固地建立后,它将会改变下一个组织者的模式。这样,内在系统和外在系统的关系将遭到严重破坏或是改变。"①

为了说明这种治疗方式,我们再分析一下上文的案例:

患者早期的成长经历:父母在她不到1岁的时候离婚,妈妈性格冲动急躁,爸爸风流倜傥,从结婚开始,他们就不停吵架。患者从出生起就生活在恐惧中,常常梦到一个刚刚学会走路的小女孩,皱着眉头,在一个非常大的院子里,孤零零的。

在1岁之前的心理融合阶段,因为父母关系不和,妈妈一直处在焦虑状态,患者体验到的也是焦虑,内心感到被恐惧的旋涡吞噬,没有完成与母亲的心理融合,更没有形成稳定的力比多客体。即使成年后,患者内心依然固着在早年恐惧的情绪中,渴望与他人融合,缺少边界感,过于在意别人对自己的看法。

对于这个患者的治疗,咨询师要与患者共情,多倾听,多支持鼓励,帮助患者把潜意识深处的恐惧意识化,并引导患者修复这段悲伤的经历,给予患者在婴儿期没有得到的健康的心理融合,进而使患者内心深处生成稳定的力比多客体,形成自信、有安全感的生命体验。

---

① 郭慧.生命的第一年:斯皮茨的自我心理学理论与实践[J].南京晓庄学院学报,2008(2):95.

第四节　玛格丽特·马勒

　　玛格丽特·马勒(1897—1985)出生在维也纳,并在维也纳接受精神分析训练,开始是儿科医生,后来成为儿童精神分析师。1938 年,为躲避第二次世界大战,她离开维也纳,搬到纽约,在纽约精神病研究所工作。玛格丽特·马勒在精神分析学界地位崇高,无论自我心理学流派,还是客体关系流派,都把她奉为顶梁柱。因为马勒研究的内容主要是 0 ~ 3 岁的儿童从母子融合走向自我独立的过程,所以本书把她放在自我心理学大师里面。

一、研究方向

　　斯皮茨研究的对象,主要是被遗弃在育婴堂里的婴幼儿,而马勒则是走进精神病儿童医院或家庭,把精神分析的研究框架拓展到儿童精神障碍领域,如精神分裂和自闭。其实,在对精神障碍儿童进行精神分析研究的时候,马勒是冒了很大风险的,因为她研究的方向已经偏离了正统精神分析的范畴。

　　正统的精神分析是不对有精神问题的患者进行心理治疗的。在弗洛伊德看来,具有精神障碍的患者,内心是混乱的,缺少相对强大的自我功能,即使在日常的生活中,他们也常常把自己淹没在虚幻的想象世界,一旦进入自由联想状态,就更会陷入主观世界中而走不出来。另外,精神病患者还不具备移情能力,按照弗洛伊德的理论,精神病患者的力比多是投向自己的,无论是原始自恋,还是因创伤而形成的自恋,都不能把早年没有得到满足的情感投向咨询师。不能投向咨询师,就意味着不能释放曾经被压抑的力比多,也就无法疗愈。也正因如此,经典精神分析主要针对俄狄浦斯期儿童心理冲突而形成的神经症患者,而对于前俄狄浦斯期形成的心理问题乃至精神问题束手无策。

　　由于工作对象主要是精神病儿童,马勒在自己的职业生涯中对严重精神错乱的孩子特别是严重精神自闭的孩子,开展了具有建设性的探索。在探索的过程中,她发现了一个震惊的事实:个体的人格发展是一个开始于和另一个人之间的心理融合状态,然后慢慢分离,最终形成独立自我的心理过程。在 3 岁之前,如果脆弱的婴儿得不到妈妈的关怀和接纳,脱离了正常的发展轨道,个体往往心理功能失调,情绪极端波动,无法调节自己的情感状态。

弗洛伊德的经典精神分析关注的重点是3岁以后幼儿心理成长的规律,针对俄狄浦斯期的心理冲突做了系统而深入的探讨,分析了神经症的病理机制并形成了完善的治疗方案,然而对于3岁之前的婴儿心理发育规律和特点的研究却涉及不多。弗洛伊德曾经说过,精神分析只治疗神经症的病人,其他的比神经症结构水平低的人或者是精神病人不是精神分析的工作对象。马勒的理论一方面拓展了精神分析研究的空间,填补了经典精神分析对前俄狄浦斯期(3岁之前)心理发展的研究空白,另一方面也对精神病患者的治疗提供了新的思路。

二、基本理论

心理意义上的诞生不同于生物意义上的诞生。生物意义上的诞生是婴儿从母亲体内出生,是看得到的、很快就能完成的;而心理意义上的诞生则是一个逐步发生的过程,所涉及的心理过程仅有部分在可观察的行为中显露出来。人的心理是在与他人的融合中开始的,并且通过逐渐分离的心理过程完成。心理意义上的诞生是婴儿在心灵上与母亲分离并认识到自我生命是一个独立个体的过程。马勒把幼儿从出生到3岁之间的36个月,分为正常的自闭期、正常的共生期、分离—个体化期三个时期,个体心理的成长也大致经历了与之对应的三个阶段。

(一)正常的自闭

婴儿刚出生的第1个月,绝大部分时间花在睡眠上,似乎处在一种原始的混沌状态,不与任何人交流和互动。按照弗洛伊德的看法,这个时候婴儿把力比多投向自己,处于原始的自恋状态。马勒认为这个阶段的婴儿处于自闭阶段,封闭的心理系统就像一个没有破壳的鸟蛋,与外部世界联系的通道处于潜伏状态,婴儿延续着在母体胎盘里的感受。此时的发展任务是形成平衡感,一种在子宫外机体的衡定性平衡。这是一个未完成分化的阶段,也是婴儿成长必不可少的一个阶段。

新生儿就像自闭症儿童一样,处在一元关系阶段,与外部世界是完全脱离的,完全沉溺在自身的感觉中。如果养育者试图打破新生儿的自闭状态,使其与所接触的客体形成联结,新生儿则往往不为所动,或者发怒。这一时期的婴儿完全是靠本能反射来生活的:当养育者把一个东西放在婴儿嘴边,婴儿就会本能地自动吸吮这个东西。这是一种本能的、无意识的、不受主观神经系统支配的反射。靠这种本能的反射,婴儿找到母亲的乳头,吸吮乳汁。

(二)正常的共生

在新生儿自身内在结构没有形成的状况下,母亲不得不以一个缓冲者的身份来帮助婴儿对抗内外刺激。母亲行使婴儿"附属自我"(斯皮茨理论的概念)功能,帮助婴儿化解内心的紧张,让婴儿有时间等待内在结构的孕育、形成和完善。母亲爱的哺育不断迎合并满足着婴儿的感受,促使婴儿形成朝向母亲的驱力。

大约到了第2个月,细心的母亲就会发现,婴儿开始露出微笑,这说明婴儿对自己的客体——母亲,有了反应,开始了社交活动。这种微笑,表示婴儿自闭状态的结束,母子共生关系开始。共生,是马勒从生物学借用来的术语,用来说明婴儿与母亲无区别地融合在一起的心理体验。

共生期一般处在婴儿出生后的第2~6个月,处在斯皮茨理论中的心理融合状态,婴儿感觉自己和母亲是融合的,母亲是自己的感受创造的,能随时满足自己的需要。例如:婴儿饿了,母亲把奶头放进婴儿嘴里;同样,母亲的一举一动都左右着婴儿的感受。另外,3个月大的婴儿的微笑是不分对象的,这说明婴儿分不出母亲和外人的差别,婴儿不仅仅与母亲共生,而且与其他人也是共生的。

良性的养育环境形成婴儿好的感受,好的感受使婴儿产生趋向客体的力比多驱力,形成好感觉与好客体融合的力比多驱力,婴儿的幻觉感受走向与真实客体的重合;非良性的养育环境形成婴儿坏的感受,坏的感受使婴儿形成朝向客体的攻击驱力,促使婴儿形成"非我"感受。在力比多驱力和攻击驱力的帮助下,6个月左右的婴儿最终从与母亲的共生融合中分离出来。

值得警惕的是,在共生期,充满创伤的养育环境会使婴儿长久地陷入濒临死亡的恐惧中,内心极度缺少安全感,成年后形成精神病性心理问题的可能性会增加。因共生阶段心理成长不良而形成精神病的患者,通常表现出非同寻常的敏感,遇到任何微小的挫折都如临大敌,陷入幻觉或妄想状态。正如母亲情绪的稳定、慈爱、共情,对共生期婴儿安全感的形成至关重要,在对精神病患者进行心理咨询的时候,咨询师也要行使患者"附属自我"功能,提供给患者一个共情、关爱、支持的咨询环境。

(三)分离—个体化

婴儿心理发展有两条同时进行的路径:一个是个体化发展轨道,指个体向精神内在自主性方向发展,按照自己的内心做事,知道"我是存在的一种感觉"①;另一个则是分离,分离不仅仅是在躯体上慢慢离开乃至脱离母亲,而且在心理上感受到与母亲是两个不同的个体。婴儿在2个月到6个月的时候,内心是和母亲融合在一起的,婴儿感到母亲就是自己,自己就是母亲,母亲的一言一行、一举一动、一笑一颦都影响着孩子。从第6个月开始,婴儿慢慢开始觉知母亲和自己是不一样的人,逐渐脱离母亲,走向相对独立和个体化。一般而言,与母亲分离的过程要延续到3岁前。马勒把这个过程称为分离—个体化。

分离—个体化分为4个亚阶段:孵化、实践、和解、情绪上的客体恒定性和个体化。

1.孵化期(分化期)

孵化期大约从第6个月到第9个月。当婴儿长到6到9个月大时,不再像2个月到6个月那样静静地躺在母亲怀里,婴儿开始变得不听话,努力地挣脱妈妈的怀抱,从母亲的膝盖上滑到地板上,对周围的环境有了强烈的好奇,似乎在探视他人和外物。不过,这时候的婴儿依然偎依在母亲身边,并且时不时地回视母亲,触摸母亲;婴儿除了触摸母亲的脸外,还试着触摸母亲身体的其他部位——鼻子、眼睛、耳朵,甚至把母亲的头发放自己的嘴里,在母亲的身上爬上爬下。这实际上是在探索母亲和自己的差别,是个体化的开始。

我在电梯里曾遇见一个年轻的母亲抱着婴儿,经过交流知道婴儿刚满8个月,是个女孩。这个婴儿偎依在母亲怀里,瞪着大大的眼睛一会儿抬头看看母亲,一会儿又扭过头看着我,露出诧异和好奇的表情。我向婴儿招手,婴儿马上紧紧地贴近她的母亲,过了片刻,又瞪着眼睛看着我。

婴儿很困惑地一会儿看看母亲,一会儿看看我,是在感受我是不是和她母亲一样,她把自己心中的母亲意象拿出来和我对比;婴儿看到我向她招手,就紧紧地抱住母亲,看得出来这个婴儿遇到陌生人的时候是焦虑的,也是退行的,想退行到共生期的状态。

---

① 克莱尔.现代精神分析"圣经":客体关系与自体心理学[M].贾晓明,苏晓波,译.北京:中国轻工业出版社,2002:113.

从这个例子,我们可以看到孵化阶段的孩子感受到了母亲和陌生人的区别,并对外界(他人)有了好奇心。如果母亲给予充分的支持,婴儿就会形成趋向客体的驱力;如果母亲不能给予充分的支持,婴儿往往对这个陌生的世界感到恐惧,试图缩回到共生期或自闭期。

2. 实践期

从第9个月到第15个月,婴儿进入实践期,开始爬行、滑动、走路和说话,越来越会冒险地离开母亲,并且沉浸在自己的活动中,似乎忘却了母亲的存在。不过,这个时候婴儿也会周期性地回到母亲身上,与母亲进行一种身体或情绪上的接触,以求情绪的"再充电"。而母亲则像一个拥有无限能量的充电桩,把能量源源不断地输送到婴儿身上,然后婴儿再一步一步地远离母亲,开启对外在世界的探索。

在实践期,如果母亲能满足婴儿的需求,婴儿对外的驱力就会被进一步激活。婴儿面对陌生的世界,感到好奇,感到惊诧,更有喜悦。如果母亲能配合婴儿,扮演好婴儿附属自我的角色,婴儿就会产生自大的、全能的自恋感觉,感觉自己就像超人一样呼风唤雨,无所不能。这种全能感,对婴儿将来形成自信的人格非常重要。另外,这个时候的婴儿虽然积极地投入外部世界,但是在心理上依然感到自己与母亲连在一起,并不断地和母亲分享自己感到的全能感。

如果母亲不能满足或者打击婴儿的要求,婴儿就会对周围世界产生恐惧,不敢探索,甚至退行到与全能母亲合而为一的幻想中,成人后有可能会形成自恋性人格。某些焦虑的母亲往往从自己的需要出发,在自己想和婴儿亲密的时候,把独自玩耍的婴儿抱起来,打断婴儿原本正在进行的实践过程;婴儿的自尊感、把握感、操纵感消失了,取而代之的是被操控感。

这个时期,婴儿有时候还会不停地抓住床单、毛毯、枕巾、玩具等东西来玩耍,这些东西被客体关系学家温尼科特称为"过渡客体"。对孩子来说,过渡客体代表着母亲,使孩子能与母亲保持一种想象中的联系:一方面使婴儿能够在一定程度上减轻对母亲依恋的焦虑;另一方面婴儿通过过渡客体,缓冲了婴儿主观全能创造的母亲与观察到的独立活动的母亲之间的落差。

实践期是推动孩子探索世界、提高自尊感的关键期。这个时候的母亲,要做好婴儿附属自我的角色:当婴儿需要的时候随时在;当婴儿不需要的时候,随时消失;耐心地看着婴儿走出去,也要耐心地等待婴儿走回来。这样,婴儿才能慢慢地感受到自我的操控力。

3. 和解阶段

在 15 个月到 24 个月的时候,细心的母亲就会发现,婴儿比以前更加黏人了,总是向母亲怀里钻,一旦看不到母亲,就变得非常焦虑和愤怒。其实,这个时期的婴儿,心理成长赶上了躯体成熟的速度,感到自己和母亲是分离的,并不是一个连在一起的整体。这样,婴儿就产生了心理的失衡:一方面有实践期的向外探索冲动;另一方面从心理上感受到这种探索意味着与母亲的分离,分离使婴儿形成了孤独、焦虑的感受。因此,婴儿与母亲亲近的需要再度增加,想把母亲保持在视野之内,并且不断地试探,进而确认母亲是不是还在。孩子一方面似乎需要与母亲更加亲密,但另一方面似乎又要逃离亲密需要的控制,处于一种矛盾的整合期,要把独立、亲近、疏远整合起来。

在和解阶段,婴儿第一次体验到了心理上的冲突和失衡。面对心理的冲突和失衡,婴儿会不断地试探母亲。作为婴儿客体的母亲,及时的应答和情绪的稳定尤其重要:母亲的理解和共情让婴儿感到安全,而充足的安全感能够使婴儿的自主性自我发挥最佳功能。如果母亲不能满足甚至打击婴儿的需求,婴儿探索性的活动就会受限,促使婴儿过早地走向成熟;溺爱也会压抑婴儿向外探索的驱力,使婴儿无法把自身的能量投注到环境中和其他重要技巧的发展上。不当的养育环境导致严重的发展阻滞而产生病态的焦虑症与边缘型病理现象。正确的处理方式是:母亲要在孩子的视野范围内,鼓励和引导孩子探索。

4. 情绪上的客体恒定性与个体化

在 24 个月到 36 个月的时候,婴儿发展的主要任务是达到某种程度的客体恒定性与自我的个体化,不过,这一发展任务没有清晰的终结点。

建立客体恒定性依赖于婴儿对母亲正面形象的内化。一旦母亲的正面形象被内化,即使母亲有时候不能满足婴儿,也不影响母亲在婴儿心中正面的形象。客体恒定性的形成,一方面让个体在面对母亲带来的挫折和失望时,依然能够维持对母亲的积极感受,进而舒缓内心激起的愤怒情绪;另一方面客体恒定性的出现,表明了婴儿综合的认知功能逐渐清晰,也会促使形成自体恒定性,当个体有了自体恒定性,即使面对失败也能够维持对自己积极的评价。另外,客体恒定性的前提是获得客体恒常性,一般来说,孩子在 6 个月的时候就已经能感知到客体恒常性了。客体恒常性的定义是,即使客体不在自己觉察的范围内,个体仍然能感受到客体的存在。

客体恒定性和自体恒定性的形成,意味着婴儿形成了稳定的自体概念和客体概念,知道自己是独立于母亲之外的生命个体,产生了自我的个体化感觉。婴儿在意识上形成与母亲乃至他人之间的边界感,知道自己是自己,别人是别人,不再因为母亲或他人的行为而产生剧烈的情绪波动。

这一阶段,婴儿的语言沟通慢慢取代了其他的沟通模式,形成了复杂的认知功能,现实原则逐渐取代了快感原则,自我现实感逐渐强化。从马勒的理论中,我们看得出来母亲在婴儿早期成长过程中的价值,正如她认为的,"正常令人满意的自我成长几乎完全取决于儿童与母亲之间的情感关系,后来是儿童与父母的情感关系"①。

三、病理学理念与心理治疗

"马勒对于心理障碍及治疗反应的观点,是基于她对发展任务的理解。她认为生命发展的每一发展阶段都有一定的任务、挑战和风险。在一个发展阶段遭受创伤或留下一些任务没有完成时,可以导致严重的心理障碍。"②发展阶段形成的心理障碍几乎不可避免地牵涉到婴儿与父母或替代父母之间的关系。在早期发展阶段,婴儿需要一个随时可用的有力比多资源的母亲,这个母亲要允许孩子发挥自己的潜能。一旦亲子关系破裂,往往会导致各种程度不等的严重病态:共生期发展受挫,往往会形成精神病性心理问题;分离—个体化阶段发展受挫,往往会形成边缘型心理问题(马勒称之为"边缘障碍和自恋障碍")。

在心理咨询中,无论是未成年人还是成年人的咨询,都必须根据患者内在心理发展的需求,给予满足或修复。咨询师要让患者重新经历中断的早期发展阶段,进而协助患者达到较高层次的客体关系。心理咨询是对个体心理成长受挫的一种矫正,咨询师相当于患者替代父母的角色,提供给患者抱持环境,并帮助患者补充发展过程中缺失的自我功能,在帮助患者整合内在客体的过程中,使患者建立起自体与外在世界间的边界。

---

① 格林伯格,米歇尔.精神分析之客体关系理论[M].王立涛,译.上海:华东师范大学出版社,2019:229.

② 克莱尔.现代精神分析"圣经":客体关系与自体心理学[M].贾晓明,苏晓波,译.北京:中国轻工业出版社,2002:127.

如果婴儿在最脆弱的自闭及共生期间,发展受挫,婴儿的内心会固着在主客体不分的融合阶段,往往会形成精神病性心理问题。精神病患者没有形成主客体的分离,内心充斥着被毁灭的恐惧,用幻觉或妄想的方式感知外在世界。

边缘型心理问题往往源自分离—个体化阶段的发展受挫。这类患者没有形成稳定的自我,容易受外在环境影响,多用全能感、分裂及自夸的防御机制应对周围环境。脾气暴躁、行为冲动即是未正常完成分离—个体化阶段发展任务的人的外显行为表达。

马勒的自我发展心理学理论非常强调实践及和解亚阶段的重要性。在实践阶段的高峰期,婴儿的全能感很容易受到养育者的忽视或打击而形成创伤;在和解的次阶段,婴儿知道自己与母亲是不同的生命个体而恐惧与母亲分开,当婴儿需要母亲的时候,如果没有得到母亲及时的回应,也会形成创伤。如果婴儿放弃自身的全能感幻想以及对父母的客体恒定性信念,就会导致婴儿自我安全感的缺失,而婴儿自我安全感的缺失,将影响婴儿以后的心理发展。

边缘型心理问题产生的原因往往是婴儿在实践期(夸大自体)及和解亚阶段(无助自体)会合的地方出现了问题。对于婴儿而言,和解阶段出现问题往往会导致巨大的矛盾情绪以及将客体以偏概全地分裂为"好的"与"坏的",他们恐惧与主要客体的分离,情绪变化快,冲动而剧烈,因此边缘型心理问题常归因于和解期乃至整个分离—个体化期缺乏整合。对于这类患者的治疗要多倾听、理解、包容和支持,而不是面质和说教。

共生的精神病患者因为无法解决分离—个体化问题而退化到共生期的恐慌状态,他们内心深处充满了对死亡的恐惧,充斥着被吞噬的绝望感,这种濒临毁灭的绝望感常常以幻觉、妄想的形式表达出来。治疗时必须提供一个充分的共生环境,这时候咨询师必须有充分的耐心,进入患者的心理框架,让患者感受到深度的同情。

自闭的精神病患者没有建立起对母亲或其他任何人的共生联结。没有共生经验,也就不可能感受到客体和自我的存在。因此对自闭的精神病疾患的治疗必须让患者与爱的客体接触,进而形成连接。治疗师可以通过音乐或其他方式把"孩童"从自闭的"硬壳"中"诱出",或者对自闭症患者进行感统训练,以求得患者把驱力投向外在客体,使者从自闭的"壳"里走出来。

下面是我根据马勒理论,对马勒曾经描述的一个案例做的简单分析:

斯坦利,男,6岁,极端情绪化的反应,他的行为在完全的低落和无间歇的狂乱中转换,所有的感觉似乎湮没了他;他常常陷入失控地大叫。如果让他看一本图画书,他会对画有婴儿在床护栏后面的图画和画有熊猫在笼子里的图画混淆。斯坦利6个月时得了股沟疝气,时常不可预测地剧烈疼痛。在成长的过程中母亲对他在情绪上是疏离的,有时候为试图打断他猛烈的哭泣,对他强行喂食。①

我们可以看出这是一种共生期形成的精神问题,孩子"对画有婴儿在床护栏后面的图画和画有熊猫在笼子里的图画混淆",说明他的认知功能出现了问题,感受不到外界的差异,就像斯皮茨讲述的3个月"微笑反应"一样,还达不到8个月"陌生人焦虑"状态,在这种状态下孩子内心处于共生阶段,容易受外界影响,情绪波动大。

"在成长的过程中母亲对他在情绪上是疏离的,有时候为试图打断他猛烈的哭泣,对他强行喂食",从这里看得出母亲不能做到与孩子深度共情,斯坦利体验到了粗暴的、不稳定的、敌意的东西。斯坦利在共生期,也就是斯皮茨说的"心理融合"时期,得不到稳定的无条件支持,不能形成内在的、稳定的力比多客体,感受不到安全和温暖。这样斯坦利就无法完成分离—个体化的成长任务,不能形成稳定的自我,内心充斥着随时被外在客体吞噬的恐惧。

"6个月时得了股沟疝气,时常不可预测地剧烈疼痛",6个月的时候,还处在共生期,斯坦利感受到的是不可预知的恐惧,他无法防御疼痛,力比多能量和自我功能退回到6个月前的母子融合状态,趋向整合的功能停止发展,他不能妥善应对外界刺激,情绪冲动,易激惹。有人做过实验:将老鼠放笼子里,不固定地电击,给予无法预料的、突发性的疼痛刺激,就会让老鼠患上精神病。股沟疝气形成的腹痛刺激,带给斯坦利的不仅是躯体的剧烈疼痛,而且还有心理上濒临死亡的恐惧感。

正是因为以上原因,斯坦利那种"极端情绪化的反应,他的行为在完全的低落和无间歇的狂乱中转换"就可以理解了。共生期婴儿没有真正形成自我与外在的界限,是和外界融合在一起的。外部客体微小的变动就能激发婴儿产生极

---

① 米切尔,布莱克.弗洛伊德及其后继者:现代精神分析思想史[M].陈祉妍,黄峥,沈东郁,译.北京:商务印书馆,2007:61-62.

本书对此处文献做了叙述性整理。

端的情绪反应,婴儿借此来感受自己与他人的界限感。所以在心理咨询的过程中,咨询师要充当母亲的角色,给予患者抱持环境,进入患者的心理框架,不断给患者输送爱的能量,进而引导患者开启自身的分离—个体化成长历程。

四、小结

在马勒看来,心理诞生不同于生物诞生,生物诞生是以婴儿脱离母体为标志的,而心理诞生则是通过分离—个体化的过程逐步开始的,这个过程大约在生命的前 36 个月完成,马勒最大的贡献就是把这一过程说清楚了。

在马勒之前的经典精神分析主要讲述 3 岁之后俄狄浦斯期儿童的心理冲突,以马勒为代表的自我心理学把研究的视野放在了 3 岁之前的幼儿的心理。这一时期,被后世的精神分析学者称为前俄狄浦斯期。从某种意义上说,马勒的发展自我心理学完美地填补了经典精神分析研究的空白。

前俄狄浦斯期和俄狄浦斯期的心理问题在起源和动力性的构成上都是不同的,俄狄浦斯期针对的是有竞争意味的性和攻击冲动,主要探索父亲的角色,小女孩渴望得到俄狄浦斯客体,小男孩恐惧俄狄浦斯竞争对手,这时候的心理问题呈现为人格结构内部纠结、冲突性的优柔寡断,比如神经症性心理问题。前俄狄浦斯期的动力以母亲的角色为核心,关注的是心理结构的发展会不会中断,如果中断了,会影响后面的三元关系期(俄狄浦斯期)的心理进程。前俄期心理问题是濒临死亡的恐惧和害怕被抛弃,呈现的是容易受外在影响而出现极端的情绪波动,比如精神病性心理问题和边缘型心理问题。

哈特曼在其理论中,虽然描述了对早年养育关系的适应性,但是论述的重心是基于躯体生存的需要,而对躯体需要之外的需要(例如情感),并没有重视;马勒则对前俄狄浦斯期养育环境中的人际体验更加重视,把个体心理成长置于婴儿与母亲互动的质量上。

经典精神分析假想的婴儿完全是本能的,是没有文化的史前动物,完全处于不被社会规范的状态下,他们和社会文明产生冲突,处于紧张状态,咨询的任务就是让他们不断地放松,不断地释放能量。马勒和斯皮茨改变了这个设想,他们认为出生后的婴儿就与母亲进行心理融合,婴儿的心理能量也是在和母亲的互动中发展起来的。由此看来,马勒和斯皮茨的理论已经从经典精神分析的能量和驱力基点,跳跃到母婴之间客体关系的基点上了。

第五节　伊迪思·雅各布森

一、驱力的本源

伊迪思·雅各布森(1897—1978),柏林精神分析协会会员,1938 年从纳粹监狱获释并逃离。后因一位病人落入纳粹之手,雅各布森返回德国为那位病人辩护,被盖世太保关押。德国纳粹令人发指的暴行,让雅各布森重新对弗洛伊德的死本能进行了思索。离开德国后,雅各布森对弗洛伊德的本能驱力理论进行了修改。

弗洛伊德认为人有两种驱力,分别是力比多和攻击力,这是具有生物学性质的本能天性,"在弗洛伊德的阐释中,力比多最初(自恋地)指向内部,然后才转向外部客体"[1]。婴儿在生命之初既有指向自身的爱,也有指向自身的破坏力,而且"为力比多或攻击性的感觉所刺激,难以区分被唤起的快乐与痛苦"[2]。

按照弗洛伊德的理论,我们可以设想以下情境:需要(也许是饥饿,也许是其他)形成需求,婴儿开始是在自身内部寻求,求而不得,就把痛苦转化为躯体的哭声。如果母亲听到哭声,满足了婴儿的需求,婴儿就会进入愉悦的放松状态;如果母亲没能满足,甚至母亲的行为给婴儿带来其他痛苦,婴儿的紧张感就加剧。

雅各布森的视角没有局限于婴儿快感的满足与否,而是进一步观察到:如果母亲积极响应,婴儿脑海中就会产生好的母亲意象,好的母亲意象进而会激发出与母亲融合的情感趋向;如果母亲给婴儿带来创伤,婴儿脑海中就会产生坏的母亲意象,这种坏的母亲意象进而激发与母亲分离的情感趋向。

雅各布森认为"本能驱力并不是'与生俱来的',而是在生物性上预设的先天潜能"[3]。力比多驱力和攻击驱力,分别来自婴儿和母亲互动产生的好的体

---

[1] 米切尔,布莱克.弗洛伊德及其后继者:现代精神分析思想史[M].陈祉妍,黄峥,沈东郁,译.北京:商务印书馆,2007:65 – 66.

[2] 米切尔,布莱克.弗洛伊德及其后继者:现代精神分析思想史[M].陈祉妍,黄峥,沈东郁,译.北京:商务印书馆,2007:66.

[3] 米切尔,布莱克.弗洛伊德及其后继者:现代精神分析思想史[M].陈祉妍,黄峥,沈东郁,译.北京:商务印书馆,2007:67.

验和坏的体验:好的体验产生与母亲融合趋向的力比多驱力;坏的体验产生与母亲分离趋向的攻击驱力。因客体的好坏而产生的驱力,跟后天的养育环境有关系,而与先天的本能无关。由此看来,在雅各布森理论中,驱力是在生物性的先天潜能的基础上从早期的养育环境中获得的。

如果一个婴儿出生后感受到的是恒定的共情、温暖、舒适,那么这个婴儿也会呈现出爱、喜悦、包容等力比多能量;反之,如果婴儿经常感受到的是拒绝、忽略、冷漠、挫折,那么婴儿会更多地发展出敏感、暴力、破坏等攻击驱力。

二、自体意象和客体意象

自体,在雅各布森的理论中指的是"作为主体的人与周围客体世界的区别"①。由此看来,自体是一个与客体相对而言的概念。生命之初,自体和客体混合在一起,没有独立的自体,也没有独立的客体。这个时候,婴儿大部分时间处在睡眠或半睡眠中,内驱力是释放到内部的。母亲的照顾对婴儿形成刺激,刺激不仅形成了婴儿生物性的反射,也给婴儿带来了快感的体验。不过,对于这种快乐体验,婴儿还不能区分是自体的感受还是客体的感受。这种主客体不分的快感体验,类似佛家修行达到的入空境界。

婴儿不断地用嘴和手去感受客体世界和自我的存在,在不断的感受中,婴儿形成了自体意象和客体意象。"大约 3 个月的时候,婴儿能够觉察到爱的客体或部分客体与自体是有区别的"②,这样,婴儿在父母给予的养育环境中,形成了对自己和他人的主观感受。对自己的主观感受被称为自体意象,对他人的主观感受被称为客体意象,这是人自体中两个重要的结构。

婴儿感受到挫折,例如婴儿饿了、渴了、冷了,如果妈妈及时给婴儿喂奶、喝水、盖被子,那么饿、渴、冷带来的张力就会下降,婴儿就会感到我是有能力的,一哭就能得到需要的;我是被爱的,妈妈总是无微不至地关心我。这样,在婴儿人格结构中就形成了好的、有能力的、有信心的自体意象,同时也形成了一个好母亲客体意象——妈妈是温柔的,妈妈是抱持的,妈妈是爱我的。如果婴儿饿

---

① 格林伯格,米歇尔.精神分析之客体关系理论[M].王立涛,译.上海:华东师范大学出版社,2019:244.

② 克莱尔.现代精神分析"圣经":客体关系与自体心理学[M].贾晓明,苏晓波,译.北京:中国轻工业出版社,2002:148.

了、渴了、冷了，母亲不能及时来到婴儿身边给婴儿喂奶、喝水、盖被子，或者听而不闻，甚至大声呵斥，那么婴儿就会形成我是不好的、没有能力的、没有力量的、不安全的自体意象，同时也形成一个坏母亲客体意象——母亲是不好的、冷漠的、拒绝的。这种好的自体（或客体）意象和坏的自体（或客体）意象为婴儿长大后怎么看待自己、感受自己，以及怎么看待别人、感受别人，怎么与人交往打下了基础。

由此可见，个体和他人互动的感受，其实不是来自别人怎么对自己，而是来自6个月前形成的自体意象和客体意象的好坏：如果母亲在与婴儿的互动中，让婴儿体验到的是温暖的、爱的感受，那么在婴儿心中就会形成温暖的、爱的原始客体意象（即爱的母亲意象），婴儿长大后就会对这个世界、对他人形成温暖的、爱的、可信赖的感觉；同时，也会形成自信、有能力的自体意象，自然会积极、主动、乐观地应对各种困难和挫折。

在6个月之前，婴儿的自体意象和客体意象是混在一起的，呈现的是变化着的单一的好与坏，所以婴儿的情绪也呈现出高兴和愤怒的变化。当婴儿长到6个月左右的时候，不仅能区分自体意象和客体意象，而且能渐渐地感知到自己有时候是开心的，有时候又是生气的，也能感知母亲有时候能满足自己，有时候不能满足自己。这样，婴儿就逐渐整合两种好坏不同的意象：知道自体意象有好的，也有不好的；客体意象有好的一面，也有不好的一面。（对于自体意象和客体意象的辩证感知，是一个长期的甚至是终生的过程，在婴儿3岁之前，非黑即白的分裂机制仍将占主导）对自体意象和客体意象好与坏的整合，中和了单一好或者坏带来的强烈的情绪体验，形成了承受更为复杂体验的能力，情绪也开始呈现出相对稳定的特征。

"雅各布森将成长看作是未分化的、发展不完全的形式向分化了的、明显可以区分的形式的转化。"[1]从心理学上说，婴儿不成熟的心理世界表现为非黑即白的主观感知，而成熟的心理都能全面、辩证地看问题，就像太极图中黑中有白，白中有黑。唯有如此，婴儿长大后面对痛苦的时候，才不会绝望；面对喜悦的时候，才不会得意忘形。

---

[1] 克莱尔. 现代精神分析"圣经"：客体关系与自体心理学[M]. 贾晓明，苏晓波，译. 北京：中国轻工业出版社，2002：139.

三、人格结构

雅各布森保留了经典精神分析人格结构理论中的本我、自我、超我概念,不过,对于自我和超我的形成,雅各布森更多的是从客体关系(母婴关系)的角度来解读。

雅各布森依然遵循弗洛伊德的本我理论,把本我看作原始的本能欲望,具有先天性和体质性。新生儿处在主客体不分的混沌状态,本我的驱力也投向于自体—客体的混合体,这种主客体不分的混沌状态就像佛教修行时达到的"无我"境界。

自我是从母亲关系中发展起来的。在婴儿的世界里,婴儿和母亲是融合在一起的,母亲作为婴儿的外在自我而存在,母亲的亲吻、抚摸、喂养或者忽视,都会刺激婴儿的躯体感受,婴儿的躯体感受引发婴儿自体生命的定位和自我的主观感受,这样婴儿朦胧的自我就形成了。婴儿3个月大的时候,就有了"非我"的意识。不过,婴儿自我真正意义上的形成,是在2岁的时候,这时候,婴儿才基本上有了"我是我"的意识。

在婴儿自我形成的过程中,作为婴儿客体而存在的母亲,价值是非常大的。母亲对婴儿的应答和忽视,激发了婴儿原始的力比多和攻击本能。力比多促使婴儿走向与客体的认同,通过持久而稳定的认同,婴儿把客体的某些特征内化为自我的一部分。这样,一个婴儿能意识到的相对稳固的连贯的自我就形成了。至于因母亲忽视而形成的婴儿攻击本能,则加强了婴儿对主客体差异性的认识,促进了自体和客体的分化意象的建立,对于促进自我的形成也有很大价值。总之,母亲与婴儿的互动,"直接刺激和促进了婴儿自我的生理和心理的成长,而且很快就向婴儿传递了现实原则和最初的道德规范"①。

在弗洛伊德的理论中,超我是婴儿在俄狄浦斯期与父亲的冲突中形成的,雅各布森认为婴儿在前俄狄浦斯期就种下了超我的种子,"按照雅各布森的观点(她阐释了斯皮茨的观点),早先与母亲在前俄狄浦斯期的经历对于个体发展有两种广泛的影响,从而影响超我形成。满足和挫败的体验塑造出两种驱力形式上的巩固,而母亲的约束和禁止带来的体验在早期意象背后留下印痕,后期

---

① 格林伯格,米歇尔.精神分析之客体关系理论[M].王立涛,译.上海:华东师范大学出版社,2019:278.

（俄狄浦斯期）的超我围绕着这些意象得以形成"①。具体而言,超我是在生命的第 2 年到第 7 年,由母婴互动中产生的一些不连续的片段内化而成的一个统一的系统。

在前俄狄浦斯期(3 岁之前),婴儿和母亲互动有两种影响:一种影响是产生满足和挫败的体验,一边是满足的体验,一边是挫败的体验,这两种体验塑造出婴儿的力比多和攻击驱力;另外一种影响是母亲对婴儿的约束和禁止,母亲对婴儿的约束和禁止必然让婴儿产生"对"与"错"、"好"与"坏"的主观体验,而这种主观体验也必然会在婴儿早期的心灵意象中留下痕迹,这个痕迹就是超我的一颗种子。到了俄狄浦斯期的后期,超我就围绕着这个意象——前期种下的超我种子的意象——形成了。所以超我的形成更广泛地依赖母亲,依赖于对母亲的情感和体验之间的渗透。

雅各布森把超我形成的理念解读为包含三个层面的过程:"超我首先是由在早年内摄和投射过程的基础上形成的古老的、施虐性意象构成的;其次是构成自我理想的融合的理想自体和理想客体意象构成的;而最终是现实的、内化的父母的要求、价值与标准构成的。"②

就第一个层面而言,婴儿如果与客体没有形成清晰的边界感,对惩罚性客体的攻击性能量就会在自体和客体之间来回摆动,针对客体的愤怒和攻击,有时候会指向自己。例如,2 岁到 3 岁的孩子面对父母冲突会产生恐惧,不会认为自己的父母不好,而是认为是因为自己不好,父母才发生对自己的攻击。这样,自罪感的超我恐惧就代替了父母冲突带给孩子的恐惧。另外,在这个阶段,反向形成机制也会引导孩子把攻击性从所爱的客体转向自己。例如,在大小便的训练中,基于粪便是"脏的"这一认识,反向形成对清洁的自豪感和对排便失控的羞耻感。这样,通过反向形成,个体就形成了自己的价值体系,冲击了甚至扭转了生理上本我随地大小便的冲动。

随着父母越来越多地走进孩子的生活,孩子就会越来越多地把父母看作理想化客体,孩子会有意识地模仿父母,并构筑理想自我形象。有了理想自我,现

---

① 米切尔,布莱克.弗洛伊德及其后继者:现代精神分析思想史[M].陈祉妍,黄峥,沈东郁,译.北京:商务印书馆,2007:69.

② 格林伯格,米歇尔.精神分析之客体关系理论[M].王立涛,译.上海:华东师范大学出版社,2019:250.

实自我就有了前行的方向。理想自我和理想客体也就成了超我形成的第二个层面的内容。如果孩子在成长的经历中多次经历创伤，就会感到失望和灰心。在失望和灰心的状态下，孩子有可能会否定现实，形成扭曲的、超越现实的、幻想性的超我信念。

至于第三个层面，即超我的形成，主要体现在对现实中父母价值观和标准的内化——努力做一个"好孩子"。

在六七岁的时候，伴随着俄狄浦斯期冲突的化解，孩子的超我体系也就建立了。一旦建立了超我体系，内驱力就会走向中和。从某种意义上说，超我的形成也为孩子下一步适应校园的集体生活做好了铺垫。

四、发展阶段

雅各布森"把发展的理解放置在内驱力和关系的两重背景之内"[1]。最初的驱力具有先天的生物学性质，是指向内部的。个体心理的发展是在先天驱力的基础上，在自体和客体关系的互动中，从主客体未分化状态向分化了的、可以区分的状态的转化。

新生儿从母体出生后，心理和躯体并不是同步的，躯体从诞生的那一分钟开始，已经完成了与母体的分离，而心理却还延续着在母体内的、原始的、未分化的融合状态。这个时期，婴儿绝大部分时间处在睡眠或者半睡眠状态。伴随着躯体诞生而形成的驱力也是处于未分化状态，把能量释放在躯体内部。雅各布森认为"精神生活起源于生理过程，这一过程是独立于外界的感觉性刺激的"[2]。

在养育婴儿的过程中，母亲的喂养、声音、抚摸、呼吸、动作、身上的味道等，不断地刺激着婴儿的味觉、听觉、触觉、视觉、嗅觉等感觉器官。在外界的刺激下，婴儿慢慢感受到快乐和不快乐的自体感受。这样，作为被满足或失望的自体意象也逐渐建立了起来。随着婴儿满足和不满足的自体意象的建立，未分化的内驱力也分化为力比多驱力和攻击驱力。

① 克莱尔. 现代精神分析"圣经"：客体关系与自体心理学[M]. 贾晓明，苏晓波，译. 北京：中国轻工业出版社，2002：147.
② 克莱尔. 现代精神分析"圣经"：客体关系与自体心理学[M]. 贾晓明，苏晓波，译. 北京：中国轻工业出版社，2002：147.

婴儿在享受母亲照顾的同时,也用嘴和手试着觉察外在客体和自己的身体。自我的探索进一步促进了自体意象的建立。不过,需要指出的是,在婴儿3个月前,母亲是作为婴儿外部自我的形象而存在的,婴儿和母亲仍然是一体的,母亲的喂养、亲吻、搂抱等行为,让婴儿感受到母子一体的美妙幻觉感受。

大约3个月的时候,婴儿开始模糊地感受到,母亲和自体是有区别的:当婴儿从母亲那里得到满足的时候,婴儿的自体意象与母亲爱的客体意象趋向融合;当婴儿饥饿或母亲的照顾不能让自己满意的时候,唤起了婴儿的攻击驱力,攻击驱力使婴儿与母亲融合的幻想停止,自体意象与客体意象形成分离。

结合马勒的分离—个体化理论和拉康的镜像自我理论,我们可以得出这样一个清晰的认知,6个月左右的时候,婴儿内心深处对自体意象和客体意象的区别感越来越清晰,但是依然把母亲当成自己世界的全部,也把自体当成母亲的全部,处于母子二元世界,母亲的行为影响甚至左右着婴儿的心理状态。在此期间,孩子试图模仿爱的客体,逐渐发展出一种比较主动的认同机制。在这种主动的认同机制下,孩子扩展了运动和感觉技能,这是孩子形成独立自我不能缺少的一步。

3岁左右,孩子从依赖全能母亲的态度,向主动控制的攻击性方向摇摆,出现了第一次逆反期。这表明孩子内心深处"我"的概念越来越清晰,知道自己和母亲及其他人分属于不同的个体:母亲有母亲的苦恼,母亲的苦恼不一定是自己的苦恼;自己有自己的需求,自己的需求不一定是母亲的需求。这样,自体和客体之间就有了清晰的界限;随着界限的清晰化,真正的客体关系就开始了。

"对雅各布森的理论来说,力比多和攻击驱力作为一对不可或缺的平衡物行使功能。"[1]母婴互动,产生的满足感,会唤起力比多驱力,促进两个人之间的融合和亲近,婴儿在融合和亲近中不断内化"好妈妈"的品质。当母婴关系挫败的时候,会唤起攻击驱力,促使与母亲的分离和对立。"力比多是发展过程中的黏合剂,整合了好客体和坏客体、好自体和坏自体这些对立的意象。攻击力在发展过程中加强了对差异的意识,促进了分离以及自体和他人分化意象的建

---

① 米切尔,布莱克.弗洛伊德及其后继者:现代精神分析思想史[M].陈祉妍,黄峥,沈东郁,译.北京:商务印书馆,2007:69.

立"①。力比多驱力和攻击驱力在稳定的认同发展中交替发生作用。一个人有了稳定的自我认同,也就形成了与他人之间的边界。

如果一个人没有稳定的认同发展心理过程,那么,力比多和攻击驱力就会紊乱。

我咨询过这样一个案例:

一个即将结婚的女人一直非常纠结,不知道自己是不是要把自己所有的隐私告诉对方,她认为如果不把内心的秘密告诉丈夫的话,就是不爱他。

患者担心对方不接纳自己,想通过把自己所有的秘密都告诉对方的方式来获得对方的接纳。这是一种依赖心理,也是缺少边界感、没有形成独立自我的行为表达。

再如,自恋性人格的人,总是按照自己的内心来猜度别人,总是感到别人不爱自己,并且想当然地认为,如果对方爱自己,就能知道自己想什么。这也是边界不清晰的表现,就像婴儿一样,饿了妈妈就应该知道,没有把自己和别人都看作一个独立的人。

一旦和他人的边界不清晰,个体就会产生更强烈的和他人合并、融合的驱力,这种渴望融合的幻想一旦失败,就会唤起自身的挫折体验和攻击行为,进入心理瓦解和退行的状态;反之,如果个体和他人之间的边界清晰,所追求的融合才能给自己和他人带来深层次的满足。

情感脆弱的人在混乱和抑郁的状态下,就会感觉到一种承受不了的压力,他们往往通过挑衅别人,来感受自我的存在和与他人的边界。这里的攻击性并不是作为驱力在运作,而是作为一种唤起自我边界的体验。

只有婴幼儿期心理得到正常发展,个体才能得到完整清晰的自体边界,形成精神独立,而婴幼儿心理的正常发展,离不开养育者的爱。婴儿在爱的氛围中才能形成强大的全能感体验,有了强大的全能感体验才有可能完成分离—个体化的成长任务。因为有了爱,才有力比多驱力发展的可能,才能忍受个体化进程中产生的分离痛苦,才能容纳自体对客体建立起来的好和坏的感受。爱,使攻击驱力变低,变得有建设性。

---

① 米切尔,布莱克.弗洛伊德及其后继者:现代精神分析思想史[M].陈祉妍,黄峥,沈东郁,译.北京:商务印书馆,2007:69.

五、抑郁的病理与心理治疗

正常的自体和客体之间的边界是清晰的，彼此都是独立的个体。这种独立性是从生命之初的未分化状态，在与客体的健康互动中逐步形成的。如果在与客体的互动中，个体感受到的是挫折甚至是绝望，就会使主客体边界走向清晰的过程受阻，个体往往会陷入情绪的低落状态，甚至形成抑郁性心理障碍。

新生儿处在主客体不分的幻觉状态，伴随着躯体而存在的内驱力也处在未分化状态，母亲对婴儿的喂养和照顾刺激着婴儿的躯体感受，婴儿也通过自己的嘴、手等器官来体验着自己的感受，形成自我意象。母亲的照顾和忽略，促使婴儿的内驱力分化为力比多驱力和攻击驱力。力比多指向"好母亲"，攻击力指向"坏母亲"。在婴儿的视觉中，母亲与婴儿是一个整体，母亲作为婴儿的外在自我而存在。母亲的爱延续了婴儿在母体内的极度舒适，母亲的忽略激发了婴儿与母体分离的毁灭恐惧。

母亲的爱使婴儿的力比多投向母亲，并以母亲为原型形成了自我理想。雅各布森认为自我理想是"由理想的双亲意象构成的，这一双亲意象，是与古老、夸大了的自体意象混合了的"①。自我理想促进了婴儿对客体的认同，这些夸大的认同能够让婴儿在与客体的融合中感到安全。当受到所爱的客体的伤害时，婴儿往往把"坏父母"的形象转化为"好父母"的形象，认为自己受到惩罚是因为自己不好，这样，婴儿才有通过改变自己而形成与父母联结的希望，有了希望，痛苦也就淡了；否则，如果认为父母是"坏"的，那么婴儿就会感到永远不能从父母那里得到依赖，形成绝望心理。

婴儿在6个月前，自体和客体是一体的，力比多指向母亲的时候，也指向了自己，进而形成对自己的认同，产生自豪感。母亲的忽视使婴儿的攻击力指向母亲，而母亲和自己是一体的，所以对母亲的攻击，就转向了对自己的攻击，进而形成了自卑感。

随着母子的互动，婴儿的现实感越来越强：在3个月的时候，婴儿就有了"非我"的意识；到了6个月的时候，婴儿就开始了分离—个体化的历程。这个时候，自体意象与客体意象仍然紧密联系，孩子边界清晰的、独立的自我意象还没有形成，以母亲为原型的自我理想在孩子的心里依然具有重大意义。孩子遭

---

① 克莱尔. 现代精神分析"圣经"：客体关系与自体心理学[M]. 贾晓明，苏晓波，译. 北京：中国轻工业出版社，2002：151.

受来自母亲(包括其他重要养育者)的拒绝、打击的时候,往往会选择认同母亲而把指向母亲的攻击驱力转向自己。一旦对自己的攻击力过于强大,孩子全能的自我幻想就会被击垮,形成自卑绝望的心理。抑郁心理最常见的原因就是爱的客体的丧失或幻想的毁灭所带来的一些创伤性体验。

雅各布森咨询过这样一个案例:

佩吉,女,24岁,教师,高个子,富有魅力,与男朋友西德尼(另一个教师)发生性行为,因想到这一关系将会不可避免地结束,而陷入抑郁、恐惧中。

父亲是一个冷淡、富有攻击性的男人。妈妈很热情,但是飞扬跋扈,总是把佩吉当成患者来照顾。1岁的时候,在母亲的严格训练下,佩吉完成了对大小便的控制。3岁的时候,佩吉的弟弟出生。弟弟的出现,让佩吉陷入了绝望,体验到来自父母的遗弃感、破灭感和挫折感。佩吉开始过度地顺从、和蔼,以便从妈妈那里获得超过弟弟的好处。在青春期,佩吉在性方面非常受控制,并对母亲非常依恋。17岁,佩吉一度想脱离家庭,并因这种想法而陷入抑郁、恐惧之中。

24岁的时候,佩吉经历多次恋爱失败后,与西德尼发生性行为,并对以前崇拜过的母亲产生偏执的敌意。在与西德尼的恋爱中,佩吉总是怀疑西德尼对她的爱,而变得抑郁。最终西德尼离开了佩吉,佩吉感到所有的女人都会把男人从她身边夺走。抑郁数周,佩吉突然变得兴高采烈起来,并且开始了又一次的恋爱。恋爱结束后,抑郁又随之而来,这种抑郁—恋爱—兴奋—再度抑郁的方式一直重复了多次。在心理治疗中,佩吉一度对男治疗师移情,当男治疗师拒绝了她爱的移情的时候,就开始贬低男治疗师而寻求女治疗师的帮助。

佩吉建立一种模式,即无论什么时候,她对咨询师感到失望,就去恋爱,恋爱失败,就又把她爱的需要转回到治疗师那里。[①]

我们根据雅各布森的理论,来分析一下这个案例。佩吉富有攻击性的父亲、严厉而飞扬跋扈的母亲,特别是1岁时的如厕训练,让佩吉3岁前没有完成与母亲的分离,以母亲为原型的自我理想成为佩吉的力比多驱力。弟弟出生后,母亲把更多的精力放在弟弟身上,佩吉体会到了被抛弃感,因为这个时候佩吉的自体和客体没有完全分离,所以对母亲产生的攻击驱力指向自己,形成自

---

① 克莱尔. 现代精神分析"圣经":客体关系与自体心理学[M]. 贾晓明,苏晓波,译. 北京:中国轻工业出版社,2002:153-156.
本书对此处文献做了叙述性整理。

卑心理,进而过度顺从、和蔼。

17岁,佩吉一度想脱离家庭,通过脱离家庭来拾起生命中的全能自我。但是脱离家庭也就意味着佩吉对以母亲为原型的自我理想产生背叛。为了保持以母亲为原型的自我理想的忠诚,佩吉就把攻击驱力再度指向自己,自尊遭到毁灭,进而变得抑郁。

佩吉对每一次恋爱的对象,包括对男咨询师,都投射了全能感的母亲意象,通过感受他们的优越性而认同他们,进而形成自己的安全感。同样,每次恋爱的失败,都激发了佩吉的攻击力,因为佩吉并没有完成自体和客体的分离,所以对客体的攻击都转化为对自我的攻击,进而使自己陷入绝望的抑郁状态。

第六节　爱利克·埃里克森

一、自我心理学发展的脉络

人是什么？千百年来人们一直探索这个问题,在弗洛伊德之前普遍认为人是神的亲戚,是神创造的,正如中国神话中的女娲抟泥造人,西方神话中亚当和夏娃的故事。当人类把自己与神归为一类的时候,从某种意义上说人就拥有了超越动物的高贵。近代,达尔文在他的生物进化论中,提出了人是从动物进化来的观点,这种观点让人离神越来越远而离动物越来越近;后来受达尔文进化论影响的神经科医生弗洛伊德,用心理学的目光透过人外在文明的言谈举止,解开了深藏在人内心深处的兽性,他指出"在我们薄薄的文明举止行为外壳之下隐藏着原始冲动和幻想"①。

以弗洛伊德为主导的经典精神分析理论更强调本我冲动的释放。晚年的弗洛伊德,开始重视自我对本我的调节功能,研究的重心从本我心理学转向了自我心理学。弗洛伊德去世后,他的女儿安娜·弗洛伊德继承了父亲的衣钵,重视人格结构中的自我价值,在自我防御机制方面有了系统和深入的研究。在安娜·弗洛伊德的启蒙下,哈特曼举起了自我心理学大旗,把心理学研究从本我的释放,转向了自我机能。在哈特曼看来,人本来就具有与环境适应的潜能,

① 米切尔,布莱克.弗洛伊德及其后继者:现代精神分析思想史[M].陈祉妍,黄峥,沈东郁,译.北京:商务印书馆,2007:166.

心理咨询的目标也不再是揭露人内心被压抑的原始的冲动,而是修复心理结构本身。斯皮茨、马勒、雅各布森,更是把研究的重心转移到 3 岁之前,重视婴儿的自我成长与养育者的关系。

从本我心理学向自我心理学的转变,显示了心理学研究思考方向的转变,本我心理学重视的是隐藏在生命深处的本能冲动,自我心理学则把研究的重心放在自我如何脱离与母亲的心理融合而形成独立的自我上。不过,自我心理学从未抛弃驱力理论,仍然认为力比多和攻击力为自我提供能量。从驱力的角度上说,自我心理学和经典精神分析是一脉相承的。马勒认为力比多的满足能促进自我的形成;雅各布森认为驱力是"在生物性上预设的先天潜能"①,挫折在引发攻击之外还具有刺激成长的作用,攻击力在某种程度上能让婴儿感受到自身与客体的界限。

埃里克森拓宽了自我心理学研究的视野,他更关注复杂的个人主观性在人际和文化背景下的浮现。

二、流浪的埃里克森

爱利克·埃里克森(1902—1994),美国神经病学家、发展心理学家和精神分析学家,他提出了著名的"自我认同"概念,他之所以能提出这一概念,离不开他早年对"同一性危机"的混乱感受。

埃里克森出生在德国,父亲是丹麦人,在埃里克森没有出生的时候,就离开了,母亲后来又嫁给了一个德国的犹太人医生。埃里克森在童年时期并不知道他的继父不是他的亲生父亲,但他总是感觉到,无论如何,他都不属于父母亲,并幻想能成为"更好的父母"的儿子。

随着年龄的增加,埃里克森那种不属于他的家庭的感觉不断加剧:母亲和继父都是犹太人,而他长得金发碧眼,身材高大,并不像犹太人那样黑发黑眼、鹰钩鼻子、个子不高;在学校,德国人歧视他是犹太人,而在犹太人那里,大家却叫他异教徒。为此,埃里克森多次询问母亲生父的信息,他的母亲直到死去都没有透露出任何信息,后来他从别的渠道知道他的父亲可能是丹麦的一个摄影师。也许正是这个原因,埃里克森不愿意按照他继父的意愿成为一个医生,而

---

① 米切尔,布莱克.弗洛伊德及其后继者:现代精神分析思想史[M].陈祉妍,黄峥,沈东郁,译.北京:商务印书馆,2007:67.

想成为一个画家。他中学毕业后就开始了自己流浪的艺术家生活（这无疑是潜意识中对生父的认同），在流浪的过程中，他迷茫于生命的意义和归属，一直处于"同一性危机"的痛苦状态：我是谁？我从哪里来？我要到哪里去？

幸运的是，埃里克森通过一个同学（彼得·布洛斯）结识了安娜·弗洛伊德，并接受了安娜·弗洛伊德的分析，成为安娜·弗洛伊德的学生。从此，埃里克森就开始了他作为一名精神分析家的生涯。

三、文化塑造了驱力

"弗洛伊德的观点本质上是心理生物学的：精神是躯体的延伸和衍生物；躯体紧张迫不及待地要求行动和释放，于是，为了疏导和控制本能能量，心灵发展起来。"[①]在弗洛伊德的理论中，社会环境仅仅是释放或压抑驱力的场所。埃里克森并不认同这一观点，他认为社会既是本能驱力释放的场所，也是对驱力进行调节和塑造的力量。例如，反向形成的防御机制就是迎合社会环境需要而形成的反向快感体验。如果把驱力比作一块铁矿石，那么社会力量就是一个铁匠，最终把这块铁矿石锻造成可以使用的器具。

狗，是人训练最成功的动物，我们可以用狗来做一下类比。狗的动物性本能，如食肉、暴躁、弱肉强食、随地大小便，如果任其释放就会危及人类的生活。不过，经过人工训练，狗的本能得到压抑，不能随便咬人，忠实于主人，变得文明。这里人的训练就是社会力量，社会力量对本能起到规范作用。

埃里克森的理论看重的是个人和文化的相互渗透。个体的心灵是在特定的文化背景下产生和形成的，而不是单纯地来源于先天的生物学本能驱力；而个体在生活中的活动又影响了文化和历史的变化，而不是社会力量对心灵单方面的规范。在他看来，文化和历史赋予心灵以生命，本无定形的生物潜能在文化和历史的介质中被转化成独特的人类生活。

在对美国本土文化的研究中，埃里克森发现，地理和经济会在个体成长的过程中，无形中塑造着个体人格，从而产生该种文化所需要的那类人。

"苏人是平原上的猎手，四处游荡，他们的组织是离心的；尤罗克人是渔人，捕捞每年一度洄游到克拉马斯河的鲑鱼，他们是以向心方式组织世界的。苏人

---

① 米切尔，布莱克.弗洛伊德及其后继者：现代精神分析思想史[M].陈祉妍，黄峥，沈东郁，译.北京：商务印书馆，2007：169.

注重力量;而尤罗克人注重控制和清洁。苏人的焦虑集中于丧失男性气概和失去行动能力;而尤罗克人的焦虑则集中于担忧被遗弃同时又没有食物供给。在养育孩子上,尤罗克人也与苏人不同,他们强调限制和禁令的重要性,而反对贪婪。他们延后初次哺乳的时间,而断奶却较早、较强硬,同时孩子被迫脱离母亲。"①

又如,草原上的游牧民族和平原上的农耕民族,有不同的社会文化背景,形成的民族心理是不一样的:草原上的游牧民族崇尚力量、自由和个性化,不习惯长期居住在一个地方;而平原上的农耕民族崇尚万事求稳,小富即安,眷恋故土家园,不轻易离开故土。

弗洛伊德认为社会现实是驱力获得满足或遭受挫折的领域,个体受驱力的推动;埃里克森认为,社会现实以独特的文化塑造了驱力,个体同时受本能驱力的推动和社会习俗的牵引。

四、人格八阶段论

对于自我的定位,埃里克森与弗洛伊德也有很大的不同:在弗洛伊德看来,在人格结构中,自我仅仅是起到了协调作用,就像一个受气包,既要让本我得到释放,又不能违背超我的原则;埃里克森则更强调自我的作用,在他看来,自我不是本我和超我的奴仆,而是主人。无论本我,还是超我,都要在自我现实原则的框架下调整各自的能量。

自我发展理论是埃里克森最核心的贡献,他认为自我与驱力一样依次经历了一系列的阶段危机。在自我的发展过程中,埃里克森尊崇"渐成论",认为个体心理的发展是一个过程,在这个过程中可以划分八个阶段,分别为婴儿期、幼年期、童年早期、学龄期、青春期、成年早期、中年期、老年期。每个阶段有每个阶段的发展任务,后一个阶段是在前一个阶段脱胎进化而来的。遗传基因决定了每个阶段出现的次序,而每一个阶段能否顺利度过则是由社会环境决定的。

第一个阶段是婴儿期。出生意味着与母体的分离,分离意味着营养的匮乏和生存环境的改变,初生婴儿内心充满了被毁灭和被吞噬的无助感。孩子面临的问题是"这个世界是值得信任的,还是不值得信任的",婴儿与母亲的互动的

---

① 米切尔,布莱克.弗洛伊德及其后继者:现代精神分析思想史[M].陈祉妍,黄峥,沈东郁,译.北京:商务印书馆,2007:170.

质量决定了孩子对未来环境的信任或不信任。这个阶段与弗洛伊德理论中的口欲期重合,对孩子来说,最重要的他人是母亲,最重要的事件是接受母亲的喂养,形成的健康品质是"希望"。

如果母亲能给予恰当的回应,并提供足够的情感支持,婴儿将会建立一种信任感,而且这种信任感也会成为对自己和他人所持态度的主要特征;如果母亲不能给予恰当的回应,甚至排斥、疏忽,婴儿将形成对自己、对他人不信任的态度,变得担心、怀疑和焦虑,对待他人的态度要么是"咬",要么是"哭"。

第二个阶段是幼儿期。1~3周岁,正值马勒理论中的分离—个体化阶段。处于母婴二元关系的孩子,一方面无论在生理上,还是在心理上,对母亲都存在着强烈的依赖,情绪起伏不定,容易受外在环境影响;另一方面开始将自己视为拥有自主权的个体,渴望独立。这一阶段的孩子面临着渴望独立而又恐惧与母亲分离的纠结,内心是焦虑的,情绪是冲动的。这个阶段,孩子面临的问题是"我可以自己做事情,还是需要依靠别人",形成的心理品质是自主性;对应的是弗洛伊德理论中的肛欲期;重要的他人从母亲扩展到了父母;重要的生活事件是如厕训练;形成的健康品质是意志。

幼儿期的孩子学会了走路,能用简单的词语交流,开始体会到了自主性。作为养育者的父母在多大程度上允许孩子表达自己,对孩子的心理成长影响非常大。父母与孩子之间的主要危机体现在如厕训练上:对于孩子肛欲期的表现,父母和家人的羞辱、耻笑和责骂,会让孩子产生羞耻感,形成婴儿自贬和低自尊的人格;如果成年人对孩子大小便的训练太严厉,孩子就会感觉紧张,心理压力大,形成刻板的心理;如果对孩子大小便放任自流,孩子成年后就会变得缺少约束,放荡不羁。

第三个阶段是童年期。个体从3周岁开始就进入了童年期,一直持续到6周岁,这一阶段对应弗洛伊德理论中的生殖器期。童年期的孩子在爸爸妈妈的管教和引导下,已经有了好与坏的感知,因此"我是好孩子,还是坏孩子"的疑惑也让孩子感到迷茫,进而形成主动性和内疚的心理体验。这时候重要的他人是父母和家庭的其他成员,包括爷爷奶奶、姥姥姥爷,还有其他亲友;孩子重要的事件是探索,是做各种各样的事情;形成的健康品质是目的性。

在俄狄浦斯关系中,孩子不可避免地会陷入本我和超我的冲突,如果父母用爱和理解来引导孩子,把孩子的自主性导向现实和社会认可的方向,孩子就会形成符合社会规范的价值观。

第四个阶段是学龄期。埃里克森把6周岁到11周岁之间的年龄段称为学龄期,学龄期与弗洛伊德理论中的潜伏期相重合。这时期的孩子进入了学校,与其他同学互动的过程中,会产生"我是有能力的,还是一文不值的"的心理疑问,形成的主要品质是勤奋和自卑。重要的他人是邻居、学校和同伴;重要的事件就是上学,努力把事情做好;形成的积极的品质是胜任力。

在学龄期,性欲望受到了压抑,但是性冲动并没有消失,而是转向社会生活的一些活动——学习、体育、歌舞、艺术、游戏等(即拉康理论中的"能指转移")。性能量的这种转移是通过升华的作用实现的。如果孩子在学校里经常能获得成功,并获得家长和教师的认可与奖励,则勤奋感就会进一步发展;如果孩子得不到正确的指导,经常体验到失败,儿童就会产生自卑感。

第五个阶段是青春期。青春期一般从12周岁开始,一直持续到十六七岁,对应弗洛伊德理论中的生殖期。孩子生理发展已趋于成熟,心理发展还处在迷茫阶段,内心需要对"我是谁""我将要去哪里"的问题清晰化,面临的心理问题是自我同一性还是角色混乱。对青春期的孩子来说,重要的他人有同伴、男女朋友、公众人物(例如现在很多孩子追星,向社会树立的榜样学习,虽然青春期的孩子并不与这样的人物有直接的面对面接触,但是个体的自我会受这些榜样的影响);重要的事件是巩固对角色的认同和对身份的认同;形成的积极品质是忠诚。

这个年龄阶段的儿童生理已经发育成熟,处在未成年转向成年的过渡期。对于生命是什么、我是谁、我从哪里来、我到哪里去等问题产生迷茫,体验到比以往更多的痛苦、焦虑、空虚和孤独。青春期的孩子开始对父母逆反,对其他人更信服。孩子在这一时期,如果能得到正确的引导,对自己、对生命有清晰的认知,就能达到自我同一性。

第六个阶段是成年早期。从18周岁到35周岁,埃里克森称之为成年早期。成年早期的个体开始试着以独立的自我形象与家人、亲人、朋友、同事和其他社会关系的人进行交往,需要化解的心理问题是:我可以与他人分享我的生活,还是独自生活?形成亲密还是孤独的心理品质(即能不能与别人建立亲密的关系)?这时候,重要的他人是朋友、生活伴侣;重要的生活事件是建立有承诺的关系;形成的重要品质是爱(这里的爱是广义的,不仅是两性之间的亲密关系,也包括友情、亲情)。

埃里克森指出,唯有具备牢固的自我同一性的人才敢于同他人建立亲密的关系,因为如果没有这种牢固的自我同一性,个体的内心就必然被他人的言行左右,而带着防御心理与他人交往,甚至逃避与他人交往,即使与他人交往,也仅仅限于表面。

第七个阶段是成年期。生命从 35 周岁左右就进入成年期,直到 55 周岁。成年期是家庭和社会的中流砥柱,面临家庭和社会的诸多问题,往往会产生"我是否创造了真正的价值,还是留下来很多的遗憾"的思考。这时期面临的危机和冲突是繁殖和停滞;重要的他人是家庭成员和工作伙伴;重要的生活事件是支持下一代(这里的下一代不只是自己生养的子女,也包括自己在工作中、事业中熟识的年轻人);形成的健康品质是关心。

繁衍是自我生命的延续,也是自我价值的实现。这里的繁衍并不仅仅指生育和指导孩子,还包括文学艺术、思想观念和物质产品的创造。中年阶段的人,最在意的是成就感,有了成就感,就有了存在感,就有生命的激情和快乐,否则就会停滞于生活的枯燥无味而无所事事。个体一旦停滞于生活的枯燥无味,也就缺失了对生活的追求和对家庭、社会的承担,工作马马虎虎、得过且过,缺乏责任意识。

第八阶段是老年期。生命从 55 岁开始进入老年期,这个时期的个体面临为数不多的生命岁月,回顾过去,对自己的生命产生"我是否过着充实的生活,并充分利用了生活的赐予"的反思,心理面临的危机和冲突是自我整合和绝望;重要的他人是人类(即我类。我类,my kind,是埃里克森创造的一个词,就是我这样的人,即人类的整体);重要的事件是应对身体的衰弱和生命的终结;形成的健康品质是智慧。

正如夕阳,可以是"最美夕阳红",也可以是"夕阳西下,断肠人在天涯"。到了老年,生命的历程基本结束,个体如果能适应这一新阶段的生活,就能安然地面对过去的成功与失望,认为自己的生活是圆满的、有意义的,能够坦然地面对死亡,这样的老人具有自我整合感。反之,个体如果不能接受自己曾经的生命历程,就会后悔、懊恼、纠结、恐惧,不愿面对死亡,陷入绝望之中。因为他们缺少了心中的那份坦然,即将消失的生命,往往会激发他们隐藏在潜意识深处的分离恐惧感。

埃里克森的人格八阶段，是一种高度结构化的发展观点，每一个发展阶段的自我危机并不是一方战胜另一方，而是一个对立统一的关系，正如太极图，黑中有白，白中有黑，没有不信任就不会有信任，没有孤独就不会有亲密，等等。另外，每个阶段之间不是截然分开的，不仅有衔接、有交融，而且前一个阶段发展出现了停滞，在后一个阶段的冲突中是可以重新加工的。

埃里克森的心理社会阶段论不仅是弗洛伊德性心理阶段的扩展，而且丰富并改变了弗洛伊德的驱力概念：在弗洛伊德看来，社会现实是驱力获得满足或受到挫折的领域，而埃里克森认为社会现实塑造了驱力，即社会现实也是一种驱力；在弗洛伊德的理论框架里，个体受内在驱力推动，在埃里克森看来，个体不仅受内在驱力推动，也受社会习俗推动。

埃里克森提出的自我发展渐成论，是对哈特曼自我心理学的进一步发展：哈特曼阐述了自我无冲突的适应发展理论；斯皮茨强调婴儿在与母亲的融合中开启自我发展的历程；马勒的分离与个体化理论描述了婴儿怎样一步步脱离与母亲的融合，走向独立自我的过程；埃里克森则把自我的发展延伸到生命的每个阶段，并强调了自我同一性的价值。这是一个完整的序列，这个序列清晰地呈现了自我发展的路线图；在这个成长路线中，母亲乃至社会文化在自我成长中的价值得到重视，形成了精神分析与社会心理学的融合。

五、自我同一性

"自我同一性"是由美国心理学者埃里克森提出的概念，也被称为"自我认同"。在精神分析中，自我同一性既指自我独立性、连续性和不变性的意识，又指自我具有的与一定集团和成员之间的共同的连带感、价值观、目标追求等。一般来讲，"自我认同"概念在人的青春期形成。

个体在青春期之前，是靠父母来生活的，对父母有依赖，这种依赖不仅仅体现在物质上，也体现在心理上，会出现崇拜父母、老师的现象，会对父母或老师的观点"唯命是从"。到了青春期，个体无论躯体发育上，还是心理发育上都得到进一步的成长，开始有了生命的自觉和思考，常常会对"生命是什么""我是谁""我到哪里去""我与别人的关系是什么样的"等问题产生迷茫，内心会形成很多冲突。因此青春期往往是各种心理问题的多发期，当然也是疗愈的最好时期。

埃里克森从小就没有归属感,虽然继父对他视如己出,但是他却敏锐地觉察到与继父之间有不可跨越的距离感;虽然母亲和继父都是犹太人,但是他身材高大,如同雅利安人,无论德国人还是犹太人都不认可他;虽然后来打听到父亲可能是丹麦的一名艺术家,他也试图通过学习绘画来走近自己的父亲,然而即使周游整个欧洲大陆,埃里克森也感受不到自己生命的归属感和方向感。在整个青春期,埃里克森总是把外在的东西作为自我存在的参照物,却失去了来自心灵深处真实的自我。幸运的是埃里克森遇见了安娜·弗洛伊德,在精神分析理论的引领下,埃里克森对生命做了更为清晰的解读。

一个人要想让自己活得清清楚楚、明明白白,就要有对自我的认同感,认同"有时……它指的是意识中的一种个人认同感;而有时它又指无意识中对个人性格连续性的追求;第三种情况,则指自我整合这一潜在机制达到效果的标准;最后,它指的是对群体理念和认同保持内心的共同一致"①。换句话说,认同就是清楚我们已经是什么,我们想成为什么,我们应该成为什么和我们怎么适应外界环境。

根据埃里克森的理论,我们可以对"自我同一性"概念做出以下解读:首先是自我意识和自我整体的统一,是对"我是谁"的认知;其次是要明确"我到哪里去",也就是在生活中形成自己的理想、信念、价值观、人生目标和生活习惯;再次是自我的一致性和连续性,对过去、现在和未来有内在一致性和连续性的潜意识追求,感受到生命的连贯性和价值感;最后是内在自我与社会、文化环境之间的和谐,既要接纳自我的独特性,又要适应与之同在的社会环境和文化道德。

对于自我同一性的形成,"埃里克森指出,在青春期,同伴对自我同一性发展具有重要影响。与狂热的群体与教派有过多联系,或者对流行文化中偶像人物着迷式的认同,会限制自我的发展"。②

"自我同一性"过强或者缺乏都要引起警惕:自我同一性过强又被称为"自我同一性过剩",这是一种疯狂的理想主义的绝对化倾向,自我膨胀,将自己的信念和生活方式强加于他人身上;自我同一性缺乏则是缺少自我的心理状态,

---

① 米切尔,布莱克.弗洛伊德及其后继者:现代精神分析思想史[M].陈祉妍,黄峥,沈东郁,译.北京:商务印书馆,2007:175.

② 舒尔茨 D P,舒尔茨 S E.人格心理学:全面、科学的人性思考:原书第10版[M].张登浩,李森,译.北京:机械工业出版社,2016:107.

没有主见,没有承担,容易受他人或团体的诱惑,甚至卷入暴力、吸毒、攻击等反社会主流文化的行为中。

在埃里克森看来,童年的冲突不仅是为了满足驱力而引起的战斗,也是终生持续地对自我生命意义的寻找。要解决这个问题,就个人成长方面来讲,需要经历出生后与养育者的融合,完成分离—个体化的成长历程,在青春期形成自我同一性。

第六章 海因茨·科胡特的自体心理学

海因茨·科胡特(1913—1981),美国芝加哥大学教授,主要著作有《自体的分析》《自体的重建》《精神分析治愈之道》。科胡特在生命的最后10年,一直以心理学教授的身份,宣扬经典精神分析的理念。他从与安娜·弗洛伊德和海因兹·哈特曼的私人联系中得到快乐,并因将自己置身于弗洛伊德追随者的强大阵营而深感满足。不过,在对案例的处理过程中,他越来越发现精神分析理论在某些方面,特别是自恋心理障碍面前力不从心。1977年,科胡特的心理学专著《自体的重建》发表,提出了自体心理学理念;晚年,科胡特更是旗帜鲜明地与经典精神分析划清界限。

第一节 一个案例引起的思索

下面是科胡特的一个案例,这个案例引起科胡特深度思考,并促使科胡特理论发生了改变。

Z先生是一位英俊的年轻人,与母亲住在一起。他最初前来求治时二十出头,主诉包括模糊的躯体问题、与女性难以建立关系。……Z的父亲在Z生活的重要时期缺席,而Z的母亲与这个儿子有强烈的情感关系。……Z对分析师对他的注意非常敏感,治疗安排发生打断所带来的挫折令他烦乱而愤怒,并难以接受,他还常常明确拒绝分析师的干预。①

弗洛伊德认为婴儿"所有的力比多能量开始都指向自身"②,沉浸在全能思维中,在幻想中满足,但是挫折性事件使幻想破灭,于是将力比多转向了外部的

---

① 米切尔,布莱克.弗洛伊德及其后继者:现代精神分析思想史[M].陈祉妍,黄峥,沈东郁,译.北京:商务印书馆,2007:181.

② 米切尔,布莱克.弗洛伊德及其后继者:现代精神分析思想史[M].陈祉妍,黄峥,沈东郁,译.北京:商务印书馆,2007:177.

他人(母亲),自恋力比多转变为客体力比多。到了俄狄浦斯期,强有力的父亲打破了这种力比多投射,但是幼儿又不愿意放弃对母亲的依恋,只好退行,回到婴儿的自恋状态,依然在自恋幻想中完全占有母亲。精神分析治疗就是要运用面质的技术,暴露患者的自我防御,进而消除患者婴儿式的自我中心或傲慢的特权感。

在科胡特看来,患者 Z 先生的症状是俄狄浦斯冲突失败而形成的退行和对母亲的移情,退行使患者力比多能量内投于自己,形成幼儿式自恋状态(自我价值感夸大,与客体边界感不清晰,不能接纳任何与自己内心不一致的情况)。小时候,Z 先生"因母亲过度的关注和投入而被'惯坏了',母亲不当的做法鼓励了他幼稚的妄自尊大"①。再加上俄狄浦斯期父亲的缺席,母亲的溺爱助长了患者对母亲独占的幻想。Z 先生 5 岁时,父亲回归,当时的 Z 先生无法承受失去母亲的痛苦,发生了退行,力比多回到婴儿式的自恋状态。他无视父亲的回归,依然把自己看成母亲唯一投注的客体。

在咨询中,科胡特运用传统的精神分析技术,对患者这一不符合事实的自恋幻想进行面质,试图把患者从退行状态中拉回,患者对于这些面质非常愤怒。经过 4 年的分析治疗,患者搬出母亲的房子,开始与女性约会,并能在职场表现出更强的决断力。

从某种意义上说,这是一次成功的治疗,因为治疗的结果符合弗洛伊德对健康的定义。但是,5 年后,这个患者来寻求进一步的治疗,他说他所建立的爱的关系很肤浅,而且他没有感到真正的性满足;他描述自己的工作不是很快乐,而是烦琐沉重的负担。这样看来,患者并没有真的被治愈,因为一个健康的人不应该感到生活是苦役,不应该陷入自卑、悲观的深渊。那么,是什么让一个人出生后失去了快乐和激情呢?

---

① 米切尔,布莱克.弗洛伊德及其后继者:现代精神分析思想史[M].陈祉妍,黄峥,沈东郁,译.北京:商务印书馆,2007:181.

第二节　生命的激情和活力

"弗洛伊德将力比多的能量库比喻成阿米巴原虫:在阿米巴原虫身体中心的原生质越多,它发出的伪足越少,反之亦然;一个人投注于自身的能量越多,可用于依恋他人的能量就越少,反之亦然。"①由此看来,在弗洛伊德理论中,个体的能量是守恒的,投向自己的越多,投向外在客体的就越少,精神分裂和自恋就是把力比多从客体撤回,投向自己而形成的心理问题。也就是说,为了爱自己,就要放弃爱别人;反之,为了追求与他人的关系,适应社会,就要放弃自己的快乐和激情。真的是这样吗?

科胡特对弗洛伊德的这种观点是持怀疑态度的。作为一名医学家、心理学家,他知道要想抓住生命的激情和创造力,就必须了解这种激情和创造力是怎么产生的。通过长期的观察,科胡特在儿童的世界里看到了活力、热情和个人创造力,而这些恰恰是成人缺少的,他们(成人)每天过着毫无意义、毫无活力的生活。这些引起科胡特的思考:儿童旺盛的活力是怎么产生,又是怎么消失的呢?

经过多年的观察和实验,科胡特在婴儿早期的自恋心理状态中发现了健康自恋的精髓。

在他看来,婴儿出生后,在他的世界里是没有其他人的,只有自己和自己幻想中创造的东西:冷了,自己会创造一个东西给自己盖上被子;饿了,会创造出一个东西把乳汁倒进自己嘴里;情绪不稳定了,会创造一双温暖的手抚摸自己。在婴儿看来,所有的东西都是自己创造的,都是自己的一部分;这些东西又满足了婴儿自己对外界的一些功能,所以被称为自体客体。

父母作为自体客体满足了婴儿的需要和感受的同时,也成为婴儿心理上的第一面镜子。婴儿开始不知道自己是谁,靠父母、家人的反应评价,感受到自我形象和自我观念,这就是"镜映"。当婴儿感受到父母、亲人的理解和疼爱,婴儿就会感觉到自己和亲人是相连的,进而对眼前的世界充满信心,感受到自己是

---

① 米切尔,布莱克.弗洛伊德及其后继者:现代精神分析思想史[M].陈祉妍,黄峥,沈东郁,译.北京:商务印书馆,2007:177.

值得被爱的,自己是有能量的;反之就会形成负面的自体形象。这样,在父母的镜映下,婴儿的自体也就逐渐形成。在科胡特的理论中,自体作为一个囊括整个心理结构的"主导"性建构,既具有时空连续性的内在体验,又是包容本我、自我、超我的情感体验,主要由个体的雄心、理想和才能构成。

在科胡特看来,健康的自体是在三种自体客体环境中形成的。首先,需要有反应性客体对自身肯定的回应。例如:当婴儿扮演老虎的时候,养育者要扮演逃避的恐惧形象;当婴儿把棍子当马骑的时候,要赞美婴儿骑着马跑得真快。其次,要有一个理想性客体做自己强大的后盾,这是一个婴儿可以仰视的、能够获得支持的全能形象。有了这个客体,婴儿就会感到有靠山。再次,还要有一个自己想成为的客体,这是婴儿的榜样,能够让婴儿唤起与他的相似感。简而言之,一个健康自体的形成,要有忠诚的粉丝,要有强大的后盾,还要有自己的榜样。

婴儿如果有了客体给他营造的成长环境,就会形成强大的自恋心理,这些早期的自恋心理状态包含了健康自恋的元素;有了健康自恋的元素,婴儿就会对外在客体激发出好奇的冲动。随着年龄的增长,婴儿在接触外在世界的时候,不可避免地会遇见挫折;挫折,能够让婴儿慢慢地知道自己曾经的看法不符合现实,婴儿主观全能感的心理体验开始向自我能力受限的客观现实发展。在科胡特看来,有健康自恋心理的婴儿,在成长的过程中内化了自体客体的功能,能够安慰和支持自己;日积月累,个体就会形成积极、乐观、安全、有弹性的自体。

在科胡特的理论中,我们看到了力比多能量源源不断地从自体客体流向自体,也能感受到自体力比多能够带着饱满的激情走进生活和工作。科胡特的理论从根本上重新构建了对人类基本任务的理解,替代了传统分析中对性和攻击驱力满足的关注,让自我实现的主观感觉和自我的潜在体验合为一体,并且科胡特还探索出达到自我实现不可或缺的两个基本成分——"带来活力的扩张野心与基本的理想化目标"①。科胡特所强调的"不是'做'得正确,而是能否感受

① 米切尔,布莱克.弗洛伊德及其后继者:现代精神分析思想史[M].陈祉妍,黄峥,沈东郁,译.北京:商务印书馆,2007:193.

到生活充满能量、创造性和个人意义的能力"①。

其实,科胡特的理论并不复杂,自体的力量正如躯体的形成,需要不断地从外部世界吸收营养,有了充足的营养,躯体才能强壮;人的心理也需要不断地从外界,特别是养育者那里接受爱的营养和肯定,当一个人的内心有了爱和自信的精神食粮,自然会有积极的心态和快乐的心情。反之,如果婴儿的自恋心理受到打击,婴儿早期的自恋心理就无法内化为婴儿自体深处的激情和雄心,自体客体也无法与真实客体融合而与自体分离,婴儿的内心就会一直在寻求自体客体的爱和认可中,惶惶不可终日。

"对科胡特来说,自体成为'人格的核心',是人类能动性的中心,自体本身具有指向'实现其自身独特的行动程序'的动机力量"②,这完全颠覆了弗洛伊德所认为的力比多和攻击本能是生命动力的学说。在科胡特看来,自体在形成的过程中由于出现的创伤而发生中断,性和攻击力量是试图挽留一些活力而做的挣扎,因此性和攻击力是生命力瓦解的副产品。

第三节 自体与自体客体

经典精神分析理论关注的是形成了完整的人格结构却在人格结构内部有冲突的神经症患者,认为成功的治疗就是把本能从人格结构内部冲突中解放出来,获得相对的自由。科胡特的自体心理学关注的重心是没有形成完整人格结构的个体,认为在治疗中患者要"体验到原初自体需要的重新激活"③,并形成对咨询师(在咨询中,充当患者的自体客体)品质的内化,建立一个新的、牢固的、功能完整的自体。

与传统理论(哈特曼、雅各布森、柯恩伯格)认为自体归于自我不同,科胡特

① 米切尔,布莱克.弗洛伊德及其后继者:现代精神分析思想史[M].陈祉妍,黄峥,沈东郁,译.北京:商务印书馆,2007:193.

② 米切尔,布莱克.弗洛伊德及其后继者:现代精神分析思想史[M].陈祉妍,黄峥,沈东郁,译.北京:商务印书馆,2007:193.

③ 奥金克洛斯.精神分析心理模型[M].钱秭澍,译.北京:人民邮电出版社,2019:189.

把自体看作"一个人精神世界的核心"①,认为"自体作为一种心理结构,能够进行主观感觉和判断并决定是否行动"②。原初的自体包括两部分,一部分是自体客体(主要是理想化的双亲),另一部分是夸大的自体。随着良性的养育互动,夸大的自体逐渐走向现实,成为完整的、紧密结合的人格;理想化的自体客体与自体形成分离,部分理想化的自体客体成分被内摄为人格结构中的超我。

生命之初的婴儿是主客体不分的,客体(母亲)作为婴儿的一部分,根据婴儿的感受,及时地提供服务,行使婴儿"附属自我"功能。科胡特把"被体验为自体的一部分,或为自体提供一种功能而被用于为自体服务"③的客体定义为自体客体。在母婴互动中,婴儿把母亲作为自身的一部分,根据自己的内心来要求对方。例如,一个父亲因为儿子没有按照自己的意愿填报志愿,就大发雷霆,甚至断绝与儿子的关系。对于这位父亲来说,儿子就是他的自体客体。

自体客体主要包括反映性自体客体和理想化的父母意象。反映性自体客体是对个体肯定、赞扬和理解的自体客体,即"回应并肯定儿童天生的活力、伟大和完美的感受"④。比如当孩子告知妈妈"我考了一百分"的时候,妈妈马上兴奋地说:"儿子,你好棒啊!"理想化的父母意象是被个体崇拜的、与自己有关系的自体客体,即"儿童可以仰望他,与他融合为平静、绝对可靠和全能的形象"⑤。

科胡特不是从驱力的角度,而是从自体和自体客体关系的角度来阐述个体心理的成长。自体的形成离不开人际关系的互动,就像躯体成长离不开食物一样。在婴儿成长经历中,反映性自体客体(母亲),对婴儿及时地肯定和支持,形成了婴儿自体的两大主要成分:夸大的自体和理想化的自体客体(在婴儿内心世界里主要表现为一种意象)。夸大的自体就是"我很厉害,我是完美的";理想

① 克莱尔.现代精神分析"圣经":客体关系与自体心理学[M].贾晓明,苏晓波,译.北京:中国轻工业出版社,2002:192.

② 李武石.寻找弗洛伊德:精神分析理论与经典案例[M].李光哲,李东根,杨华瑜,译.修订本.北京:科学出版社,2014:240.

③ 克莱尔.现代精神分析"圣经":客体关系与自体心理学[M].贾晓明,苏晓波,译.北京:中国轻工业出版社,2002:193.

④ 米切尔,布莱克.弗洛伊德及其后继者:现代精神分析思想史[M].陈祉妍,黄峥,沈东郁,译.北京:商务印书馆,2007:187.

⑤ 米切尔,布莱克.弗洛伊德及其后继者:现代精神分析思想史[M].陈祉妍,黄峥,沈东郁,译.北京:商务印书馆,2007:187.

化的自体客体就是"你(母亲)很厉害,你是完美的,不过,我是你的(你是我的)一部分,所以我很厉害"(因为新生儿主客体不分,往往把客体当作自己的一部分)。

在细心的照顾和非创伤性挫折的推动下,通过内化机制,婴儿自体客体及其功能被自体及其功能所取代。婴儿自体的夸大性聚集着雄心和野心,并在非创伤性挫折下越来越趋向现实。随着婴儿比较现实地看待自体客体,自体客体也就被转化为现实的客体;围绕着自体客体中的理想化成分而聚集着的完美典范,被内化为理想化的超我。自体的心理能量,在雄心的驱使和完美典范的引领下,形成了个体积极应对社会的行为特征。这些转化的过程大约发生在1岁半或2岁之初。一般而言,男孩的发展开始常以母亲为反应性自体客体,然后发展成以父亲为理想化的自体客体,进而把自体客体的理想化成分内化为理想化的超我功能。女孩常常把母亲作为理想化的自体客体,进而把这种理想化成分内化为理想化的超我功能。

如果婴儿早年经历的是创伤性的养育环境,那么夸大性自体和理想化自体客体的成分就会依然被保留在自体的结构中。例如,孩子得了98分,向妈妈炫耀,妈妈冷漠地说:"有什么值得炫耀的,别人都得了100分。"再如,当孩子向别人炫耀爸爸勇敢的时候,爸爸说:"别炫耀了,我当时也吓得要死。"当婴儿感受不到自己"很厉害"的回应和"我爸爸很勇敢"的确认时,内心就会产生缺失性需求,而会保留着夸大性自体和理想化自体客体的想象,这样的孩子成年后,也会在盲目的自大中,寻找别人对自己的认可,进而形成自恋性人格障碍。自恋性人格障碍患者,不能识别自己和别人是分离的,认为每个人和每件事,都是自体的延伸,他们的自尊依赖于别人(反映性自体客体)的正向反应和允许合并的理想化自体客体的存在,一旦遇到挫折,往往就会激发自己的愤怒情绪。

科胡特的发展模式把重心从内驱力转向自体,认为"正常的个体都会有自恋(夸大的自我认同)需要,并且终生需要由自体客体提供的对自体的反映"[①]。健康的自恋在成年人那里往往会表现为创造性、幽默和共情能力。

---

① 克莱尔. 现代精神分析"圣经":客体关系与自体心理学[M]. 贾晓明,苏晓波,译. 北京:中国轻工业出版社,2002:199.

第四节 自恋障碍病理和心理治疗理念

通过前面的论述,我们可以看得出来,自恋体验包括两方面的内容:一方面是夸大的自体感受,另一方面是无所不知的、完美的自体客体。在自恋者的世界里,他人都是自体的延伸,都要按照自身的体验来做事。如果遇到挫折,绝对控制的幻想被破坏,个体就会体验到强烈的羞愧和愤怒,形成一些病理性体验。

科胡特把不同的病理体验分别描述为:"镜子饥饿型"(mirror-hungry),这种类型的人沉溺在主观全能的自体感觉中,通过炫耀吸引人的注意,进而抵消自尊的内在缺乏;"理想饥饿型"(ideal-hungry),这种类型的人总是渴望与那些优秀的、有权力的人进行联结,感到只有与这些强大的人物在一起,才能体验到自己的价值,所以总是吹嘘"我认识某某有钱人,我同某个领导喝酒了",把大人物看成自己的一部分;"第二自我型"(alter ego-hungry),这类人渴望和一个与自己外观和内在一致的人建立关系,通过这种自体的复制品来确认现实和自体的存在;"合并饥饿型"(merger-hungry),这类人渴望与别人联结,缺少自体感受,通过与别人交往来体验自体;"回避接触型"(contact-hungry),这类人为了不让主观夸大的自体感受受到伤害,回避社会交往。①

自恋型自体障碍的实质是自体结构的缺陷,没有把夸大性的古老自体和理想化的自体客体,整合为现实取向的自我结构。夸大的自体感受脱离了现实,一味地沉溺在主观的古老自体感受中,渴望得到自体客体的赞美;没有把自体客体中的理想成分内化为自我结构中的超我成分,依然停留在把客体看成自体的延续状态,寻求别人对自己的认可和赞美;没有与客体形成清晰的边界感。

自体结构的缺陷是由早年经历的欠缺造成的,如果充当自体客体的养育者(妈妈)没有及时对孩子的需求做出令孩子感到满足的应答反应,夸大的古老自体成分缺少现实检验的营养,无法整合为自体中现实取向的雄心与野心(即自体结构的内容);自体客体无法与自体形成分离,其理想化成分自然也不能内化为自体结构中的超我成分。这样,孩子完整的自体结构就无从建立。

① 克莱尔.现代精神分析"圣经":客体关系与自体心理学[M].贾晓明,苏晓波,译.北京:中国轻工业出版社,2002:201-202.

自恋障碍与移情性神经症、精神病是不同的。

移情性神经症已经形成完整的人格结构,核心自体已经在一定程度上稳固地建立,自体与客体有了清晰的界限,但是自体的能量被俄狄浦斯情结消耗。"如果儿童的情感与自信没有引发父母骄傲的镜映回应(和其他各种共情性的肯定回应),反而引发了父母(潜意识的)刺激和(前意识的)带有敌意的竞争,那么有力的、整合的、和谐的俄狄浦斯儿童期自体——正常的俄狄浦斯自体一定是独立的情感及自信的能动性的中心——将变成碎片,变得虚弱且不和谐……健康俄狄浦斯自体破碎后产生色欲的、破坏性的目的,这可以被看作儿童重整自体碎片的尝试,最终的结果就是致病的俄狄浦斯情结成为病态发展的核心。"①另外,非共情的父性母性自体客体带给儿童的阉割焦虑背后"还藏着一个更普遍的、对自体解体的恐惧"②。在对移情性神经症患者咨询的过程中,咨询师要有充分的同理心,给患者提供一个环境,在这个环境中咨询师作为具有安抚作用的理想化自体客体,使患者未被解决的俄狄浦斯冲突重新被激活,进而帮助患者重新获取健康的自恋感受。在科胡特的理论中,移情性神经症的形成与儿童这一时期对异性父母的性冲动和压抑没有关系,而与作为自体客体的父母是否给儿童提供了骄傲的镜映回应紧密相连。

精神病障碍的"核心自体在发展早期未成形"③,在他们的人格内部没有理想化的自体客体的存在,只能使用幻觉和妄想去抵御(或表达)被毁灭的恐惧感受,无法与咨询师形成移情,不能通过心理咨询的方式来疗愈。

自恋障碍患者的人格结构已经形成了夸大的古老自体和与之紧密相连的自体客体,也就是说自恋障碍"核心自体的轮廓已于个体的早期建立起来。然而,自体的结构化仍不完整"④。患者能够在治疗情境下与咨询师建立移情关系,再次激活那些童年期未被满足的自恋需求(例如,对镜映的需求、与理想融

① 科胡特. 精神分析治愈之道[M]. 訾非,曲清和,张帆,译. 重庆:重庆大学出版社,2016:25 – 26.

② 科胡特. 精神分析治愈之道[M]. 訾非,曲清和,张帆,译. 重庆:重庆大学出版社,2016:22.

③ 科胡特. 精神分析治愈之道[M]. 訾非,曲清和,张帆,译. 重庆:重庆大学出版社,2016:8.

④ 科胡特. 精神分析治愈之道[M]. 訾非,曲清和,张帆,译. 重庆:重庆大学出版社,2016:9.

合的需求），使患者自体结构的缺陷得以在自身客体移情的过程中完善。

在对自恋型障碍患者进行心理治疗的时候，科胡特主张站在患者的立场，从患者的角度来理解患者的感受。他提出了"共情沉浸""替代内省""神入"等概念，运用"内省和投情性地沉浸在患者的精神生活的观察"①的手段，把心理咨询师置身于患者的境界，来感受患者的内心，进而帮助患者修复一度中断的成长需求，建立一个牢固的、功能完整的自体，而不是以旁观者的角度来观察患者，更不是带着固有的理念框架，把患者的情况向自己的理论上靠。

科胡特在患者自恋移情中发现婴儿自恋的价值和获得健康自恋的方式对心理咨询非常有价值，认为咨询师应该在反移情中帮助患者完成自身客体移情。为此，科胡特界定了自身客体移情的三种基本类型：第一种是"镜像移情"，也就是咨询师要给来访者创造一个"抱持环境"，即一个安全、温暖、无条件支持的养育环境，让患者感觉受到关注，进而形成更坚定的内心；第二种是"理想化移情"，在理想化移情中，咨询师要以自己最完美的形象与患者连接，进而使患者通过与强大的咨询师的联系，而感受到自身的强大和重要；第三种是"孪生或另我移情"，让患者感到与咨询师有类似的体验、能力和自我价值感。在这些移情方式中，患者感到咨询师不是独立的生命而是患者自我的延伸，患者预期实现对咨询师的控制，会在感觉上接近于患者对自己身心的控制。随着治疗的进行，患者会逐渐内化咨询师的品质，建立起一个新的、充满自信的、拥有超我品质的、完整的内部结构，获得控制力。

科胡特对 Z 先生的第二次分析，也就是在这种理念上，减少了对患者内心的解译，更多的是让 Z 先生体验到他所处的发展角色的感觉，从而让 Z 先生停滞的发展过程得以再次开始。在整个过程中，咨询师像替代父母一样，开放地接纳患者的需要，甚至也让患者失望，最终让 Z 先生的自恋移情转变成更为现实、更有活力的对自我和他人的感受。

在去世的前几年，科胡特不再把自体心理学看成是对弗洛伊德驱力的补充，而是看成一种新的、更好的、更全面的理论。但是，无论从科胡特本人的成长轨迹，还是从自体心理学重视自我感受的重要性来说，自体心理学都是与自我心理学一脉相承的。

---

① 克莱尔. 现代精神分析"圣经"：客体关系与自体心理学［M］.贾晓明，苏晓波，译. 北京：中国轻工业出版社，2002:188.

　　自我心理学研究的是一个人如何通过自我的防御功能来适应社会,突出了自我的适应功能;科胡特的自体心理学理论的核心是健康自恋,也就是一个人如何在社会关系中感受生活充满能量、创造性和个人意义的能力,凸显的是自我实现的主观感觉。我们可以看得出来,自体心理学阐述的不仅是适应社会,而且是有激情地拥抱世界、创造世界。从学术上说,自体心理学拓宽了自我心理学研究的空间。

第七章 哈里·斯塔克·沙利文与人际精神分析

哈里·斯塔克·沙利文(1892—1949)是美国本土的第一位精神分析学家,也是精神分析发展史上一位不可忽视的大师。沙利文不仅突破了弗洛伊德的本能论,创立了人际心理学,而且他的理论触及了弗洛伊德不敢触及的精神分裂等严重精神问题,并提出了完整的治疗理论。

第一节 新的精神病理学模式

沙利文是一位医学博士,长期从事对精神分裂患者的治疗。在临床治疗的过程中,他发现无论是被称为权威的埃米尔·克里佩林的理论还是弗洛伊德的观点都有很大的问题。

德国精神病学家克里佩林是现代精神病学的先驱,他把精神分裂症视为一种由纯粹的生物和遗传因素造成的生理性疾病,这类患者最为重要的特征是思维混乱,生活在他们自己的幻想世界中,逃避与他人的关系。弗洛伊德的经典精神分析理论重视早年的成长经历,用压抑的性冲动来解释精神疾病的发生,认为是发展中的固着和退行形成了这种障碍。

根据临床经验,沙利文提出了自己的精神病理学模式,他认为"精神疾病主要是人际关系困境造成的"①(如果早期的养育关系不好,个体一直生活在恐惧焦虑的痛苦之中,不能完成个体化的成长历程,甚至分不清幻想、梦与现实,必然不能建立正常的人际关系,形成严重的精神问题),而不是或者很少是因为遗传因素形成的生理性疾病,更不能用固着和退行来解释精神病的产生。分裂人格的个体与正常个体的共同之处在于他们都试图建立一种自我系统,将威胁他们安全的经验屏蔽掉,把焦虑降到最低。只不过正常个体觉得人际关系是相对安全的,不需要总是把分裂的防御模式作为减少焦虑的手段;心理障碍患者为

---

① 郭本禹.沙利文人际精神分析理论的新解读与心理治疗中的运用[J].南京师大学报(社会科学版),2017(3):86-96.

了摆脱恐惧往往会采用分裂等极端的方式来寻求相对安全。

根据人际关系理念,沙利文在医院开设了精神分裂症实验性治疗病房,在治疗中不使用镇静剂,而是像对待正常人一样对待精神分裂症患者,给予他们充分的尊重和关爱。让人惊讶的是,这种用关爱代替药物的治疗,居然达到大约86%的治愈率。沙利文的治疗方式拓宽了精神分析研究和治疗的领域,沙利文也因此声名鹊起。

下面是我咨询的一个案例:

某患者,男,21岁,大二,曾经患精神分裂,经过药物治疗,病情平稳,偶尔有幻觉现象发生,能觉知,时有悲观、绝望、恐惧、愤怒的情绪体验和攻击性的冲动。

患者生活在西部山区;母亲性格暴躁,动不动就大喊大叫,对孩子呵斥,有暴力倾向;爸爸是事业编职工,性格内向,有时候情绪不受控制,乱发脾气;父母关系不好,经常冷战或者热战。孩子从小生活在恐惧中,在小学和中学阶段都有严重的被欺负的经历。在4年的心理治疗过程中,我充分地倾听、共情、引导、鼓励,患者情绪越来越稳定,顺利毕业和就业。目前患者无论在工作层面还是在与人交往层面都很正常。其间,患者曾多次想停药,作为患者的心理咨询师,我建议患者一定要咨询精神科医生,不要轻易停药。

在这个案例中,妈妈的暴躁、爸爸的殴打、父母的冲突、在学校被欺凌等一系列的创伤经历,使患者陷入极端恐惧,敏感、冲动,易激惹。在这种心境下,患者无法建立完整的人际交往模式,主要通过逃避、分裂和攻击的防御方式来应对现实的恐惧。在咨询的过程中,咨询师的包容和鼓励,让患者感受到安全,孕育出新的人际互动模式,内心趋于稳定。

第二节　人类的基本属性

沙利文认为,人格不是个体内部的东西,而是在与他人的互动中为了适应环境而形成的、反复出现的、相对持久的模式[1]。因此,要理解心理病理学,必须把患者放在所处的环境中来研究,否则,就像是在实验室里研究野生动物的习

---

① 米切尔,布莱克.弗洛伊德及其后继者:现代精神分析思想史[M].陈祉妍,黄峥,沈东郁,译.北京:商务印书馆,2007:81.

性一样,是闭门造车。

人不是一个封闭的生物性个体,而是具有社会性的个体,在人际互动中,为了适应人际关系而产生了属于自己的心理特征。这里的人际关系既包括个体与现实中其他个体的关系,也包括与神话传说、寓言故事或者文学作品中的人物形象的关系以及与幻想中的他人的关系。沙利文的人际心理学理论就是以人际关系为核心的人格理论,这种理论与弗洛伊德关注生命个体内部性本能的古典心理学有很大的区别。

游牧民族崇尚自由,性格奔放;农耕民族心态平和,性格内敛。这是生活环境使然,也与整个群体的交往模式有关系。人的心理状态是关系的产物,也是适应关系的存在。

把对个体心理的观察点从个体生命的内部转向个体生活的人际关系,这是一个重大的改变,这一改变对人格的理解、心理病理学的关注点、精神分析理论的研究方向,都具有深刻的意义。弗洛伊德通常从人格结构内部入手,研究本我、自我、超我的冲突,关注性本能压抑或者扭曲的释放方式;在沙利文看来,人格不是孤立地形成的,如果仅仅从患者人格内部看问题,就会离真实的病理性原因越来越远,因为所有问题的产生都与患者的人际环境有关系。所以要了解患者,就必须了解患者过去、现在人际交往的背景和现实,需要从生活细节上探究患者的病理性因素。

第三节　焦虑的原理

沙利文认为,"新生儿在两种状态之间摇摆,一种是接近于完全舒适的状态,另一种是紧张状态"①。当婴儿产生生理性需要和情感需要的时候,就会紧张;当生理性需要和情感需要得到及时满足时,就会感到舒适。对婴儿的需要,无论是对吃、喝、拉、撒、睡的生理需求,还是对游戏、父母、亲吻的情感需要,养育者(妈妈)的及时关注和满足,可以使婴儿降低紧张程度。

沙利文把婴儿最初的紧张分为两种,一是需要紧张,二是焦虑紧张。

---

① 米切尔,布莱克.弗洛伊德及其后继者:现代精神分析思想史[M].陈祉妍,黄峥,沈东郁,译.北京:商务印书馆,2007:85.

需要紧张是吃、喝、拉、撒、睡等各种生物性的需要,是婴儿身上自然发生的,这种需要促进了"整合倾向"。之所以称为"整合倾向",是因为这种需要不仅让婴儿得到了满足,而且拉近了婴儿和养育者的关系;这种关系也是相互的:一方面婴儿需要母亲喂养,另一方面哺乳期母亲的乳房充满了乳汁,也需要流出来喂养孩子。这样,婴儿就与他人形成了最初的互惠关系(或者说是互动关系),而这种互动关系会贯穿生命个体的一生。如果养育者能及时充分满足婴儿的需要,那么个体在以后的成长经历中,就可以自信地向他人大胆地表达自己的需要,也会爽快地满足别人对自己的需要,这样就形成了良性的"整合"。我们可以看得出来,沙利文把对他人的需要看成是一种有益的"整合倾向",这是一种天生的与他人互动的倾向。与之相反,弗洛伊德受进化论影响,认为个体生来就带有本能的兽性冲动,而且这种冲动本身具有反社会性质。

焦虑紧张是个体莫名的恐惧,是一种没有指向的、并非来自婴儿自身的紧张。婴儿的焦虑紧张主要来自养育者的心理状态,在养育过程中,如果母亲处于焦虑状态,那么母亲紧张的面孔、不安的声音、慌乱的动作等都可能使婴儿感到焦虑。

情感状态是具有感染力的,一个人身上包括喜、怒、哀、乐在内的所有情绪都可以在极短的时间内"感染"另一个人,而且这种"感染"往往是在不知不觉中进行的。没有一个人面对满脸杀气的表情不紧张,也没有一个男人面对性感美女不荡漾起性萌动的涟漪。婴儿由于没有形成稳定的自我,对养育者的情感状态尤其敏感。"沙利文把养育者的情感感染、蔓延到婴儿的这种现象称为'共情联结'。"①

如果养育者是和蔼的、稳定的情绪状态,婴儿就会得到安全、舒适的情感体验,情绪自然会稳定。如果养育者是焦虑的、紧张的,那么婴儿也会感受到一种没有原因的、莫名的紧张感。养育者带来的焦虑紧张与需要紧张不同,它不仅不具备促进整合的功能,而且还对婴儿寻求满足的需要具有"失整合倾向"。婴儿在焦虑状态下,往往无法接受喂养、拥抱和睡眠。同样,成年人在焦虑状态下,也无法正常学习、工作、与人沟通。

我咨询过这样一个案例:

---

① 米切尔,布莱克.弗洛伊德及其后继者:现代精神分析思想史[M].陈祉妍,黄峥,沈东郁,译.北京:商务印书馆,2007:86.

某女,20岁,大一学生,感到自己一直生活在紧张中,与同宿舍室友不能很好地相处,感觉室友唯独对自己不好,而其他人之间的关系却很好,可以相互开玩笑。患者大脑总是会冒出很多不好的想法,看不进去书,情绪非常不稳定,经常偷偷地流泪。

患者的成长经历:该患者出生之后爸爸妈妈就离婚了,从小跟着姥姥长大;妈妈常年在外地打工;姥姥情绪不稳定,说话大嗓门,总是和姥爷生气;姥姥对患者要求很高,管教很严厉,患者内心充满了对姥姥的恐惧。

这个患者就是小时候的人际关系出现了问题,由于妈妈长时间缺失,患者从小没有形成良好的母子互动,感受不到安全和温暖;姥姥的焦虑状态以及姥姥和姥爷的冲突,带给患者的感受也是"这个世界是恐怖的"。非良性的人际环境使患者内心充满危机,以致患者成年之后,防御心过重,敏感、脆弱,不能与其他人友好相处,内心非常痛苦。

母亲对婴儿不同质量的照顾,形成了婴儿舒适还是紧张的不同感受。给婴儿带来舒适感受的母亲,形成婴儿内心深处的"好母亲"形象;给婴儿带来焦虑感受的母亲,形成婴儿内心深处的"坏母亲"形象。开始婴儿是被动地感受这种状态,因为婴儿无法左右母亲的行为。随着年龄的增长和经验的增多,婴儿开始能根据母亲的表情、动作,预测照顾自己的母亲是"好母亲"还是"坏母亲"。

后来,婴儿进一步发现母亲是"好母亲"还是"坏母亲",与自己的行为表现有关:如果自己哭闹、摔打东西就会带来"坏母亲",受到母亲的呵斥;如果自己安静、听话,就会带来"好母亲",得到母亲的赞许。慢慢地,婴儿就把哭闹、摔打东西之类引起母亲焦虑的自己,赋予了"坏我"的消极价值;把安静、听话之类引起母亲赞许的自己,赋予了"好我"的积极价值。

另外,"沙利文认为,强烈的焦虑会给人带来极大困扰,并导致人遗忘焦虑之前刚刚发生的体验。因此,孩子完全感觉不到那些通常引发周围成年人强烈焦虑的活动是自己的表现"[1]。因为孩子往往把自己引起母亲强烈焦虑的行为,通过解离的防御机制,变成"非我"的一部分。解离,是指个体通过将自我和当下的现实切断的方式,来逃避难以接受的痛苦,可能表现为丧失记忆、感知觉和现实感等。

---

[1] 米切尔,布莱克.弗洛伊德及其后继者:现代精神分析思想史[M].陈祉妍,黄峥,沈东郁,译.北京:商务印书馆,2007:88.

第四节　自我系统的形成

当孩子发现自己可以左右"好母亲"或者"坏母亲"的出现,慢慢就发展出一套"自我系统"(类似弗洛伊德理论中的防御机制)。在自我系统下,孩子就会主动做让"好母亲"出现的表现和行为,比如听话、卖萌、平静、懂事;而把引起自己极端恐惧的"非我"部分,通过解离的方式排斥在意识之外。这样,自我系统为远离焦虑就发展出一整套习惯性的、复杂的、迅速的"安全操作",个体在"安全操作"过程中,往往夹杂一些不切实际的优越感想象,并以此形成一种错觉式的自我感觉良好。正如鲁迅作品中,阿Q被打了,常常自我安慰地想:"就算是儿子打老子。"

随着自我系统的建立,孩子也被雕琢成特定母亲的儿子(女儿),或者特定父亲的儿子(女儿),因此从某种程度上可以说,所有的人格轮廓,都在养育者铸造的模板里形成。不仅如此,在以后的生活中,每个人都会按照小时候建立的自我系统来应对生活中的人际关系。这种僵化的模式一旦形成,就会把新的交往模式排除在外。例如,精神分裂症患者总会感觉到一种被吞噬的恐惧感,进而产生攻击或逃跑行为,这种攻击或逃跑的应对模式往往来自婴儿第一年的创伤体验和形成的"安全操作"。

随着孩子的长大,孩子会接触到除了妈妈和爸爸之外的人,特别是同龄人,那么与同龄人建立关系的需要会形成新的"整合倾向",比如儿童对赞赏自己的"观众"的需要,青春期前期对同性密友的需要,青春期后期对异性恋人的需要。随着每一种新需要的形成,新的人际关系就会建立,曾经的自我系统会出现松动,个体就会减少甚至克服曾经的焦虑。

这样看来,沙利文理论把人格的形成看作是终生的发展过程,俄狄浦斯期之后的健康成长,依然能弥补曾经的创伤,形成新的人际整合。

当个体感到安全时,自我系统自然而然地退到幕后,寻求满足的需要就会出现,个体开始与他人发生相互满足的人际互动。当焦虑迫近时,自我系统占据主导,自动引发曾经熟悉的应对焦虑的方式,通过逃跑或者攻击的模式,断绝与他人的有效互动。

弗洛伊德认为生命动力是人本能的力比多和攻击力,个体内心冲突的大小决定于天生具有的力比多和攻击力的大小;沙利文认为人际关系是生命的基本动力,个体的焦虑水平跟早期养育环境形成的焦虑体验的强弱有关系,养育者越焦虑,个体的焦虑色彩越浓,个体内部的"坏我"和"非我"越多。

由此我们可以看出,沙利文的人际心理学完全抛弃了弗洛伊德的驱力理论,把个体心理完全看成是社会性的,认为个体的心理状态完全来源于与重要他人的互动质量。

下面是我咨询的一个案例:

某女,31岁,自由职业,有一个9岁的孩子,内心极度恐惧。患者与老公关系不好,经常打架。但是如果老公离开自己了,患者又受不了,惶惶不可终日,好像地球要毁灭似的,甚至手脚冰凉,大脑一片空白。

据患者回忆,父亲性格暴躁,动不动就打人,而且下手非常狠毒,一旦打起人来仿佛就失去了理性,非常恐怖;从父母结婚开始,他们的关系就不好。患者出生后,妈妈不堪忍受爸爸的暴力,常年外出打工,很少回家。妈妈一旦回家,就会给患者买一些东西。每次妈妈离开的时候,患者内心就极度恐惧,仿佛失去了依靠似的。

在这个案例中,由于父亲的家暴,患者的内心一直处在恐惧状态。虽然看到妈妈和妈妈买的礼物,患者感受到短暂的喜悦和爱,然而随之而来的与母亲的分离,却让患者感受到更大的恐惧。这种分离带来的恐惧一直延续到成年后,所以即使与老公关系不好,患者依然害怕分离。

第五节　强　迫　症

强迫症是一种常见的心理问题,比较难以治疗,被称为"心理问题的癌症"。患者一直处在强迫和反强迫的冲突中,非常痛苦,控制不住去想某些没有意义的事、去做某些没有意义的行为;一旦控制自己不去想、不去做,就会出现紧张、心慌等焦虑症状,为了避免焦虑的发生,患者只好再去想、去做。

我咨询过这样一个案例:

患者,女,23岁,名牌大学研究生,在做实验的时候,总是控制不住地想:

"万一给同事的水杯里下毒怎么办?"这种想法几乎每天每时都折磨着她,患者内心非常痛苦。

对于强迫症的病理,弗洛伊德认为婴儿从 1 岁到 3 岁,进入肛欲期,这时候婴儿的快感区域集中在肛门;婴儿在排便过程中产生的想要搞乱弄脏的快感与禁止随地排便的规则、对于整洁的要求形成对抗;强迫症的意义就是对抗肛欲期想要搞乱弄脏的力比多快感而进行的限制和控制。

沙利文对于强迫症病理性原因的见解,与弗洛伊德完全不一样。在沙利文看来,强迫症患者的控制不是对肛门欲的控制,而是"对预期将要发生的羞辱和极度焦虑作出的提前防御"①。控制不住想去关门,是因为担心自己没有锁好门;控制不住洗手,是因为担心手上的病毒没有洗净。

"沙利文发现,强迫症病人的原生家庭具有过度批评的特征。"②在成长的经历中,他们一方面遭受养护人的呵斥、拒绝、责骂甚至殴打,另一方面养护人又告诉他们这是出于对他们的关爱。强迫症患者就在惩罚和关爱的矛盾冲突中困惑不解,他们所有的强迫行为背后都有对万一发生不好事情的担心。

在咨询的过程中,我也有类似的感触,几乎所有的强迫症患者都是生活在一个规矩过多的家庭。调皮、好奇是幼儿的天性,但是养护人总是担心幼儿会因为调皮和好奇出现危险,而加以限制。久而久之,孩子就被养护人的担心感染,形成对"万一发生不好事情"的焦虑。为了消除内心的焦虑,强迫症患者常常用抵消、理智化等防御方式来应对。

在对强迫症或其他精神问题的治疗中,沙利文认为咨询师的任务是促进患者对自己行为的认知,知道自己怎样参与了病症的形成。

---

① 米切尔,布莱克.弗洛伊德及其后继者:现代精神分析思想史[M].陈祉妍,黄峥,沈东郁,译.北京:商务印书馆,2007:94.

② 米切尔,布莱克.弗洛伊德及其后继者:现代精神分析思想史[M].陈祉妍,黄峥,沈东郁,译.北京:商务印书馆,2007:94.

第六节 病理性理念与心理治疗

沙利文的心理治疗观是与他的精神病学理念分不开的:既然精神疾病是由失败的人际关系造成的,那么在治疗的时候,首先就要创设良好的人际关系。沙利文认为精神病院是患者人格成长的学校,而不是人格缺陷的收留所①。在这所人格成长的学校里,咨询师不仅仅是一名观察者,更应该是一名参与性的观察者,通过倾听、共情、尊重的方式与患者建立良好的咨访关系,引导患者正确认识自己,从人际关系中树立起对前途的信心,使患者恢复健康的人格。

每个人在生活中都对产生的焦虑高度敏感,并采取极为迅速的应对方式(沙利文称之为"安全操作"②),以帮助自己离开焦虑点,回到自己熟悉的状态。在心理咨询的过程中,咨询师就是通过细节提问和鼓励自省的方式,来提高个体对自我系统运作的知觉,让患者能够觉察、理解自己内心的焦虑和自己应对焦虑的方式,进而引发患者的改变。

以上一节我咨询的患者为例:

患者的成长经历:爸爸妈妈生活在农村,患者小时候经常与妈妈在外婆家。虽然爸爸妈妈很爱她,但是妈妈总是责骂她,患者至今还记得曾经有一次妈妈把她的耳朵打出血了,爸爸小时候也打过她。患者在内心深处总是担心万一行为不当会受到爸爸妈妈的责备和打骂。

我们从这个案例看得出,患者小时候在与爸爸妈妈的人际互动中感受到的是责备和打骂,在患者心中总是有一种担心:万一自己做得不好怎么办,万一伤害了别人怎么办。在咨询的过程中,咨询师要通过细节询问,例如:怎么会突然想起下毒呢? 这种担心从什么时候开始? 以前有没有类似的担心? 这种担心背后的动力是什么呢⋯⋯让患者明白自我系统的工作模式,引导患者从婴儿式的担心进入成年人的自信。

---

① 郭本禹.沙利文人际精神分析理论的新解读[J].南京师大学报(社会科学版),2017(3):86 - 96.

② 米切尔,布莱克.弗洛伊德及其后继者:现代精神分析思想史[M].陈祉妍,黄峥,沈东郁,译.北京:商务印书馆,2007:90.

按照沙利文的理论,我们大致可以将人际心理学的咨询过程分为四个阶段:

(1)开始。在该阶段,患者第一次会见治疗师,这时候患者是带着自己的心理问题来找咨询师的,内心压抑了很多的情绪,需要向咨询师倾诉。沙利文认为,咨询师就是要营造融洽的气氛,建立良好的咨询关系以应对后期治疗所需。咨询师在这个阶段,首先是倾听,而不是打断来访者的叙述,另外也要注意观察患者的微表情,觉察患者人际关系中的敏感部分。

(2)探索。该阶段主要是一些非结构性的询问,如询问患者的年龄、出生地、出生顺序、婚姻状况、教育背景、职业经历、父母的职业及婴儿期和童年期家庭中的其他重要成员的情况,建立患者的个案史,并根据掌握的患者信息对患者问题的性质与起源做某些假设。探索阶段结束时,治疗师简要叙述他所了解的患者情况。

(3)详尽探究。治疗师在该阶段要对自己的假设进行印证,不断地倾听与询问患者重要的成长经历方面的细节,筛选并放大有助于患者觉察自己心理问题的部分。此外,患者在与咨询师的关系中所表现的焦虑和防御策略也是重要的信息。

(4)终结或中断。治疗的最后阶段包括以下四个步骤:对治疗过程中所了解的情况进行总结;对患者以后的康复提出建议;对患者可能的未来生活进行评估;患者正式离去。

第八章　梅兰妮·克莱因与威尔弗雷德·比昂的理论

第一节　梅兰妮·克莱因

弗洛伊德以他个人卓越的智慧和非凡的勇气对人心灵最深处的秘密进行了探索,创立了精神分析学派。弗洛伊德去世后,后世的学者们沿着弗洛伊德开拓的道路依然孜孜不倦地前行,他的女儿安娜·弗洛伊德启蒙了自我心理学,而另一位卓越的女士梅兰妮·克莱因引领了客体关系学派的发展。克莱因曾信心十足地宣称自己是弗洛伊德的主要接班人,她的思想是对弗洛伊德传统理论的创新和推动——在后世看来,这是无可争议的,虽然当时不被安娜·弗洛伊德甚至弗洛伊德认可。

克莱因成就的伟大与她独特的经历是分不开的:曾经的满足、剥夺、丧失与诋毁,以及体验到的喜悦、悲伤、愤怒、憎恨,这些都深刻地塑造了她。

一、在苦难中绽放的梅兰妮·克莱因

1882 年 3 月 30 日,梅兰妮出生在维也纳的一个犹太知识分子家庭中,她有一个哥哥、两个姐姐。母亲曾告诉梅兰妮,她的到来是预料之外的。父亲本来是个犹太法典研究者,后来改行学医。母亲精明强干,掌管着财权,也是家庭的中心。在梅兰妮 4 岁多时,大她 3 岁多的二姐因病去世。克莱因与二姐感情很好,二姐教给她很多的知识。失去二姐,是梅兰妮人生中一连串哀伤事件的头一个。

二姐死了后,克莱因内心的情感在大她 5 岁的哥哥身上得到了补偿,哥哥非常有才华,鼓励她学习。无疑,在小克莱因内心深处,对哥哥的崇拜取代了对父亲的崇拜。不幸的是,哥哥在 20 多岁就被诊断为绝症。从此,哥哥就陷入了绝望,变得颓废起来,直到 1902 年离世。哥哥的离世是梅兰妮·克莱因一生所经历的最痛苦的事。父亲在 1900 年死去,克莱因因家庭财务危机,不得不放弃

了去维也纳大学学医的计划。1903 年,克莱因走进婚姻的殿堂,丈夫亚瑟是一位化工技师和商人。婚姻不仅没有改变克莱因心情的郁闷,反而让她的情绪更加压抑,过度压抑一度使克莱因患上了重度抑郁。1914 年母亲去世,母亲的去世让克莱因非常伤心。与此同时,作为三个孩子的母亲,克莱因还要承受养育孩子的辛苦。心理的创伤和生活的重负让克莱因陷入了绝望。

幸运的是,1914 年克莱因发现并阅读了弗洛伊德的《梦的解析》,书中的内容激发了压抑在克莱因心灵深处的希望。也就是这一年,他们一家迁居布达佩斯。在布达佩斯,克莱因接受了弗洛伊德的弟子费伦齐的分析,走进了精神分析的世界。费伦齐在他的理论中,并不把神经症的致病原因完全归结为性冲动,他认为缺乏爱也是神经症的致病原因之一。1924 年,克莱因开始接受亚伯拉罕的分析,亚伯拉罕像父亲和导师一样深深影响了克莱因,克莱因在一生中,都怀着对亚伯拉罕最深刻的敬佩、欣赏和感激。不幸的是,由于亚伯拉罕身患癌症,对克莱因的分析治疗只持续了 14 个月。1926 年,克莱因受邀到伦敦讲学。从这一年开始,直到 1960 年去世,克莱因一直在英国从事分析和教学工作。也就是这一年,克莱因与丈夫正式离婚。

在伦敦,她的学术理论和咨询实践的生涯都达到了鼎盛,后来弗洛伊德本人和女儿安娜·弗洛伊德为逃避德国法西斯的迫害也来到伦敦。弗洛伊德和安娜的到来加剧了英国精神分析学会的分裂,安娜和克莱因虽然都从事儿童精神分析,但她们的方向却大相径庭:克莱因重视游戏的价值,强调要解决儿童和重要人物建立关系的问题;安娜·弗洛伊德则更倾向于通过孩子的幻想和梦,来关注孩子的内驱力。克莱因始终认为自己是最坚定的弗洛伊德追随者,但她的儿童精神分析实践,却得不到弗洛伊德本人认可。克莱因学派与安娜·弗洛伊德学派,无论在理论上还是在咨询技术上,都有非常大的分歧,后来这种分歧演变成带有谩骂性质的讨论,最后两位女士达成了协议(1941)。英国精神分析学会以一种特殊的方式一分为三:忠于克莱因的伦敦学派、忠于安娜的维也纳学派和温尼科特领导的独立中间学派。时至今日,三个团体都以保持联系但又相对独立的方式发展。

1934 年,克莱因的大儿子在一次登山活动中意外丧生。女儿梅丽塔非常肯定地认为那是自杀,并因此痛恨克莱因。梅丽塔在各种公开的场合不断诋毁、指责克莱因,直到克莱因去世,都没有参加她的葬礼。所幸的是小儿子还陪在她身边,给了晚年的克莱因极大的慰藉。

回顾克莱因悲剧的一生,虽然她得到了巨大的肯定和许多的追随者,但在内心深处,痛苦和焦虑一直折磨着她。

二、从弗洛伊德到克莱因

弗洛伊德关注的是俄狄浦斯期儿童内心的秘密和冲突,在弗洛伊德看来,个体的心灵受人格内部结构中的本我、自我、超我和动力学力量力比多冲动、毁灭冲动的控制,通过自由联想的技术能够探知心灵深处的秘密;而克莱因则对更早期的心理过程更感兴趣,主要通过游戏的方式对更早年的婴儿心理进行探索。克莱因"把心灵描述为一条由原始而变幻不定的意象、幻想以及恐惧汇成的河流"①,而且这条变幻不定的河流,无论是婴儿时期,还是成年时期都一直在流淌着。克莱因及其他客体关系心理学家的观点更倾向于个体心灵不仅受人格内部结构以及动力学力量所左右,而且还被内部客体关系控制。克莱因认为我们每个人都在与对毁灭的恐惧和绝望做斗争;而弗洛伊德则认为,我们每个人都在与动物性的欲望、对惩罚的恐惧和罪恶感做斗争。

出现这两种不同的理论观点,一方面跟各自研究的对象有关系,弗洛伊德研究的是俄狄浦斯期(3~6岁)冲突形成的纠结;克莱因把研究的重心放在前俄狄浦斯期(3岁之前)的生存危机上,感受到的是更强烈的情绪反应。另一方面也跟他们自身的心理状态有关系,弗洛伊德深受达尔文进化论影响,更看重人的动物性本能;而克莱因在生命过程中经历的一次又一次创伤,激发了她心灵深处对毁灭的恐惧。

三、驱力和内在客体

弗洛伊德认为驱力起源于躯体,婴儿身体的发育促使精神张力的形成,精神张力的基本功能是满足躯体内部组织的平衡状态。外部世界的客体是"偶然"发现的,正如乳房之于婴儿,在母亲的喂养中,婴儿发现乳房能够释放自己的力比多能量,于是乳房就与婴儿的力比多冲动联系在一起。正如刚刚孵化出的小鸭子,看到什么就把什么当作母亲。

---

① 米切尔,布莱克.弗洛伊德及其后继者:现代精神分析思想史[M].陈祉妍,黄峥,沈东郁,译.北京:商务印书馆,2007:108.

"在克莱因看来,躯体不是驱力的起源,而是其表达的载体,驱力本身在本质上是有指向性的心理现象。"①从婴儿吸吮妈妈乳房的那刻起,客体关系就已经开始建立了,婴儿把乳房看成客体并加以投注,也就是说客体本身不是"偶然"发现的,而是在冲动的必然体验之中发现的。驱力和客体同时产生,婴儿的口腔天生就适合吃奶,婴儿在没有喝水之前,就以某种模糊的方式渴望解渴的客体。

在弗洛伊德的理论中,客体是满足力比多冲动的对象,客体不一定是人,也可能是物,客体和力比多的关系是偶然产生的。"对于克莱因来说,每一个冲动和本能都是与客体联系在一起的。"②客体是与躯体冲动同时出现的,客体指人类,是指与他人的关系;这些客体可以是外在的,也可以是内在的;他们的本质都是基于与个体真实的互动。

婴儿根据自己的感受把外部世界中真实的他人不断内化为意象,这种被内化的他人意象成为婴儿的内在客体,并再次被婴儿投射至外在其他人。这种内化不是一种防御机制,而是一种与外在世界连接的方式。也就是说,内在客体是外在客体在婴儿内心深处的形象,例如"好妈妈"和"坏妈妈"的内在客体意象。一旦形成了特定的内在客体意象,婴儿会把这种特定的客体意象泛化到其他客体身上。如果婴儿有"好妈妈"的内在客体意象,那么婴儿看到其他与妈妈类似的人,也会有温暖的、安全的感受。反之,如果婴儿有"坏妈妈"的内在客体意象,那么婴儿看到其他的人,也会有恐惧、焦虑的痛苦。

四、幻想

弗洛伊德在他的理论中,把新生儿的生命感受描述为主客体不分的模糊状态,认为他们还不具备把自身和外界区别开来的能力,这种区分能力是出现自我(在弗洛伊德的理论中,自我产生于本我)后发展起来的。而克莱因的理论则更倾向于把自我看作是与生俱来的,而且生来就拥有能量,并非借助本我的能量才能运作。

①格林伯格,米歇尔.精神分析之客体关系理论[M].王立涛,译.上海:华东师范大学出版社,2019:108.
②克莱尔.现代精神分析"圣经":客体关系与自体心理学[M].贾晓明,苏晓波,译.北京:中国轻工业出版社,2002:50.

科学研究发现胎儿在母亲子宫里似乎就有了原始的自我觉察：在受到外界的扰动后，会踢妈妈的子宫。如果父母经常对他们说话、讲故事、放音乐，他们在出生后几个月也会喜欢这类刺激；如果在胎儿期受到惊吓，出生后就会容易受惊吓而大哭。

如果妈妈用手指触碰婴儿的脸颊，即使是刚出生的婴儿也会立刻把头转向被刺激处，同时用嘴唇进行吸吮，婴儿的手也会试图抓取任何靠近自己的东西。这些与生俱来的活动，通常称为反射。不过，这显然不是机械的应答，正如躯体上的饱足、饥饿等感觉是先天的生理特征，也是心理上相应感受的反应。

那么出生的婴儿是通过什么方式来形成自己的认知呢？幻觉。对，就是幻觉。

我咨询过这样一个案例：

有一个双相情感障碍患者，每次恐惧、愤怒情绪袭来的时候，就会控制不住摔打东西。在治疗中，我通过意象对话把患者带入潜意识。患者说总有一个恐怖的形象，睁着恐怖的眼睛，张着大嘴，要吃掉自己。患者后来陈述，在他六七个月大的时候，家里有一个布娃娃，父母总是让他看布娃娃。一看到布娃娃，他就恐惧，总感到布娃娃要吃掉自己。

在这个案例中，我们可以看得出布娃娃激发了婴儿内心的恐惧，而内心的恐惧进一步形象化为"睁着恐怖的眼睛，张着大嘴，要吃掉自己"的幻想（这里的幻想，包括幻觉和妄想在内的主观感受）。也就是说，婴儿外在的世界，激发了婴儿内在的恐惧情绪，这种恐惧让婴儿产生了幻想，幻想是婴儿情绪形象化的表达。

在弗洛伊德看来，生理条件或身体的需要（如吃、喝、拉、撒）会产生欲望，而欲望产生行动的驱力。驱力包括生的本能驱力（例如以快乐为目标的性冲动）和死的本能驱力（例如面临危险时的攻击和逃避欲望）。幻想是不满足的补充，婴儿刚刚出生的时候，力比多能量是投向自身的，通过自恋幻想释放力比多。后来，婴儿发现躯体机能的需要不能通过幻想满足。例如，饥饿使婴儿不得不把力比多投向外部，通过吸吮乳房获得能量，来达到力比多的释放。如果需要得不到满足或者被拒绝，婴儿就会把能量再次投向自身，通过自身的幻想来得到满足；如果婴儿在外在客体那里获得满足，力比多能量就趋向客观真实。按照弗洛伊德理论中的能量守恒原则，如果能量过多地消耗到幻想上，那么用于真正满足的驱力能量就会大大减少。

需要指出的是,几乎所有的精神分析理论都把死本能概念看作一种生物学的猜想,甚至"一名精神分析学家提出,如果弗洛伊德是一名天才,那么死的本能的提出就是天才也有诸事不顺的一天的实例"①。然而,克莱因却把死本能看作自己理论的核心,认为婴儿在出生后就受到内在毁灭性的威胁。

其实,如果我们站在新生儿的角度上去感受,这一点是完全可以理解的。出生就意味着分离,分离必然带来恐惧:对于新生儿来说,通过母体脐带传送的营养没有了,营养的缺失带来的匮乏感必然使新生儿产生濒死的恐惧;另外,出生意味着与母体分离,意味着曾经熟悉的胎盘环境没有了,这也必然会激发起被毁灭的创伤体验。而恐惧感的形象化表达则是恐惧的意象和幻想,也正因如此,克莱因"把心灵描述为一条由原始而变幻不定的意象、幻想以及恐惧汇成的河流"。对于这一点,前文提及的斯皮茨在育婴堂看到的恐怖现实就是证明。

与弗洛伊德不同的是,在克莱因的理论体系中,婴儿的幻想不只是对不能满足的补偿或替代,"也是实际满足的伴生物"②。比如抱持的环境,能激发婴儿自身的力比多能量,进而形成能给婴儿带来美好感受的幻想。在良性的养育环境下,自身力比多能量的增加不仅不能减少对客体的爱,反而能增加对客体爱的能量投射。因此,"驱力的能量不是有限的,也不是预设的"③,而是源源不断地从客体流向自身。

当然,这种所谓的"无意识幻想",是成年人给这种心理下的定义。对于婴儿来说,那些有关客体的幻想感受却是真实的,会在潜意识中留下印记。无论是正面的幻想,还是负面的幻想,都来自早期客体关系的好与坏的经验感受。当婴儿长大后,这些原始的、先天的概念就深深地进入记忆深处,甚至终生无法触及。只有从精神病人的症状、梦境以及幼儿的幻想中才能了解推断。

下面是我接触到的一个案例:

患者是个4岁多的小女孩,不敢去幼儿园,即使在幼儿园也不敢与小朋友

① 舒尔茨 D P,舒尔茨 S E.人格心理学:全面、科学的人性思考:原书第10版[M].张登浩,李森,译.北京:机械工业出版社,2016:31.
② 格林伯格,米歇尔.精神分析之客体关系理论[M].王立涛,译.上海:华东师范大学出版社,2019:122.
③ 格林伯格,米歇尔.精神分析之客体关系理论[M].王立涛,译.上海:华东师范大学出版社,2019:122.

玩,总是孤独地蹲在墙角。据患者的妈妈说,孩子从小就胆小,看不见妈妈就哭,不敢与小朋友玩,总是腻在妈妈怀里。在 1 岁多的时候,不让妈妈穿高跟鞋,看到高跟鞋就恐惧地尖叫。在咨询的过程中,与孩子对话谈及这件事,孩子说那时候高跟鞋张着大嘴要吃了她。

从这个案例我们可以看到,小女孩在 1 岁左右产生了幻觉:妈妈那双穿在脚上一开一合的高跟鞋张着大嘴要把她吞噬。这种幻想,是小女孩内心恐惧的形象化。在婴儿眼里,幻想和现实是重合的,主观和客观没有界限。

同样,在精神病患者的感觉中,外在客体的微小动作,有时候也会激发患者的过激行为,而这种过激行为背后就是一种被吞噬的恐惧。

我咨询过这样一个案例:

患者,女,20 岁,大二学生。曾因屁股上患有疾病,裸体做了一次手术,术后开始产生幻觉:感到自己就是一只美丽的芦花鸡,芦花鸡正与大蟒蛇缠绕在一起;有时候感到自己身上爬满了老鼠、虫子。据家长回忆,患者读初中时爱恋一个男孩,进入高中依然很爱对方,后来男孩家长知道了,闹得沸沸扬扬。这件事对患者打击很大,患者感到没脸见人,连续三天闭门不出。另外,患者以前做过狐臭手术,术后,医生让患者看割下的肉,当时患者就恶心地呕吐了起来。

患者出现了幻觉现象,如芦花鸡、蟒蛇、老鼠、虫子等。这些幻觉与患者经历的一次次创伤分不开:恋爱失败,看到自己被割下的肉,裸体做手术(一个 20 岁的女孩,对自己赤裸裸地躺在几个男医生面前的事实不能接受)。每一次创伤对患者来说都是打击,这样,患者的内心就被恐惧控制了,而幻觉中的画面就是恐惧心理的形象表达。该案例的患者属于精神分裂,建议到医院进行药物治疗。

五、偏执—分裂心位

出生,意味着婴儿与母体的分离,分离意味着切断了母体对营养的直接供给,缺失了供给,婴儿就会感受到饿,饿会产生濒临死亡的恐惧;如果母亲及时把奶头放到婴儿嘴里,婴儿会感到满足和放松,所以刚刚吃完奶的孩子,都带着微笑的、放松的神情。这样看来,婴儿有两种鲜明的两极化情绪状态:一个是满足的、放松的、爱的感觉,如果"好乳房"能适时地满足婴儿,婴儿就会把得到母乳的满足感转化为对妈妈的爱,形成"好妈妈"的内在客体意象;另一个是痛苦的感觉,如果婴儿感到饥饿,却得不到乳房的供给,婴儿就会产生饥饿的恐惧感,而恐惧的感觉则会使婴儿产生"坏妈妈"的内在客体意象,激发婴儿对"坏乳房"乃至"坏妈妈"的报复幻想。这样,婴儿的内心世界就有了爱和恨两种感觉。

婴儿有了爱和恨的客体意象,自然对不同的客体意象形成不同的驱力投注:对能及时供给的"好乳房"意象,婴儿会产生一种爱和保护的驱力;对不能给自己供给的"坏乳房"意象,婴儿会产生毁灭性的破坏驱力。又因为在婴儿的感觉中,好的感觉和坏的感觉不是同时出现的,婴儿就把带给自己好的感觉的乳房,以偏概全地认为是"好乳房";把带给自己不好感觉的乳房(或者渴望而不得的乳房),以偏概全地认为是"坏乳房"。这样,婴儿在爱和恨之间就形成了一个明显的界限。

克莱因把婴儿最初的好坏界限分明的体验称为偏执—分裂心位,"用来描述弥漫着迫害焦虑体验的结构"①。概念中的"偏执"是指一种绝对化的心理体验。婴儿为了保持愿望满足的幻觉意象,必须将好客体理想化,并全能性地消灭坏客体。"分裂"是界限分明的含义;"心位"指的是一种心理状态,即一种感受体验。偏执—分裂心位形成于婴儿出生后的第 3~4 个月,不过,偏执—分裂心位并不是这一年龄阶段特有的心理状态,而是贯穿一生的基本感受体验。

"克莱因推论,对死本能所引起的迫害性焦虑进行防御的迫切需求,是偏执—分裂心位的来源。"②克莱因理论的核心就是对死本能的恐惧,摆脱死亡焦虑是个体终生都要面临的问题。偏执—分裂心位的精神病人,内心深处充满了来自外部世界对自体毁灭的恐惧幻觉,这是一种被吞噬的恐惧感,呈现在意识上的是一种绝对化的、以偏概全的认知。

婴儿在母婴互动中形成的偏执—分裂心位,对婴儿来说是非常有价值的:一方面,指向客体的偏执—分裂心位使新生儿混沌的无方向感的情绪体验趋向清晰化;另一方面,对于婴儿来说,毁灭了"坏乳房",也就意味着"好乳房"的到来,当婴儿有了"好乳房"的幻想,就感受到有一个"好乳房"在爱自己、保护自己,自己也要保护和爱这个"好乳房"。这样,婴儿才能在因出生创伤形成的恐

---

① 格林伯格,米歇尔.精神分析之客体关系理论[M].王立涛,译.上海:华东师范大学出版社,2019:100.

② 米切尔,布莱克.弗洛伊德及其后继者:现代精神分析思想史[M].陈祉妍,黄峥,沈东郁,译.北京:商务印书馆,2007:114.

惧意象中产生希望,从而产生对"坏乳房"的毁灭驱力。如果在养育孩子的过程中,养育者能适时出现,积极正向地迎合婴儿的需求,那么婴儿自然会增加爱的力比多能量,减小对坏客体的偏执恐惧,并能增强与好客体(好的养育者)的关系。在咨询的过程中,咨询师对于偏执型心理问题的患者就要通过共情的方式,让患者感受到客体丰富的、多层面的内涵。

偏执—分裂心位,是婴儿出生后伴随着对客体(母亲)的主观感受产生的,内心充斥着对毁灭和分离的恐惧,容易受外在环境影响,敏感、冲动、易激惹是前俄期(3岁之前)心理状态的主要特征。即使成年后,一旦感受到重大创伤性事件或者特别兴奋的事件,个体的偏激状态依然会呈现出来。究其原因,就在于个体内心脆弱,还没有能力对以偏概全的分裂心理状态形成整合。不过,偏执—分裂心位的形成,也标志着婴儿脱离了自闭期的混沌感受,形成了对外在客体的驱力,从正常的自闭状态进入与母亲的共生状态,这对于婴儿心理的成长来说,具有非常大的价值。

六、抑郁心位

"克莱因认为,幼儿有一种与生俱来的发展倾向,使之朝向整合的方向形成体验模式,这种倾向促进了幼儿对客体的整体感,并非全好或全坏的,而是有时好有时坏。"[1]克莱因(1935)观察到"婴儿在最初4～6个月就开始发展出内化完整客体(相对部分和分裂客体而言)的能力"[2]。通过整合,婴儿感受到乳房有时候是"好乳房",有时候又是"坏乳房";妈妈有时候是"好妈妈",有时候又是"坏妈妈"。这样,婴儿就整合了以前对妈妈的分裂感觉,感觉妈妈是一个好坏兼具的人,既有"好妈妈"的特征,也有"坏妈妈"的特征。整合,给婴儿带来了很多的好处:偏执性焦虑减轻了,婴儿的痛苦不再是过去的被毁灭感引发的强烈的感受,而是相对缓和的情绪。就像清水与浊水的混合,水虽然不是太清,但也不是太浑浊。

不过,这种整合也给婴儿带来新的苦恼,在偏执—分裂心位,婴儿感到不是

---

① 米切尔,布莱克.弗洛伊德及其后继者:现代精神分析思想史[M].陈祉妍,黄峥,沈东郁,译.北京:商务印书馆,2007:115.

② 格林伯格,米歇尔.精神分析之客体关系理论[M].王立涛,译.上海:华东师范大学出版社,2019:98.

毁灭坏的就是保护好的,感到总有一个"好乳房"(妈妈)在保护自己。经过整合后,偏执—分裂心位所提供的平衡就被打破了。因为当这个时好时坏的客体引发挫败和绝望的时候,就会激发婴儿的憎恨情绪而产生摧毁它的冲动。然而一旦摧毁了这个客体,摧毁的就不仅仅是一个坏的客体,也同时摧毁了好客体,也就意味着消灭了自身的保护者和庇护所,消灭了这个世界上的自己,于是就陷入了深度内疚的负罪感。克莱因把这种内疚的负罪感带来的纠结情绪,称为抑郁性焦虑,并把具有这种体验的心理状态称作抑郁心位。处于抑郁心位的婴儿常用压抑的防御机制既爱又恨地与整个客体发生关系。

下面是克莱因咨询的一个案例:

在1923年,克莱因用游戏治疗的方法治疗丽塔,丽塔只有33个月。在她生活的第一年,丽塔喜欢她的妈妈,之后发展了对她父亲的深情以及对母亲的妒嫉。例如,当她15个月的时候,她不断地要与父亲单独在房间里坐在他的腿上看书。在18个月的时候她又改变了,她的妈妈又是她所钟爱的对象了。在这个时候,她开始害怕夜晚和害怕动物。当丽塔2岁的时候,她的弟弟出生了,她开始表现出一种强迫的仪式,到了3岁时,她非常的矛盾而且很难去处理它。她是强迫的,在乖巧和淘气之间喜怒无常,在游戏中焦虑和非常拘谨。[1]

案例中丽塔开始时对妈妈和爸爸交替性的爱和恨,更多的是体现出偏执—分裂心位的特征。在丽塔2岁后,出现的强迫仪式中体现的矛盾心理和游戏中表现出来的焦虑和拘谨,则是抑郁心位的焦虑状态。焦虑反映了丽塔内心已经把严厉的父母内化为超我的人格结构,所以"克莱因认为,丽塔在游戏中的拘谨,来自于自罪的感觉"[2]。

抑郁心位的患者常常会产生对毁灭好客体的内疚感,进而产生深深的懊恼。例如,抑郁中的患者有时候控制不住对父母或其他亲人发脾气或砸东西,发过脾气、砸过东西之后,则会陷入一种深深的内疚感。

克莱因非常重视抑郁心位,多次指出"婴儿式的抑郁心位是儿童发展的核

---

① 克莱尔. 现代精神分析"圣经":客体关系与自体心理学[M]. 贾晓明,苏晓波,译. 北京:中国轻工业出版社,2002:63 – 64.

② 克莱尔. 现代精神分析"圣经":客体关系与自体心理学[M]. 贾晓明,苏晓波,译. 北京:中国轻工业出版社,2002:65.

心心位"①，因为婴儿在抑郁心位对客体好的体验增强了内在自我爱的力量和修复能力的信心。而精神分裂症患者心灵的最深处是"对被毁灭冲动掌控以及已经毁灭了自己和好客体的绝望"②，在偏执—分裂心位的绝望状态下的个体是没有能力去爱的。

婴儿要想修复抑郁心位的纠结状态，就必须充分信任自己的修补能力，如果相信自己的爱比恨更强烈，那么恨的痛苦就会减轻，否则就会陷入纠结的深渊不能自拔。那么怎么才能增强婴儿爱的感受呢？这就需要妈妈对婴儿更有耐心的关爱，妈妈爱的养育会内化为婴儿爱的能力。如果婴儿感受的是挫折、伤害或拒绝，往往会退行到偏执—分裂心位，借此来寻找一种暂时性的安全。

当患者陷入焦虑性抑郁的痛苦时，"另外一种解决方案是躁狂性防御"③。面对抑郁心位的痛苦，患者往往会以偏概全地否认客体中爱的特性，进而对客体不顾一切地、疯狂地毁灭，毁灭让患者产生一种凌驾于客体之上的感觉。从某种意义上说，这是对偏执—分裂心位的退行。抑郁症患者，有时候会控制不住自己被压抑的愤怒，失去理性地发脾气，就是这种反应。

克莱因将人类的体验看作是流动的、千变万化的、多重性的。偏执—分裂心位的焦虑害怕来自外部客体对自体毁灭的感受体验，因此情绪冲动，行为偏激；而抑郁心位的焦虑则是个体心灵内部自我攻击而形成的纠结心理，是俄狄浦斯期心理状态的主要特征，也是伴随一生的心理体验。在克莱因的理论中，偏执—分裂心位和抑郁心位并不是经过了就不再经历的生命发展阶段，而是不断产生、不断丧失的心理状态。在受到一些重大的创伤或经历失败的时候，人就会不可避免地退回到抑郁心位和偏执—分裂心位状态。

七、羡嫉理论

克莱因在生命的后期提出了"羡嫉"这一概念，不过，这里的羡嫉并不是羡慕和嫉妒的缩写，而是指对好客体的憎恨和破坏。在克莱因的描述中，婴儿是

---

① 格林伯格，米歇尔.精神分析之客体关系理论［M］.王立涛，译.上海：华东师范大学出版社，2019：99.

② 格林伯格，米歇尔.精神分析之客体关系理论［M］.王立涛，译.上海：华东师范大学出版社，2019：99.

③ 米切尔，布莱克.弗洛伊德及其后继者：现代精神分析思想史［M］.陈祉妍，黄峥，沈东郁，译.北京：商务印书馆，2007：117.

非常贪婪的。在婴儿看来,乳房是丰饶和强大有力的,然而却不是自己能掌控和拥有的,自己就像一个可怜虫一样依赖乳房才能得到食物、安全和快感。乳房激发了婴儿的自卑感和羞辱感,婴儿在丰饶的乳房面前看到了自己的无助和无能,于是宁愿破坏它,也不愿意继续无助地依赖它。

现实生活中这类例子比比皆是:

某歌星是一个地地道道的草根明星,成名之后花了 46 万给自己的村里做建设,结果村民怨声载道,要求他给村里一家买一辆车,再一人给一万元。

据英国媒体报道,92 岁的慈善老人 Olive Cooke 每个月都会收到超过 260 封的信件和电话要求她捐款,最后这位老人只好被迫自杀。

当那些被帮助者感到,需要依赖一个比自己优秀强大的人才可以过得更好时,他们身上的无助无能的羞耻感往往会被激活,进而把对自己无能的愤怒转变成对帮助者的愤怒。

口唇的贪婪是婴儿面对乳房产生的无助感的一种反应。婴儿内心充满了占有的冲动,要为了自己的需求而彻底侵吞乳房,榨干它的全部。这并非蓄意破坏,而是怨恨一点一滴地接受乳房的恩惠而让自己产生对乳房的依赖,婴儿恨不得占有乳房的全部资源。这样,贪婪就在贪得无厌中变得残忍起来。

在偏执—分裂心位中,毁灭是对坏客体的报复,通过分裂,保护的是好客体,至少让婴儿感觉是安全的。羡嫉的后果是婴儿毁灭了好客体,随之带来的是焦虑和恐惧的加重。从某种程度上说,羡嫉毁灭了可能的希望。后来,克莱因的学生比昂拓展了羡嫉理论,他认为羡嫉中的孩子不仅攻击了好客体,也攻击和破坏了孩子本人"对一般现实的感知和理解能力,破坏她与他人建立有意义联系的能力"[1]。

羡嫉理论在相当大的程度上解释了非常严重的精神病人,拒绝咨询或者在咨询中将咨询师的每个解释当作无用的甚至有害的原因。患者通过羡嫉毁灭了所有的希望,就是因为在咨询中感受到自我的懦弱和无助,进而激发了内心的愤怒。"克莱因提出,只有通过对羡嫉本身作用的解释,患者才能摆脱对分析

---

① 米切尔,布莱克.弗洛伊德及其后继者:现代精神分析思想史[M].陈祉妍,黄峥,沈东郁,译.北京:商务印书馆,2007:125.

恶毒而怨恨的蓄意破坏。"①

　　当然,在生活中,更多的人对帮助者感恩戴德,那是因为这类人是拥有独立自我的人,他们接受帮助而不依赖帮助;而那些恩将仇报的人往往是有着婴儿般依赖固着的人,一旦有人帮助他就会依赖帮助者,企图控制、榨干帮助者的全部。

八、投射性认同

　　克莱因在生命的后期,还提出了投射性认同的概念,这一概念后来成为克莱因学派理论的一个核心。当代某些心理学家甚至把客体心理学的投射性认同概念提升到牛顿发现万有引力定律的价值地位。

　　在弗洛伊德的理论中,投射是一种防御机制,是把自己内心的感受,转移到客体身上。正如诗歌所说的"我见青山多妩媚,料青山见我应如是","以小人之见度君子之腹",这也是一种投射。

　　克莱因认为投射性认同,就是把自体的某种情感导向客体,并形成了自体对客体的这种认同,并由此建立了客体关系的原型;自体会通过自己投射的内容保持与客体的联系,并对客体加以控制。

　　我们可以想象:兔子与老虎谈恋爱,兔子一定是将自己舍不得吃的青草,让给老虎吃;老虎一定是将自己舍不得吃的肉,让给兔子吃。在这里,兔子认为青草好吃,就在行动上给老虎吃青草;老虎子认为肉好吃,就给兔子吃肉。

　　再如,有人认为电影中的暴力是当下社会的最大问题,就在任何场合指责谩骂电影中的暴力镜头。

　　在弗洛伊德理论中,投射是个体把自己的情感投向他人的一种防御机制;克莱因把投射性认同看作是一种行动上的控制。后来比昂进一步拓展了投射性认同这一理念。所谓"投射性认同"就是,自体认定客体应该怎样对自体,然后自体把这个认定的想法投射到客体身上,而客体认同了,并真的以自体认定的方式来对待自体,于是客体就变成了自体期待的样子。

　　假设一个没有自信、危机感很重的人,在骨子里认为:这个世界是不安全的、充满敌意的,别人不是骗我就是害我。所以这个人每次出门,都用一种恶狠

---

① 格林伯格,米歇尔. 精神分析之客体关系理论[M]. 王立涛,译. 上海:华东师范大学出版社,2019:101.

狠的、充满敌意的目光,看待身边的人或者在社交场合遇到的人。(这里表达的是克莱因理论中的投射性认同机制。)

当他这样做的时候,周围的人会觉得莫名其妙:"咦,我又没招你惹你,你干吗要这样用冷冰冰的、很不友好的目光看我、对待我?"周围的人很生气,于是,就会对这个人敬而远之,或者也会用相同的方式对待这个人。

对方对自己不友好的信息被这个人收到之后,他就更加确信他认为的世界是不安全的、别人是不友好的信念:"嗯,这个世界上没有一个好人,果然他们都是这样恶劣地对我!看来我的看法是无比正确的!"(这里表达的是比昂理论中的投射性认同。)

可以看出,在投射性认同的过程中,个体投射出去的东西自己又认领回来了,一直处在这种破坏性的人际关系模式中,却还不自知,还以为是别人造成了自己的痛苦和不舒服。

投射性认同是把心灵内的体验延伸到人际互动的过程,在这一过程中,婴儿把自身的负性能量(即 β 元素)投射给母亲,并将母亲的反馈信息再次内化为有意义的体验和想法。毋庸置疑,投射性认同对人际关系的破坏是非常大的,因为自己心里有什么,自己投射给别人什么,最后自己收获的也是什么。

与投射性认同概念相关的是比昂提出的容器的净化功能理论,也就是阿尔法(α)功能理论。比昂认为人的情感分为两种,一种是 β 元素,另一种是 α 元素。一个人忍受不了的情感(负性情绪)就是 β 元素,而一个人忍受得了的情感(正向情绪)就是 α 元素。当一个孩子产生并向母亲投射了 β 元素的时候,母亲需要帮助孩子将 β 元素转化成 α 元素,即把负性情绪转化成正向情绪。比昂把作为容器的母亲具有的承载并转化负性情绪的功能就叫作阿尔法功能。

婴儿将内心充满无组织的混乱感觉,投射到母亲身上,以逃避这些混乱给自己带来的苦恼。善于容纳的母亲,接纳了婴儿的投射,并经过阿尔法功能的净化,使得婴儿投射来的混乱情感内容变成具有 α 元素的、有条理的正向情感内容,然后投射给婴儿。婴儿收到母亲正向情绪的投射,并内摄、认同、内化这些已经调理好的体验,内心得以成长。在这种最原始的投射性认同过程中,母亲担负着婴儿附属自我的功能。不能共情的母亲,接收到婴儿负性情绪的投射,却不能净化为正向情绪;这样,婴儿内摄的依然是负性情绪。阿尔法功能好的母亲养育出来的孩子长大之后,也会有很高的阿尔法功能,并且能很好地帮助自己的孩子转化不能承受的情绪。这样,比昂把克莱因的投射认同概念拓展到人与人之间,把一个人的内心幻想,转变成两个人内心中复杂的关系事件。

这种理念也可以推论到患者和咨询师之间的治疗关系上。患者把自己内心的痛苦投射给咨询师,咨询师接受患者的投射,经过阿尔法功能的净化,将痛苦变成有调理的、有营养的东西,然后投射给患者,患者认同了咨询师的投射,把痛苦变成自己的营养。

我咨询过这样一个案例:

患者是一个刚刚工作3年的男性,27岁,内心非常苦恼,活得很累,想辞职。办公室里有好几个同时毕业的大学生,但是老员工却总是支使患者打扫卫生、提水,而不支使别人。患者感到别人看不起自己。

患者小时候有一个严厉的父亲,对患者要求很高,总是呵斥患者,说患者那不好这不好。患者接受了爸爸的投射(没有经过阿尔法功能的净化),形成了自卑心理,担心自己不能让别人满意,刻意讨好别人,进入单位后积极打扫卫生、端茶倒水,对人非常谦卑,不敢拒绝别人。时间长了,同事接纳了患者的这种不会拒绝的心理,就让他做这做那。

这就是一个成长经历中形成的投射性认同案例,患者接纳了父亲认为患者什么都做不好的投射性认同,形成了自卑心理;同事又接纳了患者自卑不能拒绝别人的投射性认同,总是支使患者做事。化解这类心理问题的关键是咨询师要重新整理患者投射性认同中产生的负面信息,引导患者重新认知自己,让患者感受到内在的正能量。

九、病理学理念及心理治疗

在克莱因看来,死亡本能使个体内心充斥着焦虑和恐惧,心理治疗就是要通过改变内化的客体意象,尽可能地减轻个体的焦虑和恐惧。

个体心理状态通过投射机制,在现实的客体关系中表达出来。在心理咨询的过程中,咨询师有时候充当"好乳房",有时候充当"坏乳房",从而使患者充分表达早期成长经历中形成的潜意识情绪;咨询师利用分析和解译技术,帮助患者探索早期客体关系以及产生的内在情绪;伴随着咨询师的解译和患者的觉察,患者的心理问题得以疗愈。克莱因非常重视游戏治疗,她认为游戏能够促使儿童内在情绪和内在冲突外化,咨询师可以利用游戏元素对患者的内在情绪进行疏导和调理。

克莱因学派精神分析具有鲜明的特征:"进行频繁'深度解译'的倾向,技术性言语的密度,关于幼儿心理富于想象的假设,对幼儿式攻击的不断强调。"①近年来,克莱因学派开始倾向于走进患者内心,强调患者与咨询师的移情关系。

经过比昂及后期理论家发展的克莱因理论,为心理咨询拓展了新的思路。在弗洛伊德经典精神分析中,主要通过自由联想让患者产生有关记忆的内容,咨询师给予解释,咨询师和患者是清晰的独立的关系。克莱因学派的咨询师则重视共情,在咨询的过程中,咨询师充分利用对移情的解译,对患者投射来的负性情绪实施净化(即比昂理论中的阿尔法功能),然后把经过净化的感受再投射给患者,进而激发患者内在的正能量。

十、小结

1960 年克莱因走完了 78 年的生命历程,其间经历的挫折和创伤让她对生命有了更多的领悟,也让她从一个弱女子变成了精神分析大师,给我们留下了丰富的精神财富和学术财富。在学术上,"克莱因没有像弗洛伊德那样,在本我和自我之间、能量和结构之间做出区别"②。克莱因的模糊性向我们暗示了,本我和自我是同一结构的不同成分(费尔贝恩把这一观点明确化),自我是生而有之的,并且伴随着非常早的俄狄浦斯冲突,超我在前俄期得以形成。此外,她还扩展了对潜意识幻想的认知,把幻想作为本能(弗洛伊德将幻想作为本能的变形),认为内驱力具有关系性质,提出了内在客体、内在客体世界的概念,将人的内心看作不断变化的过程,把精神分析的领域拓展到前俄期,开启了精神分析的客体关系时代,使心理学与生活联系更紧密。

---

① 米切尔,布莱克.弗洛伊德及其后继者:现代精神分析思想史[M].陈祉妍,黄峥,沈东郁,译.北京:商务印书馆,2007:133 – 134.
② 克莱尔.现代精神分析"圣经":客体关系与自体心理学[M].贾晓明,苏晓波,译.北京:中国轻工业出版社,2002:65.

第二节　克莱因学派的继承者和发展者——威尔弗雷德·比昂

一、比昂的生平

精神分析界流传着这样一句话:弗洛伊德代表着精神分析的过去,克莱因代表着精神分析的现在,比昂代表着精神分析的未来。从这句话看得出来,比昂的理论是超越时代的,也是引领时代的。为了更好地理解比昂的理论,我们先从解读比昂开始。

比昂的父母是没有充足的经济实力的英国贵族,属于"较低级的上流中产阶级"。为了维系家庭的贵族身份,父母常年在印度生活,因为在印度维系贵族的派头,不需要花费太多的金钱。比昂 1897 年出生于印度,8 岁回到英国接受贵族教育。作为一个来自印度的小孩,他常常遭受其他孩子的嘲笑,别人的嘲笑让他感觉自己很幼稚。作为一个文化的"夹生人",比昂的内心是痛苦的。

第一次世界大战期间,19 岁的比昂作为坦克兵,在法国服役。战争的经历影响了他对自己和人性的理解。他是这样认识自己的:"很多人把胆怯当作怯懦的人的一种倾向,这种人脆弱、任性、不可靠。对我来说,胆怯是我具有的最坚韧、最健全、最持久的品质。"他感受到战争的恐惧,不过,这种恐惧并没有影响他驾驶着坦克冲向敌人。由于他的英勇表现,英国女王要颁发给他两枚勋章:一枚是维多利亚十字勋章,因为不愿意承受勋章带来的压力,他拒绝了这枚勋章;另一枚是"卓越服务勋章",他接受了。

从战场上回来后,比昂在大学完成了对历史和医学的学习,后来又系统地学习了精神分析理论。1951 年,比昂认识了克莱茵,并加入了她的研究小组,成为"伦敦学派"的一员。克莱因学派的理论和概念,主要是由比昂进行扩展和阐释的,比如羡嫉理论、投射性认同理论等,以至于当代克莱因思想被称为"克莱因—比昂派"。比昂认为,群体心理的原始特征与个体心理是相一致的,并卓有成效地开展了团体心理方面的研究,成为研究群体心理治疗的先驱者之一。

1962 至 1965 年,比昂担任英国精神分析学会主席。在他看来,治疗的目的是帮助来访者更多地找到"真实",而不是康复,康复是"真实"的副产品。

1968 年比昂迁居美国加利福尼亚州,1979 年 8 月 28 日,病逝于英国。

二、比昂的精神分析网格图

荀子提出了"天行有常""制天命而用之"的思想,指出万物皆有规律,依据规律而行,方能事半功倍,否则就可能有盲人骑瞎马、夜半临深池的危险。门捷列夫依照原子量,制作出了世界上第一张元素周期表,从此,化学研究走出了在黑暗中摸索的阶段。在精神分析领域,比昂也制作了一个网格图,这张图让复杂的、动态的、看不见摸不着的心理现象,清晰地展现在人们面前。

状态 ＼ 反应	试探性假设（1）	Ψ（阻抗）（2）	符号（3）	专注（4）	探索（5）	行动（6）	…（n）
β元素（A）	A1	A2				A6	
α元素（B）	B1	B2	B3	B4	B5	B6	…Bn
梦和神话（C）	C1	C2	C3	C4	C5	C6	…Cn
预想（D）	D1	D2	D3	D4	D5	D6	…Dn
观念（E）	E1	E2	E3	E4	E5	E6	…En
概念（F）	F1	F2	F3	F4	F5	F6	…Fn
科学演绎（G）		G2					
代数运算（H）							
…							

比昂的网格图

比昂的精神分析网格图,又被称为"精神分析元素周期表",揭示了精神分析过程的动态特点和相互作用的方式。网格图由纵、横两个轴以及这两个轴上分布的、代表某种意义的点构成。

(一)纵轴

纵轴讲述了人类心智从简单到复杂、从具象到抽象的发展状态,每一个状态都是前一个状态质的飞跃。在网格图中共列举了人心智的 8 种状态:β 元素、α 元素、梦和神话、预想、观念、概念、科学演绎、代数运算。

β 元素是指个体内心存在的、未成形的、不能控制的元素,处在混沌状态,是一种忍受不住的情感,它延续着从生命诞生就开始的对毁灭或湮没的恐惧。虽然这是一种不能被思维的状态,但是 β 元素具有旺盛的能量和张力,是思想产生的原始母体或材料。人在极端恐惧状态下,往往会聚集着大量的 β 元素。

α 元素指一种建设性的、滋养性的元素,包含着爱、安全和力量,是一种忍受得了的情感,可以对 β 元素的恐惧进行容纳、转化。α 元素的形成依赖于养育者(父母、咨询师或其他正能量的个体或团体)给予的爱的滋养和及时的应答反应。α 元素与 β 元素是伴随着生命始终的两种截然不同的情绪体验或与之相关的因素,只是两种假设性的存在,而下述几种元素的内容却是真实存在的。

梦和神话是指可以用意象和言语表达的类别,是一种心理冲突的状态。当个体内心聚集着 β 元素与 α 元素,这两种元素必然形成冲突。例如,有时候家长责备了孩子,孩子内心积压了很多的委屈和怒气,但是,孩子又想到父母平时还是非常爱自己的,于是,孩子内心对父母有恨,却恨不起来;对父母有爱,却又有很多不满意。有了冲突,就会有压抑,有压抑就要释放,梦就是表达和释放压抑的手段之一。单纯的 β 元素或 α 元素,构不成压抑,也不会形成梦。另外,不仅梦离不开意象的象征,神话故事也是用象征来表达的。所谓象征,就是用替代性意象表达情感或事情的能力,而象征能力的形成正是阿尔法功能的延伸,爱的表达就是通过一个个具有象征意义的表情和动作来实现的。

预想,在这里又可以称为"前观念",是不同的观点聚合,属于经过冲突和整理后形成的新的心理期待,它是一种主观的、开放的个性化体验。这是一个过程,就像化学元素中的氢原子和氧原子在生成水分子之前的交融。例如,咨询师听到患者的陈述,专注于患者的心理问题,产生情感投射,并结合已有的心理学知识,形成对患者心理问题认知前的发酵。不过,这仅仅是看法形成前的发酵,类似于心有灵犀的感觉,尚未形成明确的具体"看法"。

观念,也就是"看法",就是个体对预想形成的灵感,经过逻辑化整理后,能够用语言描述的具体认知。观念是个体对事物的主观认知,往往不具备普遍性特征。正所谓"一千个读者有一千个哈姆雷特","仁者见仁,智者见智"。

概念,就是在认识事物的过程中,把不同事物的共同点用词或词组的形式表达出来。例如,把具有情绪低落、自我认可度低、精神疲惫、对生活乃至生命感受不到快乐、不间断持续两周或间断持续两个月以上的心理问题,称为抑郁症。在这里,"抑郁症"就是一个概念,这个概念就是把所有具有这种心理问题症状的患者用一个词语来表达。概念与观念相比,具有普遍性特征。

科学演绎,即从已知的一般前提考察某一特殊的对象,推演出有关这个对象的结论。对精神分析学派的咨询师来说,就是将精神分析的假设或解释,按照一定逻辑排列在一起,形成一个科学的推衍系统或理论体系。

下面是我咨询的一个案例:

患者,女,47岁,大学老师。只要在高速上驾车时速超过60公里,患者就非常恐惧,瞬间就会产生一种失控而濒临死亡的感觉,如果有人说着话或者经过山洞、周围有其他建筑会好一点。

患者的父亲在乡政府工作,平时沉默寡言,很少回家;母亲是农村妇女,爱唠叨,情绪不稳定,经常发脾气。患者出生后,8个月之前,因为姥爷姥姥常年身体不好,需要母亲照顾。这样,母亲没有时间和精力来照顾患者,只好把患者一个人孤零零地放在床上,据母亲回忆当时患者很少哭啼。后来患者长大了,印象中妈妈脾气不好,时不时地打骂患者,患者内心一直缺少安全感。

根据精神分析理论,我们可以做出这样的推理(演绎):患者出生后,因为8个月前一个人在空荡荡的床上,缺少母亲的照顾和母爱的滋养,内心就会滋生出与母体分离而形成的濒临死亡的恐惧感和被空旷吞噬的毁灭感(也就是β元素);后来随着年龄的增加,自我功能在增强,曾经的濒临死亡的恐惧感就被压抑在潜意识深处;成年后,患者开车行驶在高速公路上,这个时候如果速度过快,患者就会产生一种失控的恐惧感,而这种恐惧感进一步激发了压抑在潜意识深处与之类似的濒临死亡的失控感,并把高速行驶与这种濒临死亡的感觉形成了联结;至于听到人说话、过山洞、看到周围有其他建筑会好一点,是因为患者出生后的恐惧,与空间的空荡荡有联系,而当有人说话,或过山洞,或周围有其他建筑的时候,患者会产生充实感;再者,周围的这些实物从某种意义上说也是患者自我存在的参照物,患者看到这些东西会产生自我的存在感。

代数运算就是运用数学公式进行运算的过程,这个时候不要任何情感投入,因此对应的横轴上没有任何元素。比如当我们知道三角形的内角之和为180°,角A 30°,角B 60°,那么我们就可以通过运算,计算出角C的度数:$180° - 30° - 60° = 90°$。

在比昂网格图的纵轴上直观展现了个体心理,是一个由低到高、由原始到非原始、由感性到理性、由极端个人化到极端普遍化的过程。不仅如此,比昂还认为低级的心理状态,进入带有高级心理状态的"容器"中,往往会形成高级心理状态;反之亦然,高级心理状态如果进入带有低级心理状态的"容器"中,往往会演变成低级心理状态。即负性情绪(β元素)通过心理咨询,在咨询师正性情绪(α元素)的影响下,会形成正性情绪(α元素);同理,正性情绪(α元素)在负性生活环境（β元素）的影响下，会形成负性情绪（β元素）。

（二）横轴

横轴，既可以看作精神分析过程中患者与治疗师互动产生的内在心理的反应，也可以看作个体心理波动的一个过程。按照内在心理波动的先后次序，具体包括：试探性假设（直观性假设）、ψ（阻抗）、符号阶段（标识）、专注性解析（注意）、探索性解析（探寻）、作用性解析（行动）。在复杂的内心活动中，这是一个循环往复的过程。

试探性假说，又被译成"定义性假设"，其实就是一种直观性的假设。例如，一个人如果内心充满β元素（负性情绪），看到另外的人看了自己一眼，就可能直观地认为"这个人对我不满，甚至会伤害我"。一个内心充满α元素（正能量元素）的人，看到另外的人看了自己一眼，并不会放在心上，甚至会对对方友好地点点头。这种试探性的假设（直观感）是某次心理活动的第一反应，有更多的主观情感参与。在纵轴上的科学演绎和代数运算阶段是不存在试探性假说的，因为无论是科学演绎还是代数运算，都是纯理性的逻辑状态，没有主观情绪的投入。

ψ，即阻抗。当试探性假说出现后，如果个体与他人（比如，患者和咨询师）的互动出现了妨碍因素，个体就产生了阻抗。例如，内心有大量β元素的患者，一旦形成了直观的负性假说，付诸行动的防御机制随之启动，根本不需要"符号阶段（标识）""专注性解析（注意）""探索性解析（探寻）"的参与，就直接采取"行动"，要么进行攻击，要么逃跑。纵轴的代数运算阶段全部是逻辑，不存在人的主观情感，自然不存在主观情感形成的阻抗。

符号阶段，又称为"标识"，"在这个阶段，事实被集中在一起，它很像记忆的功能，提供对于材料的储存，需要的时候，可以从那里找回来"①。例如，在咨询的时候，患者对自己症状或者成长经历的陈述，咨询师根据患者的陈述寻找自己脑海中积累的与之相关的内容，这些都属于符号阶段。从某种意义上说，语言表达就属于符号阶段，因为语言本身就是符号。

专注性解析，又称为"注意"。这个阶段具有探索事物的含义，例如，咨询师对一个有露阴癖的患者说："你的症状与你童年的成长经历有关系，在五岁的时

---

① 琼，赛明顿. 思想等待思想者：比昂的临床思想［M］. 苏晓波，译. 北京：中国轻工业出版社，2020：43.

候,当邻居触摸你的'小鸡鸡'的时候,你产生了快感,而这种快感与裸露阴茎形成了联结,以至于成年后你依然延续着童年的感觉。"这应该看作是咨询师的专注性解析。如果患者说:"老师,我不同意你的观点,我觉得我的露阴癖是因为我心理不健康,我人品不好,人品好的人从来不这样做。"这是患者的专注性解析。

探索性解析,又称为"探索"。在这个阶段,通过咨询师的引导,患者开始主动探索自己的内心世界。例如,露阴癖患者开始主动探索自己成长经历中的某件事和自己症状之间的相关性。

在心理咨询的过程中,咨询师首先对来访者会形成一个直观的印象,这就是试探性假说。一般来说,来访者开始咨询的时候,是带着防御心理的,也就是阻抗。当咨询师感受到来访者内心的阻抗,有时候自己内心也会激发起一种阻抗。不过,当咨询师内心感受到 ψ 轴的巨大张力的时候,首先是将内在的 β 元素先 α 化,α 化之后,再联系自己的经验对患者的心理问题做标记,并且将自己的注意力放在患者的心理问题上面,进而对注意的心理问题进行探究,最后形成自己具体的咨询方略,即作用性解析。

作用性解析,经过上一个阶段的"探索",患者(或其他个体)内心或者有所释然,或者催发形成某种行为,导致个体的心理或行为的"变化",这一过程被称为作用性解析,又称为"行动"。例如,露阴癖患者明白了自己的行为并不是因为自己品德不好,而是一种心理问题,这种心理问题跟童年的经历有关,这个时候就会有一种释然的感觉,进而露阴的行为就会有明显改变。

在纵轴的科学演绎和代数运算阶段处在逻辑支配下,缺少个体主观性参与,所以是没有符号阶段、专注性解析、探索性解析和作用性解析心理过程的。

如果说纵轴从上到下不同的点,代表了个体心理从低到高的心理状态;那么横轴从左到右不同的点,则代表了对某个事件心理探索能力的开展。

比昂认为,神话故事体现在纵轴以及对应横轴的每个部分。下面我们就以古希腊俄狄浦斯神话故事为例加以说明:

神谕关于将有悲剧降临的宣告,可以被归为定义性假设——横轴 1;Teiresias——那个预言家,劝告俄狄浦斯不要有追求真实的愿望,作为一种与真实浮现相反的组分,可以归为横轴 2;当俄狄浦斯不顾警告试图探究灾难的原因时,可以归为横轴 5——探究和深查;被从底比斯城邦逐出,是一种可以归为横轴 6

的作用;此外,如果把整个俄狄浦斯神话故事作为一个记录,也可以呈现出横轴3 的符号功能;斯芬克斯的穷究、提问以及激发起好奇心,并且威胁如果回答不满意会面临死亡,可以归为横轴4——专注性。①

三、容器、被容物和阿尔法功能

比昂的纵轴展现的个体心理,是一个由低到高、由原始到非原始、由感性到理性、由极端个人化到极端普遍化的过程,在这个发展过程中,容器(♀)对被容纳者的阿尔法功能是必不可少的。

(一)容器和被容物

"容器"用汉语的解释是"容纳东西的器具",比昂用符号"♀"代替;被容物,即"放入容器的东西",比昂用符号"♂"代替。在比昂理论中,♀－♂代表着"母亲乳房—婴儿"的原型:伴随着婴儿出生的是大量带着"事物的原初状态——自在之物(things-in-themselves)"②的、能引发挫败感的 β 元素,这个时候的婴儿需要一个能容纳并且能转化自身 β 元素的容器;如果母亲(相当于容器♀)给婴儿充足的爱(α 元素),那么婴儿的某些 β 元素,就可以转化为 α 元素。♂和♀结合后就会形成一个新的被容物,继而寻找一个新的容器,依次进行下去,心理状态由低到高发展。比昂推测,心理成长过程中的推动力量来自♀求♂,也就是母亲对婴儿的主动容纳。即每个人都是通过他人(最初是母亲)不断地对自己认同,来扩大自己的心理空间,从而使自己的心理得到成长。相反,如果容器不能容纳,那么就会出现成长的倒退。

♀,在纵轴表现为"预想"(即"前概念",是集合在一起的现象);在横轴表现为"专注"和"探索",这种"专注"和"探索"就像炼金术中的熔炉,是提炼丹药(这里指"思想")的必备物。在心理咨询的过程中,容器♀与被容物♂的关系,就像咨询师与患者的关系,咨询师通过倾听、接纳、净化患者的 β 情绪,促使患者滋生 α 元素,进而让患者心理状态进入更高层次。

下面是我曾经咨询的一个案例:

---

① 琼,赛明顿. 思想等待思想者:比昂的临床思想[M]. 苏晓波,译. 北京:中国轻工业出版社,2015:55－56.
② 琼,赛明顿. 思想等待思想者:比昂的临床思想[M]. 苏晓波,译. 北京:中国轻工业出版社,2015:74.

某患者大学毕业,刚刚参加工作,内心有很多的焦虑,担心领导和同事不能接纳、认可自己,担心自己的工作出现失误或差错,每天惴惴不安,内心非常痛苦……

患者小的时候,由于父母工作忙,总是一个人孤独地待在家里,而且母亲性格急躁,总是用抱怨指责的语气对患者说话。

在这个案例中,患者出生后是带着大量的 β 元素的(克莱因认为人出生后就带着原始的恐惧和被吞噬感,这是一种负面情感)。由于父母工作忙,而且作为容器的母亲本身就带有大量的 β 元素,患者出生之后没有得到容器给予的 α 功能的滋养,因此患者内心就积压了大量的 β 元素,以至在工作中呈现出更多的 β 元素,内心缺少自信。

在咨询的过程中,咨询师就要做好替代母亲的角色,成为患者新的具有 α 功能的容器,接纳患者、认可患者、鼓励患者,然后利用咨询师自身的 α 元素,把患者的 β 元素 α 化,进而引导患者形成新的自我。

(二)阿尔法功能

β 元素是一种不能忍受的负面情绪,它们源于躯体,是与躯体融合的原始精神系统。生命的出生,也就意味着个体的生命离开了母体,来到了一个新的陌生的环境,个体必然会产生原始的恐惧;伴随着脐带被剪掉,个体也就中断了母体的营养输送,没有了营养供给,濒临死亡的感觉也就会油然而生。分离和营养的需求,让个体产生了原始的被毁灭感和被吞噬感,这种感觉就是 β 元素的雏形,而 β 元素的积累则会形成贝塔屏障。

贝塔屏障(又被称为贝塔膜)是由 β 元素积累起来的一种结构,不仅不能有效处理、消化情感,反而会扭曲、粉碎并排斥情感的输入。例如,有贝塔屏障的个体,如果看到收音机,就会扭曲地妄想为"敌人在窃听自己"。个体一旦形成了贝塔屏障,就不自觉地会用贝塔屏障来处理情感输入。这样,个体收到的信息,就会呈现出被扭曲、粉碎后的恐惧幻觉。

β 元素是一种不能被思考的情绪状态,也不能用言语词汇表达,因此会直接跨越横轴的 3、4、5 阶段(符号阶段、专注性解析阶段、探索性解析阶段);又因为 β 元素构成的感受是融合于躯体的,所以直接进入横轴6,用肌肉运动的方式来宣泄和处理紧张,比如攻击、扮鬼脸、翻白眼、排泄等等。伴随着肌肉的运动,那些感觉无法忍受的精神内容被大批排泄出来,这就是精神分裂患者的发病机理。

精神分裂患者只是一种极端的例子。其实,很多拥有贝塔屏障的个体,并没有达到类似精神分裂患者的幻觉状态,而是仅仅呈现出一种强烈的被迫害感,具体表现在:过于在乎别人的看法、过于在意自己在别人心里的形象、总觉得别人在监视自己、总觉得别人说自己坏话等等。个体一旦有了这种主观感受,就会把这种主观感受投射到别人身上,出现易激惹的状态,要么逃避,要么攻击。

β 元素虽然不能被思考,但是也是机体不可缺少的原始能量,因为 β 元素可以在阿尔法功能的作用下被转化为 α 元素,进而被头脑加工成思想。

阿尔法功能的实现离不开接触屏障(又称为阿尔法膜)。比昂认为接触屏障是由 α 元素构成的,精神病患者由于 α 元素的缺失不能形成接触屏障,而只能形成贝塔屏障。接触屏障就像一个栅栏,一方面可以把意识层面的元素和潜意识层面的元素分开;另一方面又可以使意识层面和潜意识层面的某些元素存在着持续的相关性;此外,接触屏障积累着大量的 α 元素,通过接纳、理解带有 β 元素的情绪,还可以把潜意识深处的 β 元素转化为 α 元素。这样,当个体接触外在世界的时候,接触屏障既可以防止潜意识材料的干扰,又能允许充分的潜意识幻想。这些潜意识层面的某些元素通过接触屏障的过滤,成为意识的东西,从而让个体与他人形成情感上的共鸣。通过接触屏障,自身的 β 元素也可以转化为 α 元素。

每一个患者进入咨询室,都带着很多的 β 元素,比如后悔、懊恼、纠结、委屈、愤怒。这些累积的 β 元素往往就会形成贝塔屏障,阻碍了个体与他人的接触,在与他人接触中主要体现在敏感、冲动、拒绝、攻击。

一个优秀的心理咨询师,内心是充满了 α 元素的。面对患者的后悔、懊恼、纠结、委屈、愤怒,如果咨询师能够倾听、共情、接纳、关注、关怀,患者会感到一种被理解、被认可、被关怀的感受。慢慢地,患者内心的 β 元素就会转化为 α 元素(比如包容、关爱、平和)。

β 元素作为被容物,进入具有大量 α 元素的容器,在阿尔法功能的沐浴下发生变化。β 元素转化为 α 元素,也就意味着个体未被加工的材料转化为内在的、可见的意象或者梦境。这样,曾经的不可分析的 β 元素,就变成了可以分析的梦境或者意识状态的意象,然后就可以作为被容物再次进入容器,从而形成思想等更高层次的心理阶段。思想是超越情感的逻辑，一旦患者积累的 β 元素升华而形成了思想，患者内在的 β 元素也就消失了，β 元素带来的痛苦感受也自然烟消云散。在比昂的理论中，思想是处理患者紧张的方法（弗洛伊德把思想看作是缓解紧张的方法）。

作为一个容器，无论是母亲，还是咨询师，对被容物（婴儿或者患者）的爱都是至关重要的。

例如，孩子在睡觉的时候被梦吓醒，恐惧地对妈妈说："我睡着的时候，看见一个狼狗在咬我。"这个时候，如果妈妈说："梦都是假的，不用怕！"孩子听了妈妈的话往往并不能感到情绪好转，反而感到"妈妈并不理解我的感受，认为我不勇敢"。对于一个拥有阿尔法元素的妈妈来说，更好的回答是："哦，孩子梦见一个狼狗在咬你，一定害怕极了，这是一个噩梦，妈妈一直在你身边。"妈妈首先要对孩子理解和接纳，然后将孩子睡眠中感到的可怕现象概念化，称之为"噩梦"。这样，孩子在梦见类似的情况后，就知道这是一个噩梦，不是真的有狼狗，也就淡化了这种恐惧。在妈妈（容器）和孩子（被容物）的问答之间，就完成了孩子 β 元素向阿尔法元素的转变。

相反，如果咨询师内心也有大量的 β 元素，患者的贝塔屏障（例如，指责咨询师、抱怨咨询的效果不好等等）就会激发咨询师内在的贝塔屏障，形成咨询师对患者横轴 2 的阻抗，咨询师往往会以解析为伪装对患者宣泄自己的 β 元素，要么对患者进行陈腐的说教，要么对患者评头论足地指责。这样，患者内心的 β 元素不仅得不到阿尔法化，而且会退化为更扭曲的 β 元素，形成更严重的心理问题。

四、比昂后期的理论

早期，比昂试图借助各种理论框架来探索和发展自己的精神分析概念与技术。宗教、哲学、数学、生物、弗洛伊德的理论、克莱因的理论等都成为他早期精神分析理论的来源。无疑，比昂是成功的，他成功地借用现有领域中的模型成就了自己的理论模式。然而，随着思想的进一步成熟，比昂发现曾经的模式反而把精神分析困在了某种僵硬的意识框架中。因此，后期的比昂逐渐放弃了精神分析的烦琐框架和词汇，走向了一种不可捉摸的神秘感，致使更多追随者越来越感觉到，比昂的理论在咨询的实践中其实毫无用武之地。

比昂后期理论是空中楼阁式的不接地气，还是大道至简的高深？ 在此，我们简单了解一下比昂后期理论中的"无欲无忆""终极现实"概念。

（一）无欲无忆

比昂认为"记忆和欲望都根植于知觉，而理解或领悟的发生，是通过与心理现实的象征性的一致性"[①]，因此，了解心理现实的方式是领悟，而不是知觉。比如：看到一个人脸红，我们可以推断出羞耻感的存在，这仅仅是知觉形成的概念推理，但是不能真正看见羞耻感本身；而要想看见羞耻感，我们必须经历羞耻感，只有经历才能领悟这种感受。

知觉之所以不利于了解心理现实，就在于知觉必然会引起心灵对知觉的附着，有了对知觉的附着，心灵就偏离了顿悟而走向了知觉的领地。比如，一个人在读书的时候，想着在上学路上看到的大雁，一定读不进书。因为他虽然眼睛看着书，但是心里却想着天空中的大雁，这就是对回忆的附着。

无欲无忆，就是没有对未来的欲望，也没有对过去的回忆。比昂认为，记忆和欲望都根植于知觉，都会让心灵有所附着；而理解和领悟需要在没有任何知觉的前提下才能实现。

无欲无忆是一种状态，一种放空自己的状态，类似"活在当下"。比昂认为个体只有在放空的状态下，才能有瞬间的顿悟。同理，咨询师也只有在无欲无忆的状态下，才能真正觉察来访者的内心。

在心理咨询的时候，咨询师要放下自己所有的事情和对心理咨询结果的期待，放空自己，不担心错过某些信息，因为有价值的信息一定会重复出现；也不要想着让症状赶快消失，因为一旦患者真正"悟"了，疗愈自然会发生。比昂认为一旦有了某种念想，反而会阻碍咨询师真正进入患者的内心。当然如果患者带着某种念想来做咨询，也往往会限制自由联想，咨询的双方都要进入"幻想"（即弗洛伊德说的"自由悬浮性的注意"[②]）。

因此，在比昂看来，"患者要求治愈的欲望，是一种精神分析的障碍，治愈或

[①] 琼，赛明顿. 思想等待思想者：比昂的临床思想[M]. 苏晓波，译. 北京：中国轻工业出版社，2015：201.

[②] 琼，赛明顿. 思想等待思想者：比昂的临床思想[M]. 苏晓波，译. 北京：中国轻工业出版社，2015：200.

痊愈,实际上是精神分析过程的副产品"①。

比昂认为很多看似被治愈的患者,其实骨子里并没有改变,"他们巧妙地模仿分析师,模仿分析师的话、穿着和态度,但是,内心没有改变。换句话说,这种人存在着一种阿尔法功能的缺失,并且,他们的表达是一种 β 元素的排泄"②。在我看来,之所以会这样,就是因为患者并没有真正做到无欲无忆下的顿悟,内心附着了很多分析师的烙印。

(二)终极现实

在比昂后期的理论中,出现了一个"O"的概念。有人认为"O"是英文字母"O";也有人认为是阿拉伯数字"0";其实,我认为,在比昂的内心世界里"O"就是一个存在意义、却找不到最终意义的圆圈。

比昂把 O 定义为"终极现实""神行""真理""无限"或"事物的本来面目",这是一种不可能达到的真实。正如一千个读者有一千个哈姆雷特,哪一个哈姆雷特是最终的真实? 有人说作者说出来的是最终的真实,真的是这样吗? 当把内心的世界用象征性的语言文字表达出来的时候,真实已经带上了文字的局限而变得不真实了。

每一个患者都是一个独立的生命个体,有着独特的成长经历,有着复杂的内心世界,无论咨询师理论功底多么深厚,都不可能彻底地了解对方。正如比昂说的,"你永远无法知道心理现实,除非你'成为'它"③。事实上,咨询师永远不能成为患者,所以咨询师永远不能彻底地了解患者。因此,面对患者,我们必须抱着谦卑的态度,在内心里去感受对方、理解对方,而且这是一个永远没有终点的过程。

比昂认为"存在着一个绝对的真实,而这个绝对真实从来不能被直接了解"④。因此,比昂认为精神分析的目的是引导患者接近"真实",而不是疗愈,

① 琼,赛明顿.思想等待思想者:比昂的临床思想[M].苏晓波,译.北京:中国轻工业出版社,2015:202.

② 琼,赛明顿.思想等待思想者:比昂的临床思想[M].苏晓波,译.北京:中国轻工业出版社,2015:206.

③ 琼,赛明顿.思想等待思想者:比昂的临床思想[M].苏晓波,译.北京:中国轻工业出版社,2015:208.

④ 琼,赛明顿.思想等待思想者:比昂的临床思想[M].苏晓波,译.北京:中国轻工业出版社,2015:210.

疗愈是精神分析的副产品。

比昂后期玄学般的理论,给人的感觉仿佛一切都是空的,无论是"无欲无忆",还是"终极现实"。其实,这里的"空",恰恰是无限的"有",比昂是让我们放下精神分析理论中僵硬的语句和概念,用放空的自己去感受对方,并在咨询的实践中形成属于自己的独特体会。

五、病理学及心理治疗

正如比昂所言"一个人与另一个人的关系产生了情感体验"[①],人的情感体验产生于人与人之间的关系。比昂把人与人的关系用 L(love,爱)、H(hate,恨)、K(knowledge,知识)来表示,负面的关系为 -L(被拒绝的爱或占有式的爱)、-H(被惩罚的焦虑,即指向自己的焦虑)、-K(阻抗)。三种正向的关系与三种负向的关系,就如同太极中的阴阳,全部的情感都可以在这三类六个联系维度的范畴中进行归档、分类和定义。

自我的稳定和发展是靠爱(H)的创造与守护、恨(H)的自保功能来维系的,占有式的爱(-L)以及自我伤害式的恨(-H),是没有完成分离一个体化成长阶段的偏执极端情绪的反应。在心理问题的疗愈过程中,K(知识)的理解功能是一个必要条件。不过,比昂理论中的理解,不是屏蔽了情感投入的"知道",而是立体而丰富的"感知",包含情感维度、理智维度、审美维度、伦理维度等。正如"下雪了",不仅仅是"天空飘下雪花"这一事实,还包括下雪带来的视觉、触觉,甚至文化层面的感受。-K(阻抗)的作用后果如同 -L、-H 的作用后果,会导致心理的逆向成长,促使纵轴(思想轴)的倒退,即从思想退回到情绪化与碎片化的 β 元素中。

下面是比昂做的一个案例:

另一个进行了三年分析的女病人报告了一个梦,在梦中她绕着花园散步,学着用一架没装胶卷的相机拍照。这是个感到空虚的女人,只有拼命与男人保持联系才感到自己有价值,所以她总像奴隶一般把自己奉献给这些男人。[②]

① 琼,赛明顿.思想等待思想者:比昂的临床思想[M].苏晓波,译.北京:中国轻工业出版社,2015:33.

② 米切尔,布莱克.弗洛伊德及其后继者:现代精神分析思想史[M].陈祉妍,黄峥,沈东郁,译.北京:商务印书馆,2007:126.

从象征意义上说，"拍照"意味着希望留下经历的画面；"没装胶卷"指缺少保留画面的心理功能，即缺少理解功能（K）；"相机"则指代患者的自我。这个梦反映了患者缺少体验，只能寄存事件而无法赋予它们价值、内涵和意义。

根据前文提到的比昂对克莱因羡嫉理论的拓展，我们可以从早年创伤经历的视角来看个体理解功能（K）的丧失：婴儿在对早期"坏客体"（"坏妈妈"）的攻击中，不仅攻击坏客体本身，而且还"破坏她对一般现实的感知和理解能力，破坏她与他人建立有意义联系的能力"①。精神分裂患者乃至其他心理问题的患者，都不同程度地出现了与他人情感联结的缺陷。

比昂认为，"能够引发情感体验的催化剂，就是一个人与另一个人的联系……没有这些联系，将没有情感体验，而没有情感体验，将不会有思想的发育发展"②，而"思想本身具有一种结构性功能，它把体验的基本元素创造性地转化为有意义的模式"③。

那么，这种转化是怎么发生的呢？

比昂把涵容关系用符号"♂♀"表示，把不能涵容用符号"−（♂♀）"表示。容器对被容物的涵容最早来源于"妈妈的乳房"与"婴儿的嘴"的结合关系，这种涵容关系也可以理解为咨询师与患者的咨询关系。比昂推测，心理成长过程中的推动力量来自♀求♂，也就是母亲对婴儿的主动容纳。即每个人都是通过他人（最初是母亲）不断地对自己认同，来扩大自己的心理空间，从而使自己的心理得到成长。

被容物与容器的结合之所以会触发思想的产生，是因为容器（♀）具有阿尔法功能，阿尔法功能具有把患者的 β 元素转化为 α 元素的能力。β 元素转化为 α 元素，也就意味着个体未被加工的材料转化为内在的、可见的意象或者梦境。转化而成的梦境或意识状态的意象作为被容物再次进入容器，经过多次循环往复，最后形成思想等更高层次的心理阶段。思想是超越情感的逻辑，一旦患者积累的 β 元素升华而形成了思想，患者内在的 β 元素也就消失了，β 元素带来

① 米切尔，布莱克.弗洛伊德及其后继者：现代精神分析思想史[M].陈祉妍，黄峥，沈东郁，译.北京：商务印书馆，2007：125.
② 琼，赛明顿.思想等待思想者：比昂的临床思想[M].苏晓波，译.北京：中国轻工业出版社，2015：39−40.
③ 琼，赛明顿.思想等待思想者：比昂的临床思想[M].苏晓波，译.北京：中国轻工业出版社，2015：100.

的痛苦感受也自然烟消云散。

咨询师类似于容器（♀），患者的心理问题类似于被容物（♂）。在咨询师和患者的互动中，患者把自身的负能量即 β 元素，投射给咨询师，咨询师作为容器（♀）本身就具有涵容能力，即把患者的负面情绪（β）转化为滋养性的 α 元素的能力。转化后的 α 元素，通过咨询师的反移情再投射给患者，患者内摄咨询师投射来的正面情绪（α）。经过多次的投射与内摄，情绪向思想靠拢，最终实现疗愈。

第九章　W.R.D.费尔贝恩和D.W.温尼科特的客体关系心理学

第一节　W.R.D.费尔贝恩

费尔贝恩(1889—1964)生于英国的爱丁堡,逝世于爱丁堡,他生命的绝大多数时间在爱丁堡。当安娜·弗洛伊德和梅兰妮·克莱因在伦敦唇枪舌剑的时候,作为独立学派的费尔贝恩静静地在爱丁堡大学阐述自己的理论。无论他的为人,还是他的学术都让人心怀敬意。

一、个体是趋向关系的

按照弗洛伊德的观点,躯体产生驱力,驱力遵循快乐原则与客体发生关系。如果这个理论是正确的,那么怎么解释生活中的某些心理现象呢? 比如受虐狂,一次次重复着受虐的痛苦;比如抑郁症患者,几乎每天都陷入抑郁的纠结中;比如焦虑症患者,时时刻刻让自己的内心受着恐惧的煎熬……人们的驱力如果真的按照快乐的原则释放自己,这些心理患者,完全不用经历这些痛苦就可以向着快乐的方向前行。

费尔贝恩认为"人有与他人建立关系的基本倾向"①,而不是寻求快乐。在费尔贝恩看来,"婴儿一开始就是趋向他人的,他寻求关系有其生物学生存的适应性根源"②。这里生物学的适应性不仅是口腔的解剖形态天生适合母亲的乳头,而且幼儿在心理上也有对母体的依赖性。对于这一点我们不难理解,毕竟孩子在母体内生存了十个月,母亲的心跳、声音、呼吸、味道等伴随着精子与卵

---

① 克莱尔.现代精神分析"圣经":客体关系与自体心理学[M].贾晓明,苏晓波,译.北京:中国轻工业出版社,2002:68.
② 格林伯格,米歇尔.精神分析之客体关系理论[M].王立涛,译.上海:华东师范大学出版社,2019:122.

子的结合,一直与胎儿共存,因此婴儿出生后趋向母亲是一种先天性的反应。随着生命的成长,婴儿把对母亲的趋向关系,进一步泛化到其他人,所以费尔贝恩认为"人类的经验与行为本质上源于寻找并保持与他人的关系"①。

至于弗洛伊德动力理论中的快感,在费尔贝恩的理论中"被看作是达到目标的手段"②,个体通过快感区域,寻求与客体的联结。口欲期的婴儿利用口腔快感与养育者的乳房和其他物体形成联结;成年后的个体把性快感作为媒介与异性达到亲密的关系。在费尔贝恩的理论中,口腔快感也罢,性快感也罢,仅仅是建立和维持与他人关系的渠道,而不是目的。

父母早年与孩子的联结形式,往往成为孩子成年后与他人依恋和联系的终生模式。如果父母能与孩子愉快交往,孩子就会习得一种与他人快乐联系和互动的形式。如果父母带给孩子的是痛苦的交往体验,孩子成年后会按照弗洛伊德提出的驱力遵循快乐原则而回避父母提供给他们的互动模式,去寻找更能提供快乐的客体互动模式吗?答案是否定的。

孩子如果与抑郁、自恋的父母在一起,也有可能会变得抑郁和自恋,以此获得与父母人格中无法触及部分的联系感。而当患者通过咨询,克服自身痛苦状态时,则往往会感到正在失去与作为内部客体的父母的联系。

我咨询过这样一个案例:

女,31岁,曾两次经历因家暴而分手的婚姻,第三次恋爱中,发现平时温文尔雅的男朋友有时候会控制不住自己的情绪,摔打东西,甚至打自己的脸。患者对于男朋友的这种状况非常纠结,担心再次走进家暴的婚姻。

患者的成长经历:父亲平时寡言,敏感,经常打骂自己和妈妈,在家暴的环境中长大。

在这个案例中,患者小时候经历的家暴,就是和父亲关系的联结,成年后在与异性的交往中,往往在潜意识中不知不觉地就对有暴力倾向的男孩产生熟悉、亲切的感受。

从某种意义上说,人就是在不断地重复着经历过的生活,所以一些遭受虐

---

① 格林伯格,米歇尔.精神分析之客体关系理论[M].王立涛,译.上海:华东师范大学出版社,2019:123.

② 格林伯格,米歇尔.精神分析之客体关系理论[M].王立涛,译.上海:华东师范大学出版社,2019:123.

待的孩子往往把虐待或受虐作为与他人联结的形式。正如小鸭子往往把看到的第一个动物作为它的妈妈,男孩子总是以妈妈为原型找女朋友,女孩子以爸爸为原型找男朋友。也正因如此,才衍生了很多恋旧文化。例如,怀旧的电视剧;以"梦里老家""妈妈的味道""回到从前"为招牌的餐馆……力比多寻求的是客体,而早期所经历的客体体验往往成为日后与他人联系的原型。

《弗洛伊德及其后继者》一书中有这样一个案例:

查尔斯是一名中年男子,因反复短暂发作的抑郁和退缩而来接受分析。他的父亲很体贴,但同时却又严厉、冷漠、非常苛求。他的母亲是个家庭主妇,很能干,随时在他身边,无忧无虑,是个坚定的乐观主义者。她总是欢欣喜悦——所以她的绰号叫阳光。查尔斯在分析中发现,尽管母亲的身体就在旁边,但他从未感到自己能与她有情绪联系,他被拒斥在她对一切事物的真实感受之外。他感到母亲有一种从未表露的、不可解释的悲伤。他记起,有几次他听到母亲在反锁的卧室里哭泣;但她很快就出来了,重新挂上阳光般的微笑。他还记起有几次在半夜醒来,听到父亲在黑暗的起居室中用口琴轻轻吹奏伤感的乐曲。查尔斯会蹑手蹑脚地下楼,不让父亲发现,在黑暗中静静聆听,悄悄与父亲分享这充满情感的珍贵时刻。

查尔斯的人格沿着与他父母相似的方向发展;他非常积极、负责并且乐观。经过分析,他开始理解,自己间或出现的抑郁、感到完全绝望无意义的反常时期,是自己与父母生活的情绪核心的宝贵联系,这些是与父母真实、持续的互动无法触及的东西。令人惊奇的是,他最能感到与他们相连、与他们一体的时候,就是他抑郁的时候。而当查尔斯真正感到快乐和成功时,他感到与父母的联系被割断了。[①]

在这个案例中,查尔斯在生活中努力表现为成熟的依恋关系,积极、乐观;然而在内心深处却感受不到生命的真实,内心真实的感受是抑郁和绝望,而抑郁和绝望正是与父母内心相连的部分,这种心理冲突是个体在心理发展过程中没有完全脱离父母的心理现实。

---

① 米切尔,布莱克.弗洛伊德及其后继者:现代精神分析思想史[M].陈祉妍,黄峥,沈东郁,译.北京:商务印书馆,2007:141.

二、心理的结构化

在弗洛伊德的理论中,人格结构包括自我、本我和超我,自我没有能量,是在本我基础上建立的。费尔贝恩认为自我不再是人格结构的组成部分之一,而是包含整个人格结构,拥有能量的真实自体,"不存在自我与本我的分离,……自我结构有能量"①(费尔贝恩理论中的"自我",从功能上讲,更类似科胡特理论中的"自体")。能量也不是趋利避苦的,而是"本质上源于寻找并保持与他人的联系"②。对幼儿来说,"如果我饿,我需要他人来喂我",力比多实际上是寻求他人喂养的关系。

婴儿一出生就拥有力比多,力比多指向最初的客体——妈妈的乳房。最理想的状态是妈妈对婴儿绝对的共情,按照婴儿内心的需要出现或者消失,这样婴儿内心就形成一个完整的并且完美的妈妈客体形象;但是事实上,没有妈妈能做到绝对的"好",有时候无法让婴儿满意。最早期的自我是非常脆弱的,一点点微小的挫折,都会使婴儿受到创伤。这个时候,婴儿的内心世界里就会形成并储存"好妈妈"和"坏妈妈"的客体形象。

"在费尔贝恩看来,健康的养育将导致孩子具有向外的倾向"③,与真实的外在世界产生爱的联结;只有不健康的养育,才会产生幻想出来的内在客体,这种幻想出来的内在客体补偿性地替代了现实人物,即人际世界中的真实的人。个体把幻想出的客体特征储存在心灵内部,并成为自己的一部分。

内在坏客体一方面让婴儿的需求受挫,但另一方面又充满了诱惑和吸引力,这让婴儿处于两难的境地——既感到挫败,又无比渴望。于是婴儿将坏的内在客体继续分裂成两个部分:渴望的客体(激励性客体)和令他受挫的客体(拒绝性客体)。这两种内在坏客体的产生,跟养育者提供的非良性的养育环境有关:养育者总是按照自己的意愿而不是按照婴儿的内心来照顾婴儿,婴儿有需求却得不到满足的时候,就会对客体产生渴望心理,求而不得的客体则会被婴儿内化为激励性客体,这是一种缺失性需求。在婴儿的成长经历中,如果

---

① 格林伯格,米歇尔. 精神分析之客体关系理论[M]. 王立涛,译. 上海:华东师范大学出版社,2019:122.

② 格林伯格,米歇尔. 精神分析之客体关系理论[M]. 王立涛,译. 上海:华东师范大学出版社,2019:123.

③ 米切尔,布莱克. 弗洛伊德及其后继者:现代精神分析思想史[M]. 陈祉妍,黄峥,沈东郁,译. 北京:商务印书馆,2007:140.

客体对婴儿总是否定、指责、拒绝、冷漠,使婴儿受到创伤,婴儿就会把使自己受到创伤的客体内化为拒绝性客体。例如,父亲殴打儿子,那么儿子心里就会形成拒绝性客体的父亲形象,认为父亲是冷酷的、可怕的,是拒绝自己的。不过,有时候即使外部客体对婴儿造成了伤害,婴儿也会把外部客体幻想成好的,而通过内化、压抑和分裂等防御方式,把受挫的原因指向自己。因为一旦承认了父母不好,那么婴儿的未来就看不到希望;相反,如果自己不好,尚可通过改变自己,进而让父母接纳自己。通过这种否定自我的方式,婴儿维系着与虐待自己的父母的联结和对未来的希望。例如,3岁左右的孩子,面对总是发生冲突的父母,往往会产生自罪心理,认为都是自己不好,才使得父母发生冲突。

这样,对婴儿养育的结果,会让婴儿体验到三个母亲形象:令婴儿满意的母亲(理想客体)、给了婴儿希望或让婴儿兴奋的母亲(激励性客体)、拒绝婴儿或不在的母亲(拒绝性客体)。

"我们每个人都是根据最早的重要关系而内化的模式来塑造各种关系。与早期客体关联的模式成为我们偏好的与新客体建立关联的模式。"①如果早年的需求得到恰如其分的满足、回应,那么婴儿将在内心形成理想客体意象。当理想客体意象占主导地位时,婴儿会完整地看待另一个人,以这个人需要的方式而不是以婴儿自身的需求来对待这个人,并且把心理的能量朝向现实生活中真实的客体,具有外向型的倾向。如果早年被拒绝、没被满足,那么婴儿会将其内化为拒绝性客体意象,觉得这个世界是冷漠的,没有人真正关心他;如果早年的需求被部分满足但不充分,那么婴儿将内化一个令人兴奋、但不确定的激励性客体意象,婴儿就怀揣着梦想去寻找自己渴望的客体联结。

当内心形成了三种形式的客体意象后,婴儿的自我随之发生分裂:当妈妈充分满足了婴儿的需求,婴儿就可以在妈妈面前展现真实的自我,不必压抑欲望,这部分的自我被费尔贝恩称为"中心自我",这是一个积极的、独立的、爱的自我形象;如果妈妈不把婴儿当作一个独立的人,而把婴儿看成自己世界的一部分,按照自己的需要来满足婴儿,那么婴儿会一直围绕在妈妈身边,依附于妈妈,费尔贝恩称这部分为"力比多自我",他会一直渴望得到爱,感到焦虑和不安全,会不停地索取;如果妈妈总是对婴儿拒绝、忽略、责骂,婴儿就会感到自己是

---

① 米切尔,布莱克.弗洛伊德及其后继者:现代精神分析思想史[M].陈祉妍,黄峥,沈东郁,译.北京:商务印书馆,2007:145.

不值得被爱的、没有价值的,这样的自我被费尔贝恩称为"反力比多自我",反力比多自我的内心总是充满恐惧,感到自己不受欢迎,对别人充满愤怒和报复的情绪。

这样,伴随着内在客体的分裂,个体自我也会分裂为三个自我形象:中心自我、力比多自我、反力比多自我。理想客体对应中心自我,激励性客体对应力比多自我,拒绝性客体对应反力比多自我,它们三者相互纠缠在一起,相互攻击(如果按照意象对话理论来说,就是在个体内心形成三个基本的子人格)。自我是在与客体的关系(既有内在的,也有外在的)中成长的,就像植物跟土壤、水和阳光一样,没有客体的自我,是不存在的。

中心自我是唯一与母亲那些曾经令人满足的部分相联系的部分,它能帮助个体在真实世界里与真实的客体建立关系。如果一个人的中心自我占据主导,那么他将以积极、乐观、健康的心态应对生活。非整合自我(又称为"附属自我",包括力比多自我和反力比多自我)无法与外在客体形成正常的客体关系,只能与补偿性的内在客体保持联系:力比多自我是希望的仓库,是从幼儿原初自我对母亲未满足依赖的遗留,对真实客体不具备的美好特征的幻想;反力比多自我对外在客体有更多的憎恨,而这种憎恨进一步波及到渴望建立关系的力比多自我上面,因此反力比多自我是希望与他人建立有意义联结的敌人,它痛恨并惩罚力比多自我走向客体并与客体建立关系的任何企图。很多心理问题严重的患者,不愿意进行心理咨询,或者咨询一段时间后,会对自己和咨询师进行攻击,这就是反力比多自我在惩罚力比多自我和帮助自己的客体。在费尔贝恩的理论看来,所有形式的心理问题,都是自我撤离了客体。

费尔贝恩理论的自我结构,已经没有了弗洛伊德理论中的本我、自我和超我的概念,取而代之的是中心自我、力比多自我和反力比多自我,强调的是与客体关系的内化,认为个体内在客体关系是在与母亲的最早关系中建立的。中心自我压抑非整合自我;在非整合自我内部,反力比多自我压抑力比多自我。这种压抑是早年客体关系的内化,也是与外在客体形成关系的表达特征。在费尔贝恩看来"自我结构有能量,自我结构就是能量,能量一开始就是结构化的,并指向客体"[1]。

---

[1] 格林伯格,米歇尔.精神分析之客体关系理论[M].王立涛,译.上海:华东师范大学出版社,2019:122.

例如,受虐待的孩子可能更期望虐待后的爱,就是因为中心自我把对虐待他的父母(客体)的愤怒都压抑在反力比多自我之中,这样使得力比多自我变得更有动力,反而更渴望。在生活中,我们会发现小时候受到创伤的女孩子更容易早恋,也是因为早年爱的不满足,使得寻求爱的力比多自我更渴望得到爱。

每个人都不是单一、单纯的个体,都具有自己独特的心理侧面。也就是说,我们每个人都有很多的子人格,都是根据自己内化的最早的重要关系模式来寻找并且塑造各种关系,把自己内部的客体关系投射到新的人际关系情境中。新客体之所以被选择,往往是因为他们与过去的客体具有相似性。

三、费尔贝恩的发展模型

"费尔贝恩认为心理发展的核心是与他人建立自然而成熟的序列(关系);心理病理指的是这种自然而成熟的关系受到阻碍,与补偿性内在客体的关系激增,并形成一系列内在的碎片。"[1]在费尔贝恩的理论中,心理发展阶段并不与经典精神分析那样建立在躯体快感的不同部位的基础上,而是"建立在与他人关系不同模式的成熟基础之上"[2]。费尔贝恩的理论体系,把个体心理发展归纳为三个阶段:婴儿期依赖阶段、过渡依赖阶段、成熟依赖阶段。

第一阶段:婴儿期依赖阶段

从出生到四五个月,婴儿完全依附于母亲,感到与妈妈是一体的,借用妈妈(在婴儿的视觉中,妈妈也是自己)而生存,以与母亲融合的体验为核心。

生命最初几个月的心理特点是延续出生前就存在的心理状态,婴儿与母亲处于全面融合状态。母亲就是婴儿全部的外在环境和全部的体验,这种"原初认同"的联结模式源于婴儿感知能力低下,对自我生理需求和母亲应答产生知觉上的混淆,婴儿把母亲看成自己的躯体的延续和全部的体验,处在母子一体状态。婴儿通过吸吮、获取、合作等方式试图与母亲合而为一,或者努力合而为一。这一阶段主客体关系的特点是没有与客体形成分离。

第二阶段:过渡依赖阶段

---

① 格林伯格,米歇尔. 精神分析之客体关系理论[M]. 王立涛,译. 上海:华东师范大学出版社,2019:126.

② 格林伯格,米歇尔. 精神分析之客体关系理论[M]. 王立涛,译. 上海:华东师范大学出版社,2019:126.

过渡依赖阶段介于以婴儿式依赖为基础的客体关系与以成熟的依赖为基础的客体关系之间,就像一座桥梁联系着彼此,处在马勒理论中的分离—个体化阶段。这个阶段的发展目标是放弃对母亲绝对的婴儿式依恋关系,形成与现实生活中的客体相互独立和联系的客体关系,这是一个非常困难的发展阶段,而且从来没有真正完成过。

这一阶段,最大的恐惧就是分离和客体的丧失。为了达到成熟,孩子必须放弃对父母的婴儿式依赖,并且接纳自己是与父母是分离的、独立的生命个体;而且也要放弃对补偿性客体的依附。要想实现这个阶段的分离,孩子需要感受到爱,需要感受到自己作为独立的生命个体受到了尊重,而且相信自己是受欢迎的,是重要的,是值得被爱的。如果孩子缺乏自我成就感和希望感,那么依附就会继续,过渡依赖阶段就不会结束。

过渡依赖阶段潜在的心理病理的核心冲突是"向着成熟依恋和更加丰富关系的渴望,跟退行的不愿意放弃婴儿式依赖以及与未分化客体联结之间的冲突"①。这一阶段的个体没有形成充足的力比多能量,依赖心理非常严重,对于分离形成的焦虑显得非常强烈,往往敏感、冲动、暴躁。

第三阶段:成熟依赖阶段

成熟的依赖是心理健康的全面发展状态,这时候,拥有能量的自我可以与真实的外在客体进行正常、恰当的交往。就像舒婷在《致橡树》中表达的爱情一样:"你有你的铜枝铁干,像刀,像剑,也像戟;我有我红硕的花朵,像沉重的叹息,又像英勇的火炬。"心理健康的成人不需要补偿性地依附于内在客体,因为他们的力比多能量可以与真实的外在客体进行全面的接触,也就是说在他们的世界里,存在其他潜在的客体。不过,费尔贝恩也强调,这种全面的健康状态只是理论上的可能。

四、病理学理念与心理治疗

费尔贝恩早期的理论认为心理病理源于口欲早期和口欲后期两个基本固着点,分别称为分裂状态和抑郁状态。

四五个月之前的婴儿非常脆弱,只有依赖妈妈(客体)才能够生存,这是婴

① 格林伯格,米歇尔.精神分析之客体关系理论[M].王立涛,译.上海:华东师范大学出版社,2019:128.

儿期依赖阶段。这个时期，婴儿会向妈妈表达自己爱的需要，比如渴了、饿了，或者需要抚摸，如果妈妈不回应或拒绝，婴儿会有自罪感，感觉到自己的需求把妈妈给赶跑了，假如自己不对妈妈提出任何要求，妈妈就会在自己身边。婴儿即使内心极度渴望得到爱，也不敢表达爱的需要，表现出来的是对爱的拒绝。婴儿的内心和实际做的截然相反，这就是分裂型人格。

这样的人，即使成年以后，仍然不敢表达爱，内心感觉到的是持续的羞愧、虚弱和茫然无助。当别人向他表达爱的时候，他也会感到恐惧而逃避。一旦切断和外部客体的关系之后，他也会和自己的内在世界失去联结，体验到强烈的空虚感和恐惧感。

抑郁状态的动力以矛盾的情感与内疚为中心。婴儿在婴儿期获得了妈妈的一些爱和关注，但是，妈妈给予的不能满足婴儿全部的需求。这样，妈妈身上既有"好妈妈"的因素，又有"坏妈妈"的因素，一旦伤害了"坏妈妈"，那么"好妈妈"也会受到伤害。这样，即使婴儿很生气，也不敢表达出来，害怕一旦表达，就会伤害妈妈。他们无法表达攻击性，担心自己的愤怒会伤害到别人。这类人即使成年后也会压抑自己的情绪，表面上温文尔雅，非常优秀，但是内心非常痛苦，担心别人对他有不好的看法而离开他。

由此看来，费尔贝恩前期的病理保留了驱力结构模型，建立在对特定冲动的防御上。费尔贝恩后期，把病理向关系和经验靠拢，"从关系方面理解病理学"[1]，认为对于婴儿来说，最需要的是关系和联结，而不是快乐，"对费尔贝恩来说，与重要他人的关系才是首要的；快感区只是这些关系的渠道与设备"[2]。即使父母的虐待让婴儿受到创伤，婴儿为了保持与父母的联结，也会通过内化、压抑和分裂等防御机制，在忍受和受虐的感受中整合与父母的关系，而不会抛弃与父母的联结去寻找其他快乐机会。婴儿为了保持与父母的联结，会压抑自己内心真实的感受，认同甚至内化虐待自己的父母，而把负面的评价指向自己。因为在婴儿眼里，父母就是整个世界，否定了父母，就是与整个世界断了联系；而否定了自己，尚能保留可控的未来与和父母联结的希望。因此，"费尔贝恩认

① 克莱尔.现代精神分析"圣经"：客体关系与自体心理学[M].贾晓明，苏晓波，译.北京：中国轻工业出版社，2002：80.

② 格林伯格，米歇尔.精神分析之客体关系理论[M].王立涛，译.上海：华东师范大学出版社，2019：124.

为,核心焦虑在于面对剥夺时对客体联结的保护"①,患者为了保持与重要他人古老的内在依附与忠诚,必然要承受痛苦和挫败。

患者之所以陷入神经症的痛苦之中,并非本我追求快乐的本能受到压抑,而是患者感到只有通过痛苦的内心状态和固有的行为模式才能与他人联结。在治疗中仅仅有领悟是不能化解问题的,因为仅有领悟并不能让患者意识到自己病态的心理和行为是没有价值的,患者无法想象没有这些自己会怎样。

"费尔贝恩坚持,仅仅是坏的或是不满足的客体被内化,因为没有原因表明内化好的客体对于在外部世界的婴儿是有益的。"②由此看来,如果想化解患者的心理问题,必须让患者相信存在新的客体,存在新的与人交往的模式。

就像一个在大山深处长大的青年,大山深处虽然封闭落后,但也让这个青年感到安全;即使他有一颗走出大山、向外探索的内心,也对外在陌生的世界感到恐惧。如果仅仅告诉他外面的世界很精彩,不能让这个大山深处的青年勇敢地走出来;要想让这个青年走出大山,必须让他感到走出大山后有一个落脚的地方。

在心理咨询的过程中,咨询师首先要与患者建立正常的关系,然后在互动的关系当中,帮助病人剔除掉内心的坏客体,当坏客体被剔除掉,那么与坏客体联结的力比多自我和反力比多自我自然也会消失,这样自我就会向中心自我靠拢,进而形成对外的真实的客体健康关系。"费尔贝恩确信分析性改变的发生不在于萌生领悟,而在于改变与人关联的能力,病人有能力与分析师以新的方式建立关系。"③

---

① 格林伯格,米歇尔.精神分析之客体关系理论[M].王立涛,译.上海:华东师范大学出版社,2019:138.

② 克莱尔.现代精神分析"圣经":客体关系与自体心理学[M].贾晓明,苏晓波,译.北京:中国轻工业出版社,2002:75.

③ 米切尔,布莱克.弗洛伊德及其后继者:现代精神分析思想史[M].陈祉妍,黄峥,沈东郁,译.北京:商务印书馆,2007:147.

第二节　D. W. 温尼科特

温尼科特(1896—1971)是继梅兰妮·克莱茵之后富有创新精神且为一般英国大众所熟知的客体关系理论大师。他不仅填补了经典精神分析的空白,把精神分析治疗的范畴延伸到严重精神问题、甚至精神分裂的领域,而且突破了传统精神分析专注于症状的研究,从生命养育的角度给予了切实可行的理论指导。

温尼科特是英国的一名儿科医生,从事幼儿研究和治疗40多年,早年经历了经典精神分析的个人成长,后又接受过克莱因的督导,并成为克莱因小儿子的分析师。在20世纪精神分析界克莱因和安娜·弗洛伊德的冲突中,温尼科特作为一位独立学派的精神分析师,提出了自己的理论和主张。

与其他分析师关注心理问题的病态不同,温尼科特关注的是主观经验的质量:重视个体生命的意义,视自己为自身经验的中心,独特且具有创造性。在他看来,个体心理健康与否,与早期母婴互动的质量有密切关系。

因为温尼科特的理论几乎都在电台谈话或者专业讲座中呈现,多是临场自由发挥,而非逻辑严密地组织在一起,所以显得散乱。本文试着从"足够好的母亲"和个体成长过程中的"依赖"两个角度来介绍温尼科特的基本理论。

一、足够好的母亲

与经典精神分析理论重视本能和内部动力不同,温尼科特把自我的发展放在个体间互动的背景中,更强调母亲在自我形成过程中的价值。温尼科特认为在最初的主客体互动中,"婴儿的需要和成熟的过程是中心,适应他们是父母(养育者)的责任"[①]。每个婴儿的成长,都是从对母亲的依赖开始,然后是适应互动的母婴关系,最终在母亲的鼓励下走向独立。

---

① 克莱尔. 现代精神分析"圣经":客体关系与自体心理学[M]. 贾晓明,苏晓波,译. 北京:中国轻工业出版社,2002:89.

生命之初,婴儿的生命处于"'未整合'的状态,其体验是分散的、弥散的"①,没有形成与真实世界的联系。然而,躯体的需要,必然让婴儿创造出一个满足自己生存需求的世界,而这一时期的婴儿唯一能利用的资源就是幻想,所以开始的婴儿是处在幻想中的。饥饿的时候,婴儿就本能地幻想出一个满足自己的客体,如果母亲的乳房及时地伸进婴儿的口腔,随着乳汁的流入,婴儿就会产生躯体的快感。吸吮乳房使婴儿进食的幻想与客观世界的真实(乳房)形成了联结。这样,婴儿幻觉中的客体,就与真实的乳房重叠在一起,这种重叠会进一步促使婴儿脱离幻觉世界而登上真实世界的河岸。与此同时,喝奶时产生的躯体满足感,也会唤起婴儿自身的存在感。如果婴儿的需求没有得到及时满足,内部幻想产生的客体则无法与真实客体重叠,婴儿就会一直陷入幻觉妄想的深潭。

在最初的母婴关系中,温尼科特强调"原初母性专注"②。原初母性专注是指,在胎儿形成后的最初 3 个月,由于生物性的本能,母亲会越来越关注孩子的生命,而减弱甚至搁置自身的主观性。婴儿出生后,母亲会搁置自身的需求,把自己所有的活动都用来满足婴儿的愿望和要求。这样,在母亲及时地满足婴儿天生需求的状态下,婴儿的幻想感觉趋于真实化,并形成了全能感的主观体验。在全能感状态下,婴儿开始相信外部真实的世界随着自己的感觉而出现或消失,一切都在自己的控制之下。婴儿的全能感,不仅让婴儿产生本能的快感体验,也让婴儿在主观上开始相信自己能在现实世界中实现一些事情。

另外,温尼科特认为在婴儿成长的过程中,母亲的撤离也很有价值。随着婴儿的成长,母亲曾经搁置的自我也开始逐渐恢复,一度以婴儿为核心的专注点,逐渐回归到自身。于是,母亲对婴儿愿望的反应开始变得迟缓或者忽视,婴儿的需求也不能及时地或者完整地得到满足。需求的不完全被满足,促使婴儿意识到:母亲不是自己的一部分,母亲有母亲的需求;要想让自己的欲望得到满足,不仅需要表达,也需要妥协。从某种意义上说,母亲对婴儿的不满足,唤起了婴儿的攻击力,攻击力帮助婴儿将客体从自体中分离出来,婴儿在发现"我"

① 格林伯格,米歇尔.精神分析之客体关系理论[M].王立涛,译.上海:华东师范大学出版社,2019:151.

② 米切尔,布莱克.弗洛伊德及其后继者:现代精神分析思想史[M].陈祉妍,黄峥,沈东郁,译.北京:商务印书馆,2007:126.

和"非我"不同的过程中,形成了真实的客体关系。所以从某种意义上说,"孩子的成长,经常与母亲自我独立的恢复相一致"①。

如果母亲在婴儿生命之初提供的环境是不安全的,无论是忽视、呵斥、否定,还是不能及时地呼应和撤离,都让婴儿压抑自身的欲望需求,而被动地顺从母亲的安排,这样必然导致婴儿真实的内心(即"真我")被压抑,形成"假我"。"假我"被母亲(养育者)的期待和要求塑造,"儿童变成了母亲对他的意象"②。在"假我"状态下,婴儿的行为与真实的内心欲望形成隔离,与外部环境建立虚假的关系,内心往往孤独、痛苦、纠结。

在建立与母亲(客体)的关系进程中,"婴儿是从与主观客体的关系逐渐发展到能够与客观感觉的客体建立联系"③。而婴儿早年的全能感体验,恰恰是婴儿形成好的内部客体和内部好的客体关系的前提,也是婴儿形成自信的必要条件。自信,也就意味着婴儿的自我认同得到发展。自我认同感强的个体,即使面临挫折,也能积极地应对。

在温尼科特理论中,自我被描述为"部分的成长的人格趋向,在适宜的条件下,被整合为一个单元"④:从原始的未整合状态,到有结构的整合状态,最后形成能够建立客体关系的能力和"接受现实"的能力。与弗洛伊德认为自我来自本我的理论不同,"温尼科特认为在自我之前没有本我"⑤,自我的发展离不开母亲提供的养育环境。

温尼科特向我们展示了母亲在使婴儿意识到自己与他人是分离的过程中的价值:母亲的响应促使婴儿协调自身的功能与冲突,进而发展出越来越清晰的自体感受;如果母亲不能满足婴儿的需要,就会削弱婴儿幻觉性的全能感,损伤心理演变与躯体感受之间的联结。在生命成长的进程中,婴儿先是对母亲绝

---

① 克莱尔. 现代精神分析"圣经":客体关系与自体心理学[M]. 贾晓明,苏晓波,译. 北京:中国轻工业出版社,2002:90.

② 格林伯格,米歇尔. 精神分析之客体关系理论[M]. 王立涛,译. 上海:华东师范大学出版社,2019:153.

③ 克莱尔. 现代精神分析"圣经":客体关系与自体心理学[M]. 贾晓明,苏晓波,译. 北京:中国轻工业出版社,2002:92.

④ 克莱尔. 现代精神分析"圣经":客体关系与自体心理学[M]. 贾晓明,苏晓波,译. 北京:中国轻工业出版社,2002:101.

⑤ 克莱尔. 现代精神分析"圣经":客体关系与自体心理学[M]. 贾晓明,苏晓波,译. 北京:中国轻工业出版社,2002:101.

对的依赖,然后是相对的依赖,最后是走向独立。

二、绝对依赖

温尼科特重视以母亲为主体的养育环境在婴儿自我形成中的价值,认为婴儿都是在对母亲的依赖中走向独立的。在生命的前 6 个月,婴儿处在对母亲(养育者)的绝对依赖状态,不仅吃、睡、哭、排泄都需要母亲给予及时的呼应,而且母亲的抚摸、亲吻、交流、拥抱等也是不能缺少的。婴儿的安全感和自我存在感就是在与母亲及时的互动中得以呈现与发展的。这一时期,母亲已经搁置了自己作为独立个体的存在,把自己的一切都奉献给了婴儿,即上文提到的"原初母性专注"。在原初母性专注状态下,母亲心灵世界里只有婴儿,及时而充分地满足婴儿,并且依据婴儿需要的变化而改变自己与婴儿互动的方式。

严格意义上说,这一时期的婴儿虽然在躯体上作为一个独立的生命个体诞生了,但是心灵深处还是与母亲融合在一起:感觉母亲是自己生命的一部分,当自己饿的时候,乳房就放在嘴里了,是自己创造了乳房;当自己想尿尿的时候,母亲就帮助自己尿尿,是自己创造了母亲;当自己感到冷的时候,母亲给自己盖上被子,是自己创造了被子。婴儿觉得自己是无所不能的,想要什么,就有什么。母亲无条件的付出,让婴儿的幻觉与客观真实重叠,并使婴儿产生了一种主观全能感幻觉,而这种全能感幻觉,对于婴儿后来形成对真实生活的独特主观感受非常有价值。

在主观全能感幻觉中,婴儿感觉可以对母亲(客体)为所欲为,因为在婴儿的感觉中一切都是他创造的,他可以任性地榨取母亲的乳汁,可以攻击母亲,这就是被温尼科特称为"客体利用"[1]的概念。从心理学上说,婴儿"破坏"客体,恰恰是婴儿挣脱与母亲融合的开始,也是试图脱离绝对依赖的试探,因为这时候婴儿开始意识到客体与自己是分离的,而且不在自己的主观控制之下。面对婴儿肆无忌惮的"破坏",母亲要全然地配合婴儿的"利用",让婴儿一次一次地感受自己的力量。"正是经历这种全能地创造、毁坏到幸存的循环过程,婴儿开始产生了一些对外在的感受,逐渐意识到母亲是独立存在的另一个人,她不会

---

① 米切尔,布莱克.弗洛伊德及其后继者:现代精神分析思想史[M].陈祉妍,黄峥,沈东郁,译.北京:商务印书馆,2007:153.

被自己摧毁,也不由自己全能控制"①,促使婴儿相信其主观全能控制之外存在恢复性的客体。婴儿的自我就是在对母亲持续的客体利用中形成的。

如果母亲不能及时承受婴儿对她的客体利用,当婴儿需要的时候,妈妈不能及时出现,或者拒绝、打击婴儿,婴儿就会压抑自身的主观体验,过早地关注世界,过早地迎合世界。婴儿就会感到:"哦,我的想法和行为是不对的,我是不好的,我必须听妈妈的,不然就会受到惩罚。"在这种状态下,婴儿的幻觉就无法与真实世界形成交集,停留在幻觉状态。没有走出绝对依赖状态的婴儿,即使在后来的成长中脱离幻觉状态,也容易发展成缺少自信、缺少安全感、不敢表达自己的个体。

总之,在生命之初,婴儿处于对母亲的绝对依赖状态。胎儿在母体内生活了 10 个月,对母亲的呼吸、心跳、味道、声音都非常熟悉;婴儿出生后,来到一个陌生的环境,曾经熟悉的体验能够让婴儿感到安全;因此,婴儿对母亲的依赖是有生理基础的。而母亲对婴儿也有生理上和心理上的共生感受,即使再粗心大意的女孩,一旦当了母亲,也能准确地感受婴儿的需要和感受,这些都是除了母亲之外的任何人不能做到的。

三、相对依赖

生命之初,婴儿内心处在漂浮的混沌状态,感受不到自身和外在世界的边界,对于运动以及操作身体的动作也是不知道的。婴儿本能的蹬、踏、抓、握,使婴儿感受到存在的边界。婴儿最早期的躯体活动或运动,不是恶意攻击,而是一种释放,是一种对边界、对关系的寻找。婴儿如果被放到一张空荡荡的床上,即使再怎样抓、握、蹬、踏,也无法触碰到其他物体,内心就会产生被无限的空旷吞噬的恐惧感。

婴儿通过触摸别的东西,发现边界和感受到自我的存在。例如,在母亲怀抱里,婴儿感到的裹挟;再如,婴儿不停地用口、用手、用脚撕咬、触摸、蹬踏外物。这种看似攻击的行为,本身就是对自我存在的探索,是摧毁和构建的最早形式。所以在与婴儿游戏的时候,需要让婴儿蹬得到、抓得到、摸得到、咬得到、看得到……这样,婴儿才能感觉得到力量,进而发展出对环境的时空感,形成真

---

① 米切尔,布莱克.弗洛伊德及其后继者:现代精神分析思想史[M].陈祉妍,黄峥,沈东郁,译.北京:商务印书馆,2007:153.

正的客体关系。

伴随着母婴的互动和婴儿的蹬、踏、抓、握行为,婴儿对母亲和其他物体有了感知。6个月之后,婴儿慢慢脱离了母子融合状态,进入了母婴二元世界。在母婴二元世界,婴儿的内心是矛盾的,这个时候的婴儿一方面对周围世界感到好奇,开始主动地去探索周围一些好玩的东西,另一方面又担心母亲消失,所以在感知周围世界的过程中,时不时地跑到母亲怀里感知母亲的存在。这一时期,婴儿的主动性逐步发展了起来,与母亲的关系,也由6个月前的绝对依赖,过渡到相对依赖。

在相对依赖状态下,婴儿能够感知到自己和母亲是两个不同的个体,并且知道自己对母亲是依赖的,母亲的行为和态度左右自己的活动和生命,这种现象让婴儿感到焦虑,婴儿需要把自我整合为一个能够独立存在的、强有力的生命单位。在婴儿走向独立自我的过程中,母亲提供的抱持环境对于婴儿增加内在能量、进行自我内部整合非常重要:一方面母亲的抱持让婴儿保持主观全能的经验,并内化为生命个体经验的核心;另一方面母亲适时的撤离又让婴儿感到生命的真实,进而让婴儿脱离主观幻想,感受主客体的分离。

当然,婴儿从主观幻想到客观现实的成长经历中,不是一下子完成的,而是一个渐进的过程,其间除了满足婴儿的"客体利用"和"在不被需要的时候及时离场"外,还要有一种被温尼科特称为"过渡客体"的存在。母亲不在身边的时候,婴儿通常会把注意力转向身边的玩具或者其他器物。有时候一块毛毯、一个毛毛熊、一件旧衣服就能使婴儿安静下来,甚至能让婴儿玩上好几个小时。其实,在婴儿内心深处,这个毛毯、毛毛熊、旧衣服不是一个单纯的东西,而是代表了婴儿心灵的寄托,甚至代表了妈妈。通过玩这些东西,婴儿想象着自己和妈妈在一起。这些东西被温尼科特称为"过渡客体"①。过渡客体一方面能满足婴儿全能感的幻想,另一方面也具有社会真实的成分。"过渡客体使孩子能与母亲保持一种想象中的联系。"②

婴儿感觉是自己创造了这些东西(即过渡客体),而不是由父母强加的,是

① 米切尔,布莱克.弗洛伊德及其后继者:现代精神分析思想史[M].陈祉妍,黄峥,沈东郁,译.北京:商务印书馆,2007:152.
② 米切尔,布莱克.弗洛伊德及其后继者:现代精神分析思想史[M].陈祉妍,黄峥,沈东郁,译.北京:商务印书馆,2007:152.

自己发现并赋予这个特别玩具特殊的意义。婴儿有时会亲它、抚摸它,有时会狠狠地咬它、攻击它。婴儿需要在它身上,实现自己的主观全能感,可以对它为所欲为。在婴儿内心深处,这些过渡客体之所以重要,不仅因为它们代表了妈妈,它们也是孩子自体的特殊延伸。过渡客体介于主观全能感创造的妈妈和现实中独立存在的妈妈之间,它缓解了主观世界与客观世界的落差,前者保留了想象与主观全能感的无限;后者则代表必须接纳真实母亲不在自己身边的现实,要妥协、迁就他人,并与他人合作。

人的主观世界充满了幻想、感受、体验、情绪,这些个性化的内心体验是独特自我的核心,是创造力、激情、价值感的来源。但是,如果一个人完全生活在自己的主观世界里,那么就会神神道道、颠三倒四,形成精神分裂症患者的症状。外部的客观现实充满了规矩、竞争、合作、挫折,人需要调整自我,适应社会现实。但是,人如果完全生活在客观的逻辑世界里,则会缺失生命的激情和快乐。过渡客体把两者连接,让一个人既扎根于深邃的内心世界,同时又能够与外部世界合作或向外部世界妥协。从某种意义上说,艺术作品就是过渡客体外延的拓展。

在整个相对依恋阶段(大致从6个月到2周岁),孩子的情绪波动很大,内心的矛盾也很大,时而认为自己无所不能,时而感到生命的孤独和恐惧,时而想独自走天涯,时而担心母亲温暖的港湾不存在……所以幼儿在体验自己的情绪中,试探着一步步走向独立。这一阶段依然需要妈妈的爱心和耐心,鼓励婴儿向外探索,引导孩子实现自我的冲动。母亲要做婴儿的强大后盾,使婴儿的自体在与母亲互动的关系体验中,得以呈现并变得结构化。

3岁之后,幼儿发展出完整的心理机制以及智力理解力,开始脱离对母亲的依赖,独立做一些事,并且与周围的世界有了更多的交集。这样,孩子就开始了走向独立的进程,这是一个终生发展的过程。例如,青春期波澜起伏的情绪波动即体现了个体走向独立的努力。

四、心理疾病

由于对个体早年关照的不足,个体早年没有形成真实的、自由的、整合的自我,往往会陷入一系列的焦虑情绪中。"温尼科特认为,如果母亲无法提供巩固健康的自体感受所必需的足够好的环境,儿童的心理发展基本会停止。他在心理上就会停滞于那一刻,而残存的人格成分在人格核心缺失的情况下继续发展。"①温尼科特从早期婴儿成熟过程的角度来看心理疾病,将心理疾病分为三类:精神病、中间性疾病(反社会或做坏事的)和心理神经症。

婴儿在前6个月,不能脱离母亲而生存,处在对母亲绝对依赖的关系中。婴儿的内心世界是主客体不分的幻觉状态,充斥着对湮灭的恐惧,有强烈的危机感,情绪是冲动的,行为是攻击性的。如果个体在早年的养育环境是不利的,导致正常的成长过程被干扰,个体会退行或固着于婴儿早期的心理状态,温尼科特把因"早年丧失或环境障碍"②而呈现出的具有绝对依赖状态特征的心理问题称为精神病。

处在相对依赖状态的婴儿通过与养育者的互动,来确定自我的存在。这时候,婴儿心理结构尚未完全形成,害怕分离,渴望关系的存在,敏感、冲动、易激惹,在情绪表达上呈现出剧烈的愤怒、恐惧和攻击。如果个体在这一时期遭遇重大的或一系列叠加性的创伤,个体心理就会停滞于此而具有相对依赖状态的特征。温尼科特把个体在内部环境建立之前(也就是变得独立之前)成长停止而形成的心理问题,称为"中间性疾患或者心理障碍"③(这种心理问题与我们在后文将要讲述的边缘型心理问题,是同一种心理问题的两种表达)。

下面是我咨询的一个案例:

患者,女,40岁,国企员工,因控制不住发脾气,睡眠不好前来咨询。患者感到在单位几乎所有的同事都针对自己;在家里,常常因为一点小事就与老公发生争执,一旦发生争执就控制不住打老公或者摔东西;看到孩子不学习,或者不好好吃饭,就暴跳如雷,甚至产生把孩子打死的冲动。患者希望通过心理咨询改善自己的情绪。

成长经历:小时候父母都比较强势,经常吵架、打架。母亲是一名小学教师,好胜心强,追求完美,对患者要求非常严格,动不动就打骂患者;父亲是转业军人,脾气暴躁,思想很传统,对患者非常严厉,从来没有表扬过患者;在小学三

① 米切尔,布莱克.弗洛伊德及其后继者:现代精神分析思想史[M].陈祉妍,黄峥,沈东郁,译.北京:商务印书馆,2007:154.

② 克莱尔.现代精神分析"圣经":客体关系与自体心理学[M].贾晓明,苏晓波,译.北京:中国轻工业出版社,2002:103.

③ 克莱尔.现代精神分析"圣经":客体关系与自体心理学[M].贾晓明,苏晓波,译.北京:中国轻工业出版社,2002:102.

年级,因为妈妈与班主任吵过架,班主任总是为难患者,打击患者,同学也都不愿意与患者玩;患者上初中和高中时非常叛逆,恨父母,经常因与父母吵架而离家出走,出现过自杀念头。患者现在想起父母还心有余悸,结了婚后能不去父母家就不去。

"温尼科特认为,母亲照料的不足……会导致'婴儿自体毁灭'感。"[1]这个案例的患者就是早年没有得到抱持环境的养育。脾气暴躁的父母、冲突的家庭环境,让患者感受不到安全,时时处在被攻击的感觉状态,没有经历稳定的主观全能体验,也没有完成与他人的分离。因此,患者渴望爱,渴望关系的存在,害怕分离、否定和指责,容易受外界环境干扰,敏感、冲动,控制不住自己的脾气,属于中间性疾患或者心理障碍(即后文提到的边缘型心理问题)。

孩子进入俄狄浦斯期(3~6岁),就进入自己、母亲和父亲三个完整的人之间的关系中。复杂的人际关系,使得孩子呈现出纠结的"心理神经症"[2]状态,这是人际互动带来的人格结构内部(本我、自我、超我)之间的冲突。"温尼科特把这种心理障碍的领域,看作是弗洛伊德传统的分析范围,然而他自己特别的学术的领域是在精神病方面。"[3]

在温尼科特看来,心理健康是由自体的相对完整性与自发性决定的,影响甚至决定心理健康程度的唯一元素是父母提供的养育环境。因此温尼科特将精神病明确定义为"环境缺陷病",认为"儿童活在父母人格的圈子里,而且……这个圈子有病理性的特征"[4]。

五、病理学理念与心理治疗

温尼科特认为个体生命的每一个阶段都有自己的人格发展任务,如果母亲提供的环境不能促进这一阶段人格的发展,那么在心理上就会停滞在那一刻,

---

① 格林伯格,米歇尔.精神分析之客体关系理论[M].王立涛,译.上海:华东师范大学出版社,2019:152-153.

② 克莱尔.现代精神分析"圣经":客体关系与自体心理学[M].贾晓明,苏晓波,译.北京:中国轻工业出版社,2002:102.

③ 克莱尔.现代精神分析"圣经":客体关系与自体心理学[M].贾晓明,苏晓波,译.北京:中国轻工业出版社,2002:102.

④ 格林伯格,米歇尔.精神分析之客体关系理论[M].王立涛,译.上海:华东师范大学出版社,2019:158.

而其他人格部分和生理部分在本阶段核心人格缺失的情况下继续发展。就像一棵树一样,如果在早年受过损伤,即使长成了参天大树,这棵树的树干也会在受伤的位置留有疤痕。心理咨询就是咨询师给患者创造一个重新发展的抱持环境,让患者一度中止的自我发展可以在这个抱持环境中重新进行,直到该阶段中止的发展缺陷得到完善。

"治疗是一个控制退行的过程"①,咨询师应提供一个抱持的环境,引导患者退行到过去,修补自己的全能感,让患者表达自己的想法、感受和攻击性,进而修复和整合。在弗洛伊德的驱力模型中,退行是回到力比多固着点或者某个具体的性快感区,是病理性的、危险的,它提供了婴儿式愿望的过度满足。而在温尼科特的理论中,退行是对缺失关系体验的寻找,认为"病人的退行倾向现在可以看作是个体自我疗愈的部分功能"②。

在心理咨询的过程中,释放患者的攻击性是非常重要的。温尼科特认为攻击性是与生俱来的生命能量,等同于活力和动力;"原初攻击力是原初爱的表达"③,没有攻击,就没有自体,没有客体,就没有创造性,攻击性引领了自体体验真实性的能力。对于攻击性的这一解读,完全颠覆了弗洛伊德和克莱因的理论:在弗洛伊德看来,攻击性就是死本能;克莱因认为攻击性是压倒性的破坏力量。在温尼科特的理论中,一个人的攻击性是对环境的试探,是情感的表达,也是自我存在的表达,这比什么都不敢去表达更有生命的能量。只有攻击性得到充分释放,患者才能进一步对"破碎"的自我进行整合和发展。

下面是我咨询的一个案例:

男,9 岁,破坏欲特别强。家里的东西,无论是电视、衣服、酒、礼品,凡是稍微贵重一点的,都被孩子破坏掉。他要么给电视灌水,要么砸坏一些东西,要么偷别人的东西,然后再毁掉。

成长背景:患者出生后父母就离异了,妈妈一天到晚打麻将,患者主要跟着80 多岁的外婆。外婆虽然 80 多岁了,但种了很多的菜,无暇顾及患者,患者在

① 克莱尔. 现代精神分析"圣经":客体关系与自体心理学[M]. 贾晓明,苏晓波,译. 北京:中国轻工业出版社,2002:104.

② 格林伯格,米歇尔. 精神分析之客体关系理论[M]. 王立涛,译. 上海:华东师范大学出版社,2019:158.

③ 郗浩丽. 儿童攻击性的精神分析式解读:温尼科特的攻击性理论[J]. 南京师大学报(社会科学版),2007(5):111-115.

孤独中长大。只有患者做错事了,妈妈才发现患者的存在,然后把患者暴打一顿。

其实,这个孩子就是因为从小没有人关注,生活在一个被忽视的环境中,感受不到自我的存在。他通过破坏来引起别人特别是妈妈的关注,因为他知道搞破坏,妈妈就会打自己,妈妈的打骂让他感知到自我的存在。咨询师在咨询的时候,给孩子一个抱持的环境,让孩子感受到他是受到关注的,感受到他是被爱的,进而慢慢增加他的自我稳定性。

在咨询的时候,咨询师面对患者表达的攻击,如果能承受、接纳、不报复,就像妈妈一样被患者充分地"客体利用",最终患者就能在这样的抱持环境中,体验到自己的力量和存在,真正变成他自己。

咨询师在咨询的过程中要像足够好的妈妈,稳稳地在那儿,微笑着接纳,平静地被利用,始终充满关爱,充分让患者释放自己的全能感和客体利用。患者就会通过咨询师这面镜子,一次次地看清楚自己,知道自己是有能量的,知道自己是有爱的,直到拥有真正的自我。在温尼科特看来,心理咨询能够疗愈患者的原因,不是精神分析的解释功能,而是分析情境提供了患者早年成长经历中缺失的父母供应,并满足了患者缺失的早年发展需要。

六、继承和发展

温尼科特将自己的理论定位于英国精神分析协会中"C 组"的一员,既不是克莱因的追随者,也不是弗洛伊德的追随者。他试图调停克莱因理论与经典精神分析的差异,把自己的思想表达为弗洛伊德和克莱因理论的延续。

温尼科特没有像费尔贝恩那样完全抛弃驱力理论(费尔贝恩认为个体是趋向客体关系的,客体关系就是驱力);也没有像雅各布森那样试图将关系和驱力混合在一起(雅各布森认为本能驱力不是"与生俱来的",而是在生物性预设的先天潜能的基础上,在早年的关系中获得的)。他从没有公开反对过弗洛伊德的本能和个体内部动力观点,也从没有公开支持过费尔贝恩的观点;却又远离了经典精神分析对生物性本能的强调,把发展的需要放在与母亲互动的养育环境中,甚至认为"驱力可以称为客体寻找"①。看得出来,温尼科特虽然在表达

---

① 格林伯格,米歇尔.精神分析之客体关系理论[M].王立涛,译.上海:华东师范大学出版社,2019:156.

上努力保存着对弗洛伊德理论的忠诚,但是其理论的核心却实实在在地阐释了客体关系对个体心理成长的重要性。

尽管温尼科特的观点与克莱因理论有了很大程度上的背离(例如温尼科特把客体关系根植于母亲提供的养育环境;而克莱因试图从先天的客体意象和固有的攻击,来解读客体关系),但是他还是尽力保持着与克莱因观点的一致性,虽然是以曲解的方式。例如,温尼科特继承了克莱因关于潜意识幻想是精神生活普遍基础的观点,但是在对潜意识幻想内涵的阐释上却并不与克莱因相同:克莱因认为"潜意识幻想主要是一种内在现象,是由驱力产生的,只是继发性地与真实他人的世界有联系"[1];温尼科特认为潜意识幻想从一开始就具有个人化的现实导向,并诱发对真实世界的行为趋向错觉。

对于死本能的看法,也可以看出温尼科特旧瓶装新酒式的解读。攻击驱力是弗洛伊德的两大驱力之一,包括费尔贝恩在内的很多心理动力学大师,都予以否定。克莱因扩展了这个概念,并把它视为自己理论的核心,认为死亡焦虑和对死亡焦虑的防御是偏执—分裂心位的来源。温尼科特虽然在自己的理论中也强调攻击本能的价值,但是在解释上却篡改了"攻击"的内涵,他认为攻击和毁灭不一定会造成愤怒和恨,而是生命总体的活力,"正是攻击力的成分……驱动了个体对非我的需要,或者对感觉上外来客体的需要"[2]。同样,在退行、自恋理论和俄狄浦斯情结等方面,温尼科特也提出了自己的见解:退行是对缺失关系体验的寻找;自恋是婴儿对母亲早年的依赖;在俄狄浦斯情结方面,温尼科特继承了克莱因的观点,用爱和恨的冲突代替了弗洛伊德理论中的驱力与社会现实之间的冲突。

无疑,温尼科特的贡献是巨大的,他的贡献不仅仅是对某些精神分析概念重新解读,更为重要的是他阐释了母亲与孩子之间的相互作用如何促进或阻碍孩子的发展,提出了"原初母性专注""抱持环境""过渡客体""客体利用"等重要的养育理念,让养育健康孩子的路线图走向清晰化。

---

① 格林伯格,米歇尔. 精神分析之客体关系理论[M]. 王立涛,译. 上海:华东师范大学出版社,2019:160.

② 格林伯格,米歇尔. 精神分析之客体关系理论[M]. 王立涛,译. 上海:华东师范大学出版社,2019:162.

第十章　精神分析的整理者——奥托·柯恩伯格

第一节　百花齐放的精神分析与柯恩伯格

精神分析从诞生开始就充满了争论,先是阿德勒离开创立了个体心理学,接着荣格出走创立了分析心理学、霍妮"背叛"精神分析创立了女性心理学,以及后来的自我心理学、人际心理学、客体关系心理学、自体心理学。这些学派与经典精神分析相互指责,都认为自己的观点是正确的。

1928 年出生的柯恩伯格,以自己独特的视野来学习、甄别各流派的理论,并力图整合成一个系统的精神分析理论框架。在不懈的努力下,他以包容整合的方式,将经典精神分析、自我心理学、客体关系心理学理论有机地融合在一起,提出了一套完整的心理病理性理论。

经典精神分析认为人是从动物进化来的,先天性地"具有一系列以生理为基础的冲动,即性和攻击力的冲动"①。这些冲动在童年早期的发展过程中,按照不同的躯体快感区域依次展开,先是口腔欲,再是肛门欲、生殖器欲。个体心理结构中的超我、自我和本我之间充斥着压抑和反压抑的冲突,冲突的结果要么使人格结构元素之间达成和解,心态走向平和;要么一方压倒另一方或者互不相让,形成心理问题。

在自我心理学理论中,心理发展的目标就是成长和壮大自我,把本我和超我的冲突置于自我的控制之下,自我通过组织、引导、延迟或满足等方式化解人格结构内部的冲突;如果自我没有发展起来或者发展不充分,在本我和超我冲突面前无能为力,就会产生心理冲突。

在梅兰妮·克莱因的理论中,个体生来就是与客体联结的,在联结的过程中形成了两种对立的情绪冲动——"一种是敬慕的、深深关切、深深感激的爱,

---

① 米切尔,布莱克. 弗洛伊德及其后继者:现代精神分析思想史[M]. 陈祉妍,黄峥,沈东郁,译. 北京:商务印书馆,2007:202.

另一种是具有令人畏惧的毁灭性、破坏性、强烈嫉妒和恶意的恨"①。爱,使个体与善良、关爱他人的人建立爱的关系;恨,使个体与"邪恶"的人建立攻击性的毁灭关系。人的一生就是为了协调这两种经验模式而形成无止休的斗争,并在斗争中形成爱恨交织的情感感受。温尼科特从早期婴儿心理成熟过程的角度来看心理疾病,认为个体的心理状态跟早年的养育环境有关系:如果在生命早期的某个阶段没有得到良好的养育,那么个体的心理就会停滞于那一刻,形成具有那个停滞阶段特征的心理问题。

柯科恩伯格深入研究各流派的理论,以自己敏锐的目光捕捉到这些观点之间潜在的互补性,并超越不同派别的理论界限,把这些不同的理论结合在一起,探讨形成人格障碍的深层次原因。我们可以这样说,柯恩伯格融合了经典精神分析、自我心理学、客体关系心理学三种理论模型,建立了自己对心理发展层次的看法,并由此创造了一个新的框架来理解心理发展和冲突,进而判定心理病态的严重程度。

第二节　人格结构的形成和驱力理论

柯恩伯格是一位把自己的思想描述为客体关系理论的美国精神分析师。对于客体关系理论,柯恩伯格认为有狭义和广义两种含义:从狭义上讲,客体关系理论强调从内部客体建构结构;从广义上讲,客体关系理论"为人际关系的精神分析研究,以及内在结构怎样从被内化了的过去的与别人的关系发展出来"②。

结构,作为一种持久的心理模式,是在与环境中的他人特别是与母亲的互动中内化的结果,因此又被称为内化了的客体关系。新生儿在与母亲互动的过程中,使客体意象、自体意象以及联结两个意象的感觉逐渐模糊:细心的照顾,形成"好母亲"(好客体)意象,因为早年的婴儿主客体不分,所以好客体意象也就促成了好自体意象;不当的养育,形成坏客体意象,坏客体意象促成了坏自体

---

① 米切尔,布莱克.弗洛伊德及其后继者:现代精神分析思想史[M].陈祉妍,黄峥,沈东郁,译.北京:商务印书馆,2007:202.

② 克莱尔.现代精神分析"圣经":客体关系与自体心理学[M].贾晓明,苏晓波,译.北京:中国轻工业出版社,2002:162.

意象;母亲养育的质量,引发了婴儿对不同客体意象和自体意象的不同感受。客体意象、自体意象和联结两个意象的感受,形成内化了的客体关系。内化了的客体关系对外影响了个体与现实生活中的客体关系,对内发展为本我、自我和超我的人格结构。

与弗洛伊德把驱力看作先天的生物性本能不同,柯恩伯格更重视关系经验,"把关系经验看作是精神结构的基本建筑材料"①,认为客体关系的性质帮助先天的反应组建内驱力。具体而言,就是好的客体关系引发婴儿快乐的情绪体验,好的情绪体验积累起来,形成了力比多驱力,力比多驱力促使婴儿与好妈妈融合;坏的客体关系引发婴儿痛苦的情绪体验,痛苦的情绪体验积累起来,形成了攻击性内驱力,攻击性内驱力促使"好妈妈"与"坏妈妈"分离。婴儿根据当时的主观感受把妈妈(客体)分裂为"好妈妈"和"坏妈妈",因为好的客体感受和坏的客体感受不是同时出现的。婴儿缺少心理整合能力,就用分裂机制看待给自己带来情绪体验的客体:当出现好的客体感受的时候,就以偏概全地认为这是好客体;当出现坏的客体感受的时候,也会以偏概全地认为这是坏客体。这种以偏概全的认知,不仅保护了内心深处的"好妈妈"不受侵犯,也引发了婴儿把"非我"客体从未分化的自我中分离出去。

婴儿在连续性地内化客体关系的过程中形成自我、本我、超我的心理结构。美国客体关系心理学家 Michael St. Clair 认为"内化过程包含三个水平的过程:内摄、认同和自我同一性"②。

在精神分析理论中,作为防御机制的内摄、认同和自我同一性,在含义上是不同的。内摄是接受别人的意见,但接受不一定认可;认同是不仅接受别人的意见,还认可了;自我同一性是不仅接受、认可了,还把别人的意见当成自己的一部分。这三种防御机制在程度上是逐渐加深的。

例如,家长教育孩子要与人为善。孩子首先是内摄家长的看法,记住与人为善的概念,但是不一定认可这种看法。如果认同了家长的看法,孩子就认为这种看法是正确的,在与人交往中会尽力去做。自我同一性就是认同之后,积

---

① 克莱尔.现代精神分析"圣经":客体关系与自体心理学[M].贾晓明,苏晓波,译.北京:中国轻工业出版社,2002:164.

② 克莱尔.现代精神分析"圣经":客体关系与自体心理学[M].贾晓明,苏晓波,译.北京:中国轻工业出版社,2002:166.

极践行与人为善,并且把与人为善的理念变成自我的一部分。

内摄是构筑人格结构中自我、本我、超我过程中最早的心理机制。"柯恩伯格认为自我作为一种结构是使用内摄进行防御而形成的。"①既然自我是使用内摄防御机制形成的,就必然有外部客体的存在和与外部客体的互动。这样看来,对客体的体验是先于自我结构化的,所以我们有理由说:自我是客体关系的产物。自我的一些功能(例如看、听、记忆等)接收客体的信息,产生好与坏的情绪体验,有了情绪体验,也就意味着自我得以呈现。婴儿根据情绪体验的不同,生发出不同的自体意象、客体意象以及情绪体验,形成内化的客体关系。因为在生命之初,婴儿是主客体不分的,所以在婴儿内化客体关系中的自体意象和客体意象也是没有边界的,所以联结两个意象形成的感觉也是非常原始和强烈的。

婴儿对客体好坏分离的感受,触发了好坏客体意象、好坏自体意象的分裂。分裂作为一种防御机制指的是,把自己不能容忍的部分抛出去。比如,婴儿面对一会儿对自己好、一会儿对自己不好的妈妈,就形成了两极分化的"好妈妈""坏妈妈"的分裂感受。再如,当我们说"你是一个好人",就等于把对方"不好"的部分摒弃了。这种分裂等同于克莱因理论中偏执—分裂心位的心理体验,形成以偏概全的夸张感受,积极的感受被集合在一起形成了原始自我的内核;不好的感受集合在一起形成的攻击性驱力,指向被分裂的坏客体。分裂的防御机制不仅能够化解掉坏客体对好客体的攻击,缓解坏客体带给婴儿的焦虑程度,而且"通过这一防御活动,自我找到在自体或自体之内,自身与它的客体之间的区分"②。

婴儿在一两岁期间,形成了主客体的分离,知道妈妈和自己是两个不同的生命客体。在母婴关系的互动中,婴儿逐渐认同了妈妈照顾者的身份和自己作为孩子被照顾的身份,形成了对自我身份的进一步确认。认同作为一种防御机制,假定了一种实际的客体关系,具有力比多或攻击性的情感色彩。

幼儿3岁之后,伴有快感和痛感的客体意象,合并为一个好坏兼容的完整

---

① 格林伯格,米歇尔.精神分析之客体关系理论[M].王立涛,译.上海:华东师范大学出版社,2019:263.

② 克莱尔.现代精神分析"圣经":客体关系与自体心理学[M].贾晓明,苏晓波,译.北京:中国轻工业出版社,2002:165.

客体意象。随着意象的整合,当幼儿感受到坏客体带来攻击驱力的时候,必然要考虑坏客体里有好客体的存在。为了保护好客体,幼儿只能对指向坏客体的攻击驱力进行压抑。这样,压抑就成了这一成长阶段主要的防御机制。柯恩伯格认为"本我作为一种心理结构,是随着压抑的建立而形成的"①。由此,我们可以看得出来,在柯恩伯格的理论中自我是先于本我出现的,本我是通过压抑的防御机制从自我中分离出来的。

与此同时,超我作为一种心理结构也出现了(克莱因认为超我在前俄狄浦斯期就已经开始组建,柯恩伯格认为本我和超我都产生于3~6岁,即俄狄浦斯期),柯恩伯格认为超我有三个来源,分别为:"敌意的、不现实的客体意象内化""自我理想的自我表象和客体表象""比较现实的要求和俄狄浦斯期双亲的禁令的内容与综合"②。随着内部结构的本我、自我和超我的出现和进一步巩固,个体的自我同一性也就建立了起来。

柯恩伯格的驱力理论开始更靠近经典精神分析的生物驱力理论,他认为个体快乐体验的产生有四个基础因素——"口欲的充分满足、性快感区的兴奋、探索行为的满足,以及最重要的人际体验"③。反之,为不快乐的情感体验。好的情感体验发展为力比多驱力;坏的情感体验形成攻击驱力的基础。在柯恩伯格的四个情感体验因素中前两个情感体验因素与弗洛伊德的观点一致,后两个因素无限地靠近关系心理学的理论。由此看来,柯恩伯格的驱力既有弗洛伊德理论中的生物学禀赋,又把客体关系作为驱力的基本单元,认为驱力是"由神经生理反应与依附行为构成,并伴有人际关系体验"④的动力系统。

不过,如果再联系上文提及的好和坏的自体和客体感受衍生出力比多与攻击驱力,而自体感受和客体感受来源于客体对婴儿的反应(即使口欲的充分满足、性快感区的兴奋,依然是在关系中产生),这样看来,客体关系的存在是驱力

---

① 格林伯格,米歇尔.精神分析之客体关系理论[M].王立涛,译.上海:华东师范大学出版社,2019:264.

② 克莱尔.现代精神分析"圣经":客体关系与自体心理学[M].贾晓明,苏晓波,译.北京:中国轻工业出版社,2002:172-173.

③ 格林伯格,米歇尔.精神分析之客体关系理论[M].王立涛,译.上海:华东师范大学出版社,2019:266.

④ 格林伯格,米歇尔.精神分析之客体关系理论[M].王立涛,译.上海:华东师范大学出版社,2019:267.

形成的前提。因此,我们有理由认为,在柯恩伯格的理论中,指向客体的爱恨情感先于驱力,并且是形成驱力的基础。从这一点上说,柯恩伯格的驱力理论完全与关系理论家的观点相一致,而与弗洛伊德的驱力理论渐行渐远。

第三节 柯恩伯格客体关系的五个阶段

柯恩伯格根据孩子心理发展冲突的性质将客体关系分成五个阶段。

第一阶段:生命的第 1 个月。

这与马勒的自闭期重合,在这个阶段,刚刚出生的婴儿是胎儿状态的延续,处在未分化状态,与周围世界融合,分不清哪是自体,哪是客体,不能与母亲建立正常的共生关系。不过,由于生理需要,会断断续续地形成感觉的片段。这个时候的婴儿就像自闭症儿童(孤独性精神病)一样,对外在客体没有感觉,迷失在主观幻觉之中,处于零零散散的感觉片段之中。

第二阶段:从婴儿的第 2 个月到 6～8 个月。

婴儿在最初几个月根据躯体感受经验整理情感价值,逐渐累积出好与坏两种对立的情绪状态。婴儿的需求得到响应和满足,就会在躯体上形成好的感觉,产生趋向客体的力比多驱力(也正是依靠这种驱力,把新生儿从自闭的壳里拉出来);婴儿的需求得不到呼应和满足,则会形成坏的感觉,产生极端的恐惧和破坏力。这样,婴儿借助分裂机制,形成了好与坏的分离。

这一时期的婴儿处于马勒理论中的共生期,在婴儿的感知中,以母亲为代表的客体是自身的一部分,母亲的思维和动作是婴儿自己思维和行为的延伸。8 个月的时候,婴儿出现了"陌生人焦虑"反应,"陌生人焦虑"证明婴儿有了对客体的感知。当婴儿有了对客体的感知,也就说明婴儿已经从母子融合的状态挣脱出来,进入了第三阶段。

第三阶段:从婴儿 6～8 个月开始,一直持续到婴儿 18～36 个月。

婴儿 6 个月后,自体—客体意象分开,形成自体意象和客体意象,这种分离是一个过程;偶尔,他们还会被再融合为自体—客体意象,然后再分化,最终形成分离。有了主客体的分离,也就形成了母婴二元关系。母婴二元关系从婴儿6 个月一直延续到婴儿 18～36 个月,处在母婴关系的相对依赖状态,大致与马勒所描述的分离—个体化阶段重合。此阶段的特征是自体和客体再现的分化,即自体和非自体划清界限。

因为好与坏的感觉,并不同时出现,所以最初好的和坏的自体再现与客体再现,也是分开存在的:要么绝对的好,要么绝对的坏。好与坏的分裂使得婴儿保护好的客体关系,让婴儿避免产生挫败感。这种绝对好与坏的分裂是边缘型心理问题患者常用的防御方式或者说是生活方式。随着不断成长,婴儿会发现好的客体有坏的成分,自体也是好坏融合在一起的。在良性的养育环境下,婴儿不断内化母亲的正面形象,形成了客体恒定性,客体恒定性的形成又促使自体恒定性的产生。这样,婴儿就克服了分裂,形成了稳定的自体概念和客体概念,自我边界建立,第三阶段结束。

由此可见,在婴儿6个月之前是主客体不分的融合状态;6个月后,形成自体意象和客体意象间的分化,有了主客体的分离,建立母子二元关系。这期间,由于自体内部结构(本我、自我、超我)没有真正完成,所以自体很容易受客体影响,形成偏执的情绪反应。当自体意象和客体意象整合了好与坏,个体的主要防御机制逐渐从分裂转向了压抑,人格内部结构就有了走向整合的可能,个体的生命就进入下一个发展阶段。

第四阶段:从孩子3岁后期开始,到6岁时结束。

3岁之后,幼儿发现客体是好坏兼容的,既有好的成分,也有坏的成分,如果对坏的客体进行攻击,必然伤害好的客体。为了不伤害好的客体,婴儿只好压抑自己的攻击力。压抑,促使本我从自我中分离。与此同时,伴随着对客体意象的内化,超我也出现了。这样,个体内在结构中的本我成分、自我成分和超我成分就全部形成了。在柯恩伯格的理论中,自我在养育环境中先于本我和超我形成,“但柯恩伯格也不同意克莱因和费尔贝恩认为自我从出生的时候就存在的观点”[1]。由此看来,柯恩伯格更强调客体关系的重要性,强调环境对形成自我结构的价值。对于这个时期的儿童来说,内心的冲突不再是生命开始的湮没和存在,也不再是母婴二元关系的瓦解与整合,而是人格结构内部的冲突。这一阶段的心理问题,更多的是内部结构之间的冲突而形成的内疚和优柔寡断,而不是前俄狄浦斯期对死亡和分离的恐惧而形成的剧烈的攻击和毁灭。

---

[1] 克莱尔.现代精神分析“圣经”:客体关系与自体心理学[M].贾晓明,苏晓波,译.北京:中国轻工业出版社,2002:167.

第五阶段:始于孩童后期。

第五个阶段对应的是弗洛伊德的潜伏期,儿童这个时候已经把关注点转移到与外在的客体关系上,人格结构内部的冲突已经退居第二位,自我同一性进一步综合和加强。儿童更多地把精力放在学习和与同龄人相处的感受上,具体生活事件的挫折对内心的影响逐渐加大。

第四节　发展模型下的病理学

在柯恩伯格的理论图式中,要成为一个心理健康的人,首先要完成主客体的分离,也就是将客体意象从自体意象中分离出来。如果这个任务没有完成,主客体融合在一起,就会把客体当成自体的一部分,用幻觉、妄想来感受现实。这时候人面临的是被吞噬的湮灭感,而这种心理状态正是精神病的特征:幻觉、妄想、精神破碎。

我咨询过这样一个案例:

男,20岁,大学一年级,认为别人要陷害自己,能听到别人密谋杀自己的声音,出现幻觉妄想现象,时时有被吞噬的恐惧感。患者高中成绩优秀,进入高三之后,状态下滑。家里有精神病史,妈妈曾因精神分裂住院。在高三的时候,患者有一次发现老师突然变得像一个令人恐惧的野兽,张着大嘴,要吃掉自己,于是患者在班级不受控制地大叫。现在进行药物治疗,不过,有时候依然会出现幻觉,内心非常恐惧和痛苦。

这是一个精神分裂患者,主观感受和客观现实分不清,有幻觉妄想现象,内心充斥着被毁灭的恐惧。

其次要克服分裂。个体开始把自己的能量投向客体的时候,呈现的是好坏两极的分裂对立。当指向好客体的时候,呈现的是力比多融合能量;当指向坏客体的时候,形成了攻击能量,与这种对立的自体能量同时存在的是对立的情绪体验。因为人格内部结构尚不完善,个体还没有形成稳定的自我,所以情绪容易受外界干扰,处在极不稳定状态。在这种状态下,个体为了减缓痛苦,多用分裂的防御机制,主要表现为敏感、冲动,易激惹,甚至有攻击性行为,属于边缘型心理问题。

我咨询过这样一个案例：

女，35岁，乡村小学教师，内心痛苦，与同事关系不好，控制不住发脾气；老公内向，有家暴现象；因为前男友拒绝自己而耿耿于怀，多次在不同场合追问原因；曾对一个咨询师不满，内心形成了要报复对方的强烈冲动，并对该咨询师进行多次语言攻击；性行为混乱，与一个感情一般的同事多次发生性行为，甚至与邻居也发生过性行为。患者现在因情绪不受控制、内心非常痛苦，前来咨询。

成长经历：母亲性格暴躁，对待患者的方式就是打骂。父母结婚后就两地分居，爸爸在外地工作；妈妈没有能力养育患者，患者从小跟着姥姥；姥姥性格脾气急躁，严厉，动不动就打骂患者。患者3岁左右父亲回家，他平时不说话，一旦生气，就把患者打得很严重。

该案例中，患者从小没有一个稳定的养育客体，自然也形不成独立的稳定自体。无论妈妈、姥姥，还是爸爸，对于患者更多的是打骂，患者内心深处积压了很多的恐惧和愤怒，情绪容易波动，且不受控制。该患者被诊断为边缘型心理问题。这个患者虽然完成了主观和客观的分离，但是主客体之间边界不是太清晰。

再次，个体内部结构要和谐。随着幼儿的发展，慢慢会形成把分裂的好客体和坏客体整合在一起的能力，能感受到好与坏、令人满足与令人受挫的感受是源于同一个客体的。与此同时，自体也形成整合，形成同时具备好与坏、可爱与可恨的统一的自体意象。这样，单独的爱或恨的强度都减弱了，形成了自体和客体的恒定状态，人格结构中的本我、超我随之形成（自我，伴随着好与坏感受的产生，在生命之初就已经形成了）。这时候的冲突是本我、自我和超我的冲突，主要表现为焦虑、纠结、懊恼，属于神经症性心理问题。

下面是我咨询的一个案例：

女，32岁，做事情患得患失，缺少安全感，犹豫不决。丈夫在外地做工程，有一个小10岁的弟弟，父母都是农村人。患者小时候经常被母亲责备、打骂，每天都惴惴不安，没有安全感。在患者7岁的时候，邻居家一个十二三岁的男孩，给了患者5元钱，让患者摸他的生殖器。患者现在回想起来，感到很丢人，甚至不敢面对老公，每次想到老公都感到恐惧，感到自己很脏。

这是一个神经症患者，超我过于强大，对自己曾经的经历不能释怀。

柯恩伯格建立了与心理病理水平相对应的发展层次。第一层是各种精神病,这些人无法形成主客体的分离,自我无力且缺乏整合,主观和客观之间没有界限,用幻觉来感知客观世界。第二层是边缘型障碍,这类患者形成了主客体的分离,但是自我结构还处在紊乱中,分裂机制形成的好与坏的对立情绪还没有形成整合,容易受外在环境影响,且反应剧烈。第三层是神经症,这类患者已经完成了主客体的分离,也形成了完整的人格结构,个体结构内部有一个整合较好且有惩罚性的超我,主要的防御机制是压抑,内心的痛苦来源于人格结构内部本我、自我、超我的冲突,呈现出来的症状往往是懊恼、强迫和歇斯底里。

在柯恩伯格的理论中,"客体先于内驱力"[1],围绕着客体关系,婴儿弥散的好与坏的感受逐渐聚合,形成力比多驱力和攻击驱力。虽然柯恩伯格不认同驱力是天生的,但是对于驱力的性质,柯恩伯格又试图主观地向弗洛伊德的观点靠拢,将"驱力看作从天生的'本能成分'之间的相互作用演化而来的复杂动机组织,由神经生理反应与依附行为构成,伴有人际体验"[2]。力比多冲动中充满了本能的性目标,有时候是反社会的、危险的,攻击力有时候也会指向爱的客体,神经症就是人格结构中的超我和自我对本我压抑而形成的痛苦感受。

柯恩伯格在弗洛伊德经典驱力理论的大厦下吸纳了克莱因学派、自我心理学和客体关系心理学的精髓,并形成整合。他保留了弗洛伊德认为神经症是本能冲突产生的这一基本观点,又接受了克莱因理论、客体关系理论和自我心理学对于严重心理疾病的解读,为精神分裂、边缘性人格障碍的病理分析提供了新的科学的思路。

弗洛伊德的理论把本能满足的主要模式作为人格的核心,认为一切心理问题都围绕着本能的压抑或释放而展开,过度压抑形成了神经症。例如,抑郁是口欲固着、强迫是肛欲固着、焦虑是生殖器固着。柯恩伯格更看重的是患者所达到的内部客体关系发展的水平:精神障碍是主客体没有形成分离;边缘型障碍是内部自体和内部客体中的好与坏没有整合成一个统一体;神经症是人格结构中本我、自我、超我的冲突。通过孜孜不倦的努力,柯恩伯格整合了弗洛伊德

① 克莱尔.现代精神分析"圣经":客体关系与自体心理学[M].贾晓明,苏晓波,译.北京:中国轻工业出版社,2002:185.
② 格林伯格,米歇尔.精神分析之客体关系理论[M].王立涛,译.上海:华东师范大学出版社,2019:267.

经典精神分析与克莱因理论、客体关系、自我心理学,形成一个系统的心理疾病的分析框架。

第四节 柯恩伯格的心理治疗技术

在精神分析的治疗过程中,不同流派咨询师的治疗风格也呈现出不同的特色:有侧重领悟的探索性精神分析治疗,有侧重宣泄的支持性精神分析治疗,也有侧重矫正的表达性精神分析治疗。

经典精神分析,多侧重于探索性精神分析,通过自由联想与释梦,让潜意识内容意识化,这种分析技术又称为暴露性(探究性)精神分析,适合治疗人格发展相对完善的神经症。

自体心理学的治疗主要采取支持性精神分析,通常不去分析病人的潜意识,不去回顾其童年经历,而是同情患者当下的情绪,给患者一个抱持的环境,让患者充分地表达自己,仅仅在必要的时候,咨询师做一些澄清。当然,如果有认知偏差,也会面质。我认为支持性精神分析对边缘型心理问题患者和精神病人的治疗还是有明显优势的。

柯恩伯格以及客体关系学派的咨询师在治疗的时候,多采取表达性精神分析,在治疗过程中,侧重于矫正,让患者在咨询中呈现出自己的移情;咨询师把患者的移情说破,进而去分析移情原因,完成对患者的疗愈。在柯恩伯格看来,这种表达性精神分析技术适合治疗边缘型人格障碍。

边缘型障碍,游离于神经与精神病之间的恒定的不稳定状态,有稳定但紊乱的自我结构,形成了主客体的分离,但是对于因分裂机制而形成的好与坏的极端情绪体验没有形成整合。患者多使用分裂和其他初级的防御机制去保护脆弱的自我,内心弥散着慢性的焦虑,缺乏对冲动情绪的控制,内心渴望被爱和被认可。一些男性患者有可能会形成同性恋,而女性患者有可能会坠入放荡的男女关系中。

对于边缘性的治疗,柯恩伯格强调从三个方面入手:"(1)调查和指出患者指向医生的负移情,这种移情妨碍与治疗师的治疗移情;(2)与患者的病理性防御对抗,这样的防御会削弱自我、降低现实检验能力;(3)以停止患者的移情实行这样的方式设计治疗情景。"①看得出来,柯恩伯格非常重视患者的移情,之所以这样,是因为在治疗过程中,边缘型患者缺少稳定的自我,容易受外在环境影响,甚至第一次咨询就会产生移情,而且常通过投射性认同的防御机制来控制咨询师。

　　例如,有的患者治疗过程中,总是迟到,即使咨询师再三告诉患者,一定要按时到达咨询室,患者在下次咨询的时候还是会迟到十分钟左右,其实这种迟到就是患者通过投射性认同来控制咨询师行为的模式。按照客体关系理论,患者出现移情,咨询师就要着手处理移情,并进行校正。咨询师可以在咨询结束时,告诉患者下次咨询要提前十分钟开始。如果患者下次还是迟到十分钟,等于正好是准点到达咨询室,这时候咨询师就告诉患者这种迟到背后的心理动机,引导患者明白自己的行为模式出现了问题,并严格规定咨询时间。

---

　　① 克莱尔. 现代精神分析"圣经":客体关系与自体心理学[M].贾晓明,苏晓波,译.北京:中国轻工业出版社,2002:180.

第十一章 雅克·拉康与他的结构主义精神分析学

拉康(1901—1981)是 20 世纪法国最具影响力的思想大师之一,被称为"独自一人就构成了一个文化现象"的思想巨匠。在精神分析领域的研究中,他打着"回归弗洛伊德"的旗帜,创建了结构主义精神分析的王国。

如果说柯恩伯格是对精神分析理论不同派别(传统的精神分析理论、雅各布森的发展自我心理学理论以及克莱因和费尔贝恩的客体关系理论)的整合,那么拉康则是借鉴哲学、文学、语言学、人类学、控制论、拓扑学等学科的研究成果,重建精神分析理论的基本概念,即拉康自己的精神分析学理论。

我们分析拉康的理论,依然先从拉康的生平开始。

第一节 拉康的生平

拉康于 1901 年 4 月 13 日出生于法国巴黎的一个笃信天主教的中产阶级家庭。虽然整个家族具有浓厚且坚定的天主教传统,但是拉康很早就宣布放弃了对天主教的信仰。

拉康在中学阶段迷上了哲学,并结识了一些超现实主义者。后来,拉康考入巴黎大学,把医学作为自己的专业,这个时候他依然保持着对文学和哲学的兴趣,一度成为尼采的粉丝,经常光顾有着法国"思想家的摇篮"之称的巴黎高等师范学校。

1932 年拉康完成了博士论文《论偏执狂病态心理及其与人格的关系》,并激动地将自己的博士论文寄给弗洛伊德。遗憾的是,弗洛伊德没有重视拉康抛来的橄榄枝,仅仅是回寄了一张平淡的明信片。这次书信来往,成了两位最著名的精神分析大师一生中唯一的一次交往。

博士论文的完成,标志着拉康的兴趣逐渐从医学和精神病学转向精神分析学。1934 年 11 月拉康加入巴黎精神分析协会。1936 年在第 14 届国际精神分析大会上,拉康提交了"镜像阶段"的论文,这篇论文上的有关"镜像阶段"的概念,也成了他后来所有理论的奠基石和出发点。二战期间,拉康先在军队医院服役,后来在法国南部的小城尼斯附近,过着与世隔绝的生活。

由于"镜像阶段"的观点和对"自我"的独特解释与美国的自我心理学家的观点相左,而法国精神分析学界内部,也有一些人不认同拉康的观点。1953 年6 月,拉康被迫辞去巴黎精神分析协会主席的职务。离开巴黎精神分析协会后,拉康与他人一起组建了"法国精神分析学会",并担任财务员。

在法国精神分析学会召开的第一次学术讨论会上,拉康做了题为"象征、想象与实在"的学术报告,首次提出了"要回到弗洛伊德去"的口号。这标志着拉康开始构建他自己的结构主义精神分析体系。从这一年开始,拉康开始了长达26 年之久、每周一次到两次的精神分析研讨班讲座。拉康的讲座获得了巨大的成功,很多听众(包括来自欧洲其他国家的和拉丁美洲的),常常要排队等候几个小时,几乎每次都有 800 多人听课,650 人的会场塞得满满的。

拉康强调对潜意识的研究,并重视精神分析中文学和哲学的作用;美国自我心理学家更关注意识层面自我的研究,并重视精神分析的临床应用。而当时控制国际精神分析学会的正是美国自我心理学家,他们提出如果法国精神分析学会要加入国际精神分析学会,必须把拉康从精神分析导师的名单中除名。1963 年,拉康离开了自己参与创立的法国精神分析学会,并于 1964 年成立"巴黎弗洛伊德学派",即"拉康学派",尽管这是不被国际精神分析学会承认的学派,但是由于拉康的学术威望日盛,"拉康学派"逐渐成为法国精神分析学的代名词。

1975 年秋,拉康被邀请到美国许多著名大学讲学,并获得重大成功。从某种意义上说,这也算是给予了美国自我心理学家们以"智力上的侮辱"。

拉康不仅在学术上提出"回到弗洛伊德"的口号,而且其管理学派的风格也越来越类似弗洛伊德的家长作风。后来,拉康的独裁作风引起学会内部很多学员的不满,1969 年巴黎弗洛伊德学派的一些领导者自动辞职,成立"第四小组",这是"拉康学派"的第一次危机,也是法国精神分析学界的第三次分裂。

1980 年 1 月 5 日,面对协会内部的分歧,年近 80 的拉康无奈地宣布"巴黎弗洛伊德学派"解体。数月之后,拉康又对他的追随者宣布成立"弗洛伊德事业学派"。

对于法国精神分析学界的多次分裂,美国学者库兹韦尔这样评价拉康:"拉康是各种分裂的主要原因,他作为一位具有超凡魅力的肆无忌惮的人和父亲而保持着核心地位。"①

1981年9月9日,拉康在巴黎去世,一代大师拉康的生命历程,就这样画上了句号。不过拉康的理论却依然在世界上熠熠闪光,成为精神分析学家、哲学家、伦理学家、心理学家、人类学家、社会学家、神学家、文化理论家的研究对象,从某种意义上说拉康生命的"终点也就是我们的起点"。

第二节　潜　意　识

潜意识是弗洛伊德经典精神分析的三大理论支柱之一,但是在后世的精神分析学者,甚至在自我心理学家那里,潜意识的基础地位似乎受到动摇。拉康针对这一现实,旗帜鲜明地提出了"回归弗洛伊德"的口号。不过,虽然拉康大张旗鼓地喊着回归弗洛伊德,但是事实上,拉康在他的潜意识理论中阐述更多的是自己的理念:潜意识有自己的结构和潜意识是"他者"的表达。

一、潜意识有自己的结构

在弗洛伊德看来,潜意识是"已经发生但并未达到意识状态的心理活动过程",主要通过症状、梦、口误、笔误、玩笑、行动倒错来表现。通过对梦的解析,弗洛伊德发现了潜意识的活动规律,梦有显梦和隐梦,从隐梦到显梦要经历凝缩、移置、象征和润饰。为了更清晰地阐述潜意识的内涵,弗洛伊德提出了"物的呈现"和"词的呈现"两个概念:物的呈现是记忆的视觉性痕迹,属于潜意识范畴的内容;词的呈现是具有可读性功能的象征表达,属于前意识的特征。例如,和平鸽的读音是词的呈现,和平鸽透露的某种社会太平、人际和谐的形象画面,是物的呈现。

拉康对潜意识的解读,首先把弗洛伊德"物的呈现"和"词的呈现"用索绪尔语言学上的"所指"和"能指"来表示。索绪尔是瑞士语言学家,认为语言是

① 库兹韦尔.结构主义时代:从莱维－斯特劳斯到福科[M].尹大贻,译.上海:上海译文出版社,1988:135.

一种符号系统,符号由"能指"和"所指"两部分组成:所指是概念;能指是声音的心理印迹,或音响形象。拉康理论中所指和能指的内涵与索绪尔理论中的内涵不同:在拉康的概念中,所指是潜意识,指代"物的呈现"所表达的视觉印象等记忆的痕迹;能指是意识,指代"词的呈现"所讲述的听觉的东西。

作为意识的言语背后都有潜意识丰富的内涵,同样,潜意识的内涵也只有通过意识到的言语才能呈现出来。用言语(能指)来解释"物的呈现"(所指),一定有"词不达意"的地方,那些"词不达意"的地方,即为潜意识;而潜意识的内容在生活中有时候会从口误或其他行为细节表现出来。在拉康看来,"潜意识作为一种欲望总会在语言结构的缝隙中,在漂浮的能指链上流露出来。潜意识并非无规律可循,它是具有文化性质的话语结构"①,而潜意识的变形以及变化正像是语言学中的隐喻和换喻。

对于梦的解读,拉康认为显梦是能指,隐梦是所指,隐梦转化为显梦要经历的凝缩、置换等手段,恰似语言学中的隐喻和换喻方式:凝缩就是一种隐喻过程,置换就是一种换喻的过程。

弗洛伊德做了这样一个梦:"我写了一本关于植物学的书,这本书就放在我面前。我翻到书中折叠着的彩色插图,上面粘着一片已脱水的植物标本,看来就像从一本植物标本集里取出来的一样。"②

做梦的前一天早上,弗洛伊德在书店的玻璃橱窗里看到了一本关于植物学的专著,书名为"樱草属"。

弗洛伊德确实也写过一篇关于植物学的专论。他所谈的是古柯植物的研究报告。古柯所含的古柯碱可用于麻醉病人。

做梦之前的晚上,在和朋友柯尼施泰因医生步行回家时,这位朋友指责他过于沉溺于买书的嗜好。在大学时弗洛伊德买了很多的书,甚至欠了很多钱。

做梦前一天,弗洛伊德收到朋友从柏林寄来的信,在信中朋友说"仿佛看到你写那本关于梦的书"。

在梦中,"植物学的书"凝缩了关于植物的研究和藏书的嗜好,植物学的研究有植物的特性,藏书有书的特性,这些恰恰隐喻了显梦中的"植物学的书";另

① 黄汉平.拉康与弗洛伊德主义[J].外国文学研究,2003(1):16-20.
② 弗洛伊德.弗洛伊德后期著作选[M].林尘,张唤民,陈伟奇,译.上海:上海译文出版社,1986:78-79.

一方面显梦中植物学的专著,满足(移置)了弗洛伊德的愿望:对柯尼施泰因的指责的回应和对朋友对自己出书的期盼的呼应。这是从柯尼施泰因的指责和朋友对自己出书的期盼到自己显梦中"我写了一本关于植物学的书"的一种换喻。

从隐梦到显梦的凝缩和移置无论在结构上还是在过程上,都与语言学中的隐喻和换喻作用一致。梦中出现的一个物体,可能凝缩了很多物体。比如,中国的龙的形象,就凝缩(隐喻)了很多吉祥的动物,也移置(换喻)了中国人对力量和对和平的向往。拉康认为:"症状就是一种隐喻,欲望则是一种换喻。"①患者的症状是被压抑的情感的象征或替代,欲望通过伪装进入意识。在咨询的过程中,很多患者出现心理问题的躯体化,这种躯体化就是心理问题的隐喻。正因为如此,心理咨询就是咨询师透过患者意识表达的语言与患者潜意识压抑的情感进行的交流,患者的语言、动作、口误、坐姿、表情、停顿,都是患者潜意识表达的方式,心理咨询师要洞察其背后的象征意义,使潜意识表达的结构呈现出来。

二、潜意识是"他者"的表达

曾经我们都认为自己知道自己在做什么,后来弗洛伊德经典精神分析得出结论:控制一个人的是潜意识而不是意识。那么潜意识又是怎么形成的呢? 对此,拉康提出,潜意识(无意识)是"他者"的话语②。

拉康对于"他者"有很多的解读:父亲或母亲、言语活动的处所和象征符号、分析者的对话、分析者等等。对于"他者"众多的含义,我们可以概述为一个人成长的经历和环境。

婴儿刚刚出生的时候,是没有意识的,也是没有潜意识的,在以后的成长经历中,不断接受生活事件的刺激,形成自己的感受;相似的感受,形成心结;随着生命的进行,人们会忘记经历的事件,而事件带给人的情绪形成的心结就会进入人的潜意识;而这种潜意识,则会左右着成年人的行为。由此可见,潜意识的形成离不开生活事件,而生活事件是婴儿的生活环境提供的。对于婴儿来说,这种生活环境和事件就是"他者"。

---

① 王国芳.后现代精神分析:拉康研究[M].福州:福建教育出版社,2019:88.
② 马元龙.雅克·拉康:语言维度中的精神分析[M].北京:东方出版社,2006:106.

　　例如,在一次会议上,一位领导主持开幕式,在主席台上高声宣布:"现在会议结束!"这是一次口误,而这次口误也恰恰表达了这位领导潜意识的期望:会议结束。那么他在开幕式上为什么有这种潜意识的期望呢?这与他的经历是有关系的:也许曾经的会议让他受到创伤,也许有其他想逃避的原因……这种创伤或者其他原因就是他过去经历的。

　　我们每一个人最早都是从镜子上看到自己的形象,而对自己的评价和感受也是从他人那里得到的,这是一个日积月累的过程。久而久之,别人的看法和社会的文化就形成了我们潜意识的感受,而这种感受直接作用我们的行为。

　　我咨询过这样一个案例:

　　男,22岁,某名牌大学博士,从小聪明,本科和研究生都是在中国最有名的大学完成的。现在,他走在大街上,或者在实验室里,总是对女人,特别是漂亮的女人有淫秽的想法,感到自己很卑鄙,非常痛苦,想通过心理咨询来杜绝这种不健康的思维。

　　这个患者认为人应该积极上进,应该为他人着想,而不应该有性的本能冲动。这种所谓的道德感就是一种超我,而这种超我就是在成长过程中,家长、学校和社会教育的结果,这也是"他者"给自己的影响。

　　再比如,厌食症患者,即使非常非常瘦了,也不敢吃东西,甚至看到食物就想呕吐,总认为自己胖得非常臃肿。从生命的角度上说,"吃"是生命的本能;一个人即使饿了也不想吃东西的背后,是社会文化形成的潜意识审美标准。这是当代社会上的"楚王好细腰,宫女多饿死"现象,也说明了"他者"对一个人潜意识的塑造。在生活中我们常常听到这种表白:"这些话不是我要说的,是什么人把它放进了我的嘴里。"这也说明了在潜意识的形成中"他者"的作用。

　　拉康关于"潜意识是'他者'的话语"的论断,是对弗洛伊德精神分析学自由意志论的挑战。在拉康的观点里,潜意识不是个人的,而是社会环境给予的。因此,从某种意义上说,潜意识也是一种文化背景,人们是无法对它进行控制的。在心理咨询的实践中,咨询师应该考虑成长经历和文化背景对一个人的影响。

第二节　主体结构理论

　　"主体"这一概念在拉康的视角里应该是生命的个体,与弗洛伊德人格理论中的自我并不是一个概念,而是包含了所有人格结构的整体,同科胡特概念中的自体的外延应该是一致的。在拉康看来,主体包括想象界、象征界、实在界三层结构。拉康认为当婴儿与母亲分离的时候,也就是主体诞生之时,即"主体诞生于分离"①。主体论的核心是:人是说话的主体,而非表达的主体。

一、镜像与想象界

　　弗洛伊德在催眠的实践中发现人有错误归因的天赋。当一个人进入催眠状态时,如果催眠师给被催眠者下达一个指令,被催眠者清醒过来,会完成这个指令,并能给出一个想象的理由。例如在催眠中,如果催眠师让被催眠者醒过来后抬起右腿,那么被催眠者醒来就会这样做,并能为他的行为找借口:有的说右腿不舒服,抬抬腿活动一下;有的说腿部有点痒,动一动更舒服……总之有很多的原因。弗洛伊德认为,当一个人对某件事不知道真正原因时,会毫不犹豫地用另一种归因来填补自己的未知,哪怕是错误的归因②。这就是心理感知中的格式塔现象,也是婴儿镜像阶段的理论根源。

　　在拉康看来,婴儿是"早产的",出生之后很长一段时间里,神经系统发育并不完善,无法随意支配自己的四肢,不能协调自己的躯体。身体功能的不协调,必然引起婴儿的焦虑,这是一种与"破碎的身体"相对应的支离破碎的湮灭感。

　　婴儿6个月大的时候,随着视觉功能的完善,进入镜像阶段。这是婴儿认知自我的阶段,一直持续到生命的第18个月。这个阶段要经历三个时期:

　　第一个阶段,婴儿在母亲的抱持下,看到镜子里自己的影像,这种影像在婴儿心里仅仅是一个现实客体。因为这个时候的婴儿与外在现实客体是混淆的,所以镜中的影像在婴儿的感受中是自己的一个碎片,就如同看到的母亲及其他东西也被婴儿认为是自身的一个零部件;同样,婴儿也把自己等同于视线之内

---

　　① 王国芳.后现代精神分析:拉康研究[M].福州:福建教育出版社,2019:99.
　　② 王国芳.后现代精神分析:拉康研究[M].福州:福建教育出版社,2019:100.

的任何物体。

第二个阶段，婴儿在镜中看到母亲的形象，并把这种形象与现实中的母亲形成对照，然后高兴地对母亲笑一笑，或者发出"咿呀"的声音，这个时候婴儿已经能够区分镜子里的母亲和身边的母亲了。与此同时，婴儿也不再把自己与母亲看成同一个整体了，但是这个时候婴儿还不能区分自己与镜子里的影像。

第三个阶段，婴儿发现镜子里的影像就是自己的影像，自己笑，镜子里的影像也笑；自己动，镜子里的影像也动。这样，婴儿就初步掌握了一种完整的身体感觉，躯体有了协调感，进而基本上确认了自己身体的同一性与整体性，婴儿从一个混沌的、支离破碎的躯体发展为一个完整的心理化的个体。

镜像阶段是一个婴儿对自身认同的过程，镜子里的自己和镜子外面的自己合二为一，让婴儿第一次真正知道了自己的外在形态，这被称为婴儿的"一次同化"。这样，原先支离破碎的身体构成了一个整体，随之而来的是突破了身体支离破碎的感觉形成了协调的同一性。不过，对于婴儿来说，镜像阶段的自我本身带有很多虚构的成分，因为这个时候婴儿还没有真正长大，还需要母亲的扶持，所以婴儿对外在事物的认知就带有很多肢体不协调的局限形成的格式塔想象。这时候，婴儿对自己的认知，实际上仍然是一种误认。例如，当婴儿看到一个与自己差不多大小的婴儿摔倒了，他会误认为自己摔倒了，然后哭起来。

事实上，这里的镜子仅仅是一种象征性的说法，母亲、他人都是一种"镜子"，都具有镜子的功能，我们每一个人往往都是通过他人认知自己。在拉康精神分析心理学中，自我就是"镜子里的我"、他人眼里的"我"，或者是我们让别人看到的"我"，这是一种想象的虚构的自我。

镜像阶段持续的时间与马勒理论中的分离—个体化阶段基本重合，对于婴儿来说是自我的诞生。从这一阶段开始，婴儿就克服了支离破碎的感受。不过，镜像阶段的自我本身就是一个虚构的误认，而这种误认就成了对过去和未来的认知标准。从这一角度看，过去是支离破碎的，未来也是虚构的自我统一。

在拉康看来，镜像阶段的最大价值就是产生了人类现实的想象界。想象界产生于镜像阶段，但是并不随着镜像阶段的消失而消失。镜像阶段在婴儿的第18个月就结束了，但是想象界却在生命的历程中继续发展，进入成人主体间的关系之中。人在想象界认识自己和世界的手段是"幻想"和"意象"，这是一种用虚构与外在世界建立的关系，带有浓厚的主观冲动色彩，而这种主观的冲动色彩往往受一个人的成长经历和成长环境以及文化背景影响。想象界执行自我的功能,保持个体平衡,进行自我防御。"对拉康而言,自我产生于镜像阶段,它沿着虚构的方向发展起来,因而自我与想象界相联系,自我就是一种意象或影像。"①

不可忽视的是,想象界通过主观的逻辑来协调或偏执地感知自我和客体的关系的时候,想象界有时候会呈现出前语言期的各种混乱,比如儿童、精神病患者、性倒错病人的幻想。拉康认为,精神分析治疗的关键不是让患者放弃自己的意象,或者重新按照咨询师的标准塑造一个更好的意象,而是要设法使患者认识自己的意象。

二、主体性与象征界

经典精神分析理论认为,幼儿在 3 岁到 6 岁之间进入了俄狄浦斯期,这时候幼儿从前俄狄浦斯期的母婴二元关系进入了父、母、子的三元世界。在前俄狄浦斯期,幼儿力比多能量关注身体的某一部分;而到了俄狄浦斯期,幼儿开始把力比多指向外在客体。因为母亲的养育和抱持,幼儿开始对母亲产生了深深的依恋之情。随着性别特征的发育,幼儿对母亲的感情发生了变化,开始对异性父母产生依恋,而对同性父母产生忌恨,俄狄浦斯情结就产生了。在弗洛伊德看来"人的一切存在都以控制俄狄浦斯情结为己任"②,这是一种普遍情结,也是一种要普遍克服的情结。

开始,弗洛伊德认为化解儿童俄狄浦斯情结的武器是社会道德伦理,在儿童成长的过程中,社会文化随之就渗透到儿童的意识之中,社会伦理观也就成了对本能欲望压抑的武器,迫使儿童放弃对异性父母的依恋。化解了俄狄浦斯情结,也就意味着儿童真的成熟了和成长了,形成了完整的结构主体。

后来,弗洛伊德发现阉割情结在解决俄狄浦斯情结中具有更大价值。对于男孩来说,父亲的强大,使得男孩在与父亲争夺母亲的冲突中,内心产生了阉割恐惧,最后不得不断绝自己的俄狄浦斯情结,转向认同父亲;对于女孩来说,开始意识到自己缺少男孩的生殖器,便对生出自己的母亲产生抱怨,将爱恋投向父亲,形成厄勒克特拉情结(即女性的俄狄浦斯情结)。后来,女孩渐渐发现父

---

① 王国芳.后现代精神分析:拉康研究[M].福州:福建教育出版社,2019:113.
② 王国芳.后现代精神分析:拉康研究[M].福州:福建教育出版社,2019:106.

亲把爱恋只是投向母亲,女孩不得不接受现实,形成了自己对母亲的认同。

　　阉割情结对俄狄浦斯情结的压抑,势必让力比多能量形成了两个释放途径:一个是"另辟蹊径",也就是升华,把力比多转向事业、艺术;另一个途径是"撤退",也就是退行,回到前俄狄浦斯期的某个阶段,形成心理问题或者精神问题。

　　不过,拉康并不完全认同弗洛伊德的俄狄浦斯情结观点。拉康放弃了弗洛伊德对俄狄浦斯情结生物学上的探讨,而是从主体关系的角度来阐述阉割对个体成长的价值。在拉康的理论中,父亲是一种符号,具有"法"的权威,让儿童进入由语言符号组成的象征秩序中。按照拉康的理论,俄狄浦斯情结的发展和解决经历了以下三个阶段:

　　第一个阶段是母子二元世界的占有欲望。儿童吸吮母亲的乳汁,得到母亲的照顾,把母亲幻想成自己世界的全部,渴望完全占有母亲,认为母亲是属于自己的;当儿童把母亲看成自己世界的全部的时候,也理所当然地认为母亲能从他这里得到完全的满足,自己也是母亲唯一的欲望,是母亲生活的中心。

　　第二个阶段是担心父亲的阉割。随着成长,儿童发现在自己和母亲的世界里,还有一个父亲,而且父亲才是母亲的欲望,这样父亲就与儿童形成了"竞争关系",形成了父、母、子组成的三元情感关系。在竞争中,儿童从父亲那里体验到阉割的恐惧,最终不得不接受"父亲的法规"。这个时候父亲已经超越了现实世界中真实的父亲,而是一种法规、一种权威、一种伦理道德。对父亲法规的认可,也就意味着对权威、对文明社会规范的认可,这样儿童就开始屈从于语言的存在("父亲"这个名号本身就具有文字的象征意义,相当于拉康理论中的"大他")。如果在这个时候,父亲的权威受到质疑,那么儿童就会依然停留在俄狄浦斯对母亲的幻想中,不能真正建构起自己的主体性,长大后很容易成为精神病患者。

　　第三个阶段是对父亲的认同阶段。这个时候儿童接纳了父亲的象征地位,并且把父亲看作自己学习、模仿、认同的对象,不再试图成为母亲欲望的对象,转向对父亲认同,进而确立了自己的主体性人格。儿童对父亲的认同(即认同社会的"规则",形成弗洛伊德理论中的超我)是儿童主体性发展过程中的"二次同化",这是主要通过语言的功能实现的,标志着儿童进入了象征界。儿童在镜像阶段是从镜像中认知母亲,进而认识自己的,还没有确立自己的主体性,这一阶段仅仅是儿童与母亲的二元关系;当儿童进入俄狄浦斯期,随着父亲的介入,母婴二元关系变成了三元关系。在俄狄浦斯冲突中,儿童开始接触语言和规则,开始认识自己、他人、外界的区别,形成了自己的主体性。

随着俄狄浦斯期纠结的化解,儿童进入象征界,象征界形成的时间与弗洛伊德俄狄浦斯期时间基本重合,大约从3岁到6岁。这时候儿童获得了语言,也接纳了语言所承载的文化和社会价值(即拉康理论中的"大他",也指弗洛伊德理论中的"超我")。"一般而言,大他是制定规则、制定边界的,是帮助一个人逐渐地离开小a、'镜像我'对自己的控制,所以,大他的功能是把我们拉入符号界、象征界,直白地讲就是把我们拉入到社会规范中。"[1]当儿童接纳了语言符号所承载的文化和社会价值,必然要压抑自己的欲望,有了压抑自然就有了潜意识的形成。另外,语言毕竟是符号,和语言所代表的实际生活有距离。例如,不同的人对"西红柿"这一词语的理解是不一样的:城里的儿童是在教科书上看到的图画;农村的儿童则在田地里看到西红柿成长的真实过程。这样,语言符号和语言符号代表的经验造成了分裂和分离。

在语言符号的交流中,儿童意识到独立的自我,主体感受通过象征界得以形成,然而象征界也必然带来儿童的压抑和分裂、分离。正如"白马非马论","白马"仅仅是"一种马",而不是"马",因为它漏掉马的特征。"白马"与"马"的主体并不等同,这样也从另外的角度使得主体"消亡"。可以说,象征界一方面使得主体形成了独立的整体,并真实地与他者形成关系;另一方面语言又使得主体脱离能指链("人与人之间充斥着欲望、中介物、载体,这些指的就是能指链"[2],而语言是象征性的符号,符号与实物是分离的),形成飘忽不定的能指。

如果儿童在俄狄浦斯期不能在父亲身上感受到认同,不能进入象征界,那么儿童就有可能继续认同、依赖母亲,失去作为独立自我存在的感觉,阻碍了儿童在象征界的社会存在感,甚至形成严重的精神疾病。拉康在《论精神错乱的一切可能疗法的先决问题》一文中明确提出"精神病患者的精神世界中根本没有'父亲的名字'"[3]。

[1] 赵小明.新精神分析:心理咨询师必知的100个核心概念[M].北京:中国人民大学出版社,2021:101.
[2] 赵小明.新精神分析:心理咨询师必知的100个核心概念[M].北京:中国人民大学出版社,2021:139.
[3] 里德,格罗夫斯.拉康[M].黄然,译.北京:文化艺术出版社,2003:104.

三、欲望与实在界

实在界是拉康的三界理论之一,是一个比较模糊的概念。无论拉康本人还是拉康研究者的论述,都给人不知所云的感觉。美国评论家詹姆逊说"它就是历史本身"①,贾丁说"实在界指的是那个绝对无法用符号手段呈现的、超乎人的经验之外的、在我们的可知界限以外的范畴"②,"施奈德曼则认为实在界就是精神创伤所发生的地方"③,等等,这些说法都让人陷入一种模糊的猜测中。出现这种情况,跟拉康如诗一样的、不可译的语言风格有关系,也与实在界这一概念的本质有关,因为"实在"本身就是非言语化的,所以用语言难以描述。

从拉康和拉康研究者的著作中,我们可以总结如下:实在界形成于镜像之前,即多出现在婴儿6个月之前,是在物我不分的混沌状态下产生的脱离语言的主观现实。它具有贯穿始终的能量,既抵抗着象征化,似乎又依赖于象征界的存在而存在,与比昂的β元素类似。用老子的一句话来概括就是:"反者道之动,弱者道之用。天下万物生于有,有生于无。"④

就像一栋房子,华丽的建筑是象征界,房子内部空间的形状是想象界,房子里的空隙就是实在界。房主需要的不是建筑,而是建筑形成的房间空隙("反者道之动,弱者道之用"),有了建筑才有房子里面的空隙("天下万物生于有"),需要房子里面的空隙所以才盖房子("有生于无")。

我认为要了解实在界,首先要清楚对实在界的观察角度,不是以一个旁观者的角度,而是以当事人的角度看待。实在界是当事人被压抑的东西的再现,正如拉康说的"从压抑的意义上说,所有被象征界拒绝了的东西又重新出现在了实在界之中"⑤。

为了说明这个问题,我们引用马元龙的论文《雅克·拉康——语言维度中的精神分析》中的一个案例:

狼人以一种追溯往事的风格讲述了一件事……五岁时的某一天,狼人和他的保姆南娅一起在花园里玩耍。在他用一把锋利的小刀去割树皮时,突然他看

---

① 王国芳.后现代精神分析:拉康研究[M].福州:福建教育出版社,2019:119.
② 王国芳.后现代精神分析:拉康研究[M].福州:福建教育出版社,2019:119.
③ 王国芳.后现代精神分析:拉康研究[M].福州:福建教育出版社,2019:120.
④ 老子.道德经[M].张景,张松辉,译注.北京:中华书局,2021:170.
⑤ 马元龙.雅克·拉康:语言维度中的精神分析[M].北京:东方出版社,2006:250.

见自己的一根手指被割断了,只剩一点皮肉相连,但并没有流血。他挨着保姆坐下来,但不敢告诉她,虽然她是他早期生活中无话不谈的知心朋友。惊魂稍定之后,他发现自己其实毫发无损。①

在这个案例中,"突然他看见自己的一根手指被割断了,只剩一点皮肉相连,但并没有流血",这是站在狼人的视角看到的"实在",而不是旁观者的视觉,旁观者什么也没有看到,这仅仅是狼人的幻觉。

精神病患者大脑出现的幻觉都是一种"实在",按照拉康的理论,这是无法被象征化的阉割恐惧被压抑之后,以幻觉的形式出现在了实在界。狼人"实在"的背后是"自己阴茎被割下来"的恐惧,也就是怕被阉割的心理。对拉康来说,精神病患者就是向我们展示了"实在"的人,拉康理论中的"实在"是精神病患者内心深处未经过镜像和语言改造的真实,是幻想表达的情绪,"实在就是那总是躲在自动者后面的东西"②。所以从某种意义上说,"主体与实在的关系本质上是与某种缺乏的关系,就像创伤一样"③,也就是说创伤让患者(主体)发现实在,实在的背后是创伤,创伤的背后是欲望。

拉康在不同的场合多次提到弗洛伊德外孙玩线板的例子:

弗洛伊德的小外孙,一岁半的时候已经断奶了,他的妈妈要去上班,不能在他身边。小外孙就一个人玩线板的游戏,小外孙把线板扔出去喊出"for",这时候小外孙呈现很紧张的表情,然后再把线板拉回来,带着非常激动的表情喊了一个"da",表情一下子变得高兴了。这样,弗洛伊德的小外孙就通过语言来缓解了母亲不在的内在焦虑。④

拉康重新阐释了这个案例,在拉康看来,外孙是在与母亲分离的背景下说出能指"for"和"da"的,语言符号"for"和"da"的象征,虽然能够缓解母亲不在场的焦虑,但不能抵消他的焦虑,因为语言符号"for"和"da"背后总有所指,也就是对母亲欲望(渴望母亲在自己身边而形成的安全感)的剩余,对母亲欲望象征化的残余,也就是拉康常说的小a,就是实在界的东西。

"昔者庄周梦为蝴蝶,栩栩然蝴蝶也,自喻适志与!不知周也。俄然觉,则

---

① 马元龙.雅克·拉康:语言维度中的精神分析[M].北京:东方出版社,2006:250.
② 马元龙.雅克·拉康:语言维度中的精神分析[M].北京:东方出版社,2006:257.
③ 马元龙.雅克·拉康:语言维度中的精神分析[M].北京:东方出版社,2006:257.
④ 王国芳.后现代精神分析:拉康研究[M].福州:福建教育出版社,2019:127.

蘧蘧然周也。不知周之梦为蝴蝶与,蝴蝶之梦为周与?"①

在符号的现实中,庄子是庄子,是能指,是符号;但在欲望的实在界中,他是一只蝴蝶,不为任何人存在。梦中蝴蝶的栩栩然,即为实在界的真实;现实中庄周的蘧蘧然,则为象征界的虚幻。梦中遇到的欲望现实,即实在界。

在拉康的理论中,实在界是无法象征的事物,是无法满足的欲望之因,能够产生欲望(欲望,又被称为小 a、实在界的剩余),是主体支配不了的一种动力,就像孙悟空无法变化的尾巴、猪八戒遏制不住的欲望。精神病患者的幻想就是实在界的一种表达。另外,实在界还有另外的一个特点:在场性。所谓"在场",就是患者过去经历的一些痛苦被带到了现在,被带到当下。具体而言,就是指"正在发生的事情和过去曾经经历的创伤,在这一刻似乎有一种共时性,产生了同时发生的效果。它提醒着我们,某一种创伤还存在着"②。

拉康曾经把想象界、象征界、实在界比喻为三个环环相扣的连环结,如果断掉一个,整个连环结就会破裂。在这个连环结中,想象界是个体的生活,具有主体的主观性,相当于"自我";象征界是促使主体人性化和社会化的部分,执行超我功能;实在界是一种欲望,是脱离了语言、且进入当下的某种感受,联结着想象界和象征界,并与它们不同,相当于"本我"。每个环都意味着个体精神世界苛求的一种依赖、依托或存在的感觉,个体的精神世界就在三个环里来回打转:实在界是对原初母体的依恋,想象界是对镜像主观的执着,象征界是对社会价值感的皈依。也正因如此,个体生命的历程永远伴随着症状。

第三节 欲望理论

在动力学上,拉康提出了欲望理论。在拉康看来,欲望是人的本质,是人类存在的中心,也是精神分析的核心。在这里,我们可以看到拉康的欲望与弗洛伊德的本能有相似的功能。不过,欲望不是本能,本能是建立在生物决定论上的,有生本能和死本能两个层次,它可以直接或者通过梦等其他方式变相得到

---

① 庄周,思履.庄子全书[M].北京:中国华侨出版社,2016:23.

② 赵小明.新精神分析:心理咨询师必知的 100 个核心概念[M].北京:中国人民大学出版社,2021:118.

满足。拉康的欲望理论,是建立在与他人欲望的辩证关系上的,分需要、要求和欲望三个层次,欲望是无法满足的。

一、欲望的产生和表达

欲望源于匮乏。婴儿的诞生是与母体分离的结果,而分离意味着缺失。胎儿在母亲胎盘里,通过脐带与母体紧密联系,脐带源源不断地供给胎儿需要的营养;胎儿出生后失去了脐带与母亲的联结,也就失去了营养的供应。这时候,婴儿就会产生需要,这是生物性的需要。婴儿有了需要,自然就要向照顾自己的母亲表达。这种表达就是要求,开始婴儿是通过哭声或其他躯体动作表达,后来通过简单的语言符号表达。无论是躯体动作还是语言符号表达的要求与婴儿最原始的需求之间,都会有遗漏(需要与需要的表达永远不会等同)。这样,需要与要求之间就产生了间隙,间隙即欲望,欲望是当需要被要求表达时所产生的剩余,即小 a。为了说明这个问题,我们再来看看前文提到的弗洛伊德外孙玩线板的游戏:

弗洛伊德的小外孙,一岁半的时候已经断奶了,他的妈妈要去上班,不能在小外孙身边,小外孙就一个人玩线板的游戏,小外孙把线板扔出去喊出"for",这时候小外孙呈现很紧张的表情,然后再把线板拉回来,带非常激动的表情喊了一个"da",表情一下子变得高兴了。这样,弗洛伊德的小外孙就通过语言来缓解了母亲不在的内在焦虑。

拉康认为在这个游戏中,小外孙实际上完成了两次象征行为。第一次是用扔线板和拉线板象征母亲的消失与出现;第二次象征是用"for"和"da"两个音节象征线圈的消失与出现。这里的扔、拉线板与"for"和"da"都是要求表达的能指,而能指和所指之间是有缝隙的,也就是无论是扔、拉线板,还是"for"和"da"的表达,都不能等同于内心深处对母亲依恋的需要,都有剩余,而这个剩余就是欲望。

在拉康看来,这个游戏不仅标志着语言的萌芽、象征界的诞生,而且形成了语言符号与需要之间的缝隙①。具有象征意义的语言符号必然带来对儿童原始依恋需要的压抑,促使潜意识欲望的形成。所以说"欲望是象征的产物"②。

---

① 王国芳.后现代精神分析:拉康研究[M].福州:福建教育出版社,2019:128.
② 王国芳.后现代精神分析:拉康研究[M].福州:福建教育出版社,2019:128.

由此看来,进入象征秩序后,主体就被异化和分裂了,一部分被分裂为语言化的能指;另一部分则是被象征秩序排除、存在于潜意识里的欲望(小 a)。而被排除的欲望,作为主体仅存一点点剩余快感,总是想出现,甚至破坏象征秩序;特别是创伤大的主体,被排除的欲望(小 a)更多。精神病症状就是被排除的欲望(小 a)以疯疯癫癫的形式的表达,不过,精神病患者的疯癫并不是主体对象征秩序的胜利,而是被象征秩序抛弃。个体一旦进入精神病状态,也就意味着作为一个人的主体性也被颠覆了(因为作为主体内部结构一部分的象征界消失了)。因此,精神病患者毁灭的不是象征秩序,而是作为主体存在的自己。

欲望总是在要求中出现,但是它永远处在要求(语言的表达)之外,就本质上而言,欲望是象征界表达的匮乏,没有匮乏,就谈不上欲望。欲望的匮乏本质,决定了欲望对对象的寻找永远也不能达成。欲望对象的"一个根本品质就是它总是'失落的对象'"①。

二、欲望是他者的欲望

婴儿的诞生形成了分离,分离产生匮乏,匮乏形成了需要,有了需要就有表达要求,需要和要求之间的缝隙形成了欲望。就像一个人饿了,于是到商店买了一块面包,不过,面包仅仅是满足了饿了的某个层面,而不是所有的层面,饿了和面包之间有个缝隙,这个缝隙就是欲望。

但是婴儿肢体的感受和最初的认知是不完整的,就会试图在他者那里寻找自己的欲望,在寻找的过程中,他者的欲望就变成了自己的欲望。比如,一个婴儿正玩着毛毛熊,看到别的孩子玩小汽车,就会放下自己手里的毛毛熊,夺取别人的小汽车。个体欲望的实现总是依赖于自然界或者他人。这样看来,欲望不是仅属于私人的,是在与他者欲望的辩证关系中被构成的,"人的欲望就是他者的欲望"②,是社会产物。

每一个胎儿的躯体都是在与母亲的分离中诞生的,每一个幼儿完整的心理结构也是在与母亲的分离中形成的。无论是躯体的分离,还是心理的分离,都会有依恋,有了依恋就想拥有母亲的全部。在前俄狄浦斯期和俄狄浦斯情结的第一阶段,婴儿与母亲一直处在单一的、直接的情感关系中,这种排他性的母婴

① 吴琼.雅克·拉康:阅读你的症状:下[M].北京:中国人民大学出版社,2011:385.
② 吴琼.雅克·拉康:阅读你的症状:下[M].北京:中国人民大学出版社,2011:591.

关系使得婴儿误认为自己的欲望也是母亲的欲望,甚至把自己本身也看成母亲欲望的对象,希望自己是母亲的生活中心。例如:有的儿童喜欢看《猫和老鼠》,每当电视播放《猫和老鼠》的时候,就会急切地喊母亲一起观看;有的幼儿会在母亲面前卖萌,会做一些动作来吸引母亲的关注。

为了让自己成为母亲的欲望,婴儿就要认同母亲的欲望(即爱着你的爱,恨着你的恨),于是婴儿自己的欲望就成了他者的欲望。当婴儿发展到俄狄浦斯情结的第二、第三阶段,认同了父亲时,婴儿原始的欲望就从渴望成为母亲的欲望,转化为对父亲的认可,这样父亲的欲望就成了婴儿的欲望。俄狄浦斯情结的化解,让幼儿进入符号界,文字符号所代表的文化是先于婴儿产生的,婴儿也是在文化中长大的,婴儿的原始欲望就会被先于婴儿出现的文化异化和压抑,并被文明的符号取代。原始的欲望通过无限地升华,被异化为一个个能指,从想"成为母亲的欲望"转变成功、名、利、禄之类的能指。这种转化是通过一系列的能指替代来实现的,如果从语言的角度上看,欲望就是换喻,主体最原始的欲望只能通过梦、口误、倒错、双关等非逻辑的方式呈现。

我咨询过这样一个案例:

患者,女,21岁,女大学生,在学校里感到痛苦,想休学。患者从小就要强,做事情要么不做,要么做得最好,如果考不了第一名就感到异常痛苦。患者20岁生日的时候,大学室友都像不知道似的,没有人向患者表示祝贺;患者感到被忽略了,非常痛苦。后来,与室友们相处的时候,患者总感到别人对自己的忽视、嫉妒、伤害。这些感受始终萦绕在自己与班级群体的相处过程中。从此,患者就再也不想对室友说一句话,总觉得即使说了,别人也不把她的话当成一回事。

在这个案例中,患者一直生活在想象的世界中,非常在意自己在别人心里的形象,一旦感受到自己成不了别人的欲望,就陷入痛苦之中,缺少了自我存在感。患者以丧失自我意识的方式,完全置身于异化的想象与幻觉的世界,就像一个穿了厚厚的铠甲依然恐惧死亡的士兵。

第四节　精神疾病的病理机制

对于精神疾病的结构，拉康做过精辟的论述："精神病患者的精神世界中，根本没有'父亲'的名字。"①从这句话，我们可以看得出来，在拉康看来精神病形成的原因是患者没有阉割成功，不能进入象征界，处在前俄狄浦斯期的心理状态。这是需要和要求之间的缝隙地带，是无法用言语表达的状态。例如：一个人非常恐惧，这个时候就渴望回到家里，但是回到家里，即使把所有房间里的门全部关上，某些恐惧的感受依然存在。这里的"安全"是需要，"回到家，关上门"是要求，需要和要求之间不是对等的，它们之间是有缝隙的，这种需要和要求之间的缝隙是无法用言语来表达的。下面我们看弗洛伊德的狼人案例中狼人做的一个梦：

在我的梦里，那是个晚上，我正躺在床上(我的床脚正对着窗户，窗户前排是一排老胡桃树。我知道，我做梦的时候是冬天，而且是晚上)。突然窗户自己打开了，我看到几只白色的狼坐在窗前的大胡桃树上，我吓得要命。它们有六只或七只。这些狼很白，看起来更像是狐狸或是牧羊犬，因为它们有像狐狸一样的大尾巴，而且凝神于某个事物时，耳朵就像狗一样竖起来。我陷入极度恐惧，当然是害怕被狼群吞噬，我尖叫，惊了过来。我的奶娘赶到我的床边，看看发生了什么事。过了好久我才相信这只是一场梦；毕竟我看见了栩栩如生的清楚影像：窗户打开，狼群端坐在树上。最后我平静下来了，感到好像我已经逃离了某种危险，便再度睡去。

梦里唯一的动静是窗户打开了；因为狼群都静静地坐着。在树枝上没有任何动作，只是分居树干左右，望着我，好像它们把所有的注意力都放在我身上——我想这是我第一个焦虑之梦，我当时大概三岁或四岁，最多不超过五岁，从那时开始，直到我十一二岁，我总是害怕在梦中看到什么恐怖的东西。②

弗洛伊德是这样解释这个梦的：18 个月大的时候，孩子目睹过父母做爱的

---

① 里德，格罗夫斯.拉康[M].黄然，译.北京：文化艺术出版社，2003：104.

② 弗洛伊德.狼人：孩童期精神官能症案例的病史[M].陈嘉新，译.北京：社会科学文献出版社，2015：37.

情景,他们穿着白色的内衣,或者什么也没穿(因为是白人,皮肤比较白),像动物那样,采取"背侧性交"。他看到了父母的生殖器,发现母亲的生殖器像一个"伤口",这成为日后"阉割恐惧"的一个理由。因为阉割恐惧,通过反向作用,那些狼都有"像狐狸一样的大尾巴"。"窗户打开了",其实是他睁开眼睛。他看着父母做爱,通过置换,变成了父母或白狼"望着我"。父母尽情做爱,也通过反向作用,变成了"静静地坐着"。

在这个案例中,婴儿看到母亲被父亲"侵犯",形成恐惧,而这种恐惧的感觉是无法用象征界的言语来表达的,所以采用隐蔽的幻觉方式,以白色狼的形式出现在梦中。对于精神病的病理,拉康认为有两个重要的心理机制:"排除和被排除事物的回归"①。排除是欲望不能用象征化的形式来表达而被抛弃到象征界的外面;回归是被象征界抛弃的事物又返回到主体内部。

排除之所以在精神病病理机制中的价值很大,就在于欲望不能进入象征界,无法形成能指链,就会产生空洞,这是一种对所涉及要素在象征界的彻底空白状态,属于实在界(有时候在现实生活中用幻觉来表达)。排除不是压抑,神经症的压抑尚可以通过能指转化的方式来表达,比如对性的压抑,可以转向功、名、利、禄或者用变态方式表达。精神病状态的欲望不能用能指转化,只能游离于现实世界。

至于催发精神病形成的诱因,也往往是主体需要承担"父亲的角色"的时候,例如面临重大决策、承担重大责任的时候,这些压力要求主体承担起父亲的角色,而主体在象征界一片空白,于是精神病内心深处被吞噬的恐惧感就产生了。

当感受到因"父亲的名字"的缺位而形成空洞的时候,主体就会感受到恐惧,而试图去填补丢失的意义,对空洞进行格式塔式的赋予意义。就像催眠体验者对催眠后指令的自圆其说一样,也如一些精神分裂患者的幻觉症状:今天之所以是阴天,就是因为有外星人密谋控制;旁边传来的声音是窃听自己的电台发出来的……也正因如此,狼人看到父母纠合在一起的镜头,因为当时在婴儿的世界里母子是一体的,婴儿就会感到自己的妈妈(也是自己)被吞噬的恐惧,于是就幻想出树上白色的狼要把自己吃掉的梦境。

---

① 王国芳.后现代精神分析:拉康研究[M].福州:福建教育出版社,2019 年:146.

第五节　心理治疗

拉康式分析不以去除症状、改善关系或者完善自我为目的,分析的目的是使患者觉察,不再认为自己是自己言语的创造者和主宰者,知道自己只是一个载体。分析并不会改变患者仍然在象征秩序与自身心理现实的局限,而是使患者带着清晰的认知,更能觉察自己心理现实的来龙去脉。也就是说分析使得患者更明白,当患者明白了,也就有了改变的可能,但是改变以放弃以前的模式为前提。

我咨询过这样一个案例:

某国外留学博士,在读研究生的时候,曾经嫖娼,后来总是担心妓女为自己生孩子,内心非常痛苦、纠结。患者一方面在理性上知道妓女不可能给自己生孩子,另一方面在感性上控制不住自己的担心。患者小时候比较调皮,父亲管教严厉,经常打骂患者,而且打得非常严重。直到现在,患者一想到父亲就有恐惧的感受。

患者这种强迫观念的核心是内心极度缺少安全感,小时候父亲的殴打,让患者潜意识深处埋下了恐惧的种子,成年后就带着恐惧与周围的世界打交道。咨询,就是让患者明白自己这种"妓女生下自己的孩子"的想法,是建立在担心"万一"的恐惧心理上的,而这种担心"万一"的恐惧心理,是父亲早年对患者的打骂教育塑造的。

拉康的博士论文《论偏执狂病态心理及其与人格的关系》中谈及这样一个案例:

患者埃梅,38岁,铁路职工。一天晚上,在巴黎一家剧院,当一个著名的女演员走进来时,埃梅莫其妙地冲上去,用刀子刺伤了这名女演员。被捕后,埃梅坚持说这个演员一直在散布关于她的谣言,但是埃梅又承认没有见过这个演员。

埃梅生于农村,有两个姐姐和三个兄弟,从小与母亲感情很深。她母亲讨厌社会,独自封闭地生活,不和任何人交往,对邻居经常采取敌意行为。埃梅具有文学抱负,但是她的小说和诗歌却被出版商一次次地退回。埃梅离开母亲后谈过几次不成功的恋爱,这使得她由幻想爱情发展为憎恨男人的欺骗。埃梅的一个姐姐一直是她幼年的权威,埃梅结婚八个月后,这个姐姐一直与埃梅生活在一起,并帮助埃梅照顾孩子。不过拉康可以感受到在埃梅对姐姐的赞美的时候,流露出的冷漠口吻。①

拉康认为,女演员代表埃梅的人格理想,享有一定的社会地位和权力,这正是埃梅通过文学来追求的东西:希望成为一个富足的、具有影响力的小说家。女演员是她想要达到的人生目标,是她“镜像”中的自我,但是埃梅的文学实践失败后,女演员这一“镜像”反映的不是一个完美统一的自我,而是一个缺失和匮乏的前镜像阶段(类似弗洛伊德说的受到创伤后退回自恋状态),并激起焦虑与仇恨的感受,于是反过来攻击她的理想的化身。这样埃梅就回避了面对自己悲惨的现实,从而保护了自己的理想形象。就这一点而言,拉康的理论与克莱因的羡嫉理论相似。

在埃梅的背后还有自我惩罚的原因,在潜意识层面,埃梅希望刺杀女演员而使自己理想中的形象远离自己,进而保留自己脆弱的独立的自我形象。拉康把埃梅的行为称为“自恋自杀式的攻击”,是一种自恋行为的变体。

埃梅心理问题的根源在于受挫的成长经历,母亲的封闭生活、敌视他人的行为,使得埃梅没有形成稳定的自我认同,即使姐姐、女演员和其他形象成为自己理想的形象,但是终究还是他者的形象,后来文学创作的失败、恋爱的受挫,进一步激发了埃梅内心深处的创伤,为了减少自我的失败,保护脆弱的自我存在感,就开始攻击自己理想的形象(因为自己理想的形象反衬出自己的失败)——女演员和姐姐。

拉康在咨询的过程中,反对限定咨询时间,他认为弹性咨询时间可以消除患者的期待,诱发患者的自由联想。另外,拉康重视缄默的功能,认为咨询师如果保持缄默,就更能激发患者的情绪,使得患者失去对自己言语的控制力量,在言语中把自己的潜意识暴露出来。咨询师就是在患者的口误、停顿之中寻找并解释“被打落的所指”②。

---

① 王国芳.后现代精神分析:拉康研究[M].福州:福建教育出版社,2019年:138-141.本书对此处文献做了叙述性整理。

② 王国芳.后现代精神分析:拉康研究[M].福州:福建教育出版社,2019年:159.

第二部分

对精神分析理论的思考和总结

驱力

"自我"在不同流派中的内涵

潜意识、意象和积极想象

心理状态

心理发展阶段

心理病理性理论

概　　述

　　如果我们把精神分析理论比喻成一条流淌着的河流,那么这条河流的源头则是弗洛伊德的经典分析理论。作为精神分析理论的创始者,弗洛伊德小心地呵护着自己的成果,警惕着任何反对意见。但是弗洛伊德并不是精神分析的河流,因为这条精神分析之河在流淌的过程中一直在吸纳着新鲜的雨水和其他的支流,特别是 1939 年弗洛伊德去世之后,精神分析的河流就变得越来越宽广,水流越来越汹涌。在这条河流中,有开始的荣格、阿德勒、霍妮、费伦齐的声音,也有后来的安娜·弗洛伊德、哈特曼、斯皮茨、马勒、雅各布森、克莱因、比昂、费尔贝恩、温尼科特、科胡特、科恩伯格和拉康的思想……

　　开始,弗洛伊德提出了幼儿诱惑理论,强调后天因素对个体心理的塑造作用。后来从 1897 年开始,弗洛伊德的关注点转向了幼儿性欲理论,对人格的内部结构开始着迷,提出了本我、自我和超我概念;自我心理学则接过弗洛伊德精神分析重视个体内在心理的大旗,他们更关注自我的形成与完善,认为自我不应该是本我和超我的冲突中的受气包,而应该是主导者;这一研究方向后来被科胡特发展为自体心理学,强调一个人要有"带来活力的扩张野心与基本的理想化目标"[①];在拉康的理论中,更重视内在心理的语言符号和隐喻的作用,提出了三界理论,这是弗洛伊德经典精神分析的发展。不过,无论是弗洛伊德本人,还是自我心理学、自体心理学和拉康心理学,都没有否认早年的成长环境,都认为早年的成长经历影响了甚至塑造了个体的心理状态,只是他们把更多的精力放在心理状态的内在机理上而已。

　　重视早年创伤经历的幼儿诱惑理论在弗洛伊德经典精神分析理论中,就像一个夭折的婴儿,刚刚诞生就被弗洛伊德丢弃了,虽然弗洛伊德也非常重视个体早年的成长经历。不过,弗洛伊德的后继者,却越来越看重这个被弗洛伊德丢弃的婴儿(重视后天的养育环境):在阿德勒看来,养育者的溺爱、忽视和生理缺陷,造成了人的自卑感,而补偿心理又成为个体超越自卑的奋斗源泉;在霍妮

---

　　① 米切尔,布莱克.弗洛伊德及其后继者:现代精神分析思想史[M].陈祉妍,黄峥,沈东郁,译.北京:商务印书馆,2007:193.

看来，"家长们常常将自己的思想强加于孩子，而不去理解、分析孩子的思想和需要"①，必然造成孩子的"基本焦虑"；美国本土精神分析师沙利文更重视个体成长经历中的人际关系，认为自我并不在个体内部，而在与他人的互动中；到了后来，以克莱因、比昂、费尔贝恩和温尼科特为代表的客体关系心理学，则否定了弗洛伊德的驱力理论，更重视早年客体关系对人格的塑造，"温尼科特认为，如果母亲无法提供巩固健康的自体感受所必需的足够好的环境，儿童的心理发展基本会停止"②。

弗洛伊德之后，精神分析开始变得争吵不断、沸沸扬扬，各种观点层出不穷，是百家争鸣，也是百花齐放。如果我们仔细分析、细心梳理，就会发现不同理论流派的观点，看似冲突，实质上是从不同侧面来论述同一个命题，有的重视个体内部心理，有的重视个体成长的外部环境，看似割裂，实质上是完善了精神分析理论。

精神分析从重视外在养育环境的婴儿诱惑理论开始，到重视内部现实的婴儿性欲理论，到重视内在自我发展的自我心理学、自体心理学，再到重视个体早年成长经历的人际关系心理学、客体关系心理学。这是一个同心圆，一个围绕着"身心一体理论"的同心圆。

我认为个体心理是以其先天生理机能为基础、在早期的成长经历中形成的、并在以后的生活中继续延续并加以完善或破坏的心理状态，有的积极健康，也有的消极悲观……心理问题是个体内在心理现实的表达，而个体当下的心理现实，同个体早年的成长经历有关系。治愈心理问题，不仅要让患者觉察自己的心理现实，也要明白心理问题形成的外部原因，进而帮助患者修复未竟的成长阶段，形成独立自我。

---

① 霍妮.自我的挣扎：神经官能症与人性的发展[M].邱宏，译.沈阳：万卷出版公司，2011：2.

② 米切尔，布莱克.弗洛伊德及其后继者：现代精神分析思想史[M].陈祉妍，黄峥，沈东郁，译.北京：商务印书馆，2007：154.

第十二章　驱　　力

　　驱力是任何心理学派的心理学家都不能回避的问题:弗洛伊德把驱力归结为先天的生本能和死本能;荣格认为驱力是一种普遍的生命力,不仅仅有生理上的,也包括精神上的;自我心理学认为驱力不仅有先天的成分,而且还受早期生活环境的影响;人际心理学家沙利文认为驱力来源于人际关系;客体心理学家认为客体本身就具有力比多能量;自体心理学家科胡特认为自体作为"人格的核心",是人类动能的中心;拉康认为需要和要求之间的间隙形成的欲望就是驱力。不同精神分析学派对驱力的不同解读,反映了各自的理论倾向。之所以有如此大的差异,是因为他们阐述问题的角度不同,正所谓"横看成岭侧成峰,远近高低各不同"。

　　弗洛伊德认为,婴儿身体的发育促成精神张力的形成,精神张力的基本功能是满足躯体内部组织的平衡,外部世界的客体是"偶然"发现的。由此弗洛伊德得出结论,驱力来源于躯体,是先天性的动物本能。克莱因对弗洛伊德提出的躯体是驱力来源的论断持怀疑态度,她认为驱力和关系是同时存在的,躯体仅仅是驱力表达的载体而不是驱力的起源。费尔贝恩则彻底否定了驱力来源于躯体的生物学观点,认为"人类的经验与行为本质上源于寻找并保持与他人的关系"[①]。

　　关于驱力和躯体的关系,我认为二者就像汽车的发动机和发动机需要的燃料。没有发动机,燃料就不会产生动能;同样,没有燃料,发动机也不会产生驱力。二者唇齿相依,如"形与神俱"(《黄帝内经》所言"故能形与神俱,而尽终其天年,度百岁乃去"[②])。形,就是生命之躯体;神,就是发动机需要的燃料(即生活环境的刺激)。二者结合,形成驱力。没有先天的躯体设置(大脑神经、激素等),任何环境也形不成驱力需要的快感;没有环境刺激,再健全的躯体设置也

---

　　① 格林伯格,米歇尔.精神分析之客体关系理论[M].王立涛,译.上海:华东师范大学出版社,2019:123.

　　② 杨永杰,龚树全.黄帝内经[M].北京:线装书局,2009:3.

不会有驱力的动能:二者都是驱力形成的必不可少的元素。驱力既是先天的,又是关系的。没有躯体,驱力无从谈起;没有环境,纵有躯体设置,也形不成驱力(从某种意义上说,精子和卵子结合的一瞬间,就与母体胎盘的环境有扯不断的关系)。

躯体作为驱力形成的载体,能够产生驱力不可或缺的生物学元素,这一点已经被现代生物科学证明。大脑里的多巴胺、内啡肽、无羟色胺等神经递质对人的情绪有重大影响。我咨询过这样一个案例:

公司高管,42 岁,女性,研究生文凭,多年抑郁,无论吃药还是咨询,效果都不好。总是感到疲倦,什么都不想做,缺少生命的激情和动力。后来经别人介绍到我这里,在常规的心理咨询之外,我告诉她,你每天至少坚持跑步一小时。经过两个月的咨询和锻炼,患者感到自己脱胎换骨,浑身有劲,对外面的风景也感到美了,并且决定去周游世界。记得在最后一次咨询的时候,我问患者,经过两个月的咨询,你的问题基本上化解了,不过,你感觉在所有的咨询过程中,哪一点对你影响最大呢? 她思考了一下说:跑步,跑步让我感受到身体的力量,也增强了我的毅力。

这个患者的康复,让我们感受到躯体对情绪的影响。

个体生存环境的刺激对于驱力的形成来说,是必不可少的元素。例如,印度发现的狼孩没有人的情感,自然也没有人的驱力,看得出来,环境决定了驱力的方向;再魁梧的强者,在一系列叠加性创伤的打击下,也会陷入抑郁的深潭,因此,环境决定了驱力能量的大小。如果我们再深入探究,受精卵从一开始就是一种在环境中的存在,胎儿生存的胎盘环境、孕妇的心情,无时无刻不影响着甚至左右着受精卵的发育,所以生命的形成,无论在生理上还是在心理感受上,都不可能脱离环境而存在。

我们可以大胆设想婴儿出生后的状态:首先,出生意味着与母体的分离,婴儿必然产生营养的匮乏感,而营养的匮乏必然会引发婴儿生理的需要,有了需要就会产生表达,对于婴儿来说,表达的方式无怪乎蹬踏、哭闹,所以驱力最初的来源应该是营养匮乏产生的需要。另外,婴儿出生后,也就脱离了母体胎盘的生存环境,脱离了最初在胎盘里的、熟悉的感受,这样婴儿自然就会产生对曾经熟悉的环境的需要,从某种意义上说,类似于胎盘环境的需要就是个体精神需要的源头。由此看来,驱力从一开始就有生物性和环境两种因素的存在。

婴儿最初的驱力应该来源于营养匮乏的需要和环境匮乏的需要。当母亲把乳房放进婴儿的口腔后，婴儿就会感受到上述两种需要都能得到基本上的满足：乳汁一方面能提供婴儿匮乏的营养，另一方面暖暖的、柔柔的、软软的乳房与婴儿在胎盘里的感觉，又有某种意义上的契合，这种契合极大地满足了婴儿胎盘环境匮乏的需要。因此，对新生儿来说，乳房就是其最大驱力。相反，如果不能及时地得到乳房的哺育，婴儿的两种原始需要就得不到满足，不满足就会激发婴儿的攻击驱力。因此我们可以得出这样的结论：能不能得到乳房（即养育环境）给予的满足，催发了婴儿好坏两种情绪感受，而两种情绪感受进一步形成了融合和攻击的两种驱力。

随着年龄的增长，个体感受到的类似乳房之类的、能引起自己快感的东西越来越多。比如小时候母亲的抚摸、好吃的食品、精彩的玩具和成年后的功名利禄、主流文化背景下的价值观，这些东西刺激着个体的感官，让个体的欲望越来越多，内在的驱力也越来越强大。由此可见，躯体设置是驱力形成的载体，外在客体刺激则是驱力的源泉。

根据驱力的内容，我们可以将成年个体的驱力归纳为以下五种类型。

一是自我价值实现的驱力。健康的自我开始于早年抱持的环境，完成于青春期自我同一性的整合。个体有了独立的自我，就知道我是谁，就会根据自己的内心做自己认为应该做的事情，并且在做事情的过程中体验到自我生命的快乐。例如，工作中的执着、帮助别人的付出、公益活动的投入都能让个体产生快乐，这是一种自我价值的实现带来的驱力。

二是安全驱力。就生命中的个体而言，出生意味着与母体的分离，与母体的分离必然会带来原始的被毁灭恐惧，这种原始的被毁灭恐惧促使每个人在以后的生命过程中都有寻求安全的需求。这是一种缺失性需求，而奋斗甚至攻击能够给充满危机感的内心带来安全感。例如，精神病的暴力和神经症患者的强迫，是对危机的防御。超越自卑，也是为了求得安全感。

如果一个人早年经历了太多的挫折、打击、拒绝、冷漠，内心往往会产生危机感，危机感则驱使个体产生为摆脱危机感而奋斗的驱力。不过，值得注意的是，即使获得的成就再大，内心缺少安全感的个体依然感到危机四伏。例如，秦始皇早年流离失所的生活，形成他极度缺少安全感的内心感受，后来他虽然拥有了天下，内心依然缺少安全感。"隳名城，杀豪杰；收天下之兵，聚之咸阳"、修长城、建兵马俑等等,就是他依然在寻求安全感的体现。

三是存在驱力。我们每个人都是在他人的认可中扩大自己的心理空间,感受到自我存在感,并形成自体恒定性的。如果成长过程中受挫,自体恒定性没有形成,个体就会以他人的反应为自我存在的坐标,过于在意别人对自己的看法。中小学校园中施加暴力的孩子,通过欺负更弱小的孩子,来感受自己的强大,寻求存在感;课堂上总是哗众取宠的学生,通过自己的恶作剧让老师和其他同学注意到自己的存在,来寻找存在感;酒桌上夸夸其谈的饮者,又何尝不是为了得到别人的关注以彰显自己的存在感呢? 感受不到自我的存在感,从某种意义上说,也是缺少安全感的一种体现。

四是联结驱力。费尔贝恩认为个体总是寻求早年生活中体验过的互动方式,并以这种互动方式为核心来建立日后的情绪生活,即每个人都在寻求客体的力比多。正如每个受虐者和施虐者早年往往都有被虐待的成长经历,成年后的他们依然重复着养育者的施虐和自己的受虐经历,目的就是寻求与成长经历中曾经对自己施虐的重要他人和曾经熟悉的受虐感受的联结。这种通过施虐和受虐与早年经历的联结,虽然是变态的,但是能够让他们感到熟悉和安全,也让他们能够产生快感。

五是生理驱力。吃、喝、拉、撒、睡、性等,这些都是生理需要,一旦这种需要出现缺失,就必然激发个体的驱力。

无论哪种驱力,都与快感有关系。自我价值的实现有快感,安全感有快感,存在感也有快感,与过去的联结也有快感,生理需要更是快感。所以弗洛伊德开始把力比多快感作为生命的唯一驱力,是有道理的。另外,我们再分析一下上述驱力的五种来源,就会发现这些驱力都是关系的产物:自我实现的驱力,是在与外界的关系中实现的;安全驱力、存在驱力、联结驱力,都是在早年关系中产生的;至于来源于生命躯体的生理驱力也具有指向性,例如生理成熟期的性,不是指向每一个人或物体,而是针对自己喜欢的特定对象,这还是关系。由此看来,在对驱力的理解中,我们不仅要看到快感与驱力的一致性,也要充分重视成长经历和当下的环境因素。因此,我更倾向于生命的驱力是在躯体设置和外界刺激的双重作用下、对快感的追求中产生的。

弗洛伊德认为人的驱力是守恒的,一个人投注于自体的能量越多,投注客体的能量就会越少。言外之意是爱了自己,就不能再爱别人了;爱了别人,就不能再爱自己了。事实上,力比多能量是一个变量,在个体与客体接触的过程中,力比多能量会源源不断地从客体流向自体。驱力来自实践带来的成功快感,成功快感积累得越多,形成的驱力越大,正所谓"多次成功就自信了"。当然,这种成功快感是一种自我感受,而与客观的事实并不是一对一的关系。成语"得陇望蜀""得寸进尺",就是欲望不可满足的形象表达。即使是功成名就的主动隐退,也不是驱力能量的消失,而是驱力能量的转移,从对世俗的功名利禄的追求,转向了对生命的顿悟。至于抑郁症患者,则是驱力被过度压抑受损而形成的匮乏,所以抑郁症患者一个普遍的症状是精神疲惫,感受不到生活乃至生命的快乐。

在对驱力的论述上,无论弗洛伊德还是他的后继者,虽然相互抵触,甚至针锋相对,但是都有其价值,他们只不过是从不同的侧面对驱力进行描述:弗洛伊德从生物进化论的角度阐述了驱力的快乐趋向;关系心理学理论家谈论了环境对驱力的影响;科胡特则是从反对弗洛伊德驱力能量守恒性的角度论述了驱力潜能的巨大;拉康从欲望的角度暗示了驱力的不可满足性。就像盲人摸象,每一个盲人认知的大象都是片面的,把不同的认知结合在一起,就可以感知大象的真实特征。如果综合各位大师的观点,我们就能相对清晰地看出驱力的真面目:驱力具有非恒定的巨大潜能,它的物质基础是躯体的先天设置;驱力的营养来自与环境互动中产生的快感和成功感,特别是早年的成长经历中的自我体验。

个体的驱力就像一颗种子,伴随着躯体出生,就具备了先天的物质基础;生命过程中健康的客体关系就像温暖的阳光、肥沃的土壤;驱力在阳光和土壤的滋养下生根、发芽,最后长成参天大树。

第十三章　"自我"在不同流派中的内涵

第一节　概　　述

"自我",作为精神分析理论中的核心概念之一,在不同流派的表述中,运用的词语不同,具体的含义也不同:有的是"ego",倾向于指代人格结构内部,与本我、超我相并列的自我;有的是"self",则倾向于指代相对于客体对象或他人而存在的自我。

弗洛伊德理论中的"自我"表述为"ego",指人格内部结构(本我、自我、超我)的成分之一,来源于本我,具有协调本我和超我冲突的功能。

阿德勒理论中的"自我"表述为"self",是相对于客体对象或他人而存在的、统一、独立而完整的"我",强调自由选择的能动性。

荣格的理论中的"自我",表述为"ego",是"一种构成我的意识领域中心和呈现出具有极高的连续性与同一性的观念情结"①,即自我情结。在荣格看来,自我是伴随着生命的诞生而出现的个体意识的主体。需要指出的是,在荣格的概念中,"自性"被表述为"self",是包括无意识在内的全部心理的理想统一体。

自我心理学依然用"ego"来表述。与经典精神分析认为自我来源于本我驱力不同,哈特曼、斯皮茨和雅各布森都认为自我体验是伴随着生命而出现的。自我心理学虽然没有否定弗洛伊德的自我理论,认为自我是人格内部结构之一,但更强调"自我"的自主性力量。

在客体关系心理学派温尼科特的理论中,自我(ego)被描述为"部分的成长的人格趋向,在适宜的条件下面,被整合为一个单元"②。克莱因、费尔贝恩和温尼科特都认为自我是从一开始就出现的人格结构成分,而非来自本我。费尔

---

① 荣格.心理类型[M].吴康,译.上海:上海三联书店,2009:372.
② 克莱尔.现代精神分析"圣经":客体关系与自体心理学[M].贾晓明,苏晓波,译.北京:中国轻工业出版社,2002:101.

贝恩还更进一步地认为自我是具有原初完整性的基本的心理整体,本身是有能量的,不存在自我和本我的分离。

自体心理学创始人科胡特用"self"来表达"自体",认为自体是人格的核心,统摄一切的心理体验。在科胡特理论中,"自体"并不等同于"自我",是本我、自我和超我更上一级别的整体存在,更强调主观体验,具有驱力功能。

社会文化学派(关系学派)把"自我"表述为"self",他们不认可弗洛伊德的驱力理论,认为社会文化背景和个体之间关系等因素对自我的形成和发展有重大影响,代表人物有霍妮、沙利文、弗洛姆等人。

第二节　人格结构理论中具有防御功能的"自我"

100多年前,弗洛伊德像一个探险者,带着迷茫和好奇进入了人类陌生的心理世界。对于患者的心理问题,弗洛伊德开始提出了幼儿诱惑理论,他认为患者早期生活经历中的创伤,形成了内心的痛苦,而这种痛苦一直压抑在潜意识深处,成年后从潜意识冒出来,就形成了心理问题。一旦把潜意识意识化,曾经的创伤记忆被打开,心理问题自然化解。后来,在咨询的实践中,弗洛伊德发现患者通过自由联想呈现的早年创伤,在客观现实中并不存在,而是患者自己幻想出来的;于是,弗洛伊德就放弃了幼儿创伤理论,提出了幼儿性欲理论,认为患者心理问题是潜意识本能冲动被社会文明压抑而形成的冲突。不过,幼儿性欲理论又给弗洛伊德带来另外的困惑:如果人的意识压抑潜意识的冲动,那么意识不可能不知道压抑的对象是什么,所以人内心的冲突不可能是意识和潜意识的冲突,一定是在潜意识内部发生的。带着这种困惑,年逾六十的弗洛伊德又提出了人格结构理论,认为个体内部结构包括三个部分,分别是本我、超我和自我。

潜意识深处一直存在着本我和超我的冲突,如果一个人的自我不能有效地协调本我和自我的冲突,就会形成心理问题。例如,贪食症是本我战胜了超我而控制不住自己的食欲,厌食症是超我战胜了本我而压抑了自己吃的欲望。所以要想化解问题,重心在自我层面。于是,晚年的弗洛伊德就把主要精力投入了对自我的研究,提出了自我的防御机制理论。

　　按照弗洛伊德的理论,我们可以看得出:在人格结构的内部,自我处在本我和超我冲突的旋涡中心,就像一个受气包;它既要遵守超我的要求,又要满足本我的需求,最后只能利用一些变通的方式使本能冲动经过伪装以超我可以接受的方式得到适量的满足。这种根据现实原则协调本我和超我冲突的变通方式就是自我的防御机制。例如:艺人耍蛇、工程师建造摩天大楼、艺术家拉小提琴,是手淫的升华;手臂僵硬的癔症状态是患者逃避做某件事的躯体化反应。这里的升华、躯体反应就是自我的防御机制。从某种意义上说,个体应对内心冲突的反应,都是一种防御机制,例如压抑、投射、置换、反向、合理化、升华、转移等。

　　一般情况下,如果防御机制应用得当,个体就能开心地适应现实;如果使用不当,内心就会出现本我和超我的冲突,冲突以症状的形式表达出来就是神经症性心理问题。例如:癔症(表演性人格)使用的是压抑和躯体化的防御机制;强迫症使用的是反向形成、隔离、理智化和抵消等防御机制;偏执型人格使用的是投射的反应机制。

　　自我防御机制主要有两个特点:一是在无意识水平进行的;二是往往具有伪装或者歪曲事实的特点。因此,在弗洛伊德看来,治疗心理问题,就是把潜意识中被压抑的本我释放出来,也就是"潜意识意识化",一旦躲在潜意识深处的本能欲望暴露在意识的阳光下,潜意识深处的压抑就没有了,没有了压抑自然也就没有了因压抑而形成的痛苦。

　　自我心理学的启蒙者安娜·弗洛伊德继承并发展了弗洛伊德的精神分析理论,她更重视自我的防御功能,认为心理冲突的主战场并不是在无意识的冲动与意识的防御之间,而是在无意识层面的本我、自我、超我三种人格结构成分之间,每一种成分都在无意识地执行着自身的功能。在心理咨询的过程中,如果咨询师工作的重点是把无意识本能的欲望意识化,那么无意识层面的自我防御机制和超我必然会受到打压,这种削足适履的治疗方式不能彻底化解患者的心理问题。安娜·弗洛伊德坚信化解患者的心理问题,不仅仅要解救被压抑的本我,也要把被压抑的自我和超我释放出来,因此,分析治疗的焦点需要从寻找本我冲动,转向均衡地考虑无意识层面的本我、超我和自我部分。然而,本我、超我没有冲突时,就会湮没在它们各自的领域,人们无从知晓它们的存在;而自我,则可以通过防御方式呈现出来。因此,在人格结构中,人们能观察到的领域始终是自我;通过对自我的观察,可以了解人格结构中的本我和超我状态。安娜把精神分析的立足点放在自我层面上。

在安娜的理论中,自我被提升到一个新的高度,自我的协调功能化解了超我和本我的冲突,使人格内在结构呈现出和谐状态。在心理治疗时,安娜更倾向于把自我作为解决所有精神分析问题的起点,弱化了弗洛伊德对本我的过度关注。

第三节 自我心理学更关注"自我"的成长

无论是弗洛伊德,还是安娜·弗洛伊德,都是从防御功能角度看待自我的,他们更看重自我防御功能的价值和背后的潜意识情结,对于自我是怎样形成、怎么走向成熟的,没有更深入的探究。后世的自我心理学家,比如哈特曼、斯皮茨、马勒、雅各布森等,他们把精神分析研究的重心放在了自我的形成上,对前俄期婴儿的成长做了深入细致的研究,形成了自我心理学理论体系。

自我心理学的创始人哈特曼认为"自我就像驱力一样,是生物学的产物"[1],自我的生物禀赋具有一种先天的和后天的适应功能而不是防御功能,就像鱼适应在水里游泳,骆驼适应在沙漠环境中行走。其他的自我心理学家,如斯皮茨、马勒、雅各布森,从母婴之间早期发展性互惠的角度而不是像弗洛伊德那样围绕力比多阶段成熟过程,去探索自我成长,清晰地勾勒出自我从融合到分离的成长路线图。不过,自我心理学家并没有抛弃经典精神分析的驱力理论,而是"诚挚地,且经常是煞费苦心地将其新观点编制进现存的框架中"[2]。

雅各布森认为自我体验一开始就存在(哈特曼和斯皮茨都有类似的观点),"尽管受到内在成熟过程的影响,但它们的独特特征是在早期关系中获得的"[3]。刚刚出生的婴儿处在自闭状态,心理上依然停留在母体胎盘内的感觉,

---

① 格林伯格,米歇尔.精神分析之客体关系理论[M].王立涛,译.上海:华东师范大学出版社,2019:192.

② 格林伯格,米歇尔.精神分析之客体关系理论[M].王立涛,译.上海:华东师范大学出版社,2019:226.

③ 米切尔,布莱克.弗洛伊德及其后继者:现代精神分析思想史[M].陈祉妍,黄峥,沈东郁,译.北京:商务印书馆,2007:67.

母亲的声音、哺育、抚摸，刺激着婴儿的自我体验，形成了对母亲的驱力，也正是这种驱力，把婴儿从自闭的"壳"里拉出来，进入与母亲之间的共生关系。在共生关系下，婴儿感觉母亲是自身的一部分，处在主客体不分的幻觉状态。

在良性的养育环境下，母亲的爱和及时的呼应，使婴儿有了舒服的感觉和与客体融合趋向的力比多驱力；在非良性养育环境下，母亲忽视或迟钝的反应，让婴儿产生了不舒服的感觉和与客体分离趋向的攻击驱力。朝向客体的力比多驱力和攻击驱力，在稳定婴儿自我认同的发展过程中交替发挥作用，促使婴儿的自我脱离幻觉妄想状态，从与母亲的共生关系中走出来。

6 个月之后，脱离了共生关系的婴儿逐步爬出母亲的怀抱，试着感知周围的世界。足够好的母亲配合婴儿的感觉，引导和帮助婴儿主动感知周围世界，体验并激发婴儿的好奇心。在好奇心的驱使下，婴儿就更愿意走进周围的环境，感受自己的"超凡能力"，而这种全能感的"超凡能力"感受，对形成个体成年后的自信非常重要。不过，此时婴儿的内心依然认为母亲是随叫随到的存在，并没有感受到母亲的独立性，自然也没有感受到自我的独立性。

随着自身的发育，大约在 16 个月到 24 个月的时候，婴儿慢慢感受到母亲并不是完全属于自己，并不是随叫随到。这样，婴儿就产生了心理的失衡感，出现了两难的选择：一方面想继续开展自己的探索行为，另一方面又担心母亲消失。所以这时期的婴儿学会了行走，却总是向母亲怀里钻（这是确认母亲在不在），出现了"心理易感性"。婴儿如果能得到母亲及时的回应，就能放心地走向外在的世界；如果得不到母亲的回应、安抚、鼓励，就会感到孤独和焦虑。

在良性的养育环境下，婴儿知道妈妈是爱自己的，即使妈妈有时候"不好"或者不在，但是她的爱是永恒的，会在自己需要的时候给予及时的帮助。这样，婴儿就感受到妈妈（客体）爱的恒定性。一旦感受到妈妈永远都爱自己，婴儿也就确认了自己是可爱的，自己是有能力的；即使遇见挫折，依然认为自己可以克服；即使克服不了，依然认为自己优秀。孩子的自体恒定性，就是在这种自我认可的感觉中形成的。马勒认为婴儿只有在心理上脱离母子二元世界的状态，知道自己和母亲都是独立的个体，感受到自体恒定性，形成了自我功能，自我才完成在心理意义上的诞生。

看得出来，自我心理学强调自我的功能，自我在组织、引导、调理驱力的过程中起着决定性作用。一旦自我力量不够强大，或者因这样那样的原因，驱力没有在自我的控制之下，就会产生各类冲突。

下面是我咨询的一个案例：

某女，50岁，国企员工，老公53岁，在设计公司上班。两人于2013年离婚，但是依然住在一起，别人不知道他们已经离婚。患者认为，为照顾双方父母心情，必须维持夫妻恩爱形象。其间，老公一直想复婚，但患者想离开老公。现在患者非常痛苦，一方面患者想有自己的生活，另一方面还要在亲人面前维系着夫妻的名义。

这个案例就是本我（想过自己的生活）和超我（为了不让父母受到刺激，还要维系名义上的夫妻关系）的冲突。自我失去了调节功能，所以患者一直陷入痛苦之中。

与弗洛伊德和安娜重视自我防御机制不同，也与哈特曼、斯皮茨、马勒、雅各布森等自我心理学家重视前俄期自我的成长不同，埃里克森提出终身发展理论，把自我（ego）的发展置身于生物学因素和社会文化的背景中的双重影响下，更强调青春期自我同一性（ego identity）的发展。

自我同一性既指自我独立性、连续性和不变性的意识，又指自我具有的与一定集团和成员之间的共同的连带感、价值观、目标追求等。一般来讲，"自我认同"概念在人的青春期形成。个体在青春期之前，对父母有更多的依赖，这种依赖不仅仅体现在物质上，也体现在心理上，会出现崇拜父母、老师的现象，对父母或老师的观点"唯命是从"。到了青春期，个体无论在躯体发育上还是心理发育上都得到进一步的成长，有了生命的自觉和思考，常常会对"生命是什么""我是谁""我到哪里去""我与别人的关系是什么样的"等问题产生迷茫，内心会形成很多的冲突。一旦个体化解了这些迷茫和冲突，也就意味着形成了自我同一性。

在埃里克森的理论中，"自我同一性"应该包含以下几个方面的内容：首先是自我意识和自我整体的统一，知道"我是谁"；其次是在生活中形成的自己的理想、信念、价值观、人生目标和生活习惯，知道"自己到哪里去"；第三是自我的一致性和连续性，对过去、现在和未来有内在一致性和连续性的潜意识追求，感受到生命的连贯性和价值感，形成自我稳定性；第四是内在自我与社会、文化环境之间的和谐，能够与他人和环境和谐共处。

看得出来，对于自我（ego）的定位，埃里克森与弗洛伊德也有很大不同：在弗洛伊德看来,在人格结构中,自我在本我和超我的冲突中就像一个受气的和事佬;在埃里克森的理论中更像人格结构中的主人,无论本我,还是超我,都要尊重自我的现实原则。

在心理治疗中,自我心理学家对弗洛伊德理论中的人格结构模型,有了更深入的解读。他们认为成功的治疗不仅要把潜意识本能的欲望带进意识的觉察范围,而且更重要的是要提升自我的强度,形成自我对驱力的掌控能力。

第四节　自体心理学中体验性的、整体性的自我

无论弗洛伊德,还是众多的自我心理学家,都更注重自我的内在功能,强调自我在人格内在结构中的协调和支配价值,他们的自我是人格结构内部的元素之一,而不是整体的"我"。科胡特沿着自我心理学的研究思路,成就了有别于自我心理学的自体心理学理论体系。科胡特更强调个体的主观感受,认为当一个人的自我胜任感(即自体感)更强的时候,就能自信地面对他人,愉快地生活和工作;当一个人的自我胜任感不强的时候,其社会功能也会衰退,甚至形成心理障碍,感受不到生命的激情,认为活着就是服苦役。

科胡特的理论告诉我们,生命之初自体处于主客体不分的混沌状态,自体由两种成分构成:一种成分是夸大的原始自体,另一种成分里理想化的自体客体。良好的养育环境使原始自体中的夸大成分内化为个体的野心和雄心,自体客体中的理想化成分内化为人格结构内部的超我成分。这样,一个有道德约束、有野心和雄心的健康自体就形成了。

看得出来,科胡特理论中的自体,与自我心理学理论中的自我,并不是一个概念。在科胡特理论中,自体用"self"表达,是与生俱来的,本我、自我和超我更上一级别的概念,出现在弗洛伊德人格结构理论的自我和超我中,是体验性的、整体性的自我,具有整体存在的本质。

下面是我咨询过的一个案例:

某男,35 岁,公司中层,博士文凭,未婚,相貌俊秀,精神疲惫,在工作中能完成自己主管部门的工作,但是做得很累;人际关系不是太好,非常在意自己在别人心中的形象,总是感到别人,特别是领导对自己有不好的看法;恋爱也总是不

成功,每一段恋情开始都很好,一旦两个人真的走近后,就感到对方不是自己要找的,感到对方不理解自己,就想分手。

这个患者无论在工作还是在生活中都很累,感受不到自我价值和生命的快乐,缺少自我的主体感,过于关注别人对自己的看法和评价。

自体心理学强调的是自体的主观感受,这种主体感受和一个人的社会地位没有对应关系,和一个人的成就也没有对应关系。黄巢在落难时期依然喊出"我花开后百花杀"的雄心,李白不得志时吟出"我辈岂是蓬蒿人"的心声,无不体现了诗人强大的自信和对自我生命的认可。在自体心理学中,感受到什么要比做了什么更重要。从某种意义上说,科胡特理论中的自体胜任感是马勒理论中婴儿主观全能感在成人身上的延续,所以在科胡特看来,个体早年健康的自恋是必须的,也是非常重要的。

例如,对于婚姻,自体心理学更重视婚姻带给个体的主观体验。在自体心理学理论中,婚姻并不是简单的亲密关系,而是透过婚姻关系体验到的自我主体的存在感和幸福感。自体心理学处理问题是围绕自我主体感受,而不是围绕关系。所以自体心理学是一元的,一切都围绕个体的感受。

科胡特认为焦虑的实质在于患者失去了主观控制感。患者一旦因恐惧而失去主观控制感,就会心跳加快、四肢发抖,甚至产生窒息感,呈现惊恐发作的症状。

下面是我咨询的一个案例:

某男,31岁,从事勘探工作,前几天独自在一个空旷的山沟作业,突然惊恐发作,仿佛自己瞬间就会被周围的虚无吞噬,心跳迅速加快。于是,患者拼命地向山下跑,直到看到了宿营的房屋,情绪才慢慢舒缓过来。患者还记得自己第一次发作是2015年上高速的时候,开车行驶到高速公路上突然心跳加快,陷入极端的恐惧中。从这以后,患者总是担心自己有心脏病,在医院做过检查,没有发现什么问题。另外,患者还害怕独自一个人在封闭的空间里,比如电梯、火车。

在这个案例中,瞬间的恐惧使患者自体内部结构解体,陷入不可掌控的被吞噬感,进而引发躯体化的强烈反应和心理上的幻觉感受。

自我心理学在处理焦虑问题的时候,会更多地关注防御机制,会思考患者采用了什么不合理的防御机制。而自体心理学会则思考患者怎么会产生这样的焦虑,这个焦虑对患者来说意味着什么,患者的自体胜任感是怎么瓦解的,患者在成长经历中受到了什么创伤,内心深处压抑了什么样的事情。治疗焦虑的时候,咨询师会像替代父母一样,帮助患者完成中断的人格发展。

科胡特认为健康心理是在前俄狄浦斯期经过健康的自体客体移情——镜像移情、理想化移情、第二自我移情完成的。心理问题的化解,也要在这三个自体客体移情中完成。

第五节　客体关系中的自我

在客体关系中,自我依然用"ego"表达。与弗洛伊德理论不同的是,客体关系理论认为自我是在生命的一开始就出现的,并在客体关系中成长。

"克莱因认为,自我的形成,是通过最初的好客体的内摄完成的"①,而客体关系从出生就存在了。因此自我是伴随着出生而产生的,并不是弗洛伊德理论中认为的自我来源于本我。不仅如此,在克莱因看来,自我本身就拥有能量,而非借助于本我的能量。

自我的能量,一方面具有对焦虑的防御功能,为了缓解对混乱和毁灭的恐惧,通过分裂机制,产生了泾渭分明的"好"与"坏"感受;另一方面通过投射与内摄机制与好的客体形成融合,与不好的客体形成分离。因此,在克莱因理论中,自我能量是朝向生本能和死本能的互动。为了更形象直观地说明自我在生本能与死本能之间的挣扎,克莱因提出了潜意识幻想的概念。

克莱因从弗洛伊德理论中的死本能概念中吸收了灵感,认为婴儿在出生后就受到内在毁灭性的威胁,毁灭的恐惧必然带来恐惧的自我感受;另外,母亲(养育者)提供的抱持养育环境,必然引发婴儿舒服的自我感受。潜意识幻想则是这两种自我感受的形象表达,因此克莱因"把心灵描述为一条由原始而变幻不定的意象、幻想及恐惧汇成的河流"②。看得出来,在克莱因的理论中,婴儿

---

① 克莱尔. 现代精神分析"圣经":客体关系与自体心理学[M]. 贾晓明,苏晓波,译. 北京:中国轻工业出版社,2002:55.

② 米切尔,布莱克. 弗洛伊德及其后继者:现代精神分析思想史[M]. 陈祖妍,黄峥,沈东郁,译. 北京:商务印书馆,2007:108.

的幻想不只是对不能满足的补偿或替代,"也是实际满足的伴生物"①。如果婴儿的需求得到母亲及时的良性回应,婴儿就会产生美好感受的幻想画面和力比多驱力,力比多驱力促使好的幻想画面与好的客体融合。随着好的幻想画面与好的客体的融合,幻想逐渐让位于客观的自我知觉。如果婴儿的需求得不到母亲及时的回应,婴儿就会产生恐惧的幻想画面和攻击驱力,攻击驱力促使婴儿与不好的客体分离,对客体的感受依然停留在幻觉的偏执感受中。

费尔贝恩把自我理解为与力比多能量整合在一起的最初的心理自体。如同克莱因一样,费尔贝恩不把自我看作本我的衍生物,而是伴随着生命的诞生而形成。不仅如此,费尔贝恩还扩大了自我概念的外延,认为自我不再是人格结构的组成部分之一,而是包含整个人格结构、拥有能量的真实自体,"不存在自我与本我的分离,……自我结构有能量"②;能量也不是趋利避害的,"本质上源于寻找并保持与他人的联系"③。

费尔贝恩认为自我结构的形成受客体关系的影响。"我们每个人都是根据最早的重要关系而内化的模式来塑造各种关系。与早期客体关系关联的模式成为我们偏好的与新客体建立关联的模式。"④婴儿在与母亲(养育者)互动的过程中,会体验到三种母亲形象:令人满意的母亲(理想客体)、给予希望而让幼儿兴奋的母亲(激励性客体)、拒绝或不在的母亲(拒绝性客体)。

当内心形成了三种形式的客体意象后,婴儿自我就随之内化为三种自我意象:中心自我、力比多自我、反力比多自我。中心自我是在良性养育环境下形成的可以表达真实感受的自我;力比多自我是因内心的需求没有得到充分满足,形成的对客体有所渴求的自我;反力比多自我是在忽视和拒绝的养育环境中形成的对别人充满愤怒和报复情绪的自我。理想客体对应中心自我,激励性客体对应力比多自我,拒绝性客体对应反力比多自我,它们三者纠缠在一起,相互攻

---

① 格林伯格,米歇尔.精神分析之客体关系理论[M].王立涛,译.上海:华东师范大学出版社,2019:112.

② 格林伯格,米歇尔.精神分析之客体关系理论[M].王立涛,译.上海:华东师范大学出版社,2019:122.

③ 格林伯格,米歇尔.精神分析之客体关系理论[M].王立涛,译.上海:华东师范大学出版社,2019:123.

④ 米切尔,布莱克.弗洛伊德及其后继者:现代精神分析思想史[M].陈祉妍,黄峥,沈东郁,译.北京:商务印书馆,2007:145.

击。中心自我帮助个体在真实世界里与真实的客体建立关系;力比多自我呈现出对外在客体的依赖;反力比多自我充满了对外在客体的憎恨。

费尔贝恩理论的自我结构,已经没有了弗洛伊德理论中的本我、自我和超我概念,取而代之的是中心自我、力比多自我和反力比多自我,强调了对客体关系的内化,认为个体的内在客体关系是在与母亲的最早关系中建立的。中心自我压抑非整合自我(非整合自我包括反力比多自我和力比多自我);在非整合自我内部,反力比多自我压抑力比多自我:这种压抑是早年客体关系的内化,也是与当下外在客体关系的表达。

第六节　从社会文化学中走出来的"自我"

经典学派在疗愈心理问题的过程中,关注的是人格结构中本我、自我和超我的三元关系;自我心理学派更看重自我的成长;自体心理学强调体验性的、整体存在的实质;客体关系心理学强调从内化的客体关系中建构自我。社会文化学派,则从环境对个体心理影响的角度,来解读人的内心世界。社会文化学派代表人物有霍妮、沙利文、弗洛姆、拉康,他们都用"self"来表达"自我"。这样,心理学研究的阵地就从个体内部转移到人与环境之间的关系中。

每个人都生活在关系中,从胎儿时期的母子一体,到前俄狄浦斯期的母婴二元关系,再到俄狄浦斯期的父亲、母亲、孩子之间的三元关系,到以后社会生活中的多元关系,人的生存和心理的发展不可能离开他人,也不可能脱离自己的文化背景。

霍妮强调"自我"在社会文化中的动态发展。在霍妮的理论中,"自我"用单词"self"表示,她更强调自我的整体性和动态性,反对把人格切割为本我、自我和超我三种成分,认为自我囊括了人格所有结构成分的整体,是个体对自己的看法。霍妮把自我解读为真实自我、理想自我、现实自我的三种基本存在形态。真实自我是个体自发的真实情感的表达,是个体健康成长、发展的内在力量,是一种可以实现的"潜能状态"。理想自我是个体脱离了现实为保持自身完整统一而凭空虚构的自我意象,理想自我形象往往是十全十美的,却是不可能实现的。现实自我是"一个人在某一段时间内所拥有和表现的一切的总称,包括躯体的或心理的、健康的或神经症的"①,是现实生活中客观存在的自我。

沙利文更重视自我(self)在人际关系中的发展。沙利文把弗洛伊德主导的经典精神分析的重心从个体内部结构的冲突转向个体之间的交流,从而将自我心理的发展置身于人际关系的发展之中。自我系统(self-system)是沙利文人际心理学中的重要概念,在自我系统形成的过程中,个体在人际中的体验形成了自我系统中的"好我"和"坏我"的两种人格意象。

弗洛姆更强调"自我"(self)的社会功能。个体在社会文化背景中,为了摆脱孤独、恐惧和无力感,必然要融入环境(被社会文化同化),而个体在融入环境的过程中就必然要放弃个性的自我完整,成为社会化的机械人。因此,从某种意义上说,精神病患者比健康的人更具备完整性,因为精神病患者缺少社会功能,没有被社会化,保留了自己的"个性"。

在拉康理论中,"自体"(self)并不是重要的概念,他强调"主体"(subject)(看得出来,拉康理论中的"主体"与费尔贝恩理论中的"自我"、科胡特理论中的"自体"概念内涵是重叠的,都是个体整体感受的存在),明确指出"主体的欲望是他者的欲望"②。由此可见,拉康依然重视社会环境对"我"(主体)的影响。

另外,值得注意的是,客体关系流派和社会文化流派重视早期的养育环境和社会文化背景对个体心理的影响,其他流派的心理学家虽然倾向于从人格结构的内部和个体主观感受的角度看待人的心理,但也没有忽视养育环境乃至社会文化对个体心理成长的价值。比如:弗洛伊德开始提出的婴儿诱惑理论;自我心理学家斯皮茨关于在婴儿融合期养育者要承担"附属自我"的观点;雅各布森更强调心理发展过程离不开人类环境的影响;埃里克森认为人格受生物学基因和社会文化背景的双重影响;自体心理学家科胡特提出了"客体移情"概念。

---

① 沈德灿.精神分析心理学[M].杭州:浙江教育出版社,2005:343.
② 王国芳.后现代精神分析:拉康研究[M].福州:福建教育出版社,2019:127.

第七节　小　　结

经典精神分析论述了本我和超我冲突中的自我协调功能;自我心理学从融合—分离—个体化的过程来阐述自我的成长,强调自我的主导功能;自体心理学谈论的是在自身客体移情中形成的主观的、整体的自我感受(自体感);客体关系心理学和社会文化流派更关注外在环境对自我内在心理状态的影响。综合各流派的观点,我更倾向于这样认为:自我,是一种存在的感觉,既有"ego"协调人格结构内部冲突的功能,也是"self"作为主客体关系中整体感受的存在;既是意识的,也是潜意识的;在养育环境的互动中,从主客体不分的融合状态,到自我不稳定的偏激状态,进一步形成完整的人格结构,再到青春期形成稳定的自我同一性;养育环境的质量决定了自我存在感的强弱和与客体关系的主动和被动。

在自我成长的过程中,投射与内摄机制的价值非常大。

投射是把自己的情绪转嫁到别人身上,梦境、幻觉都是内心的投射;内摄是将外部信息归为内部心理的过程,超我就是个体对社会价值内摄的结果。从某种意义上说,投射和内摄就像生理上粪便的排泄和饭食的吸纳,在排泄和吸纳的循环之中,独特的自我也如同躯体一样得以形成和成长。刚刚出生的婴儿处在自闭状态,通过哭闹蹬踏把对营养和爱的需要投射给妈妈;妈妈感受到婴儿的感受,及时地给予孩子哺育和关怀;婴儿内摄妈妈给予的爱,并把这些爱转化成自我的一部分。这样,投射和内摄就成了主客体在意识和潜意识层面上的交流通道,投射和内摄内容的质量、强度、灵活性,决定了自我的发展。

生命开始的时候,婴儿是主客体不分的,当妈妈给予安抚的时候,婴儿内摄的妈妈是好妈妈,形成与妈妈融合的力比多能量,并且感觉到自己是"好的",是值得爱的;当妈妈忽视或者不能准确回应的时候,婴儿内摄的妈妈是坏妈妈,形成对妈妈的攻击驱力,并且感到自己是"不好的",是不值得爱的。"好的感觉"和"不好的感觉"不是同时存在的,这就使婴儿对妈妈的意象形成了"好妈妈、坏妈妈",也使婴儿对自己的意象形成了"好自己、坏自己"的分裂。足够好的妈妈不仅能使婴儿内摄妈妈投射的好的感受,而且就像容器(比昂理论中的概念)一样,容纳婴儿投射来的不好的感受,并把婴儿投射来的不好的感受转化为好的感受。不够好的妈妈不仅使婴儿内摄妈妈不好的感受,而且能把婴儿投射的好的感受转变为不好的感受,这样,婴儿就失去了内摄好的感受的机会。另外,婴儿的投射,既是自我情绪的表达,又包含了渴望沟通的种子,母亲给予的反应会被婴儿内摄为自我的形象;婴儿的内摄,既是对妈妈表达的接受,也是对自我内涵的塑造。在投射和内摄的过程中,婴儿形成了本来属于母亲的能力和特质。

婴儿一出生就会抓握蹬踏,3 个月出现了"微笑反应",8 个月出现了"陌生人焦虑",15 个月形成对"不"的掌控,3 岁时出现了第一次逆反……这些都是婴儿成长中的一次次投射和内摄的结果。在良性的养育环境下,内摄导致自我能量的加强,充足的自我能量促使婴儿形成自我的稳定性,而自我的稳定性不仅在一定程度上缓解和化解了婴儿期的恐惧和焦虑,而且使婴儿的投射—内摄—再投射过程有了自我的选择性,增强了自我决断的力度。在非良好的养育环境下,内摄导致自我能量的损失。一个缺少自我能量的个体往往被动地对负能量投射—内摄—再投射,情绪暴躁,易激惹,形成各类心理问题。

第十四章　潜意识、意象和积极想象

　　潜意识是弗洛伊德早期提出的概念,在弗洛伊德的理论中,个体的心理结构由两部分构成,一部分是意识,另一部分是潜意识。意识就是人可以觉知的心理活动;潜意识是人不能觉知的心理活动。后来弗洛伊德又把潜意识分为前意识和潜意识。

　　前意识是当下已经遗忘了的、曾经经历过的、通过回忆可以转化为意识的东西。比如昨天上午吃过什么饭,已经不在当下的意识中了,不过经过回忆,个体可以想起来,这就是前意识的内容;再比如,当学会了骑自行车,我们就不再记得骑自行车的动作要领了,不过,一旦我们骑上了自行车,马上就知道该怎么做,骑自行车就是由前意识中骑自行车的技术转化成的行为。人大部分的行为习惯和技术,都是在前意识的调节下用于实践活动的。

　　虽然个体的前意识同潜意识一样,在人的意识之外;但是,前意识又同意识一样,属于理性思考的领域。有时候,创作或者科研中的棘手的难题,个体在静下心来后甚至在睡眠中,往往会突然茅塞顿开,找到解决办法,这就是前意识逻辑功能的作用。

　　潜意识是人类生命历程中已经发生、目前尚未被觉察的心理活动。弗洛伊德把潜意识理论看作精神分析学的三大奠基石之一,认为潜意识不仅存在,而且还影响甚至决定个体生命走向。在精神分析理论中,潜意识之于意识,就像骑手之于马,马每天都在奔跑,但是决定马行驶的是骑手。对于生命个体来说,确定一个人内在心理和外在行为的是潜意识而不是意识。

　　不过,潜意识毕竟只是一个概念,谁也没有见过潜意识,事实上也不可能见到潜意识,因为一旦潜意识能意识到,就不是潜意识了。因此,很多人就认为潜意识本身就是不存在的。

　　其实,弗洛伊德从一开始,就没有回避这个问题。在弗洛伊德看来,潜意识的表现形式主要有症状、梦、口误、笔误、玩笑等。弗洛伊德曾经治愈过一个具有癫痫症状的案例:

有一个女孩像是得了癫痫症,全身痉挛。弗洛伊德对她施用了催眠术(当时他还没有放弃催眠疗法)。等她稳定后,弗洛伊德问她:"你在想些什么,能告诉我吗?"令人惊讶的是,她竟然说出被狗惊吓的场面。她记得,自己曾被一只口吐白沫扑上来的狗吓得半死,症状就是在被狗惊吓后发生的。弗洛伊德为她施行了消除对狗记忆的治疗,病症没有再复发。原来,是受惊吓的潜意识导致病症的发作。①

在这个案例中,患者的癫痫症状,就是潜意识深处对狗的恐惧而形成的躯体反应。患者的症状从某种意义上就是对压抑的潜意识情感的表达。在心理咨询中,如果心理咨询师引导患者把曾经压抑的潜意识事件回忆起来,症状就自然会消失,这就是精神分析的"潜意识意识化"治疗理论。

后来,荣格在弗洛伊德潜意识理论的基础之上,进一步把潜意识分为个体潜意识和集体潜意识。个体潜意识是曾经意识到的、后来由于遗忘或者压抑而从意识中消失的内容,集体潜意识是经由遗传获得的、为人类所普遍拥有却从未被觉察的、处于人类精神最底层的精神沉积物。在荣格看来,"个人潜意识主要由各种情结构成,集体潜意识的内容则主要是原型"②。

荣格认为个体潜意识主要由各种情结构成,那么情结又是什么呢?

个体在生命成长的过程中,特别是早期生活,会经历各种生活事件,这些生活事件会使个体形成各种情绪体验,众多类似的情绪体验聚集在一起就形成了某种情结。举例子来说,一个人出生后,如果妈妈情绪焦虑,孩子的内心也会受妈妈焦虑的感染而缺少安全感;被某些生活事件惊吓,也会让孩子缺少安全感;父母冲突的家庭环境也会让孩子缺少安全感……这些缺少安全感心理聚集在一起,就会让孩子在内心深处形成焦虑情结。随着年龄的增长,虽然孩子在意识上忘记了经历的创伤性事件,可是创伤性事件给孩子留下的焦虑情结却被永远地储存在孩子的潜意识里。一旦潜意识里储存了焦虑情结,孩子在以后的生命过程中,内心往往胆战心惊,总担心会发生不好的事情。处女情结、恋母情结等等亦是这个道理。

至于构成集体潜意识的原型,则是人类祖先在代代生命延续过程中形成的

---

① 李武石.寻找弗洛伊德:精神分析理论与经典案例[M].李光哲,李东根,杨华瑜,译.修订本.北京:科学出版社,2014:13.

② 申荷永.荣格与分析心理学[M].北京:中国人民大学出版社,2012:44.

原始经验的集结。类似的原始经验组合在一起，就形成了生命内在的形形色色的原型，比如上帝原型、魔鬼原型、太阳原型、英雄原型、死亡原型、重生原型。

我咨询过这样一个案例：

男，17岁，大专，学习计算机。患者感到自己的右大脑要吞噬左大脑，内心非常恐惧。

在做意象治疗的过程中，患者看到一个"愤怒的自己"，瞪着眼睛要吃了"当下的自己"，"愤怒的自己"用双手狠狠地掐自己的喉咙，说要取代"当下的自己"，"愤怒的自己"认为他比"当下的自己"更适合做自己，如果"当下的自己"消失，那个"愤怒的自己"会保证当下的自己安全。

在治疗中，我通过放松技术，平息了患者愤怒的情绪。患者回归理性状态后，突然想到在初中时，有一次与同学打架，手和眼睛被打得流了血。在感到绝望的时候，不知道什么原因，患者内心突然间一下子涌现出一股巨大的力量，然后患者像疯了似的对别人发起了攻击。当时的患者就像一个恶魔，什么都不怕。

这个案例中，患者因为集体潜意识中的魔鬼原型被激发出来而形成了人格分裂。

在对潜意识的表述中，我们可以看得出来，弗洛伊德和荣格的潜意识概念内涵有了细微的变化：弗洛伊德的潜意识关注的是经历的已经忘记的事件；荣格关注的是曾经发生的、已经忘记了的事件对个体形成的情绪体验。我认为荣格的理论相对于弗洛伊德的理论来说，是巨大的进步。因为对个体来说，曾经发生了什么不重要，重要的是个体对事件的主观感受。事实上，支配一个人心情和行为的也正是压抑在潜意识中的感受，所以说潜意识呈现的是情绪表达的能量。

潜意识通过病症、梦、口误、笔误、幽默等方式呈现出来，然后经过咨询师的分析，才大致知道潜意识表达的深层含义。由此看来，患者和咨询师在了解潜意识的过程中都是被动的，很难主动地交流。

不过，与潜意识交流的路径，最终还是被荣格发现了。荣格与弗洛伊德决裂后，内心非常痛苦，陷入迷茫、绝望的中年危机。这个时候，荣格脑海里经常会涌现出一些非常奇怪的形象画面。荣格发现这些画面（即意象）表达的就是潜意识深处的情绪。意象的发现在心理学上是一件价值非常大的成就，"荣格说,无意识内容一旦被觉察,它便以意象的形式呈现给意识。在其对'精神与生命'的论述中,荣格还表达过这样的思想,只有具有意象性并因此而可描述,一种心理实在才可能成为意识的内容,能够被描述"①。在荣格看来,无论个体潜意识的情结,还是集体潜意识的原型,都是潜意识的内容,都是看不到、摸不着的。不过,情结和原型可以通过意象的形式呈现在意识面前,意象就是我们探知潜意识内容的一扇窗,是打开潜意识之门的一把钥匙。

何为意象?简单地说,意象就是寓"意"之"象",就是个体表达出来的带有个体内在情思的物象。中国古代诗歌就是通过意象表达情感的,比如"枯藤老树昏鸦",在这句诗中,诗人就是用"枯藤""老树""昏鸦"这些"象"来表达自己垂老、凄凉、郁郁不得志的"意"(即感受)。再如"茅檐低小,溪上青青草",作者笔下的茅草小屋、流水潺潺的小溪、溪岸青青的小草,无不流露出诗人对农村和平宁静生活的喜爱。

我咨询过这样一个案例:

某女,31岁,大学讲师,时不时地出现惊慌的感受,内心非常痛苦,感到自己要死去了。经过几次治疗,那种惊慌失措的剧烈感受消失了,不过内心依然感到焦虑,不经意间呈现出害怕的心理,自己也不知道什么原因。

在治疗中,我让患者进入自由联想。在自由联想状态下,患者眼前出现了很多的画面:爸爸妈妈总是忙自己的事情,把自己丢在一边,不管不问;山上的石板路流着血;照镜子看到一甩头头就掉了的鬼;虫子从自己的耳朵里钻出来;站在窗口看到楼下面没有长腿的、飞速而过的鬼……

在案例中,孤独的自己、流着血的石板路、掉头的鬼、虫子从耳朵里钻出来、没长腿飞速而过的鬼,这些都是意象,这些意象表达的意思就是患者潜意识深处的恐惧。

有了意象,就能看清楚潜意识的庐山真面目,让神秘的潜意识小黑屋暴露在阳光下。为了更加主动地接触潜意识,与潜意识交流,化解患者积压在潜意识深处的痛苦,荣格又提出了积极想象的咨询技术。

其实,我们对于这种积极想象技术并不陌生,如果留心观察婴幼儿成长的过程,我们常常会看到,婴幼儿在一个人玩耍的时候,有时候会骑着一把扫帚,

① 申荷永.荣格与分析心理学[M].北京:中国人民大学出版社,2012:59.

口里还喊着"驾,驾"……在这里,扫帚就是婴幼儿心中的一匹马,婴幼儿运用了积极想象技术把扫帚赋予了马的形象,并且让扫帚也有马的生命,扫帚在某种程度上就是一种"意象"。扫帚之类的玩具被温尼科特称为"过渡客体",在婴幼儿成长的过程中价值非常大。

通过积极想象技术,我们可以与这些潜意识形成的意象进行直接的沟通,在沟通的过程中,患者的改变也会悄悄地发生。

下面是我咨询的一个案例:

某女,17岁,与同学关系不好,内心很累,恐惧学校和同学,厌学。父亲严肃,对患者经常说教,很少关爱和认可,患者看到父亲就害怕。

在咨询的过程中呈现的意象:走在一条乡间小路上,路的两边有枯草,远处有树林,患者看到一座庙,红色的围墙,走进庙里,看到一座佛像,瞪着眼睛,很威严,慢慢地变成了父亲。患者很恐惧,跑回家,看到妈妈,院子里很乱,屋里光线不好,有一些旧的木头家具,上面有灰尘;看到一个布娃娃,布娃娃很可爱……

"庙"让人感到庄重、威严;"墙"象征防御、戒备;"红色"象征恐惧危险。佛像"瞪着眼,很威严,慢慢地变成了父亲",象征父亲就像佛像一样不可接近,给患者以距离感、压抑感。家里的院子很乱,说明这个小女孩的心乱;屋里光线很暗,家具是旧的,有灰尘,说明这个小女孩情绪低落,精神疲惫,有抑郁心境;可爱的布娃娃是患者内心深处残留的心理能量。在下一步的咨询中,可以试着让患者与布娃娃对话,形成意识和潜意识的交流。

积极想象技术是一座沟通意识和潜意识的桥梁,通过与意象的交流,让意识和潜意识形成直接对话,在对话中形成潜意识的改变。在积极想象技术中,无论咨询师还是患者,都要把意象当作一个独立的生命个体加以尊重,而不能妄加干涉,更不能随意矫正、修改,通过与意象的深层沟通,不断整合意识和潜意识,修复和改善患者潜意识深处的各种关系,进而达到治愈的目的。

第十五章　心　理　状　态

第一节　不同流派的声音

在弗洛伊德的理论中，每个人的心灵深处都激荡着动物性的欲望、对惩罚的恐惧以及违背伦理道德的罪恶感，所有的文化艺术都是性和攻击冲动经过伪装的满足，如耍蛇艺人的动作、小提琴家的演奏和建筑师建造摩天大楼就是手淫的象征化替代。弗洛伊德视觉下的人是"罪恶的"。

梅兰妮·克莱因并不认同弗洛伊德的看法，在她看来，我们每个人都在与对被毁灭的深深恐惧和完全地放弃做斗争，人的心灵就像一条充斥着原始而变幻不定的意象、幻想和恐惧的河流，一直在偏执性焦虑状态和抑郁性焦虑状态间来回摆动。克莱因视觉下的人是"恐惧的"。

科胡特在生活中看到很多有自恋性人格障碍的人，要么毫无意义地度过一生，没有热情，活得很累，感受不到快乐；要么像过山车，时而激情万丈，处在躁狂的兴奋中，时而陷入生命的低谷，感到失败、自卑和绝望。科胡特视觉下的人是"悲剧性的"。

拉康从与母体分离的角度来看生命的最初状态。分离必然带来营养的匮乏和对新环境的不适应，有了匮乏和不适应必然形成婴儿的"需要"，有了"需要"就会有对"需要"的"要求"表达，然而再完美的"要求"表达，都不能充分、完整地表达"需要"。因为人的表达方式，无论言语、表情，还是动作等，都有局限性。这样，婴儿的"需要"和"要求"之间必然存在"间隙"，有了"间隙"，就必然产生对间隙永远无法满足的"欲望"。拉康视觉下的人永远在不可能满足的欲望里挣扎。

不同大师的理论对个体的心理体验的描述完全不同，孰对孰错？

其实都没有错，彼此也并不矛盾，因为每位大师都是根据自己的认知角度来对观察到的生命阶段进行主观阐释。阐释角度的不同、生命阶段的不同，观点自然不同。

　　克莱因认为的恐惧感,来源于对生命诞生之后的危机感,这时候的生命非常脆弱,情绪反应强烈而没有理性;科胡特理论中的人格障碍,情绪忽高忽低,容易受外在影响,体现了在自我形成之前的脆弱感。无论克莱因理论中濒临死亡的恐惧感,还是科胡特学说论述的情绪剧烈的变化,都体现了前俄期(3 岁前)不同阶段的心理状态。

　　按照弗洛伊德的理论,生命既然有本我的性冲动,就必然要寻求释放;遵守道德原则的超我和按照现实原则的自我必然会与本我冲动形成冲突,冲突产生纠结和焦虑:一方面是本我担心受到自我和超我的惩罚;另一方面是自我和超我担心本我失控。所以弗洛伊德理论中,人的内心是罪恶的,也是矛盾和冲突的。这时候的心理虽然不如前俄期那样剧烈,但是个体内部却充满了纠结和痛苦,这是俄狄浦斯期(3~6 岁)的心理状态。

　　拉康的欲望理论,其实就是弗洛伊德性欲理论的发展,也是对其他精神分析理论的总结。在拉康理论中,有生命刚诞生后需求匮乏而产生的原始恐惧,也有害怕分离而形成的冲动,还有内心冲突而产生的纠结。只不过在拉康理论中,把弗洛伊德视角下的、生物性的性本能欲望,变成了人与人之间的、永远不能满足的、更广泛的、具有生活内容的、功名利禄的欲望。

　　人的心理状态,就像一条涌动着各种情感的河流,有主客体不分的幻觉妄想,有情绪激烈的感性偏激,有感性和理性冲突的纠结,也有充满理智的平和。幻觉状态与拉康的实在界、马勒的自闭期和共生期的心态重叠;感性偏激状态与拉康理论中想象界、克莱因理论中偏执—分裂心位以及马勒理论中分离—个体化阶段的心态重叠;感性和理性冲突的纠结状态与弗洛伊德理论中俄狄浦斯情结、克莱因理论中抑郁心位和拉康理论中象征界的心态重叠;理智状态与克莱因理论中修复心位的心态重叠。

第二节　幻觉妄想状态

　　婴儿的出生,只是表明婴儿的躯体离开了母体,心理依然延续着在母体胎盘环境中的感受,处在托马斯·奥格登理论中的"自闭—毗连模式"中,即"由感觉主导的、获得象征性体验之前的时期,此时意义的最原始形态是基于感官的感觉组合(特别是皮肤感觉)"[①]。这是一个没有自己、没有外在世界的自闭状态,新生儿把绝大多数时间用在睡眠上,似乎处在一种原始的、定向感不清晰的混沌之中。

　　对于新生儿来说,首先要处理的是出生带来的不适应体验。出生,也就意味着断开了与母体的脐带联结,离开了脐带输送的营养,婴儿必然感到匮乏,匮乏加剧了婴儿出生时产生的濒死恐惧;另外,婴儿离开了曾经熟悉的胎盘环境,也会形成分离创伤恐惧。幻觉、妄想则是情绪的形象表达,新生儿脑海里一直漂浮着一个个恐惧画面。一般而言,如果母亲能共情新生儿内心的感受,并及时满足新生儿的需求,例如,当婴儿产生匮乏需要的时候,母亲的乳房让婴儿吸吮到充足的乳汁,婴儿自然会产生回到类似脐带供给的满足感;当婴儿需要曾经的胎盘依恋的时候,母亲把婴儿抱在怀里,温暖的怀抱散发的母体味道,让婴儿产生似曾熟悉的胎盘环境感受,母亲的乳汁、声音、触摸、亲吻……刺激着婴儿的感觉器官,就能把新生儿从自闭的"壳"里拉出来。不过,这时候,婴儿依然以幻觉的方式感受着与母亲的共生存在。在婴儿看来,母亲就是婴儿自身的组成部分,随着婴儿的感受行使着婴儿渴望的功能:渴了,乳汁就会出现;冷了,就给盖上被子;无聊了,妈妈的声音就传过来……

　　在良性的养育环境下,婴儿不断壮大自己向外的驱力,通过抓、摸、蹬、踏来感受外界环境。这样,婴儿的幻想与现实就形成了对接,也正是这种对接最终把婴儿带入现实世界。同样,挫折体验(包括忽视、冷漠、拒绝、否定、失败等负性事件)则会激发婴儿出生分离带来的被吞噬、被湮灭的幻觉画面。在这种原初恐惧的感受下,婴儿要么把向外的驱力转向自身,断开与现实的对接,沉溺在

　　[①] 麦克威廉斯. 精神分析诊断:理解人格结构[M].鲁小华,郑诚,译.北京:中国轻工业出版社,2015:27.

幻觉妄想状态,通过幻觉妄想来表达自己的恐惧情绪;要么为释放自身的恐惧,形成对外的攻击驱力。

总之,伴随着出生形成的匮乏,养育环境的满足(或挫折)必然促使婴儿产生愉悦的(或恐惧的)幻觉感受。这种无意识幻觉不仅仅是持续地、不可避免地伴随着真实的体验,同时婴儿也受到这种无意识幻觉的影响,并持续地与它们互动。另外,即使能得到营养的补给,如果得不到类似胎盘里的养育性互动,新生儿也会产生极端的恐惧,形成濒临死亡的幻觉表达乃至死亡。正如前文提及的斯皮茨在《医院制度》一书中记载的凄惨事实。

精神分裂患者发病时期的幻觉感受,与初生婴儿的幻觉感受类似,也是处于主客体不分的濒死恐惧状态。按照拉康的理论,幻觉是在极端恐惧状态下,主体崩溃(主体崩溃,也就意味着符号的象征功能消失,即理性思维消失),被象征界排除的事物(感受)以形象画面的形式回归。"拉康确认了精神病中两个重要的心理机制:排除和被排除事物的回归。前者是把不可能象征化的表象抛弃到自己的外部的一种心理机制。后者是指,被抛弃到外部的事物在象征性世界中没有发现其位置又返回内部的一种心理机制。"①极端的恐惧,使患者曾经不能被符号表达的、游离于象征界之外的内心真实感受,以形象的画面形式或格式塔式的"自圆其说"呈现出来。例如,"一把刀正把自己的身体劈开"的幻觉画面,"别人正密谋要在自己的食物里投毒"的被害妄想……

下面是国家职业资格培训教程《心理咨询师辅导习题集》上的一个案例:

一般情况:某女,汉族,23岁,未婚,大专学历,某公司职员,经济状况良好。

求助者自述:近半年来感觉心烦意乱、头痛,因为总有人在说我的闲话,尤其是在上班时,只要一走进办公室,同事们就不说话了,我知道他们在背后讲我的坏话。即使我不在办公室,甚至在家的时候,我也能听到他们议论我,说我这个人脚踩两条船,不正经,不道德,等等。有时听到窗外救护车的声音时,就听到了另一种声音"你完了、你完了",感觉很不舒服,随着救护车的远去,这种声音随之消失。有时感觉自己的脑子很乱,总是突然出现一些杂乱无章、毫无意义的念头,有时又突然消失了,自己根本控制不了。最初我不清楚是怎么回事,现在我明白了,是有人用电磁波控制我,指挥我的大脑,使我失去了自由。你

① 王国芳.后现代精神分析:拉康研究[M].福州:福建教育出版社,2019:146.

说,我还能去上班吗?①

患者因为内心的极端恐惧,总认为别人都在议论自己,呈现出幻觉和被害妄想状态,而这种幻觉和被害妄想就是内心深处极度缺少安全感的形象化表达。至于患者提到的"最初我不清楚是怎么回事,现在我明白了,是有人用电磁波控制我,指挥我的大脑,使我失去了自由",则是格式塔式的自圆其说。

对于新生儿来说,良性的养育互动能够滋生向外的驱力,使婴儿的幻觉感受与真实的客体形成对接,对接促使婴儿向真实的客体关系靠拢,形成对客体的客观认知。同样,对幻觉类精神病患者的心理治疗,也需要一个安全、温暖的疗愈环境。

与婴儿的幻觉状态伴随而生的情绪体验处在拉康理论中的实在界、马勒理论的自闭期和共生期,多出现在婴儿6个月之前,是在物我不分的混沌状态下产生的脱离语言的主观现实,它具有贯穿始终的能量,是主体以外的一个领域,精神病患者的幻觉就是这种状态的一种表达。对此,马勒曾做过这样的描述:"共生的本质特点是与母亲表征幻觉性或妄想性心身的全能融合,尤其是关于两个躯体分离个体之间共有边界的妄想。这就是自我在非常严重个体化障碍与精神病性解体时的退行机制。"②

第三节　偏　激　状　态

我认为对偏激状态阐述比较透彻的理论,当属梅兰妮·克莱因关于"偏执—分裂心位"的论述。与其他精神分析学派的大师不同,克莱因非常重视死本能。其他流派的精神分析理论学者,认为弗洛伊德的死本能概念仅仅是一种生物性的猜想,是无稽之谈;但是,克莱因却把死本能看作自己理论的核心,认为对死亡的恐惧构成了贯穿一生的生命内容。对于新生儿来说,出生意味着与曾经熟悉的母体分离,分离也就意味着失去了母体给予自己的营养供给和曾经熟悉的胎盘环境,无论哪一种丧失都会让婴儿感受到濒死的恐惧,而且这是一

---

① 郭念锋.心理咨询师辅导习题集[M].北京:民族出版社,2005:357.
② 格林伯格,米歇尔.精神分析之客体关系理论[M].王立涛,译.上海:华东师范大学出版社,2019:226.

种每个人都不能避免的、最原始的、最大的恐惧。从某种意义上说,这种死亡恐惧作为一种最原始的生命体验,一直或多或少地融入每个生命的始终。无论是地位的高低,还是财富的多寡,都无法让人感受到绝对的安全感。这种潜藏在潜意识中的恐惧感,应该与出生分离形成的原始创伤有关系。

出生后的婴儿内心充斥着与母体分离带来的死亡恐惧,母亲的一举一动都影响着婴儿的心理。在抱持的养育环境里,母亲行使着婴儿"附属自我"功能,婴儿心情愉悦,感到自己无所不能,产生越来越多的指向外在客体的力比多驱力;在不好的养育环境下,婴儿会诱发与母体分离遗留下的死亡感受,对客体形成攻击。这样,婴儿对客体就形成了截然相反的两种感受:要么是绝对安全下的愉悦,喜形于色;要么是被拒绝的愤怒,暴跳如雷。而且,婴儿的这两种感受变化非常快,母亲乃至其他养育者的不经意行为,都会激起婴儿强烈的情绪反应,这种非黑即白的偏激状态被克莱因称为偏执—分裂心位。在偏执—分裂心位下,个体以极端的方式来体验客体关系,若不是极好,就是极坏。这种极端的情绪体验,是以自己的切身利益("利己")为核心的。一旦感受到身体或心理有痛苦,个体就会产生被害感,进而采取攻击客体的行为来维护自己的利益。

分裂机制下的偏激心理,是婴儿对客体刺激(母亲的养育质量)的整理。好的养育质量让婴儿产生舒服的感受,形成力比多驱力;不好的养育质量使婴儿产生愤怒的感受,形成攻击驱力。因为舒服的客体感受与愤怒的客体感受不是同时出现的,婴儿缺少心理整合能力,就以偏概全地把客体分裂成绝对的好客体与绝对的坏客体,形成非黑即白的两极感受。有了好与坏的感受定位,婴儿的内心就脱离了自闭时期的混沌模糊、飘忽不定状态,形成了分裂的客体关系。婴儿通过分裂的防御机制,一方面保护了好客体不受侵犯,另一方面也促使婴儿把"非我"客体从未分化的自我中(婴儿开始是自我与客体不分的,把所有的客体都纳入自我体验中)分离出去。

即使是成年人,在剧烈的情绪体验下,有时候也会形成以偏概全的分裂感受,无法忍受一点点的模糊性:要么将某人视为罪恶化身,不能容纳对方的一点点失误和错误;要么将某人理想化,认为对方的一言一行都值得自己崇拜。而且这种绝对好与坏的状态,瞬息万变。例如,这类人在恋爱中,开始往往不顾一切地展开热恋,但是一旦恋人做了一点点让他失望的事情,态度就会瞬间转变,恶语相加。这是边缘型人格障碍患者呈现的状态。

我在微信上咨询过这样一个案例：

女,23岁,在国外留学,在学习之余,有时候偷偷地到色情酒吧服务,感到自己人际关系差,经常与客户发生冲突,内心非常痛苦。在微信语音咨询的过程中,谈到服务的客人,我无意中说了一句:"我能理解你的感受,不过你要知道进入这种场所的人有几个是品质好的呢?"(我这句话确实不恰当)这个时候,患者情绪突然变得非常激动,愤怒地说:"你不能这样戴着有色眼镜看人!"说完就把我的微信删除了。

这就是处在偏执—分裂状态的患者,情绪激动,而且变化非常快。

偏激情绪的背后是个体极度缺少安全感,没有成长为独立的、稳定的自我,把客体的反应作为自我价值的坐标,容易受外在环境影响,没有形成或者没有充分形成与客体的边界。边界,是独立自我和独立他人之间的界限。拥有边界感,也就意味着能够客观地看待自己与他人,把自己与他人都看作独立的生命个体,不会轻易介入别人的生活,自己的内心也不会被别人左右。

边界不清晰的个体,要么用自己的标准来要求别人,要么用别人的标准来苛责自己,把客体中的部分或整体看成自己的组成部分,或者把自己看成别人的组成部分,总是揣摩别人内心的想法,并由此引发诸多冲突和不适心理:把自我价值建立在别人的评价上,担心别人的冷漠和否定,情绪冲动,易激惹,多用分裂、全能感、付诸行动等初级防御方式来应对生活事件。边缘型心理问题即为此类心态的表达。

我接触过这样一个案例：

某女,35岁,结婚10年,与老公都是公务员。老公是"妈宝男",凡事都要向妈妈汇报,事无巨细。妈妈参与夫妻之间的所有事情,甚至连老公的内裤都洗,经常在夫妻睡觉的时候进入夫妻的卧室。婆媳关系很僵,严重地影响了患者与老公的婚姻,患者很气愤,也焦虑,不知道如何改变。

这就是一个边界不清晰的案例。无论是老公,还是婆婆,都存在着边界不清晰的问题。婆婆认为儿子是她的,儿子的家也是她的家,不知道儿子作为一个成年人已经开始了独立的生活,无视由儿子和儿媳组成的新家庭的独立存在;儿子也没有与母亲形成分离,认为凡事请示妈妈天经地义,不知道自己已经长大了,已经有了独立的家庭了。

这种非黑即白的偏激状态形成于婴儿3~4个月的时候,并且伴随着主客体的分离一直存在(主客体的分离一般在3岁之前完成)。即使成年后,一旦感受到重大创伤性事件或者特别兴奋的事件,个体的这种偏激状态依然会呈现出来。究其根本原因,就在于个体没有形成完整、稳定的人格结构,对客体没有形成清晰的边界感,容易受外在客体的影响。

这种偏激状态是前俄期心理状态的主要特征,按照马勒的理论,化解婴儿偏激冲动的途径是在良性的养育环境下完成婴儿分离—个体化的成长历程。同样,对于具有偏激特征的边缘型心理问题的治疗,也要在支持性精神分析理念下,由咨询师充当患者的替代父母,帮助患者完成一度中断的分离—个体化成长进程。

第四节　纠结状态

"克莱因认为,幼儿有一种与生俱来的发展倾向,使之朝向整合的方向形成体验模式,这种倾向促进了幼儿对客体的整体感,并非全好或全坏的,而是有时好有时坏。"①随着生活阅历的增加,婴儿开始慢慢地明白,好的和坏的体验不是来自好的和坏的母亲,而是来自同一个母亲。母亲有时候不能满足自己;有时候能随时满足自己:母亲同时具有好的母亲一面,也具有不好的母亲的一面。

当母亲被视为一个完整客体时,婴儿就能在母亲不能满足自己时,依然能记得以前的满足感;当母亲能满足自己时,婴儿也同样能记得以前不能满足自己的感受。随着整合过程的进行,婴儿越来越清楚地认识到,自己爱的和恨的是同一个人——自己的母亲。这个时候,婴儿内心就会形成新的焦虑,婴儿一旦毁灭不好的,也会把好的毁灭,因此婴儿就会产生内疚感。为了保护好的客体,婴儿只好把不满带来的攻击驱力压抑下去,情绪得到相对缓和,但也形成了纠结的心理状态。

正如很多夫妻吵架一般,有很多平时非常恩爱的夫妻,在吵架的时候情绪激动,谁也不能理解谁,都感到自己受委屈,认为一切都是对方的错,什么话伤人就说什么话,这就是偏激行为方式;不过,吵架过后,双方就开始反思自己是

---

① 米切尔,布莱克.弗洛伊德及其后继者:现代精神分析思想史[M].陈祉妍,黄峥,沈东郁,译.北京:商务印书馆,2007:115.

否有不恰当的地方,开始担心夫妻感情会因为吵架被损伤,认知到自己过激的语言可能会伤害对方,进而产生后悔、内疚感。

相对于偏激状态失去整合的情绪冲动,婴儿的纠结心态对婴儿非黑即白的偏执心理具有巨大的整合功能。这种整合功能的产生,源于个体内在结构中具有"利他"元素的超我已经形成,有了超我,就有了超我对本我驱力的压抑。在压抑的防御机制下,个体的心理问题,多呈现出神经症的后悔、懊恼和纠结状态。心理纠结状态下的个体既担心自己受到伤害而想攻击客体,又担心自己的攻击会伤害到好客体,形成了"利己"与"利他"的冲突。"利他"的产生,是个体心理发展的重要成果,因为有了"利他"的主观认知,个体在以后的人生发展中才能够建立更好的客体关系。

纠结状态相对应的是克莱因理论的抑郁心位,是拉康理论中的象征界、弗洛伊德理论中的俄狄浦斯期的主要心理特征。这时候,个体已经形成了独立的个体,自己和客体有了清晰的边界,内心的主要冲突体现在个体人格结构内部而不是客体之间,是对自己行为和心理的纠结和懊恼。这样,随着超我的形成,因分裂而形成的对客体剧烈的情绪行为反应就转向了个体心理结构内部感性和理性(即弗洛伊德理论中的本我和超我)的冲突。如果感性和理性(本我和超我)的冲突过于强烈,则会形成神经症性心理问题。

六世达赖仓央嘉措曾经写了下面的诗歌,表达了他心灵深处本我、自我和超我的纠结:

　　住进布达拉宫,我是雪域最大的王。

　　流浪在拉萨街头,我是世间最美的情郎。

　　与玛吉阿米的更传神,自恐多情损梵行,入山又怕误倾城。

　　世间安得双全法,不负如来不负卿。

因为个体在纠结状态下,主要运用压抑的防御机制,所以经典精神分析理念认为,释放了超我对本我的压抑,内心的冲突就能化解。安娜·弗洛伊德进一步发展了弗洛伊德的观点,认为"分析性治疗的焦点需要从追寻本我冲动转移到意识以外的自我工作"[1],强调对自我防御机制的觉察。自我心理学家认为当自我强大到可以控制驱力的时候,对分离的恐惧和人格结构内部的冲突自

① 米切尔,布莱克.弗洛伊德及其后继者:现代精神分析思想史[M].陈祉妍,黄峥,沈东郁,译.北京:商务印书馆,2007:42.

然也会消失。自体心理学家科胡特则从自体客体的角度看待抑郁心态:"如果儿童的情感与自信没有引发父母骄傲的镜映回应(和其他各种共情性的肯定回应),反而引发了父母(潜意识的)刺激和(前意识的)带有敌意的竞争,那么有力的、整合的、和谐的俄狄浦斯儿童期自体——正常的俄狄浦斯自体一定是独立的情感及自信的能动性的中心——将变成碎片,变得虚弱且不和谐。"①看得出来,科胡特对于抑郁心态的化解,更重视咨询师对患者的镜像移情、理想化移情、孪生移情。

　　个体心理从偏激状态,发展到纠结状态,是从原始自恋到客体关系的转换,这种转换是个体心理朝成熟方向迈进的表现。但是,这两种心理状态不是一个经历了就不再经历的单向发展过程,而是一种动态的、不断呈现的、伴随着个体生命始终的情绪表达形式。正如美国著名的精神分析学者斯蒂芬·A. 米切尔对偏执—分裂心位的看法:"这个分为好和坏两部分的世界并不是一个要被跨越的发展性阶段。它是形成体验的基本形式,是给自己定位的策略,或者更确切地说,是在与不同类型的他人发生关系时不同版本的自己。"②纠结的心理状态也是如此,虽然形成于婴儿期的 4~6 个月,是俄狄浦斯期(3~6 岁)幼儿主要的情绪表达,但是伴随着生命的始终。

　　"89 岁的布朗太太,因为认为她那忠诚地守了 60 年婚姻、现在 90 岁的先生艾瑞克,爱上最近才守寡的 80 岁好友葛雷蒂,于是产生一股强烈的嫉妒感。某个星期日午餐时,布朗太太被问及她为何异常沉默,她便描述了前一晚的晚餐所经历的一段'悲惨时光'。原来布朗太太和先生想要让葛雷蒂打起精神,她说,那晚之所以会变成一场折磨,是因为显然葛雷蒂'只想等我死掉,好搬来和艾瑞克一起住'。布朗太太说出她的猜疑后,焦虑地看着先生,而艾瑞克却是一脸困惑,显然搞不清楚她在暗示什么。他只是说,他才不想忍受'她那些可怕的亲戚'。布朗太太并未因此而放心,在她彻底而明确的追问下,艾瑞克才补充说,他觉得那个寡妇也很可怕,而且绝对不可能成为他的伴侣。布朗太太于是

① 科胡特.精神分析治愈之道[M].訾非,曲清和,张帆,译.重庆:重庆大学出版社,2016:25.
② 米切尔,布莱克.弗洛伊德及其后继者:现代精神分析思想史[M].陈祉妍,黄峥,沈东郁,译.北京:商务印书馆,2007:114.

放松下来,开始热切而流畅地讨论起目前的政治形势。"①

看得出来,89 岁的布朗太太对丈夫艾瑞克和葛雷蒂的关系感到焦虑,而这种焦虑具有明显的俄狄浦斯特色,即婴儿渴望完全拥有一方,而排斥另一方,是一种纠结心理状态(即克莱因理论中的抑郁心位);布朗太太认为"她只想等我死掉,好搬来和艾瑞克一起住",这是一种陷入极端的被害感觉,这时候的布朗太太失去了作为一个 89 岁老人正常的认知能力,属于偏激状态(即克莱因理论中的偏执—分裂心位)。"越来越多的证据表明,即使是出现在生命尽头的焦虑和心理障碍,也常常跟早年的情绪挣扎有着特定的关联。"②案例中布朗太太的焦虑和偏执认知,就是婴儿期与幼儿期未完成的心理发展任务在老年期的呈现。

第五节　理　智　状　态

个体的理智状态,类似于克莱因理论中的修复心位、荣格理论中的自性化和埃里克森理论中的自我统一性。

修复心位是克莱茵提出的第三个心理位置。偏执—分裂心位的个体极度缺少安全感,总是感到他人会带来危险和迫害自己,有时候别人的一个眼神或动作,就能立即激发起个体的极度恐惧和愤怒,并通过投射的方式,向对方实施语言和行为上的攻击。在整合性更好的、发展水平更高的抑郁心位,个体常常因为自己的某些行为或想法伤害了好客体(好妈妈)而感到懊恼和后悔,这个时候力比多本能会产生修补幻想,让母亲(好的客体)再次完整起来。

斯蒂芬·A.米切尔认为:"也只有当个体相信自己的修复能力,相信爱能够从破坏性中存活下来,爱和恨才可能被整合为更丰满复杂的关系。偏执—分裂心位的爱是纯粹的,但同时也是脆弱而稀薄的。抑郁心位的爱,在破坏性的仇恨和修复的循环中被调节,更深沉、更真实,也更富有弹性;但这需要一种信念,

① 沃德尔.内在生命:精神分析与人格发展[M].林晴玉,吕煦宗,杨方峰,译.北京:中国轻工业出版社,2017:5-6.
② 沃德尔.内在生命:精神分析与人格发展[M].林晴玉,吕煦宗,杨方峰,译.北京:中国轻工业出版社,2017:242.

相信粪便能够成为新鲜花苗壮成长的肥料,而不是埋葬了所有生机。"①

在修复心位,个体对自己修补能力的信任非常重要,个体必须相信自己的爱比恨更强烈,用爱(力比多能量)而不是恨(反力比多能量)来与完整客体保持关系。个体对自己修补能力的信任与婴儿真实的养育环境有密切关系,良性的养育环境使婴儿不断内化养育者给予的爱的滋养,形成了对自我的接纳。有了对自我的接纳,也就意味着形成了对自我修复能力的信任,而不是人云亦云的随波逐流。

在克莱茵的理论中,抑郁心位和修复心位并无明显的分界。所谓的修复,就是以创意和爱的方法处理担心受到损伤的客体关系。艺术创造就是一种修复,在克莱因看来,艺术不是本能的升华(弗洛伊德的观点),而是源自修复客体关系的愿望。因为对于个体来说,最原始的客体关系是和母亲的关系,所以在艺术创造行为的背后其实是一种企图,企图修复在婴儿时期所攻击的母体。

荣格认为,人格尽管需要一个成熟和发展的过程,但是从一开始就是一个统一体,而这个统一体的核心就是自性。自性像一块磁铁,把构成这个整体的每一个部分吸引过来。成长中的挫折和所处的文化背景,塑造着个体,使得个体在某种程度上被固定在外部世界,形成一系列的心理问题。例如,叠加性创伤形成了恐惧心结,人在恐惧心结下,就会失去对整体生命的认知和对自我功能的协调,以僵化的模式(逃避或攻击)应对外在客体。

心理咨询以及其他形式的心理成长,其核心就是一个自性化的过程,所谓自性化就是最终成为一个整合的、协调的、与他人不同的发展过程。在这个过程中,要完善和发展自我人格,使与他人、集体的关系变得和谐,辩证地看待社会伦理和规范。正如荣格认为的"自性化的目标主要表现在两个方面,其一,为自性剥去人格面具的虚伪外表;另一方面,消除原始意象的暗示性影响"②。无疑,荣格理论中的自性,是做自己,是豁达、全面、智慧地看问题,而不被外部世界的是是非非固定。

自我同一性是埃里克森的核心概念,在埃里克森的理论中,自我同一性有两个层面的含义:一个层面是指自我独立性、连续性和不变性的意识;另一个层

① 米切尔,布莱克.弗洛伊德及其后继者:现代精神分析思想史[M].陈祉妍,黄峥,沈东郁,译.北京:商务印书馆,2007:118.

② 申荷永.荣格与分析心理学[M].北京:中国人民大学出版社,2012:78.

面是指自我具有的与一定集团和成员之间的共同的连带感、价值观、目标追求等。个体如果没有实现同一性,就会在以后的人生中出现角色混乱,不知道自己是谁,也不知道自己想到哪里去。看得出来,自我同一性更强调对自我存在的理性定位和与周围世界关系的理性认知。

在我看来,无论是克莱因理论中的修复心位、荣格理论中的自性,还是埃里克森理论中的自我同一性,都在强调在个体心理体验中以观察性自我为主导的理智状态,这种理智状态是"利己"与"利他"的和谐统一。正是在这种理智状态下,个体才能全面地、辩证地、以发展的观点看待生活中的问题,使个体脱离偏激的情绪反应,调和充满矛盾的纠结状态,完成生命的最终提升,形成独立的、稳定的、积极的、平和的心态。

第六节　小　　结

现在,我们可以做一下总结,人的心理体验就像一条流淌着的河流,在河流里漂浮着幻想、攻击力、纠结、自信。生活的打击,有时候会唤起个体被吞噬的恐惧感,而这种恐惧感会形象化为幻觉妄想;有时候会激起内心的愤怒,形成冲动的攻击力;有时候会因为自己行为的不完美,而陷入后悔、懊恼的纠结状态;有时候会充满自信,胸有成竹,相信自己能修补曾经的不完美。每一种心理状态,无论它存在时间的长短,都对整个人格有影响。至于影响有多大,则要看某个特定发展阶段的、与之相对应的特定心理需要能否得到满足和发展。

个体不同的心理状态折射了每个成长阶段的创伤和心理问题的严重程度:长期处在幻觉妄想状态的个体,内心充斥着濒临死亡的恐惧,具有马勒理论中的自闭期和共生期的心理特征,对应精神病性心理问题患者;长期处于偏激状态的个体,情绪冲动、剧烈,而且瞬息万变,具有克莱因理论中偏执—分裂心位、马勒理论中分离—个体化阶段(马勒理论中的共生阶段的心理状态虽然也情绪偏激,但主客体不分,应划为具有幻觉妄想特征的精神病性心理问题的序列)的心理特征,对应边缘型心理问题患者;长期处于纠结状态的个体,内心懊恼、后悔、纠结,具有克莱因理论中的抑郁心位、弗洛伊德理论中的俄狄浦斯情结的心理特征,对应神经症类心理问题患者;充满自信的修复心位,则呈现出独立的、健康的自我状态。

　　另外,值得关注的是,幻觉状态、偏激状态、纠结状态、理智的平和状态,虽然开始形成于某个年龄段,但并不是可以跨越的,也不是经历过了就不再经历的心理发展阶段,而是一种在特定状态下形成的、贯穿生命始终的心理状态,会出现在生命发展的任何阶段,无论是青年,还是中年,甚至是老年;不仅在人生的每个阶段都会遇见,而且几乎每个人都会遇见,无论是健康人,还是有心理问题的人。

　　任何一种心理状态,都包含着现在、过去和未来的元素,都"会随着内在与外在力量及关系的细微变化,而摆动与改变,持续地摇摆于利己或利他的态度之间"①。心理健康与否和心理问题的严重程度,与不同状态的情绪体验持续时间的长短和出现频率的多少有关:假如在某一年龄,心理状态的转换缺乏正常的流动性,长期僵化在某种心理状态,出现一些"不合"年龄的情绪表达,心理状态就是不健康的;假如个体能够对自己的心理状态,无论是愤怒、抑郁、恐惧、焦虑、激情、嫉妒,有较为清晰的觉察和接纳,并通过认知功能整合到人格结构中,形成有意义的经验,心理状态就是健康的。

　　① 沃德尔.内在生命:精神分析与人格发展[M].林晴玉,吕煦宗,杨方峰,译.北京:中国轻工业出版社,2017:5.

第十六章　心理发展阶段

心理的成长与身体的成长不同，身体从诞生的那一瞬间开始就具备了一个人所应该具有的功能器官，吃、喝、拉、撒、睡的功能就基本上具备了。但是人心理的成长是一个终生的过程，每一个阶段都有自身的发展任务。根据个体心理发展的阶段性特点，本章把个体心理发展分为九个阶段：胎儿期、乳儿期、婴儿期、幼儿期、学龄期、青春期、成年期、更年期、老年期。在论述的过程中，我继续沿用马勒、埃里克森及其他精神分析大师的理论，阐述我个人对个体健康心理发展的理解

第一节　胎　儿　期

随着精子和卵子的结合，新的生命就开始了。一个完整的生命不仅有形体，也要有精神（心理）。现代科学证实：心理是脑的机能，随着神经系统的产生而出现，又随着神经系统的发展而发展。虽然相对于躯体的可视性，人的心理看不到、摸不着，但是心理的存在是不可否认的。

胎儿躯体的成长需要蛋白质等营养，心理的发育和成长则需要爱的滋养。胎儿的心理感受既决定于基因资质，也受母体环境（胎盘的环境、羊水的质量、在子宫内活动的自由度）的影响。心理学家亚力桑德拉·皮昂特莉做的一个短暂的心理治疗案例，向我们展示了胎盘环境对新生儿心理的影响：

"一对相当敏感的父母带他们的小孩来找我，孩子很小（18个月大）也很聪明，但他似乎要将父母逼疯了：因为他没有片刻是安静的，也不睡觉。第一次看到雅各布，在他的父母对我解释他所有问题的同时，我注意到雅各布不停地四处走动，仿佛着迷似的想在我那空间有限的诊疗室的所有角落寻找某种他始终无法找到的东西。他的父母解释说，他一直都是这样，日以继夜。偶尔，雅各布会把诊疗室中的几样东西拿起来摇一摇，像是想把它们摇到重新活过来一样。

他的父母接着说，雅各布在几个重要的发展点上（比如，坐起来，爬行，说出第一个字），似乎都伴随着强烈的焦虑与痛苦，仿佛他很怕会'把某种东西忘在身后'，这是他父母用的字眼。当我简单地对他说，他好像在找一样他丢了但四处都找不到的东西时，雅各布突然停住不动，并且非常热切地看着我。接着我说，他想把所有对象摇到重新活过来的举动，似乎是因为他担心这些东西静止不动，意味着死亡。这时雅各布的父母差点哭了出来，他们告诉我其实雅各布是个双胞胎，但他的孪生兄弟提诺（他们决定为他取名为此），在临盆前 2 周胎死腹中。因此雅各布有 2 周的时间是和这位已经死去的、没有反应的孪生兄弟，一起待在妈妈的子宫中……"①

　　案例中，作为胎儿的雅各布发现与自己一起的兄弟没有动静了，内心很迷茫，于是就四处寻找，并试图通过摇晃把兄弟唤醒。通过这个案例，我们可以看得出来，胎盘环境对胎儿心理的影响。不仅如此，胎儿基因资质也离不开母亲的意识和潜意识心态的影响，而母亲的心态与母亲的成长经历和母亲当下所处的环境有关系。一般而言，母亲的爱、喜悦和平和心态，会让胎儿在安全、温暖的感应下整合自己的内心世界；母亲的惊恐、痛苦、伤心，会让胎儿在战战兢兢中成长。

　　我咨询过这样一个案例：

　　患者四五岁，不爱与别人玩，总是一个人玩积木。有其他儿童的时候，患者就非常生气，动不动就发脾气，总爱趴在妈妈的怀里。患者的母亲谈及患者的成长经历时说，在怀孕期间，因家庭债务问题，患者的母亲东躲西藏，每天战战兢兢，惶惶不可终日。患者出生之后，非常敏感，稍微有点不如意就号啕大哭，情绪非常激动。

　　看得出来，患者缺少安全感，内心非常脆弱、恐惧，而这种恐惧应该与胎儿期母亲担心害怕的心理现实有关系。

　　母亲是胎儿最早的生命环境，胎盘营养和母亲情绪的好坏往往会影响胎儿的感受，并且干扰和塑造着胎儿的心理素质和人格特质。关于胎教对胎儿的影响，古人早有记载："太任之性，端一诚庄，惟德之行。及其有娠，目不视恶色，耳

---

　　① 沃德尔.内在生命：精神分析与人格发展［M］.林晴玉，吕煦宗，杨方峰，译.北京：中国轻工业出版社，2017：14－15.

不听淫声,口不出敖言,能以胎教……"①翻译成现代文就是:太任(周文王的母亲)性情专一,诚挚端庄,言行皆遵循德行。她怀孕后,不看邪恶的事物,不听淫邪的声音,不说傲慢的话,非常注重胎教……

现代科学研究证明:个体成年以后的心理状态,与其胎儿期在母体内敏感度的反应,有较高的一致性。如果孕期夫妻感情不和,一直处于争执吵闹甚至打斗之中,母亲情绪就会不稳定,甚至惶惶不可终日,那么胎儿就会惊恐害怕,成年以后产生心理障碍的比例相对其他人要高很多。这些孩子在成年后更易出现自卑、孤僻、多疑、偏执的心理现象。

重大不良事件的持续刺激,会使母亲体内产生较多的儿茶酚胺,这是一种和神经系统功能密切相关的激素,这种激素能够穿透胎盘,直接作用于胎儿的下丘脑(下丘脑是人的情绪中枢),进而对胎儿产生影响。研究表明,在怀孕晚期遭遇丧偶事件的女性,因为受到的创伤事件比较严重,内心处于极度崩溃状态,生下的孩子成年后也更易出现精神障碍或人格障碍。

孕期的最后三四个月,胎儿大脑发育到了一定程度,胎儿不仅能够感受到母体的情绪状态,而且也会产生与母体相同的情绪状态。这种情绪状态不仅可能对孩子成年后的心理健康和人格特质产生深远的影响,而且这种影响具有一定的持久性和稳定性,后天的干预也难以改变。

无论是胎儿躯体的成长,还是心理的发育,都离不开母亲。所以在孕期,准妈妈的心理状态尤其重要,要戒怒、戒恐、戒躁,要尽量保持爱、喜悦和平和的心态;当遇到不尽如人意的事时,不要自怨自艾、怨天尤人,要以豁达的、乐观的心态面对问题,学会善解人意、学会宽容和谅解。

---

① 绿净.古烈女传译注[M].上海:上海三联书店,2014:16.

第二节 乳 儿 期

乳儿期(0~6个月,又称为婴儿早期)是一元关系时期。乳儿(本书其他章节把小于3周岁的孩子,都统称为婴儿;为便于表述,本章把小于6个月的孩子称为乳儿)出生后,延续着在母体内的感觉而不能真实地感觉到外在客体的存在。这是一个幻觉时期,这种幻觉是乳儿恐惧心理的形象表达。在幻觉状态下的乳儿分不清自己和他人,处在拉康理论的实在界,相当于马勒理论中的正常自闭期和共生期。

一、正常的自闭期

随着乳儿的出生,新生命就开始了,不过,乳儿在心理意义上的诞生与身体的诞生并不一致,乳儿的身体从脱离母体的那一瞬间,就戏剧化地诞生了;但是心理的诞生却是慢慢地展开的,按照马勒的理论,这是一个需要历时3年的分离—个体化过程。

在乳儿出生的第1个月,乳儿身体上虽然脱离了母体,但是心理上依然是母体胎盘里的延续。这是一个没有自己、没有外在世界的状态。刚出生的乳儿绝大多数时间用在睡眠上,似乎处在一种原始的、幻觉性定向感不清的混沌之中,马勒把这一阶段称为"正常的自闭状态"。

之所以称为"自闭状态",是因为乳儿对外界听而不闻、视而不见,偶尔会对一些刺激产生条件反射;之所以称为"正常",是因为这是乳儿成长过程中不可逾越的阶段。这种状态能够让乳儿达到躯体感觉的平衡,一种在子宫外躯体的衡定性平衡,是从子宫内生活进入子宫外生活的过渡。

克莱因把乳儿的心灵"描述为一条由原始而变幻不定的意象、幻想以及恐惧汇成的河流"[①],这条幻觉汇成的河流充斥着被毁灭的恐惧。如果从分离的角度来思考乳儿的这种状态,我们是可以理解的:分离意味着营养供给的缺失和熟悉环境的改变,这种缺失和改变必然引发乳儿心灵深处的毁灭恐惧,幻觉

---

① 米切尔,布莱克.弗洛伊德及其后继者:现代精神分析思想史[M].陈祉妍,黄峥,沈东郁,译.北京:商务印书馆,2007:108.

则是恐惧形象化的表达。

在从业过程中,我常常接触一些有自闭期心理特点的儿童,他们与外部世界是脱离的,只关注自己身体的感觉,如果试着让他与所接触的现实性客体相联系,试图打开他自我封闭的"壳",就会引起他的愤怒。这些孩子常常用沙子摩擦身体、撞击头部、野蛮地爆发攻击性行为来释放身体内部的微小不适。自闭性精神病患者与自闭期儿童的心理状态类似:无视外在客体的存在,内心处于封闭的混沌状态。

我咨询过这样一个案例:

男孩,4周岁,眼睛从不与人对视,经常莫名其妙地大叫,不能与人交流。在做沙盘游戏的时候,他随意扔沙具,抓起沙子就撒,呈现的是一种自发的破坏状态。咨询师无论用哪种方式试着与他交流,他均不理睬。

自我封闭性精神病的病理就是对最初子宫外生活的固着或者退行,最为显著的症状表现为,患病儿童无法察觉到以母亲为代表的外部世界,无法把母亲当作现实世界的生存航标,更无法从环境中的非生物客体中辨别出自我的存在。

每一个乳儿出生之后都有两种选择:一是回到封闭的曾经熟悉的子宫里,保持着自闭状态;二是与外在客体形成连接,感受丰富多彩的外在世界。要想让乳儿脱离自闭状态,与外在世界形成连接,母亲的存在和养育尤其重要。在最后3个月,胎儿变得越来越大,对母亲的内部器官持续地挤压,并妨碍母亲的运动、消化、排泄甚至呼吸,母亲对胎儿也产生了越来越多的关注。温尼科特将这种促使"足够好的母亲"给予孩子无私帮助的心理状态称为"原初母性专注"。"原初母性专注"下的母亲,不仅源源不断地向胎儿提供营养,而且在行为上和情感上越来越投注于胎儿,最大限度地满足胎儿需要,这时候母亲自身的主观性、利益、生活节律都变得不重要。乳儿出生后,母亲延续着原初母性专注的心理状态,好像变成了乳儿生命的一部分,能够准确地与乳儿形成共情,并且根据乳儿的需要,及时地提供乳儿需要的服务:当乳儿饿的时候,母亲的乳汁流进了婴儿的嘴里;当乳儿感觉到被周围的虚无感吞噬的时候,母亲把乳儿抱在怀里;当乳儿产生寂静的窒息感时,母亲轻轻地给乳儿哼着儿歌……母亲的乳汁和母亲身上的味道,让刚刚出生的乳儿得到生命的营养,也感受到类似曾经熟悉的胎盘的感觉。乳儿与母体分离的原始恐惧,变得越来越小,乳儿逐步形成了对母亲乳房乃至母亲的驱力。不仅如此,乳儿的自我存在感,也伴随着与母亲的互动刺激而逐渐产生了。乳儿到了第 2 个月,就进入了与母亲共生的状态。

二、共生期

从第 2 个月到第 6 个月,乳儿依然延续着出生时的幻觉状态,这个时候的乳儿能感觉到母亲的存在,但是在乳儿内心世界里,母亲并不是一个独立的客体,而是乳儿自身的一部分,也就是说母亲是乳儿的意念创造的,就像乳儿的四肢一样,乳儿感到自己和母亲是完全融合在一起的(科胡特称之为"自体客体")。乳儿饿了,就会创造一个乳房;冷了,就会创造一床被子……

在共生的早期阶段,内在自我、外在自体和外在客体没有形成分化,乳儿与母亲处在完全融合的幻觉中。也正是由于这种完全融合,母亲微小的动作都会使乳儿内心形成全方位的感受,而且这个阶段所遗留的痕迹往往会伴随个体的一生。

某些精神分裂患者就是退行到共生期,处于主客体不分的融合状态,通常表现出非同寻常的敏感性,外界微小的挫折,甚至外在客体不经意的动作都让患者惊恐万分,产生极端的反应。例如:某些孩子会因为曾经摔倒而排斥走路;某些孩子因为别人曾经的拒绝,而逃避所有的人。对于孩子来说,创伤和分离都会形成打击,幼儿入学、就医、弟妹出生等事件都会成为发病诱因。

下面是我咨询过的一个案例:

某患者,女,36 岁,一年前做生意被骗,损失惨重,不愿意与人交流,感觉街坊邻居总是在议论自己,谈论自己的隐私。患者怀疑自己被人跟踪、录音。后来患者听到"某黑社会成员"说:"受人之托,要杀了你,每天都在监视你。"现在患者吃饭怕中毒,睡觉怕被人暗杀,走在路上感到有人朝自己打冷枪。

共生期是母子一元关系时期,即温尼科特理论中的绝对依赖状态和拉康理论中的实在界:在共生期,乳儿和母亲处于心理融合状态,延续着胎儿在子宫里与母体的心理寄生关系,母亲行使着乳儿"附属自我"功能,通过声音、抚摸、亲吻、拥抱等动作与乳儿交流,准确地感知乳儿内心的困惑,并及时地给予回应。例如,乳儿表达痛苦的主要方式是哭,而痛苦包含很多的内涵:饿了,要哭;困了,要哭;不舒服,要哭;想得到注意和陪伴,要哭……对于乳儿来说,他没有能力找到痛苦所在,只能通过哭毫无区别地表达。而一个具有"原初母性专注"状态的母亲(养育者),能够准确地感受到乳儿内心,并及时给予回应。母亲(养育者)的回应,不仅能满足乳儿躯体上的需求,也让乳儿了解了自己,形成内在各部分的整合,促使主客体的分离。

良性的母婴互动,不仅让共生期的乳儿感受到爱和滋养,使混乱的情绪感受得到梳理(产生了好与坏两种对立的情绪体验),同时还提供了认知的原型,使意义得以呈现。乳儿一旦理解了意义,象征的表达也就成为可能。例如爸爸、妈妈、桌子、椅子等人物和物体有了名称。这样,主客体的分离就成为现实。正如西格尔所说:"赋予某个东西一个名字、一个称号、一个头衔;将它自匿名状态(anonymity)拯救出来,将它从无名之地(the Place of Namelessness)拉拔出来,简言之,就是把它指认出来(identify),这便是使说出来的事物(the said thing)变成存在(being)的方式。"①

第三节 婴 儿 期

6个月之后的婴儿,开始不停地扫描外部世界,触摸母亲,拉扯母亲的头发、衣服、眼镜,以此来建立母亲与他人的区别、自体与客体的不同。获得这种新能力的主要标识就是婴儿在8个月的时候,产生"陌生人焦虑"反应。这是婴儿从母子共生状态向分离—个体化迈出的第一步。

婴儿从对外部刺激的反应中,逐渐形成了愉悦的好经验与痛苦的坏经验的区分:对来自外在或内在的"好"刺激,例如当婴儿饿的时候,吸吮到乳头,婴儿的反应是喜悦和期盼;对来自外部或内部的"坏"刺激,例如当婴儿困的时候,妈妈逗孩子玩,婴儿的反应是痛苦和拒绝。这种好、坏经验的区分对个体心理的成长非常有价值:婴儿逐渐脱离了刚出生时的模糊、飘忽不定的混沌状态,形成了好与坏对立的清晰状态。因为好刺激和坏刺激不是同时出现的,婴儿主观上就形成了好与坏两种界限分明的客体意象,并形成与之对应的力比多和攻击两种不同的驱力。当好刺激出现的时候,婴儿就渴望与好的刺激融合;当坏刺激

---

① 沃德尔.内在生命:精神分析与人格发展[M].林晴玉,吕煦宗,杨方峰,译.北京:中国轻工业出版社,2017:38.

出现的时候,婴儿就试图对坏刺激进行攻击以求得好刺激的出现。克莱因把这种非整合的、非黑即白的、强烈的情绪状态称为偏执—分裂心位。以偏概全的偏执—分裂心位多形成于孩子三四个月的时候,呈现于生命的任何发展阶段。即使成年的个体,一旦感受到强烈的创伤情绪体验,也会以偏概全地把愤怒的情绪投射给坏的客体,暴躁、冲动、易激惹。6个月到3岁之间的婴儿呈现的多是偏执—分裂心位的情绪反应:情绪容易受外在客体的影响,以偏概全,易激惹。

在婴儿期,母亲提供的抱持养育环境尤其重要。开始,婴儿对自身的感觉和外在世界的感觉是支离破碎的,也是杂乱无章的。母亲就像一个具有净化功能的容器,把婴儿想要排斥或呈现的痛苦、混乱及其他感受进行调和整理,变成婴儿可以辨识和接受的形式再投射给婴儿;婴儿内化母亲投射过来的、经过净化的内容,心情变得平静柔和,并衍生出自身的包容能力。

如果母亲不具备容器的包容、净化、滋养功能,婴儿精神上的痛苦没有被容纳,就会退缩到僵化、孤立状态,无法容纳外在信息。这种状态下的孩子,要么选择放弃和屈服,要么就会采取原始的防御机制来舒缓痛苦的情绪体验,将注意力固定在能给自己带来存在感的某种东西(例如发光的灯泡、刺耳的声音)或生活方式(例如摔打东西、讨好别人、滔滔不绝地说话)上,或者通过攻击行为来减缓内心的痛苦,维系自身的存在感。这种防御行为,虽然在一定程度上使乳儿或婴儿脱离了精神崩溃及恐慌的感觉,但同时也形成与外在世界的隔绝。

对于这一时期婴儿心理的成长,自我心理学家马勒提出了分离—个体化的理论,认为婴儿只有完成了分离—个体化的成长历程,形成相对独立的自我,心理意义的"我"真正形成后,才能摆脱对重要客体的依赖。

婴儿的分离—个体化开始于6个月到9个月之间的孵化期(分化期),这个时候婴儿还残留着共生期的感觉。不过,婴儿在这个时候能够对记忆线索进行分类,产生了"陌生人焦虑"反应。"陌生人焦虑"反应说明这一时期的婴儿,形成了初步的认知能力,已经知道了自己周围不仅仅有母亲,也有其他人。对外在不同客体的感知,激发了婴儿的好奇心,婴儿开始试探着从共生的幻觉中里挣脱出来,一点一点地触摸外面的世界,越来越多地与环境互动。如果这个时期,母亲能够继续给予孩子抱持的养育环境,当婴儿需要的时候,及时地满足婴儿的需要,婴儿向外探索的脚步就会加快,涉及的范围也会越来越广。到了

10～16个月左右,婴儿就进入了充满全能感的实践期。

实践期的婴儿会在好奇心的支配下,利用自己刚刚发展出来的滚爬和行走能力,慢慢拉开与母亲的距离。外面的花花草草吸引着婴儿,婴儿也沉浸在探索的活动中,好像忘却了母亲的存在。这是一种充满全能感的自恋状态。婴儿的主观全能感,在自体心理学家科胡特看来,能够促进自信心的形成。如果母亲不能满足婴儿的全能感,剥夺了婴儿的探索权利,比如溺爱和拒绝,婴儿就会产生被压抑的操纵感,形成焦虑心结。一旦心理的发展停滞于这个阶段的焦虑,即使到了成年,个体也会心存顾虑,不能以积极的心态面对外部的世界。不过,在实践期,虽然婴儿开启了对外疯狂探索的进程,但是婴儿的内心一直把母亲看成自己世界的全部,也把自己看成母亲的全部,依赖心理严重。

从第16个月开始,一直持续到24个月,婴儿处在和解期。婴儿开始真正认识到,自己和母亲是两个分离的个体,母亲有自己的需要和烦恼,母亲并不能总围绕着自己,这种认知让婴儿体验到一种严重的心理失衡。因为婴儿知道了曾经与自己在一起的母亲,不会永远陪着自己,所以在这个时候,婴儿反而有了离不开母亲的依赖行为,往往出现"婴儿学会走了,反而不走了"的现象。同时,婴儿的依赖行为也会唤起婴儿的另一种恐惧:依赖使得婴儿不敢离开母亲,但是婴儿一旦躺在母亲怀里,却又担心失去自己刚刚获得的独立。这样,婴儿就产生了是依恋母亲还是独立的冲突,时而产生充满全能感的自恋,时而产生被抛弃、被否定的恐惧,所以婴儿的情绪总是伴随着愤怒和敌意。而边缘型心理问题患者的心理状态就是这种飘忽不定的两极感受。

如果在和解期,母亲能随时存在,并且引导、鼓励和支持婴儿对外探索,2岁之后的婴儿就会慢慢感知到客体恒定性。所谓客体恒定性,就是面对客体带来的挫折、愤怒和失望时,依然维持着对客体的积极感受。例如,当母亲拒绝自己的时候,婴儿也知道母亲是爱自己的。客体恒定性对婴儿来说价值非常大:一方面让婴儿缓解了自己被拒绝时的愤怒,另一方面促使婴儿通过内摄机制形成自体恒定性。拥有自体恒定性的婴儿,即使在面临失败或自尊受到威胁时,也能够维持自己的价值感,不会陷入绝望的深渊。有了自体恒定性,从某种意义上说,也就意味着拥有了独立的完整自我,知道"我是我",也知道"别人是别人",形成了自体和他人的边界感,克服了偏执—分裂心位的冲动状态。

如果把他人对待自己的态度比作阴晴变化的天气,那么完成了分离—个体

化的个体,无论在晴天还是在阴天,都能保持自己相对平静的心态;分离—个体
化的成长经历没有完成或者完成不充分的个体,心情就会随着天气的阴晴变化
而产生剧烈的波动。

为了更形象地说明这个问题,我们来看我咨询过的一个案例:

患者,女,40 多岁,公务员,在 1 岁的时候父亲去世,患者跟着姥姥和妈妈长
大,妈妈情绪不稳定,有时候会打骂自己。4 岁跟着母亲改嫁继父,继父有两个
孩子。妈妈和继父经常打架,患者非常恐惧,有时候就像呆了一样,看着他们打
架,什么也不敢做。妈妈和继父打完架,四五岁的患者就默默地把摔坏的碗和
水杯拾掇起来。患者感到自己的童年就是在孤独中度过,从来没有人关心自
己,从来没有感受到爱。患者上学时,成绩很好,大学毕业后,嫁给一个大 5 岁
的老公,老公有人格障碍,不断地折磨患者。患者一直忍让,后来感到实在无法
承受婚姻带给自己的痛苦,决定离婚。最后以净身出户的代价,逃离了与老公
组建的家庭。

一个同事,平时很关心患者,这个同事婚姻也不幸福,妻子总是与他吵架。
彼此都把自己内心的痛苦向对方倾诉,不知不觉就与同事产生了感情。后来无
意中看到同事在朋友圈晒他老婆的照片,患者感到被同事骗了,认为同事心里
并没有自己,只有他老婆;有一次同事称呼另一个女性同事为"亲人",患者内心
更加愤怒,产生一种被抛弃感;后来同事因为他老婆的原因,删除了所有女同事
包括患者的微信,患者顿时陷入绝望,控制不住情绪,常常与同事吵架。为逃避
痛苦,患者最后只好调离了单位。1 年多了,患者依然不能释怀,认为这个同事
太绝情了。

案例中的患者小时候没有在爱的环境下长大,极度缺少安全感,没有形成
客体恒定性,也没有形成自体恒定性,情绪容易受外在环境影响,防御心过重。
同事一个小小的动作(同事晒妻子照片、称呼别人为"亲人"等),都会激起患者
的被抛弃感,形成冲动的行为反应。处在偏执—分裂心位的患者,自我往往不
稳定,以偏概全,敏感、偏执,稍微有不如意,就控制不住自己的情绪。

我咨询过这样一个案例:

女,33 岁,长相漂亮,未婚,担心自己找不到老公,曾多次与不同的男人发生
关系,但是总感到彼此距离很遥远,一直找不到真正属于自己的男人。在自由
联想中,患者出现了这样的镜头:一个五六岁的小女孩,眼巴巴地看着父亲,渴

望父亲能看她一眼,但是冷漠的父亲从来不看她一眼。

患者内心缺少爱,内心自卑,没有形成独立的自我,不敢向自己爱的人表达,但是内心期望被关注、关心和关爱,容易被他人的"关心"诱惑,渴望从别人那里得到成长经历中没能从父亲那里获得的关注。

第四节　幼　儿　期

幼儿期即为弗洛伊德理论中的俄狄浦斯期,是父、母、子的三元关系时期。3 岁之前的婴儿处在母子二元关系世界中,婴儿不仅把母亲作为自己生命的全部,也把自己作为母亲生命的全部,正如拉康所言"一个人的欲望在本质上就是被欲望"①,婴儿的欲望就是成为母亲的欲望。到了幼儿期,幼儿越来越感受到父亲的存在。幼儿进入父、母、子三元关系时期后,慢慢感受到,自己不再是母亲的全部欲望所指,因为母亲的一部分欲望会指向父亲。在幼儿主观的感觉中,父亲是一个矛盾的个体:一方面父亲分割了母亲对自己的爱(在幼儿眼里,母亲的爱应该全部指向自己),引发幼儿对父亲产生愤怒;另一方面幼儿又感到父亲是爱自己的,不应该对父亲有恨意。后来弗洛伊德放弃了这种伦理上的纠结,而提出了阉割恐惧,所谓阉割恐惧就是指 3 岁到 6 岁的男孩感到父亲夺走了母亲对自己的爱而想报复父亲,却又害怕父亲的阉割惩罚会使自己丧失生殖器官。于是,幼儿就陷入了对父亲爱与恨的矛盾冲突中,弗洛伊德把幼儿 3 岁到 6 岁之间对父亲的矛盾心结称为俄狄浦斯情结。

弗洛伊德认为俄狄浦斯情结具有普遍性,"在弗洛伊德看来,这种命运是不可避免的,因为,俄狄浦斯上演的是我们童年期都曾有过的愿望"②。在俄狄浦斯期,男孩把父亲看作自己的竞争对手,最终因担心被强大的父亲"阉割",不得不放弃对母亲的渴望,转而认同父亲;女孩从意识到自己缺少男孩生殖器开始,便对自己的母亲产生抱怨,将爱恋投向父亲,形成厄勒克特拉情结(又被称为伊莱克特拉情结,即女性的俄狄浦斯情结)。后来,女孩渐渐发现父亲把爱恋只投向母亲,就不得不接受现实,形成对母亲的认同。

① 王国芳. 后现代精神分析:拉康研究[M]. 福州:福建教育出版社,2019:129.
② 奥金克洛斯. 精神分析心理模型[M]. 钱秭澍,译. 北京:人民邮电出版社,2019:94.

无论男孩对父亲阉割的恐惧，还是女孩对父亲拒绝的伤心，都会让幼儿本能的冲动产生压抑，而过度的压抑则是神经症性心理问题产生的主要原因。弗洛伊德认为许多神经症症状就是利用伪装的形式表现出被禁止的性幻想。由此可见，在弗洛伊德的理论中，阉割是一种创伤，这种创伤成为个体神经性心理问题的元凶。

后来拉康发展了弗洛伊德的俄狄浦斯情结观点，在拉康的理论中，放弃了弗洛伊德对俄狄浦斯情结生物学上的探讨，而从主体关系的角度来阐述阉割对个体成长的价值。拉康认为，父亲是一种象征性符号，具有"法"的权威，只有幼儿接受了父亲的阉割，才能真正进入由语言符号组成的象征秩序。幼儿进入象征秩序也就意味着接纳了语言符号所承载的文化和社会伦理价值，于是幼儿由生理的生命个体，转变为社会的生命个体。阉割在拉康的概念里已经成为一种"适应"的代名词。

在拉康的理论体系里，俄狄浦斯情结的价值，对于幼儿来说，更多地体现在形成了完整的人格体系。俄狄浦斯期后期，在与父亲代表的权威的冲突和最终妥协中，幼儿把"父亲"所代表的权威内化为人格结构中的超我成分。在幼儿适应社会的过程中，社会伦理、道德、价值等就像"父亲"一样，作为超我的元素进入幼儿的意识和潜意识世界。有了超我，幼儿也就知道什么事情该做，什么事情不该做。这样，超我与本我欲望之间就形成了冲突：一方面本我欲望需要释放；另一方面超我要坚守道德底线，不允许本我释放。面对本我和超我的冲突，自我只好根据现实原则，疲惫地调节本我和超我的矛盾。

我咨询过这样一个案例：

某大二学生，男，从初中以来，就控制不住自己的手淫行为。每次手淫结束后，内心都非常痛苦，感到自己堕落，品质恶劣，甚至有自残的想法。在与别人交往中，患者不敢与别人对视，非常自卑。

这个案例中的患者，渴望释放的性能量（本我）和自己接受的教育（超我）形成冲突，而自我的力量非常弱小，无法调理本我和超我的冲突，就形成了痛苦的心理状态。

对于幼儿期的心理纠结状态，克莱因和其他客体心理学家，是从抑郁心位的角度来解读的。"克莱因认为，幼儿有一种与生俱来的发展倾向，使之朝向整合的方向形成体验模式，这种倾向促进了幼儿对客体的整体感，并非全好或全坏的,而是有时好有时坏。"①乳儿4~6月的时候,就开始模糊地感受到自己和妈妈是不同的个体存在,并且模糊地感觉到母亲是集中了好妈妈和坏妈妈的复合体:有时候是好妈妈,能及时满足自己;有时候是坏妈妈,不能及时满足自己。无疑,抑郁心位是一种心理的整合状态。在这种整合状态下,乳儿心中好妈妈的形象,可以抵消因坏妈妈不能满足自己而产生的愤怒;乳儿虽然有对妈妈不完美的失落,但是毕竟能感受到母亲好的一面,所以情绪相对稳定。但是,这种趋向整合的抑郁心位,也给乳儿带来了另外一个苦恼:乳儿发现当用憎恨幻想攻击坏妈妈的时候,摧毁的不仅是"完全邪恶"的坏妈妈,也消灭了能够给自己带来安全和温暖的、自己要保护的好妈妈。这样,乳儿只好把对坏妈妈的攻击驱力压抑下去,从而陷入了一种懊恼、后悔、纠结的抑郁焦虑。

不过,乳儿在4~6个月之间产生的心理整合状态,在乳儿期没能充分地呈现。婴儿期(6个月~3岁)的个体,内心非常脆弱,依然处在偏执—分裂心位。到了心理整合能力相对较强的幼儿期(3~6岁),抑郁心位的纠结状态就以形象化的俄狄浦斯情结形式淋漓尽致地展现出来。抑郁心位下的幼儿克服了非黑即白的分裂状态,呈现出人格结构内部之间的冲突,主要表现为懊恼、后悔、纠结。在克莱因看来,只有当个体充分信任自己的修复能力,相信自己的爱比恨更强烈,才能化解内心的纠结。而爱的情绪体验的积累则来自养育者爱的能量的不断输入。

俗话说"三岁看大,七岁看老",6岁之前的心理成长状态是一个连续的发展过程,每一个阶段有每一个阶段的特征,并且影响甚至决定了以后的情绪体验。

在一元关系的乳儿期,个体处在幻觉状态中,主客体没有形成分离,孩子主要面临的问题是:我的世界是不是安全的。如果这个发展任务没有完成,个体内心往往会呈现出被毁灭的幻觉状态,形成精神分裂症状——幻觉、妄想、精神破碎。

在母婴二元关系的婴儿期,个体虽然完成了与母亲的分离,但是对客体依然存在着强烈的依赖关系,内心充斥着被抛弃的恐惧感,面临的人生课题是:我可以自己做事情,还是需要依靠别人,即对关系的苛求。如果婴儿在这一时期

---

① 米切尔,布莱克.弗洛伊德及其后继者:现代精神分析思想史[M].陈祉妍,黄峥,沈东郁,译.北京:商务印书馆,2007:115.

发展受挫,就会呈现偏激状态,情绪容易受外在客体影响,敏感、偏激、冲动,控制不住自己,多呈现出边缘型障碍的症状。

在三元关系的幼儿期,个体发展的成就则在于形成了超我,完善了人格结构。这个时候的冲突体现在人格结构内部的超我、自我、本我之间。面临的问题是:我是不是一个好孩子。如果人格结构内部发生冲突,呈现的多是纠结、痛苦的神经症症状。

个体心理成长是一个从融合到分离再到个体化的过程,也是一个心理"断奶"的过程。"断奶"作为所有分离与失落的原型,激起的感受与反应,会触及生命的最早期,并延伸到生命的最后。无论哪个年龄段的个体,面对"断奶"产生的分离和失落感,如果能够从他人身上收回自己的投射,并使之回归自我,就有机会成长为独立的自己。

第五节　学　龄　期

俄狄浦斯期后期,孩子形成了完善的人格结构,并在完善的人格结构的引领下,进入学龄期(6～11岁)。进入学龄期的孩子,从相对单一、封闭的家庭环境,进入开放的学校环境,视野一下子开阔了:在学校里,儿童接触了不同的老师、不同的同学、不同的学生家长,而且还接触到更多的知识。对于孩子来说,这是一个全新的时期,眼花缭乱的同龄人、目不暇接的知识,让儿童本能的力比多快感,转向了获取知识和与同学交往的快乐。

在获取知识和与同学交往的过程中,如果儿童感受到自己的成功,就会变得勤奋和自信;相反,如果儿童在学校的学习和交往上不能获得成功,那么就会形成自卑的心理。在这个年龄阶段,孩子面临的问题是:我是有能力的,还是一文不值的。

幼儿期(与弗洛伊德理论中的俄狄浦斯期基本重合)俄狄浦斯情结的化解,使得进入潜伏期的儿童把主要驱力转向学习和与同伴相处上。在学习的过程中,儿童一方面专注于知识和技能的学习,另一方面又通过对知识的领悟和与他人的相处来进一步认识和了解自我。如果在学习的过程中,有自我真实情感的参与,个体心理将得到进一步整合,否则就会形成分裂和压抑。

为了更形象地说明上述观点,我们来看一下英国剑桥大学博士马戈·沃德尔在他的著作《内在生命:精神分析与人格发展》中的例子:

桑德拉聪明能干,但是厌食且不说话;克莱尔赢得了剑桥的奖学金,但是经常陷入一阵阵的哭泣与难以理解的痛苦中。这两位既聪明又苦恼的女孩在大约5岁时,都经历了重大的失落之苦:桑德拉的父母在当时分居,而克莱尔的弟弟死于脑膜炎。两对父母都描述他们的女儿在当时是何等的乖巧,且对她们现在竟然是如此痛苦感到震惊。①

在上述案例中,我们看得出来,面对家庭的苦难和创伤,两位优秀的女孩为了让父母免受更多的痛苦,压抑了本来属于自己的天性,表现出让父母欣慰的乖巧和优秀。这种乖巧和优秀的代价是隔离了自我真实情感,情感的隔离使得她们最终没有完成自我人格的整合,陷入痛苦的泥潭。与之不同的是,我们也看到很多小时候调皮捣蛋的孩子,成年后反而成绩卓然,性格豁达。因为从某种意义上说,早年的调皮和捣蛋本身就蕴含着生命的激情和创造力,更能激发个体的好奇心和探索欲望。

个体在学龄期(与弗洛伊德理论中的潜伏期基本重合),要获得真正的成长,不仅要获得应对内在结构之间的纠结和外在环境带来的威胁所需要的知识和技能,还要在获取知识的过程中不能让知识和技能排挤掉充满想象力的自我品质。只有具有充满想象力的自我,个体才能在应对突如其来的内外冲突过程中,保持自我生命的活力。学龄期的学习,不仅是社会交往的需要,也是自我发展的需要,更是建立化解混乱和焦虑的思维框架的需要。

另外,这一时期,儿童虽然把更多的快感投入在学习和与同龄人交往上,但是本能的力比多欲望并没有消失,如果遇见某些创伤性事件,会形成扭曲的性快感体验或其他心理问题。

我曾经咨询过这样一个案例:

男,28岁,公司职员,同性恋患者,因为自己的性取向与众不同,内心非常痛苦。患者说在小学五年级的时候,曾经不慎摔坏了一个同学的手机,价值600元,内心很苦恼,不敢向父母要钱。小区一个60岁左右的看门大爷知道后,告诉患者他可以给患者600元钱,而且不用患者还,条件就是让患者满足看门老

① 沃德尔.内在生命:精神分析与人格发展[M].林晴玉,吕煦宗,杨方峰,译.北京:中国轻工业出版社,2017:122.

人抚摸患者生殖器 10 次。患者在看门老人的触摸下,激发了自己对同性触摸的快感,慢慢就演变成了同性恋,对异性没有快感。

看门老人的抚摸让患者产生了强烈的快感体验,强烈的快感体验促使患者更渴望被抚摸或抚摸他人,这样抚摸刺激也就成了患者性快感的表达方式,而生殖快感的敏感度反而消失了,最终成为同性恋。

对于 6~11 岁的儿童来说,价值观还没有形成,老师的关爱和引导非常重要。这个时候,父母在儿童内心的地位已经退居第二位了,孩子更在意在老师和同学眼里的自己。所以老师的引导、同学的交往,直接影响着孩子的人生。如果能够感受到学习的兴趣,在同学交往中能够开心快乐,那么孩子就会在快乐中勤奋学习,形成勤奋的品质。孩子如果在学校里得不到老师和同学的认可,就会形成自卑的品质。

从生命的角度上说,个体在 6~11 岁时的学校生活是对俄狄浦斯期形成的人格结构的检验和深化。在学校,儿童接触面越来越广,不仅依然存在对父母的依赖关系,而且还要与老师、同学、同学家长、社会上的其他人打交道。儿童不仅要表达自己的需求,也要遵守学校纪律和顾及其他同学的感受。一方面,俄狄浦斯期形成的人格结构,有助于儿童适应学校生活,使儿童在完成学习任务的同时,能够与周围不同的人交往;另一方面,学校的环境也给了儿童进一步完善自己人格结构的机会。俄期或者前俄期发展的受挫,可以在这一时期进行一定程度的补偿。在学龄期,老师的认可和同伴的交往,会给儿童带来更高水平的人际整合,从而可能使个体克服旧的焦虑。

第六节　青　春　期

本书把中学和大学阶段统称为青春期,大致是从 11 岁到 23 岁(传统理论把青春期定格在 11 岁到 16 岁),青春期孩子情绪跌宕起伏,如暴风骤雨。这个时期的孩子内心有很多迷茫和冲突。

首先,孩子在生理上已经发育成熟,对性、对爱情有强烈欲望,但是,孩子在学校和家庭中受到的教育,往往视性为洪水猛兽。这样,就形成了本我(欲望)和超我(道德感)之间的冲突,孩子内心非常痛苦,有的因之产生对自我的否定,进而形成自卑心理。

下面是我咨询的一个案例（该案例前文曾经引用过）：

患者，男，22岁，国外某著名大学的研究生，本科、研究生均毕业于内地某名牌大学，从小学习成绩优异，是家长、老师、同学眼中最优秀的学生，目前在国外读博士研究生二年级。早上6点多钟给我打电话，哭诉自己非常痛苦，不想活了。原来，近一年来，患者感到自己要变"坏"，看见大街上的漂亮女孩，就有性冲动；做实验的时候，脑子里也总是有女人的镜头出现。患者认为自己品行恶劣，甚至想把自己的生殖器割掉。

这就是一个青春期性心理的案例，患者由于生理发育，有了正常的性需求，然而自己经历的教育又告诫自己：优秀的学生不应该产生对性的冲动，应该积极向上，有事业心。这样，患者内心就产生了对自我的否定，感到自己卑鄙无耻。

青春期是身体发育最快的阶段，此时身体、生理及内分泌都有了强烈的变化，这种变化不仅导致性器官的成熟、第二性特征出现、本能性欲和攻击欲的强度增加，而且心理的冲突也变得更加强烈。伴随着性器官的成熟，在潜伏期（学龄期）一度被压抑的性冲动再度被激活。与俄狄浦斯期只能在意识或潜意识幻想中来满足爱和恨的冲突不同的是，青春期的孩子已经有能力把这些欲望付诸行动了。强烈的力比多和攻击欲望，使青春期孩子陷入更加剧烈的焦虑状态。在强烈的焦虑状态下，个体倾向于以极端的投射机制来应对心理的焦虑，常常将内心的痛苦行动化。为了减缓内心的焦虑，一些个体开始试图脱离父母而趋向同性朋友甚至团伙，也有的个体在学校生活和团体活动中寻找自我价值和成功感。

其次，在青春期，孩子一方面感到自己已经是成年人了，应该有自己独立的看法，并且应该得到成年人拥有的尊重，因此就出现了为反对父母而反对父母的逆反心理；另一方面，一旦个体犯了错误，又把自己当成孩子，认为自己应该得到原谅。这是一个渴望走出家庭、容易受社会不良风气的蛊惑、敢于冒险却不能承担结果的年龄。

我咨询过这样一个案例：

患者，女，33岁，漂亮，现在婚姻不幸福，经济条件很不好；老公不工作，经常出去打架，甚至多次殴打患者，患者非常痛苦。患者自述从小没有父亲，妈妈忙于工作,情绪也不好,对患者缺少关爱。患者在 16 岁的时候,认识一个大自己 5 岁的社会青年。这个青年能够为朋友两肋插刀,非常讲义气,江湖地位很高。患者对他非常崇拜,于是两个人就开始交往。后来结婚,婚后发现老公情绪特别不稳定,与很多女孩子有不正当的性关系,动不动就打架,而且还因此坐过牢。患者害怕老公会对自己和家人做出极端行为,不敢提出离婚。

这个案例的患者在成长经历中,没有感受到充足的关爱,缺少安全感,自我的稳定性没有建立,过早地进入社会。老公在"江湖上"的地位,能让患者感受到虚弱自我的存在感,这是一种缺失性需求。

逆反是青春期个体(特别是在压抑环境下长大的个体)常用的一种宣泄情绪的手段。逆反一方面可以舒缓内心因压抑而形成的攻击冲动及性冲动,另一方面也是对权威的挑战,对自我身份的宣示。因为青春期的逆反,缺少理性思维的支撑,所以往往形成更大的心灵创伤。另外,很多孩子因为早年成长经历中没有充分感受家庭的爱和包容,内心更渴望他人的关心和关爱,常常会向家庭之外的其他人寻求成长中的缺失。青春期性器官已经发育成熟,性快感的需求和缺失性关爱的需求有时候混杂在一起,引发青春期个体的早恋甚至性行为。

另外,青春期也是一个对生命感到迷茫的时期。随着年龄的增长,这个年龄的孩子开始对生命、对自己进行思索,越思索就越感到陷入一个看不见希望的黑洞,感受不到自我生命的意义,找不到自我的存在感,好像一切都是虚无的,一切都毫无价值,空虚而迷茫,疲惫而绝望。

我咨询过这样一个案例:

某男,18 岁,高三学生,学习艺术,近半年特别不愿意起床,不愿意去学校,总是把自己封闭在自己的房间里,感到浑身很累,干什么都没有意义,曾经自杀过,没有主动咨询意愿,本次咨询也是被爸爸妈妈带来的。患者小时候在溺爱的环境下长大,父母总是强迫患者学习很多的乐器和技能。其实患者小时候很喜欢玩,但是父母给患者的却永远是上不完的补习班,患者后来感到连玩也没有快乐了。进入青春期后,患者越来越感到活着没有意义,死亡反而是一种解脱。

这是一个抑郁症患者,小时候的溺爱剥夺了患者成长的快乐,强迫式学习使得患者内心压抑了很多的情绪。进入青春期,患者越来越感受不到生命的快乐和价值。

"一个人要成为自己,需要舍弃心目中对自我、他人及关系的理想或贬抑版本,而选择真实世界的模样;也需要重新调整梦想、选择和希望;也要容忍机会的流失。"①而这些能力的实现离不开早年养育环境的滋养,也需要团队,特别是青春期学校生活的包容和支持。学校及其他团队由不同的人组成,不同的个体映射了彼此人格中的不同侧面,团队的集体活动能够让青春期孩子以社会交往的形式认知自己是怎么样的人,进而将分裂的、混乱的体验在单一自我里整合起来。

对于生命的个体来说,青春期是"心理断奶期",也是一个人真正思考生命并试探着走向独立的时期。这一阶段的发展任务是避免角色混乱、解决自我同一性的问题。所谓同一性就是知道"我是谁""我从哪里来""我到哪里去",是在前几个阶段发展的基础上对自己以及他人对自己的观点进行整合而形成的相对稳定的自我意象;没有实现自我同一性的个体,"看起来不知道自己是谁,是什么,也不知道他们属于哪儿,他们想去什么地方"②。

第七节　成　年　期

一般而言,24 岁前后,个体的自我价值感就形成了,也基本上形成了与他人交往的模式,开始以独立的自我形象进入社会。个体进入社会之后,就要面临婚姻、子女教育、工作、事业、人际关系之类事情。在面对这些事情的过程中,有可能会触及前期成长中留下的缺陷。不过,人的成长是终身的,个体在与他人互动、适应社会环境的过程中,会不断地调整自己的心态和价值观,不断走向成熟。

成就感和失落感是这个年龄段需要面临的人生课题。按照埃里克森人格发展理论,成年期(在埃里克森理论中分为"成年早期"和"成年期"两个阶段来

---

① 沃德尔.内在生命:精神分析与人格发展[M].林晴玉,吕煦宗,杨方峰,译.北京:中国轻工业出版社,2017:177.

② 舒尔茨 D P,舒尔茨 S E.人格心理学:全面、科学的人性思考:原书第 10 版[M].张登浩,李森,译.北京:机械工业出版社,2016:107.

论述的)面临两对冲突:亲密感与孤独感的冲突,繁殖感与停滞感的冲突。亲密感与孤独感的冲突主要出现于成年早期。爱自己、爱他人和爱事业都能建立亲密感,否则可能产生孤独感。繁殖感和停滞感的冲突主要出现于成年中后期,事业上的成功、对下一代的关爱、子女的成功等都有助于这个时期的个体建立繁殖感,否则往往会产生停滞感。我们在这里可以把亲密感和繁殖感都归结为成就感,因为爱的感觉、事业的成功、生命的繁殖,这些都是与个人的成就感相通的;同样,孤独感和停滞感也都表现为一种失落感,主要表现为感受不到归属感和自我价值感。无论是自己的情感、事业,还是子女的成就,如果失败了,都会让个体产生失落感。

成年期心理发展水平高低,体现在能否承受负性生活事件引发的强烈情绪冲击以及对内心痛苦反思能力的强弱。健康的心理不是动不动就实施攻击性冲动,而是发挥观察性自我的功能,辨识内心冲动背后的心理动力,并采取相对理性的防御方式。根据本书第十五章关于心理状态的论述,我们可以把健康的心理定位于拥有独立自我、能够自我觉察的理性状态,不健康的心理定位于充斥着死亡恐惧的幻觉妄想状态、害怕分离的偏激状态和内心冲突的纠结状态。

下面是一位妈妈陈述的事件。在这个事件中,我们可以看得出来成人在偏激状态下的暴怒以及形成的自我觉察。

"我正开车回家,载着卡尔(2岁)与露西(14个月);我们整天都和朋友在卢顿(英国城市)度过,在离家第15分钟的距离,他们开始争吵,几秒钟之后就已经吵得火热,他们互打、叫喊,并吵着要我介入,我感受到自己越来越疲惫,越来越愤怒,然后完全失去控制。我用力踩刹车,开始拍打方向盘,并对他们吼叫,要他们滚蛋,闭嘴,不要惹我;接下来是一阵可怕而令人震惊的沉默,然后有人开始碰碰我,卡尔说:'没事的,妈妈,没事的。'这句话将我快速地拉回到成人和母亲的状态。当时我感到如此自责,因为我变成了小孩,并且强迫他们做父母来照顾我。"①

① 沃德尔.内在生命:精神分析与人格发展[M].林晴玉,吕煦宗,杨方峰,译.北京:中国轻工业出版社,2017:201-202.

第八节　更　年　期

在传统的理论中，人们往往把更年期放在成年期里。不过，在我看来，更年期和青春期在生命中的价值是一样的，是两个不同生命阶段的过渡：青春期是童年到成年的过渡；更年期是成年到老年的过渡。更年期在人生的阶段中，应该与青春期一样重要，有必要把更年期看作一个独立的生命阶段。如果说青春期孩子的心灵是惊涛拍岸，波澜壮阔，那么更年期老人的内心则是暗潮涌动，危机四伏。

女性更年期多在 45 岁到 55 岁之间，男性更年期多在 55 岁到 65 岁之间。更年期产生的原因主要是生理原因，比如内分泌的失调、机体的衰老；也有社会关系的原因，比如面临退休、对子女离家之类的不适应。从生理上说，女性更年期综合征是由于卵巢功能的衰退和雌激素分泌含量的降低所致，其症状主要有：焦虑，外界的一点点刺激都会引起悲观心理，甚至疑病，担心衰老；情绪不稳定，敏感、多疑、急躁，看问题极端，有时候会出现幻觉症状；性冷淡甚至厌烦；情绪低落，精神疲惫，记忆力下降，甚至有自杀想法。男性更年期综合征由睾丸功能退化所引起，常常表现为心慌、憋气、胸闷、情绪不稳定、爱发脾气，在屋里坐不住，总想往外走，等等。

在生理学上，无论男性还是女性，更年期综合征都跟激素的释放有直接关系。不过，值得注意的是，更年期综合征表现出来的脆弱、敏感、痛苦情绪常常会激发出早年成长经历中的创伤感受，这种被激发的早年创伤感受反过来又会进一步强化更年期综合征的痛苦。

我接触过这样一个案例：

患者，女，53 岁，护士，近一年来脾气突然变得急躁而敏感，身上不时地会出虚汗，一点小事就控制不住发脾气。记忆力明显减弱，说过的话常常很快就忘记，做饭的时候要么忘记加盐，要么忘记倒油，要么忘记关煤气灶……与别人闲聊，常常聊着聊着就流泪了，有时候还会发起无名之火，感觉活着没有意思，有轻生的想法。

患者出生在 20 世纪 60 年代的山东农村，小时候家庭条件不好，父母都是农民,上面有两个哥哥、一个姐姐,下面有一个小患者4岁的妹妹。在患者4岁的时候,因为家里穷,父母将患者寄养在小姑家。小姑生活在东北的城市里,相对富裕。姑父和小姑关系不好,经常有口舌冲突;姑父和小姑对患者也不是太关心。患者非常拘谨,总担心小姑和姑父对自己不满意。7岁的时候,患者回到亲生父母家里,在亲生父母家里,不爱说话,洗衣做饭,从来不让自己不闲着。中专毕业后,患者分配在县城医院,与老公结婚,生了第一个孩子后,性格变得开朗,对人热情,别人有困难总是尽力帮助,家庭经营得也很好,无论是老公,还是孩子都被患者照顾得舒舒服服的。

从患者的叙述来看,这是典型的更年期综合征,如果我们仔细分析这个案例,就会发现患者的更年期症状与童年经历有很大关系。患者4岁就被寄养在小姑家,对患者来说,这是一次与原有生活环境的分离,而分离就是一种创伤。4岁的孩子是无法选择自己的命运的,只好把内心的痛苦压在潜意识深处;再加上小姑和姑父对患者缺少关心、小姑和姑父感情不好,患者的内心一直处于缺少安全感的状态,"总担心小姑和姑父对自己不满意"。在这种生活环境下,患者活得非常谨慎,尽量让自己的言行符合小姑和姑父的要求,正如林黛玉进贾府"时时留意,处处小心,不敢多走一步路,多说一句话,生怕被人耻笑了去";7岁的时候,患者回到亲生父母家里,亲生父母和哥哥姐姐妹妹,对于患者来说,也变得陌生了,患者依然感到孤独,内心充斥着再被"抛弃"的担心,就不停地劳动,想通过自己的劳动得到家人的认可。患者勤劳的背后涌动着的是被压抑的焦虑,是潜意识深处沉淀的安全感缺失。

工作结婚生子后,社会角色发生了变化,患者由过去的女儿变成了妻子、母亲,有了自己的家庭。患者内心得到一定程度的成长,但是潜意识深处的焦虑依然存在,所以就竭力善待别人,努力工作,通过帮助别人来感知自己的存在。

患者进入更年期,体内雌性激素降低,情绪变得不稳定。这种生理原因引发的焦虑激发了患者童年寄人篱下的创伤感受,而且孩子的离开也进一步触发了她内心的孤独感,变得脆弱、急躁、易怒、爱唠叨。

敏感脆弱的更年期和惊心动魄的青春期在生命发展阶段中的位置,起到了承上启下的作用:过了青春期就进入了成年期;过了更年期就进入了老年期。化解了过渡阶段的纠结、敏感、冲突,下一个阶段才能有稳定的心态。对于更年期的心理咨询,最重要的就是要引导患者情绪的释放,允许更年期患者唠叨和抱怨,让患者在唠叨和抱怨中完成对自己生命价值的调整,接纳自己的当下。

第九节　老　年　期

过了更年期就进入了老年期。从年龄的角度看,一般把男性60岁之后、女性55岁之后的人生阶段称为老年期。在老年期,一方面躯体乃至神经功能已经老化,而神经系统和其他器官功能是心理活动的基础;另一方面老人由于体能的衰老,已经淡出了曾经熟悉的工作环境,而人的心理活动是受社会环境影响的。由此看来,老年心理涉及生物的和社会的两方面的内容。对此,中国古代早有论述,唐代孙思邈的《千金翼方》中载:"人年五十以上,阳气日衰,损与日至,心力渐退,忘前失后,兴居怠惰,计授皆不称心,视听不稳,多退少进,日月不等,万事零落,心无聊赖,健忘嗔怒,情性变异,食饮无妙,寝处不安……"[1]

具体而言,老年人心理主要表现为以下几点:健忘、焦虑、情绪多变、疑病、猜疑和嫉妒。

健忘。老年人的健忘主要在于躯体衰退,也与心理因素有密切关系。很多老人自信心不足,自认为老之将至,记忆力衰退是必然的,而实际上并非如想象的那么严重。一般而言,人的智力跟年龄有关系,18岁时智力达到最高水平,以后逐年递减,遗忘并不是老年人才有的。

焦虑。伴随着衰老,老人内心往往变得空虚,易出现焦虑、抑郁的情绪反应,甚至伴有自责。这时期的老人面对不可回避的死亡,内心有无限恐惧,时有大难临头的紧张感,有很多老人会陷入抑郁、苦闷的心理状态。

情绪多变。老年人由于内心的脆弱和恐惧,情绪往往不稳定,有时会失去控制而勃然大怒。很多老人心灵脆弱,容易受环境影响。社会的不公平甚至影视作品中人物的命运,都可能会激发老年人的情绪,呈现出情绪的高涨、低落、激动等不同程度的变化。

疑病。面对死亡的恐惧,老年人越来越关注自己的躯体,伴随着对躯体的关注,主观上就会感到躯体的不适,比如耳鸣、肠胃功能不好、肌肉疼痛等等,进

---

[1]　孙思邈.千金翼方[M].鲁兆麟,等点校.沈阳:辽宁科学技术出版社出版,1997:126.

而把躯体感觉与重大绝症对号入座，从而心神不定，惶惶不可终日，不知疲倦地到医院检查，形成疑病心理。

猜疑和嫉妒。进入老年期后，随着年龄的增加，老人会慢慢淡出自己的社会角色，在家庭生活中话语权也会减少，感受不到自我的存在，于是就变得敏感，总是感到别人忽视自己，过于计较别人的言谈举止，猜疑心、嫉妒心加重。

前几年，我接受居委会委托，到社区进行心理援助，遇见这样一个案例：

患者，男，67岁，情绪低落，沉默寡言，曾经是国企领导，在工作期间，积极上进，认真负责，处理问题雷厉风行，深受员工敬畏。退休后，患者依然以领导自居，对单位的不正之风、单位的经营模式诸多问题常常义愤填膺地发表自己的看法。现任领导见了他躲着走，曾经的老部下也不再像以前那样对他毕恭毕敬了。患者感到很生气，也很失意，慢慢变得闷闷不乐，随后就再也不去单位了。回到家里，患者对老伴也有很多不满意，百般指责，气得老伴去外地的儿子家。患者一个人在家，有时候到公园与人下棋，几乎每次下棋都与人发生争执，后来就不愿意出门了，常常一个人在家里发呆，甚至连饭也不愿意做。

这就是典型的老年综合征，患者退休后不适应角色的转变，感受不到自己的存在感、价值感，开始是敏感冲动，控制不住自己的情绪，后来慢慢变得抑郁、懒惰。

个体进入老年之后，一个无法回避的问题就是对自己生命进行反思和总结：我是否过着充实的生活，并充分利用了生活的赐予。如果没有遗憾，没有丧失生活给予的机会，没有逃避生活给予的各种挑战，就会感到自己这一生很值，达到了自我完善的状态；如果回顾一生发现，这个也没有做好，那个也没有做好，就会感到失望，进而厌恶自己、蔑视他人并愤愤不平。

"越来越多的证据表明，即使是出现在生命尽头的焦虑与心理障碍，也常常跟早年的情感挣扎有特定的关联。"①老年人的焦虑主要表现为：忍受分离、独自占有照顾者的幻想破灭、被爱人抛弃。而这些担心失去联结的焦虑，都与个体早年的发展任务有关——分离—个体化成长阶段的任务就是化解二元关系的分离焦虑，俄狄浦斯情结的化解针对的是三元关系时期出现的纠结和痛苦。如果早期的成长受到干扰，个体往往在以后的人生中（包括老年期）容易陷

---

① 沃德尔.内在生命：精神分析与人格发展［M］.林晴玉，吕煦宗，杨方峰，译.北京：中国轻工业出版社，2017：242.

入拥有与丧失的挣扎和对被拒绝、被抛弃的恐惧。老年人的衰老状态，在很多方面跟个体早年未得到发展的心理状态极为相似。如果早年在良好的养育环境中长大，个体往往能够容纳以及分离他人的负面投射；否则情绪就容易被负性的生活事件或别人的言行左右。

对于老年阶段的心理研究，一个不可回避的话题就是如何面对死亡。李商隐的诗句"夕阳无限好，只是近黄昏"中，一句"只是近黄昏"就把个体面对死亡的复杂心态勾画了出来——有遗憾，有不舍，有伤心，有无奈，有恐惧，更有绝望。

从某种意义上说，对死亡的恐惧，折射出一个人对自我生命历程的失望。约翰·欣顿追踪调查了 60 位罹患晚期癌症的病人，针对他们的生活态度与罹患晚期癌症的感受、反应之间的关系做了深入的研究，最后得出一个看似违背常识的结论："当生活令人满意时，死亡不太令人烦恼……对过去的生活较为不满时，对疾病及其结果的看法会有更多忧虑。"①无疑，这项研究成果也给心理咨询师提供了一个新的治疗思路：提升对自我生命历程的满意度，可以缓解患者的死亡恐惧。

这一点并不难理解。当一个人对自己的生命历程感到满意，自我存在感就强，一旦个体拥有了独立的自我，就能容忍分离甚至死亡（死亡也是一种分离）；如果一个人自我存在感不足，面对死亡分离必然会产生焦虑和恐惧。按照马勒的理论，个体存在感（即独立自我）的形成，是婴儿在分离—个体化阶段的发展任务。

庄子说："死生，命也，其有夜旦之常，天也。人之有所不得与，皆物之情也。"②意思就是告诉我们，死和生是命定的，就好像永远有黑夜和白天一样，是自然的规律，这是人力所不能干预的，人要接纳死亡。接纳死亡不是让我们陷入恐惧和黯淡的悲观主义，而是像催化剂一样，将自我拉入一种更真诚的生命模式，催发我们活着的快乐。

---

① 亚隆.存在主义心理治疗［M］.黄峥，张怡玲，沈东郁，译.北京：商务印书馆出版，2015：218.

② 庄周，思履.庄子全书［M］.北京：中国华侨出版社，2016：49.

第十节　小　结

生命是一个过程。无论身体,还是心理,都在为自我的独立聚集着能量。其间既要遵循躯体发育成长的规律,也要接受养育环境对个体心灵的塑造。每个人都在躯体生命的外壳里,荡漾着"他者的欲望"①。

出生一个月的乳儿在心灵深处依然延续着在母体胎盘里的感受,把大部分的时间花在睡眠上,处在原始的、幻觉性的无客体状态。弗洛伊德认为这是把生命能量投向自己的"原始自恋",马勒称之为"正常的自闭"。这时的乳儿完全是靠本能反射来生活的:当养育者把一个东西放在婴儿嘴边,乳儿就会本能地自动吸吮这个东西,这种反射是本能的、无意识的、不受主观神经系统支配的。乳儿靠这种反射,找到母亲的乳头,吸吮乳汁。我认为乳儿的反射本身就是婴儿自我生命体征的证明,而这种自我生命体征包含着原始的心理体验的成分,只不过这种心理体验的成分蜷缩在一个"自闭的壳"里,需要外界客体给予感受和情感上的唤醒。

具有"原始母性专注"的母亲对乳儿的养育,使2个月左右的乳儿形成了对母亲的驱力;在驱力的引领下,乳儿冲破"自闭的壳",融入与母亲的共生状态。在共生状态,母亲成了乳儿的一部分,乳儿也成了母亲的一部分。在整个自闭阶段和共生阶段,充斥在乳儿心灵深处的是出生分离带来的对毁灭和湮没的恐惧。即使如此,乳儿依然没有停止向外探索的脚步。在良性养育环境下,幼小的生命个体呈现出了3个月的"微笑反应"、8个月的"陌生人焦虑"、15个月对"不"掌握的能力,这些生命的印迹无不透露着个体早年走出与母亲共生状态的努力。

一般而言,个体从第6个月进入婴儿期,这个时期的婴儿逐渐脱离了与母亲的共生状态,开始把母亲当成一个与自己不同的生命个体。不过,婴儿在心灵深处依然延续着对母亲深深的眷恋和依赖,把母亲当作自己生命的全部,母亲的一举一动都左右着婴儿飘忽不定且暴躁的情绪,这种是一种恐惧分离的情

---

① 王国芳.后现代精神分析:拉康研究[M].福州:福建教育出版社,2019:127.

绪。内心脆弱的婴儿要脱离对母亲的依赖需要经历"分离—个体化",其间母亲提供的抱持环境至关重要。婴儿把外在客体给予自己的爱和支持,内化为自己心灵的有机养分,也把外在环境给予自己的创伤记录在潜意识深处,并在人格结构的内在元素中留下烙印。

独立,意味着突破养育者为孩子设置的发展模式。走向独立过程中的个体一般要经历三次逆反期:3 岁时的第一次逆反,9 岁时的第二次逆反,青春期时的第三次逆反。每一次逆反都是个体对独立自我的试探,其间要在家庭、学校和社会的引导下形成自我生命方向的定位和自我品质的确立(因此,从某种意义上说,个体生命是社会文化塑造的),不当的养育、教育和生活环境常常会让个体陷入婴儿期(前俄期)的冲动、幼儿期(俄狄浦斯期)的纠结、学龄期(潜伏期)的自卑、青春期的混乱。

个体如果顺利地度过上述三个逆反期,也就意味着形成了自我同一性,明白了"我是谁""我要到哪里去"的成长命题,形成了心理层面的独立。独立后的生命个体把社会和周围的环境作为自己生存、生活和成就事业的背景。这是一个适应社会的过程,而且是一个主动适应的过程。一般而言,完成了自我同一性的个体,都能在以后的人生旅途中硕果累累,无论是婚姻家庭、与周围人的关系,还是事业发展。而没有完成自我同一性或者自我同一性完成不充分的个体,则不可避免地会在成人阶段承受失落的情感体验。

进入了老年,也就意味着生命进入了倒计时,老年人会对自己的生命历程进行回顾和总结:如果生而无憾,就能在静守岁月中安然地走向无我、无他的永恒;否则,就会陷入悲观和绝望。

第十七章 心理病理学理论

第一节 心理诊断的前生今世

谈到各类心理问题,就必然不能回避心理问题的诊断。其实心理诊断的历史非常短,在漫长的历史中,人关注的是躯体问题,而不是心理问题。真正让心理问题引起国际关注的是二战。二战结束后,有些经历残酷战争的退伍军人在精神上依然保持着战争期间的紧张状态,呈现出对以往战场血腥经历的应激反应——失眠、梦魇,对环境保持高度警觉,甚至在情绪发作时丧失意识,严重影响了生活和工作。基于这种情况,一些国家就试图建立标准化、系统化的心理评估体系。然而各国的评价标准不一致,给患者的治疗带来很多不方便,再加上一些基础研究薄弱的小国家,没有能力根据自己的国情编制属于自己的诊断标准,于是联合国卫生组织牵头,规范了诊断标准,形成了一套在世界各国广泛应用的诊断代码体系——国际疾病分类 ICD 编码。

目前各国对心理问题的诊断都是基于疾病的病因、病理、临床表现和解剖位置等特性,将疾病分门别类,使其成为一个有序的组合,并用编码的方法来表示。

我国的心理诊断开始于 1958 年,照搬苏联模式,1981 年经过修订,被命名为 CCMD-1。1989 年 4 月,在西安召开的中华神经精神科学会精神科常委扩大会议上,通过了《中国精神疾病分类方案与诊断标准》,并定为第二版,即 CC-MD-2,从此我国开始走上自主研发的道路。然而 CCMD-2 在实践中产生了许多争议,到了第三版,一方面参考和吸收了 ICD-10 的内容和分类原则,逐渐与国际标准接轨;另一方面也保留了我国的特色。

国家职业资格培训教程把心理诊断定义为:“心理咨询师通过观察法、会谈法、实验法、测验法、量表法,获取求助者临床资料,并通过对资料的分析,对求助者的心理状态和人格特征进行评定,最终对求助者的心理和行为状态的性质做出判断的过程。"①

目前心理咨询师培训教材把人的心理健康程度分为两个等级,分别为正常心理和异常心理。其实,正常心理和异常心理的区分,本身就是一个非常复杂的问题,因为正常心理和异常心理之间没有一个明确的界限——正常人在某个时期也会有异常的心理活动,精神病人哪怕最严重的精神病患者,也有正常的心理活动。

对于正常心理和异常心理的区分,现在较为权威的是郭念锋教授提出的三原则:

一是主观世界与客观世界的统一性原则。每个人面临的有两个世界,一个是客观世界,一个是主观世界。如果一个人的主观世界,完全脱离了客观现实,把自己内心情绪(主要是恐惧情绪)投射的幻觉妄想当成世界的真实,就是异常心理。例如,经常听到有人在背后议论自己,或者感觉有人要害自己,这种幻听和妄想都是与客观现实不符的,是异常心理。

案例:"某女性,55岁,由女儿陪同前来咨询。求助者本来是一位仓库保管员,退休已3年。近两个月来,突然在每天半夜12点至凌晨3点左右,都听见原来同事中的4男1女在自己窗外议论自己,说自己当保管员太严格,了解他们一些违反政策的事,现在合伙商量要把自己清除掉。于是,求助者叫来自己在公安系统工作的女婿进行侦查,但证明并无此事,可自己不能消除这种声音和恐惧的心情。"②

这个案例的患者就存在幻听症状,主观世界和客观事件不统一,属于异常心理。

二是心理活动的内在协调性原则。所谓的协调性,就是人的感受体验与外在世界的协调。如在该笑的场合就笑,在该哭的场合就哭;如果该哭的不哭,该笑的不笑,就是反常、病态,这就是异常心理,这种异常常见于精神分裂症。

我接触过这样一个案例:

某男,28岁,精神憔悴,疲惫,曾在公司做推销员。患者自述半年前在单位

① 中国就业培训技术指导中心,中国心理卫生协会.心理咨询师:三级[M].北京:民族出版社,2012:25.
② 中国就业培训技术指导中心,中国心理卫生协会.心理咨询师:三级[M].北京:民族出版社,2012:27.

被领导当众责骂,不仅没有痛苦,反而显得非常开心。被单位开除了,患者也是喜形于色。半年来,患者经常在本来应该开心的场合表现出悲伤,甚至控制不住流泪;而在一些悲伤的场合,却开心地手舞足蹈。

该患者的状况是一种情感倒错现象,即内在心理状态与外界环境不协调,这也属于异常心理。

三是人格的相对稳定性原则。每个人在自己成长的过程中都会形成相对稳定的、独特的人格特征。个体心理特征有相对的稳定性,没有重大的突发性事件,一般不易改变。如果一个豪爽、乐观、外向的人,突然变得沉闷、悲观、内向,那就说明他的心理(或行为)已经偏离了正常轨道,这个时候就要考虑是否是异常心理。

案例:"男性,42岁。因近一月来心情不好,整日长吁短叹,对于妻子催促他去上班感到愤怒。其妻陈述他年轻时是足球运动员,前些日子还热衷于组织本市各单位的足球比赛,东奔西跑,精力充沛,声称要为我国足球事业做出贡献,但不知为什么热度突然下降。其妻回忆到这种忽冷忽热的情况以前也有过,但不像这次这么严重,脾气特别暴躁,并且有时想寻死。医院查不出病来,建议心理咨询。咨询时不断用双手捶打自己的头部,并说自己也不理解为什么会变成这个样子。"[①]

该患者人格特征极度不稳定,属于双相心境的抑郁发作,属于异常心理。

无疑,三原则是符合国际通行的心理问题分类标准的,在 ICD‐10 的分类标准中,精神分裂、妄想性障碍、心境障碍、神经症、人格障碍、癔症,甚至应激障碍,都属于异常心理。三原则使得正常心理和异常心理有了明确的界限,一个有经验的心理咨询师或心理医生根据三原则,能够很快对心理咨询进行分类。三原则也有不足之处,这种诊断标准下的异常心理之间缺少层次感,如同一盘荤素混杂的"东北乱炖";而心理咨询的成功则往往需要根据患者心理状态形成的机理,进行有针对性的疏导。因此,我认为对心理问题的诊断,更需要根据心理问题形成的机理进行层次化诊断。

心理问题的形成不排除有先天的因素,但是在生命不同阶段的创伤也是心理问题形成过程中的一种不可忽视的甚至至关重要的因素,因为个体心理每个

---

① 中国就业培训技术指导中心,中国心理卫生协会.心理咨询师:三级[M].北京:民族出版社,2012:30.

阶段都有每个阶段的发展任务,一旦发展过程受阻,必然会造成具有该发展阶段特征的心理问题。"任何一种心智状态,无论它闪逝得多快,都是以过去为基础,同时又包括了一个可能的未来。"①这一观点已被很多精神分析大师的理论所证明。我在临床中也发现,心理问题,特别是严重的心理问题,总是与人生某个成长阶段的表现有相似性。

本书根据精神分析的理论,结合生命在某个阶段的发展任务,对各种异常心理进行简单梳理,目的是让咨询师对各种心理问题形成层次感,以便有针对性地治疗。

第二节 精神分析不同流派的理论

一、以弗洛伊德为代表的经典精神分析

经典精神分析理论的诊断依赖于早年性心理的发展,认为心理问题患者的心理状态固着在某个早期发育阶段,试图从"固着"的观点来分析心理问题;在弗洛伊德看来,出生后的婴儿,一方面需要充分满足来建立安全感和愉悦感,另一方面适当的挫折也会使得婴儿接受现实。过度的满足,往往会使得孩子失去成长的动力;过度的剥夺,会使孩子内心感到恐惧,也会失去生命的快感。

经典精神分析是根据性功能的损伤程度来理解病理的,本我中渴望释放的性冲动与自我和超我发生冲突,冲突妥协的结果形成了神经症的表达。至于成人的神经症则可以理解为基于俄狄浦斯冲突的婴儿式神经症的派生物。即个体在性心理发展的早期,如果遭受过度满足或者过度剥夺,个体的性快感心理就会受到阻碍,"固着"在出现问题的那个阶段。比如抑郁性问题往往是因为刚出生时的口欲期被忽视或溺爱;强迫是肛欲期受过创伤;癔症往往是在生殖器期,要么与父母过于亲密,要么被父母排斥在外。

在对神经症和精神病的区分上,弗洛伊德把能否有现实检验能力作为判断标准,神经症患者能够认识到自己的想法偏离了正常的轨道;而精神病患者则坚信是外界出了问题。神经症患者的痛苦是因为患者的超我过于强大,自我防

---

① 沃德尔.内在生命:精神分析与人格发展[M].林晴玉,吕煦宗,杨方峰,译.北京:中国轻工业出版社,2017:1.

御过于僵化,以至于本我的能量无法释放;精神病患者的痛苦则是因为缺少超我,自我防御过于薄弱,以至于本我的能量肆无忌惮。

根据弗洛伊德的理论,在心理问题的治疗中,对于神经症患者,要尽量弱化他的防御机制,使得本我能量得以有效疏通;对于精神病患者,应帮助患者建立超我,增强自我防御功能,提高现实检验能力,将本我的冲动压抑回潜意识。

弗洛伊德分析过这样一个强迫症案例:

患者,29 岁,律师,从 5 年前姑母去世就开始有了强迫症状,大脑控制不住想老鼠从未婚妻和父亲肛门进入内脏,这个想法一直折磨着他。另外,他总有一种用刮胡刀割断自己喉咙的冲动,总是把一些小事情想得极其复杂。

患者在服兵役期间,一位上尉给他介绍了一种可怕的刑罚:把受刑人绑起来,然后把一个罐子的开口对准其臀部,罐里装着老鼠,它们会钻进去,进到肛门里去。当时,患者就出现一个念头,这种酷刑也会落在与患者亲近的人身上,一个是他的情人,一个是他的父亲,而他的父亲已经去世多年。患者觉得这种想法很荒唐,竭力对抗,内心非常痛苦。

其实,患者对父亲一直有负罪感:9 年前,在父亲临终前的凌晨 1 点 30 分曾经呼唤过睡在隔壁房间的患者,可是患者装作没有听见,父亲就是在孤独和绝望中去世的,父亲的去世让他心里很自责。在他的记忆中,父亲一旦发起火来就不问青红皂白地打人,自己曾经在 3 岁时就被父亲毒打过。另外患者小时候曾看到女家庭教师的性器官,此后一直担心被父亲觉察。所以患者从小就盼着父亲早些死去,而这种想法,又让患者感到内心受道德的折磨。

同样对于女朋友也是如此:他有一个女朋友,女朋友家境不是太富裕,而他的母亲曾劝他娶一个富家小姐,富家小姐的父亲是大公司的老板,还许诺为他提供一个好的职位。是和自己爱着的贫家女结婚,还是为了钱娶富家女?患者内心处于矛盾中。在患者内心深处也会有渴望贫家女快些死去而与富家女结婚的念头。无论潜意识里渴望父亲死去,还是渴望女朋友死去,都会引起患者的负罪感。在意识中他关心女朋友和父亲,潜意识里却恰恰相反。①

经过弗洛伊德 11 个月的治疗,患者理解了老鼠刑罚的真正意义,认知到自

---

① 李武石.寻找弗洛伊德:精神分析理论与经典案例[M].李光哲,李东根,杨华瑜,译.修订本.北京:科学出版社,2014:228-233.

本书对此处文献做了叙述性整理。

己对父亲没有犯下罪行,明白了对女朋友的担心是一种潜意识的感受,从严重的强迫中解脱了出来。

下面我们看弗洛伊德分析的另一个精神疾病的案例,不仅弗洛伊德分析过这个案例,荣格、阿德勒和拉康都分析过这个案例。案例中的 Schreber(有的资料翻译成"薛伯")在精神崩溃以前,曾任德国萨克森州高级法院首席法官。其实,弗洛伊德从未见过 Schreber 本人,更没有给患者做过治疗。一个偶然的机会,弗洛伊德看到精神病患者 Schreber 的回忆录,并对患者心灵深处的病态世界做了自己的分析。

Schreber 是德国高等法院的一名审判员,1884 年前因疑心病住进了 Leipzig 精神病院接受精神分析,被弗雷克希医生治愈。出院后的 8 年里,Schreber 表现平稳,称弗雷克希医生的卓越医术使他得以痊愈。晋升为高等法院的审判长后不久,53 岁的他陷入了种种幻想:"我如果是个女人该多好,那样就可以接受男人的生殖器了!"随后病情加重,住进精神病院。住院期间,Schreber 的被害妄想症很严重,他认为医院想要慢慢害死他,而且感到身体正在腐烂。他曾经企图投进浴缸自杀,妄想自己成为救世主,但认为自己变成女人之前无法挽救人类。①

弗洛伊德从同性恋的角度来分析这个案例,认为"妄想由被压抑的同性恋引起"②。对此,我并不认同。在我看来,妄想是患者内心恐惧的形象化,Schreber 是一个精神分裂患者。一则患者情绪不稳定,有臆想和语言迟缓的症状;二则患者有幻觉、妄想现象,感觉"医院要慢慢害死他",自己的"身体正在腐烂";三则在案例中,我们看不到患者内心深处本我和超我的冲突,更多体现的是对被毁灭的恐惧。

人总是用各种方式来表达自己的内心,幻觉、妄想就是其一。Schreber 的内心充满恐惧。对于恐惧,最为原始的表达就是通过幻觉、妄想进行形象化。"认为医院想要慢慢害死他,而且感到身体正在腐烂""成为救世主"的妄想也是想

---

① 李武石. 寻找弗洛伊德:精神分析理论与经典案例[M]. 李光哲,李东根,杨华瑜,译. 修订本. 北京:科学出版社,2014:233 – 235.
　　本书对此处文献做了叙述性整理。
② 李武石. 寻找弗洛伊德:精神分析理论与经典案例[M]. 李光哲,李东根,杨华瑜,译. 修订本. 北京:科学出版社,2014:233.

要摆脱恐惧的表达。Schreber 的幻觉、妄想建立在主观感受中,这种主观感受来源于成长经历的创伤而不是客观现实。

二、自我心理学的观点

自我心理学家突破了性驱力发展理论,更重视对自我内在成长的探索,把研究的重心放在前俄狄浦斯期婴儿的自我成长上,认为前俄狄浦斯期婴儿心理的发展以母亲的角色为核心,通过分离—个体化的发展过程,把婴儿式冲动整合为结构化的、整体的人格结构,并且强化自我的功能,进而使自我有能力组织、引导甚至左右本我和超我的冲突。因此,自我心理学心理治疗的方向在于提升自我对驱力的理解和自我在整个人格结构中的支配权。

另外,自我心理学理论认为前俄期和俄期心理问题的性质是不同的。前俄狄浦斯期心理问题更多的是个体心理发展停滞在马勒理论中的自闭期、共生期、分离—个体化期,人格内部结构不完整,处于主客体不分的融合状态或者主客体边界不清晰的偏激状态,对客体有强烈的依赖,内心充斥着对湮灭或分离的恐惧,情绪表现得比较激烈,往往表现为紧张、愤怒、冲动,甚至暴力。俄期心理问题的患者人格结构相对完善,与客体之间有了较为清晰的边界,呈现的问题是人格结构内部本我和超我的冲突,主要表现为纠结、内疚、冲突性的优柔寡断。

自我心理学在临床上的另一个贡献是提出了心理发展的水平与防御机制的等级具有相关性:与客体的边界较为模糊的个体多用初级、不成熟的防御方式,而且刻板,缺少灵活性;内部结构较为完善的个体,多使用次级、成熟的防御方式,而且能在不同防御方式之间灵活转换。

防御方式是指个体在体验周围环境时用于调节本我欲望与现实之间的矛盾而采取的方式,具有释放本我压抑、调节现实烦恼、避免超我伤害的功能。防御方式包括初级防御方式和次级防御方式。不同层次的防御方式出现在不同的发育阶段,成熟度不一样。初级的防御是指婴儿本能地感知世界的方式(多呈现出扭曲的特征),以回避、分裂和攻击为主要特征。在初级防御中,个体与外界的边界较为模糊,以混沌的、不清晰的状态存在于个体的感觉、认知、情绪和行为中。常见的初级防御机制包括极端退缩、否认、全能控制、极端理想化和贬低、投射、内摄和投射性认同、自我分裂、躯体化、付诸行动、本能化、极端解离等。次级防御则是个体为减缓或消除焦虑而采取的相对成熟的应对方式,以压抑、适应和调节为特征。与客体的边界较为清晰但是人格内部结构(本我、自我、超我)之间有冲突的个体多采用次级防御,次级防御能够在一定程度上调节思维、情感、感觉、行为,并且能够促进相互之间的转化。常见的次级防御机制有压抑、退行、情感隔离、理智化、合理化、认同、升华等。

具有俄狄浦斯期心理特点的神经症患者主要运用较为成熟的次级防御,比如压抑、隔离、理智化等防御机制,不过,在应对某些应激情境时也会使用初级防御方式,比如否任、投射等。前俄期心理问题患者(例如精神病患者和边缘型患者)惯用的防御方式多是初级防御机制,比如否认、付诸行动、分裂、躯体化等。心理健康的个体"不仅惯用成熟的防御机制,而且能够在不同的防御机制间灵活转换"①。

斯坦利的案例(该案例前文已经引用和分析过)呈现的就是前俄狄浦斯期的精神病问题。

斯坦利,男,6岁,极端情绪化,他的行为在完全的低落和无间歇的狂乱之间转换。所有的感觉似乎湮没了他;他常常失控地大叫。如果让他看一本图画书,他会把画有婴儿在床护栏后面的图画和画有熊猫在笼子里的图画混淆。斯坦利6个月时得了股沟疝气,时常不可预测地剧烈疼痛。在他成长的过程中,母亲对他在情绪上是疏离的,有时候为试图打断他猛烈的哭泣,给他强行喂食。②

患者在前俄狄浦斯期的成长中承受了很多的创伤,这些创伤使患者的自我支离破碎。患者一直惴惴不安,草木皆兵,不知道"我是谁""别人是谁",没有形成与他人之间的边界,多使用分裂和付诸行动之类初级防御机制,情绪容易受外在环境影响。

三、梅兰妮·克莱因和客体关系理论的观点

梅兰妮·克莱因认为婴儿的发展是从"偏执—分裂心位"转到"抑郁心

---

① 麦克威廉斯.精神分析诊断:理解人格结构[M].鲁小华,郑诚,译.北京:中国轻工业出版社,2015:31.

② 米切尔,布莱克.弗洛伊德及其后继者:现代精神分析思想史[M].陈祉妍,黄峥,沈东郁,译.北京:商务印书馆,2007:61-62.

本书对此处文献做了叙述性整理。

位","偏执—分裂心位"的婴儿以分裂的防御机制看待与客体的关系,爱与恨的关系彼此是分开的;抑郁心位的婴儿以压抑的防御机制看待与客体的关系,对爱与恨的感受形成了整合。这两种心位成为贯穿生命始终的心理状态,不同的心理问题就是这两种心位的呈现方式:具有前俄期心理特点的心理问题多呈现出偏执—分裂心位的特征,敏感、冲动、易激惹;神经症类心理问题多呈现出抑郁心位的特征,懊恼、纠结、痛苦。

客体关系理论"更关注童年期什么样的人成为儿童的重要客体,儿童如何与之交往,哪些部分被儿童内化,以及这些客体的内部成像如何影响儿童成人后的潜意识内容"[1]。费尔贝恩认为俄狄浦斯神经症是不存在的,所有的神经症和精神病都源于个体早年与养育者之间的关系,因此以偏概全的"分裂样"现象是所有心理问题的核心,神经症表达的也是潜在的主客体关系的困难,精神分析的治疗不是释放和修复驱力,而是修复主客体关系。

作为精神分析理论的整理者,奥托·柯恩伯格一方面保留了经典精神分析理论中关于俄狄浦斯期的概念,另一方面又把客体关系理论的某些观点融进自己的思想,认为患者的心理问题与他所达到的内部客体关系发展水平紧密相连。

精神病和边缘型心理问题这类"低水平"障碍,以分裂作为基本的防御机制,没有建立稳定的主客体关系:精神病患者的心理还处在主客体心理融合阶段,主客体不分,多呈现出幻觉妄想类症状;边缘型患者虽然脱离了主客体的融合状态,但是对主要客体依然有强烈的依赖心理,没有把对客体爱和恨的两极情绪整合为复杂的、多重情感的关系,还处在非黑即白的偏执认知状态,情绪冲动、剧烈。因此,对于"低水平"障碍,分析的目标不是改善驱力冲突,而是解决主客体互动中的困难。

神经症状态属于"高水平"障碍,这类患者完成了主客体的分离,也能整合爱和恨的两极情绪,把压抑作为基本的防御机制,患者的痛苦表现为人格结构内部本我和超我之间的冲突,懊恼、纠结,但有自知力。心理咨询的方向是提升患者观察性自我的功能,使患者的潜意识意识化。

---

① 麦克威廉斯.精神分析诊断:理解人格结构[M].鲁小华,郑诚,译.北京:中国轻工业出版社,2015:33.

四、当代精神分析大师托马斯·奥格登、皮特·冯纳吉、南希·麦克威廉斯的观点

当代精神分析大师托马斯·奥格登1989年提出了"自闭—毗连模式"①，认为这是从出生就开始运作的最原始的心理组织形式，是基于感官的感觉组合。另外，他还认为生命每个时期都有自己的发展任务，但是个体在各个时期都会出现前行或者后退的循环往复。

皮特·冯纳吉及其同事提出了一种心理发育理论，把心理发育状态分为三种模式："心理对等模式"②，即内心世界等同于外在现实，这是一种幻觉状态；"伪装模式"③，即婴儿在2岁左右，内心与外部世界脱离，但不能真实反映外部现实，是"假想伙伴"时期，常处于冲动状态；"心智化（反思）模式"④，即个体在四五岁时，个体心智化与反省能力得到发展，能够认识到内在世界与外部现实是分开的，又是有联系的，在这种模式下可以随着实际状况的变化，而修正自己对于外部世界的认知和感觉。

南希·麦克威廉斯认为："精神病易感素质的患者具有早期发育受挫的潜意识创伤体验（尤其是信任感的缺失）；边缘型人格结构的患者可能存在分离—个体化阶段发育受阻；而神经症患者则多半源自'俄狄浦斯期'，更倾向于将冲突内化。"⑤由此可见，在南希·麦克威廉斯的理论中，不同类别的心理问题与早年不同阶段的心理状态有对应关系：精神病性心理问题患者，主客体不分，伴有幻觉妄想，与未分化期（相当于马勒的共生期）的乳儿心理状态相对应；边缘型心理问题患者，情绪多变，多使用分裂等初级防御机制，与分离—个体化期的婴儿心理状态相对应；神经症性心理问题患者，内心纠结痛苦，多运用压抑等次级防御机制，与俄狄浦斯期的幼儿心理状态相对应。

---

① 麦克威廉斯.精神分析诊断:理解人格结构[M].鲁小华,郑诚,译.北京:中国轻工业出版社,2015:27.

② 麦克威廉斯.精神分析诊断:理解人格结构[M].鲁小华,郑诚,译.北京:中国轻工业出版社,2015:28.

③ 麦克威廉斯.精神分析诊断:理解人格结构[M].鲁小华,郑诚,译.北京:中国轻工业出版社,2015:28.

④ 麦克威廉斯.精神分析诊断:理解人格结构[M].鲁小华,郑诚,译.北京:中国轻工业出版社,2015:28.

⑤ 麦克威廉斯.精神分析诊断:理解人格结构[M].鲁小华,郑诚,译.北京:中国轻工业出版社,2015:59.

由以上大师的理论，我们可以得出下面的结论：人的心理发展是一个逐步发展的、具有阶段性特征的过程，如果在某发展阶段遭受创伤而停滞，那么成年后的病态就会固着或者退行到没有得到充分发展的阶段，呈现出发展受挫阶段的心理特征。

下面的章节，我将根据精神分析大师的理论，结合我在心理咨询过程中的感悟，从自闭性精神问题、幻觉妄想性精神病、边缘型心理问题，到神经症性心理问题，逐一论述。

第三节　自闭性精神问题

自闭症又称孤独症，被现代医学归类为一种由于神经系统失调导致的发育障碍，以严重的、广泛的社会相互影响和沟通技能的损害以及刻板的行为、兴趣和活动为特征的精神疾病。自闭症患者往往有以下四大特征：

孤独离群，沉迷自我，交际困难。自闭症患者最大特征就是把自己封闭起来，缺乏与人交往、交流的动力和行为。他们对周围的人和事视而不见、听而不闻，想怎样做就怎样做，周围发生什么事似乎都与他无关；他们似乎生活甚至封闭在自己的小天地里，不与他人对视，即使看人也常用斜视或余光。

言语障碍突出，难以正常语言交流。自闭症患者在语言的交流上常常表现出代词运用的混淆颠倒，如常用"你"和"他"来代替他自己，时常尖叫，有时候自言自语。

兴趣狭窄，行为刻板、重复、无目的。自闭症儿童常常在较长时间里专注于某种或几种游戏或活动，如旋转锅盖、单调地摆放积木块、观看电视广告和天气预报。一些患儿天天要吃同样的饭菜，出门要走相同的路线，排便要求用一样的便器，如果有变动就大哭大闹，情绪激动，呈现出明显的焦虑反应。他们活动过度而无目的，比如单调重复地蹦跳、拍手、挥手、奔跑、旋转，甚至自伤、自残。

大多智力发育落后及不均衡。多数自闭症患者智力发育比同龄儿落后，少数智力正常或接近正常。但在智力活动的某一方面有的又出奇地好，例如有的人机械记忆能力很强，尤其对文字符号的记忆能力，但用词来表达时则存在明显的困难，在理解语言和运用语言方面存在着能力缺陷。

我咨询过这样一个案例：

男，5 岁，由妈妈带着走进咨询室，目光呆滞，沉默，无论咨询师怎么引导，均呈现无视状态，眼睛也不与咨询师对视。试着让他玩耍沙具，他抓起沙盘里的沙子满屋乱撒。

这就是一个自闭症儿童，他把自己封闭了起来，不与人互动，沉溺在自己的世界里，而且极端敏感，别人触碰到他，就会大叫。

自闭症作为一种精神疾病类型而存在，不仅影响了患者自身的生命质量，而且让整个家庭陷入看不到希望的阴霾中。为了治愈这种类型的精神疾病，人们不得不思考这种疾病形成的原因，基因学家们从基因的角度研究自闭症，试图找出导致自闭症的基因异常。迄今为止最具突破性的成果是在仅仅不到10% 的经典自闭症中发现了同样的基因异常，而且是非遗传性的。神经学家研究大脑神经元突触的数量，认为患有自闭症的儿童及成人，他们的大脑皮层中神经突触数量过多。然而对于这一论断，科学家依然保持谨慎的态度。

心理学家观察出生 1 个月内的婴儿，发现一个非常震惊的事实："儿童（这里指 1 个月的婴儿）的大部分时间花在睡眠上，似乎是处在一种原始的、幻觉性的、定向力障碍的状态下。"[①]在这一状态下，婴儿延续着在母亲胎盘中的状态，对外在世界是封闭的，一直沉溺在自己的世界里，无论养育者怎么引逗，婴儿都丝毫不为之所动。这种正常的自闭，是生命刚刚诞生时，从母体到外在现实的过渡。奥格登 1989 年将这一阶段称为"自闭—毗连模式"[②]，这是出生后就开始运作的最原始的心理组织形式。

如果我们把自闭症患者的心理状态与刚出生 1 个月的婴儿比较，就会发现他们惊人的相似。由此，我们可以得出结论：自闭症患者的心理发育水平，退行或固着在 1 个月前，没有再继续发展。也许正基于此，自我心理学家玛格丽特·马勒把 1 个月的婴儿期称为正常的自闭（normal autism）阶段。

自闭性精神病患者与外部世界是完全脱离的，仿佛把自己封闭起来才感到安全，这是对原初子宫外生活的固着或者退行。他只关注自己身体的感觉，如

---

① 克莱尔.现代精神分析"圣经"：客体关系与自体心理学[M].贾晓明，苏晓波，译.北京：中国轻工业出版社，2002：116.
② 麦克威廉斯.精神分析诊断：理解人格结构[M].鲁小华，郑诚，译.北京：中国轻工业出版社，2015：27.

果尝试把他与他所接触的幻想性客体相联系,试图打击他的自闭状态,就会引起他的愤怒。他把回避周围世界中的情感互动作为保护自己的基本手段,内心是"混沌的""不着边际的",就像游荡在飘忽不定的河流里,找不到情感依附的落脚点。"马勒认为,这种对母亲'充耳不闻'、对世界'浑然不知'的否定的幻想行为是一种获得性的积极保护。"①

尽管有一些患者与无生命客体或者部分生命客体保持着形式上的联系,并投注于这些客体,但是这并不说明患者与这些客体产生联结,患者在幻觉中仅仅把这种无生命的东西作为自己生命的一部分,而不是与自己分离的客体。自闭症患者的行为还停留在条件反射中的刺激—反应状态,对生理不适或者疼痛的反应通常是持续地自我侵袭或者在动觉上的自我刺激,包括旋转、撞击头部等。患者很多异常的行为,比如用沙子摩擦身体、撞击头部、野蛮的爆发性攻击行为等,都是用于释放身体内部的微小不适的本能反应。

因此,对于自闭性精神问题的治疗,要从患者的心理现实入手,通过感官刺激使患者与客体发生联结。在患者与客体的接触中,必须是以爱为主要内容的渐进式的过程,而不是强行让患者与客体发生关系,否则患者就会产生共生焦虑与恐慌。自闭症的孩子比普通孩子更加敏感脆弱,需要非常温柔的对待,任何强制训练都会让孩子的内心越发恐惧和紧闭。目前,很多孩子被诊断为自闭症后,无助的父母往往会花费无数金钱到机构去进行康复训练。这种康复训练不顾孩子心灵的恐惧和痛苦,迫使孩子完成各种行为动作;伴随着撕心裂肺的哭喊声,孩子机械化地完成一个又一个的简单动作。最终,脆弱敏感的孩子们在这种坚持不懈的行为治疗下,终身残障了。

精神分析学者通过对生命成长历程的观察,向我们提供了治疗自闭性精神病的新视觉。遗憾的是,现在很多的医生、基因学家、神经学研究者,并不认同,甚至反对这一理念。他们认为咨询师不懂脑科学,自闭症患者的基因和大脑神经有它们自身的表现特征,心理治疗是无稽之谈。让我搞不明白的是,当这些医生、基因学家、神经学研究者否定心理学的时候,怎么不认为自己不懂心理学呢? 况且事实上很多精神分析大师本身就是医生,例如弗洛伊德、阿德勒、霍妮、荣格、沙利文、比昂、马勒、科胡特、拉康……

---

① 吴晓晴.玛勒关于儿童精神病的病理学和治疗观[J].南京晓庄学院学报,2007,23(1):84-89.

在我看来,人本身就是全息的,心理结构会在神经、细胞、基因、虹膜等各种地方得以呈现,且会互相影响改变,即使患者出现脑部神经异常、基因异常,也可能是后天创伤的养育环境促发的。人的情绪会影响人的神经甚至基因,当然神经和基因的改变,也会影响情绪。这一点可以通过医学检验得以证明:情绪高涨的时候,大脑的多巴胺等神经递质分泌就多;情绪低落的时候,分泌就低。是情绪影响内分泌,还是内分泌影响情绪,还是相互影响、互为因果,这是一个"鸡生蛋,还是蛋生鸡"的问题。

自闭性精神病乃至其他心理问题的治疗,不是只有一条路,而是"条条大路通罗马",药物治疗和心理治疗都有价值。

第四节　幻觉妄想型精神病

这类精神疾病以幻觉为主,多为幻听,在产生幻觉的同时常常伴随着被害妄想,幻觉和妄想彼此之间既密切结合又相互依存、互相影响,思维逻辑混乱。这类精神疾病以精神分裂、偏执型精神病为常见。

为了更形象地说明幻觉妄想型精神病,我们看下面的案例:

奥斯卡金像奖获奖电影《美丽心灵》,讲述了诺贝尔经济学奖得主约翰·纳什的生平以及他的精神分裂的故事。纳什生于 1928 年,是一个数学天才。他从小性格奇怪、不合群,对书籍有极大的兴趣,特别是科学类读物,却不喜欢与同龄的小朋友们玩耍。

在大学里,纳什是教授们眼中的"天才",但同学们一直觉得他很奇怪。他喜欢虐待小动物,会在钢琴上翻来覆去地弹同一个和弦,让雪糕在自己的衣服上融化。如果同床的人睡着了,他会从别人身体上踩过去关灯。他感情淡漠,没有平常人的喜怒哀乐。

大学毕业后,纳什进入了普林斯顿大学读博士。22 岁的时候,纳什发表了有关"纳什均衡"的论文,并因该论文在 1994 年获得诺贝尔经济学奖。博士毕业后,纳什留在普林斯顿教书,还被美国智库聘请,试图将他有关博弈论的研究运用到冷战期的军事及外交政策上。

1951 年,纳什去了麻省理工学院(MIT)教书,并在 1958 年获得终身任职。

1959 年,纳什精神分裂病发。他教课的时候忽然消失了几个礼拜,回来上课后,带了一份《纽约时报》到课室,声称有外星人给他的秘密信息。他在哥伦比亚大学给美国数学协会做演讲的时候,前言不搭后语,缺少逻辑。因为一系列的奇怪行为,最后他妻子 Alicia 把他送进了医院。

从医院出来后,纳什迅速辞掉了 MIT 的工作,然后跑去了欧洲,因为他觉得有人要害他。他声称自己是难民,不停地在欧洲不同的城市游荡,因为怕被人监视和追踪。他还想要放弃他的美国公民身份。Alicia 和美国国务院一起,一直追着纳什去到了欧洲。纳什被遣返回美国,并再次被送进医院。

1970 年以后,纳什的病情好转,之后回归了学术工作。1995 年以后,纳什一直在普林斯顿大学研究数学。因为经常半夜在数学系教室的黑板上写晦涩难懂的公式,获得了"数学系大楼的幽灵"之称。除了诺贝尔奖以外,纳什还获得过很多奖项。

精神分裂症是一组病因未明的常见精神疾病,多起病于青壮年,常有感知、思维、情感、行为等方面的障碍和精神活动的不协调,有妄想、幻觉症状,病程迁延,常发展为精神活动衰退等症状。无疑,纳什是一个具有数学天赋的精神分裂症患者。在犯病的时候,他感情淡漠,思维混乱,内心极端恐惧,有幻觉妄想现象,认为外星人给了他秘密,感到别人要害他。

下面是我咨询的一个案例:

患者,女,32 岁,坚信老公有外遇,并偷偷跟踪监视,看到老公与异性交谈,就认为他们有暧昧关系,内心非常痛苦。3 个月前患者看到老公在微信上与女同事打招呼,就认为他们有私情,并且认为女同事的女儿是他们的私生女,非常愤怒,控制不住自己的情绪,甚至多次到老公上班的地方"捉奸",并对老公的女同事破口大骂。后来,患者又认为老公和那个女人要合伙害死自己,认为他们经常在电话里密谋,要在饭里投毒,在自己(患者)睡着的时候用绳子勒死自己(患者),并且能听到老公在骂自己(患者),家里到处都有窃听器,时刻监视自己。该患者常常自言自语,毫无征兆地殴打老公。

偏执型精神病又称为妄想型精神病,是一组以妄想为主要症状、病因未明的精神病。病初表现为敏感多疑,逐渐发展成妄想,并有泛化趋势,妄想内容日益脱离现实。有时可伴有幻觉和感知觉综合障碍。患者的情感和行为常受幻觉和妄想支配,表现为多疑、多惧,甚至出现自伤及伤人行为。上述案例就是一个偏执型精神障碍患者,患者内心深处极度恐惧,并把这种恐惧通过幻听、妄想的方式投射为老公出轨、要害死自己,每天生活在恐惧中,思维混乱,情绪冲动。

幻觉妄想类精神病患者一直生活在自己的主观世界里,通过幻觉和妄想来感受自己与自己所处的世界。虽然这种幻觉和妄想都是无中生有,但是患者对这种幻觉和妄想却深信不疑。

所谓幻觉就是指没有对象性的知觉。也就是说感知到的形象不是由客观事物引起的,而是患者无中生有,包括幻听、幻视、幻嗅、幻味、幻触、内脏幻觉等;所谓妄想就是一种脱离了现实的病理性思维,包括情爱妄想、自大妄想、嫉妒妄想、被害妄想、身体妄想等。

精神病患者最大的特征是主客体不分。我们每个人所面临的都是两个世界:一个是主观世界,也就是个体内心的世界;一个是客观世界,这是一个不以人的意志为转移的客观存在的世界。心理正常的人是主观和客观相对一致的,虽然每个人都带着主观的情感看待眼前的客观世界,但是内心知道客观世界的存在。"相看两不厌,只有敬亭山",李白并不真的认为敬亭山有喜欢自己的情感;"我见青山多妩媚,料青山见我应如是",辛弃疾也知道这仅仅是自己情感的投射,并不真的是"青山见我应如是"。但是有幻觉妄想的精神病患者并不是这样,他们可以"真实"地感受到"外星人给他的秘密信息",坚定不移地认为"老公要害死自己"。

那么患者的这种幻觉和妄想怎么产生的呢?

从心理学上说,幻觉和妄想都是一种意象,而意象是情绪的形象化,支撑人产生幻觉和妄想的是个体内在的感受。一个内心极度恐惧的人,往往会产生恐惧的幻觉或妄想。比如一个患者总能听到周围的人在窃窃私语地说自己的坏话,上个案例中的约翰·纳什"辞掉了 MIT 的工作,然后跑去了欧洲,因为他觉得有人要害他"就是这种状况。

人在幻觉、妄想状态就会缺失自己和外界的边界,主观客观不分,把主观当成客观,不再是以客观的角度认知自己和外在世界,而是按照自己内心的感受来主观地感知外界,外界的风吹草动都会让患者做无限的解读,进而产生强烈的反应。正如本节第二个案例中的患者"认为老公和那个女人要合伙害死自己,认为他们经常在电话里密谋,要在饭里投毒,在自己睡着的时候用绳子勒死自己"。

　　现在我们再观察一下 2~6 个月的婴儿，这时候婴儿处在与母亲的共生期，婴儿在内心深处是和母亲融合在一起的，感觉母亲就是自己的一部分，自己也是母亲的一部分，母亲的存在就是自己的存在，母亲的疼痛就是自己的疼痛。自己渴了，就会有人给自己喂奶；自己冷了，就会有人给自己盖上被子。喂奶、盖被子这类事情之所以会产生，是因为自己"渴了，冷了"的感觉使然。一旦自己的感觉不能实现，婴儿就会陷入恐惧，进而形成带有恐惧画面的幻觉，本能地蹬、踏、踹、踩或哭闹。共生期的婴儿不仅仅和母亲共生，也和自己身边的世界共生。当一个人与外在的世界是共生的，那么外在世界的任何变化，都会让婴儿处在一种情绪波动中。

　　这种分不清自己和他人边界的共生，就是一种幻觉状态。婴儿之所以有这种幻觉状态，就是因为与母体的分离必然带来缺失性需要，缺失性需要激发了内在的情绪，得到了就有满足的快感，得不到就有毁灭的恐惧。而幻觉就是一种情绪表达的方式（这个时候婴儿还没有形成认知，只能用幻觉表达）。所以我们有理由说幻觉妄想类精神障碍的状态就如同 2~6 个月共生期的婴儿一样。

　　幻觉妄想类精神病患者处在没有边界的幻觉和妄想状态，与他人融合在一起，不允许在关系中同时保有自己的身份和他人的身份，不能完整地感觉自身的存在，把自身看作他人的一部分；也不能完整地感知他人，把他人看作自身的一部分。他们在绝对孤立和绝对融合的两个极端状态之间摆动，要么是"我"淹没"你"的状态，导致漫无边际的孤独；要么是"我"被"你"融化，导致陷入被湮没的极端恐惧的体验中。在心理状态上，此类患者处在拉康理论中的实在界、马勒理论中的共生期、费尔贝恩理论中的婴儿期依赖阶段、皮特·冯纳吉理论中的"心理对等模式"。从自我心理学的防御机制上讲，这类精神障碍患者多采用初级防御，例如回避、否认、全能控制、极端理想化或贬低、投射或内摄、分裂、重度解离、付诸行动及躯体化等。

　　现代医学倾向于把精神病患者的幻觉妄想症状归结于遗传导致的大脑神经递质的变异，认为是神经递质的变异引起的情绪波动；精神分析学者更倾向于把幻觉、妄想归因于持久的心理创伤导致的情绪波动，至于神经递质的变化，那是情绪波动引起的大脑神经的变异。这依然是一个"鸡生蛋，蛋生鸡"的问题，我们在这里不做纠正性论述。下面我从心理学的角度谈谈幻觉、妄想等症状的形成过程。

"近期,一项功能性磁共振成像研究显示,创伤对发育期大脑的影响与精神分裂症患者大脑成像的异常有许多相似之处,基于这一发现,John Read 及其同事认为精神分裂症的病因可能与创伤有关。"①由此,我们有理由认为:常见的幻听、妄想等精神病性症状其实是在创伤基础上逐步产生的。

通常,这些具有幻觉、妄想特征的患者在成长的经历中多次遭遇家庭、学校、社会甚至互联网的创伤。在长期的叠加性创伤下,他们极度缺乏安全感,敏感、多疑、冲动,形成单向思维,微小的刺激就灾难化、极端化,以偏概全,这种单向思维反过来又进一步加重了负性情绪,形成恶性循环。

极度敏感的心理状态和单向思维如果持续久了,患者就会进入高度自我催眠状态,开始听到不存在的声音、看到不存在的画面,并且为了增加其合理性,甚至把这些听到的、看到的无中生有的幻觉合理化。例如:患者认为,之所以听到,是因为"有外星人给他的秘密信息";之所以看到,是因为自己有特异功能;等等。这样就形成了幻觉的精神病性症状。妄想等精神病性症状产生的心理过程与此类似。

叠加性创伤经历会使患者内心产生极度恐惧的感受,当患者带着这种感受生活的时候,往往内心极度敏感,草木皆兵,风声鹤唳,甚至形成强烈的被监视感、被窥视感。例如,"从医院出来后,纳什迅速辞掉了 MIT 的工作,然后跑去了欧洲,因为他觉得有人要害他。他声称自己是难民,不停地在欧洲不同的城市游荡,因为怕被人监视和追踪",以及第二个案例中的患者"能听到老公在骂自己,家里到处都有窃听器,时刻监视自己"。

正如我前文提及的发生在催眠培训时的现象:当一个人进入催眠状态时,如果催眠师给被催眠者下达一个指令,被催眠者清醒过来,会完成这个指令,并能给出一个想象的理由。例如,在催眠中,如果催眠师给被催眠者醒过来后抬起右腿的指令,那么被催眠者醒来就会这样做,并能为他的行为找借口:有的说右腿不舒服,抬抬腿活动一下;有的说被蚊子叮咬了一下,所以抬抬腿……当一个人对某件事不知道真正原因时,为减少内心的焦虑,会毫不犹豫地用另一种原因来填补自己的未知,哪怕是错误的归因。同样,妄想状态的患者也有这种错误归因的现象,某些患者也会举出各种子虚乌有的证据来证明某个机构或组

---

① 麦克威廉斯. 精神分析诊断:理解人格结构[M]. 鲁小华,郑诚,译. 北京:中国轻工业出版社,2015:66.

织在"监视"自己的情况。

下面是我接触过的一个案例：

某某，23 岁，未婚。刚入职公务员，身体强壮的父亲就突然脑出血去世，患者非常痛苦，无心工作。紧接着，患者非常爱的女朋友提出分手。患者情绪低落，郁郁寡欢，不愿意与人交往，开始失眠，白天工作没有精神，被领导批评，有轻生的想法，常说自己"活不了多久""某个领导在迫害自己"。患者不敢出门，经常自言自语，常常听到一些说话声音，害怕警笛声，见到警察就声称"我有罪"，看见家人就问："公安局的人和你们谈过话吗？为什么我想的事情别人都知道？"

在这个案例中，患者刚刚进入单位，父亲去世，被女朋友抛弃，受到领导批评，一连串的打击让患者内心陷入极度恐惧中。在这种恐惧的感受中，患者出现了幻觉和妄想症状，并且深信不疑，这是精神分裂症状。

从以上的案例，我们可以看出精神病患者内心极度恐惧，通过幻觉和妄想来投射自己对世界的感受。这类精神病患者与 2～6 个月共生期的婴儿有很多类似之处：主客体不分，容易受外界的影响，别人的一句话甚至一个眼神，都会令他们胆战心惊。

精神病患者坚信自己的幻觉、妄想是客观的真实。在心理咨询的时候，如果咨询师对精神病患者进行由表及里的解释，他们听不进去；如果对他们深情地鼓励，根本不起作用；如果分析他们幻觉、妄想背后的潜意识内容，也徒劳无益；如果对他们面质，指出幻觉、妄想的荒诞，更会激发患者的怒气。那么怎样才能改善精神病患者的心理状况呢？

鉴于精神病患者与共生期婴儿的心理状态有类似之处，在心理咨询的过程中，咨询师可以参考共生期婴儿的内心需要和养育方式。共生期的婴儿处在与母亲的共融阶段，按照温尼科特的理论，"足够好的母亲"要有"原初母性专注"，也就是作为养育者的母亲要"越来越减弱自身的主观性、自己生活的利益，而越来越关注孩子的运动、孩子的生命"[1]；要给婴儿一个抱持环境，随时满足孩子的任何需求。因此，在咨询的过程中，咨询师要以尊重的心态，耐心倾听，接受并进入患者的思维框架，顺势引导，而不是说教。

---

① 米切尔，布莱克.弗洛伊德及其后继者：现代精神分析思想史［M］.陈祉妍，黄峥，沈东郁，译.北京：商务印书馆，2007：150.

在这一点上,美国著名的催眠大师艾瑞克森给我们做出示范。

很多年前,一个小镇上有一匹倔强的大马,发起脾气来,不管谁拉它,它都会拧着劲儿倒着走。一天黄昏,到了回马厩的时候,它又发起了脾气。人们都拿它没辙,一个孩子却想出了办法,他向远离马厩的方向拉马,越拉它就越往马厩里退,就这么自己退了进去。

这个小孩就是后来临床心理学大师艾瑞克森。在临床应用中他也使用了类似的方法。一个患有惊恐障碍的病人,从不走出病房,整天往窗户缝上钉木板,企图"杜绝外界的危险"。别的医生束手无策,向艾瑞克森请教。艾瑞克森走近这个病人,二话没说,拿起工具和他一起钉了起来。把屋里钉了个遍之后,艾瑞克森建议说:"你看,走廊的地面上也有一些木缝,我们去把它们也钉起来,好不好?"病人想了想,终于第一次走出了病房,使后续治疗成为可能。①

这是艾瑞克森的治疗风格,他从来不和个案的症状对抗,或攻击个案的逻辑,而是在患者的心理框架中引导患者进入现实生活。

从精神分析理论的角度去理解,精神病患者症状的形成和发展并不是杂乱无章,而是有一定逻辑性的。叠加性心理创伤形成了患者心里的恐惧,恐惧心理激发了患者对自己和客观世界恐惧的主观感受,恐惧的主观感受通过幻觉、妄想的方式表达出来。

在对幻觉妄想性精神病的治疗上,不是反驳和纠正患者的幻觉和妄想,而是因势利导,慢慢引导患者在社会实践活动中走出来。不过,需要澄清的是,这里讲述精神分析对精神病的治疗,并不是否认精神病的遗传因素和药物对精神病性症状的有效性。

从精神分析的角度讲,精神病患者在叠加性心理创伤的影响下,充满了负性情绪,持久的负性情绪也会导致某些大脑神经递质浓度和某些神经元突触发生功能性改变,进而使得大脑某些部位出现轻度病理性特征。这时候,患者沉溺在自己的幻觉妄想中,缺乏自知力,仅仅用心理咨询的技术很难进行创伤修复。所以对于严重的精神病患者,最好先利用精神类药物来改变大脑神经递质的浓度和受体的敏感性,等患者恢复一定自知力后,再通过心理咨询的方式找到患者的心结,进而达到疗愈效果。

---

① 王跃跃.艾瑞克森的马和病人[J].时事报告,2011(6):67.

切记,在对精神病患者进行治疗的过程中,即使药物处理的不是问题的根源,但也是治疗的首选。

第五节　边缘型心理问题

最初,弗洛伊德对心理问题采取二分法:一是精神问题;二是神经症问题。在弗洛伊德看来,有现实检验能力的为神经症,没有现实检验能力的为精神病。神经症性患者的痛苦源于患者的防御过于僵化,缺乏灵活性,以至于本我的能量无法释放;精神病性患者心理结构中缺少超我的存在,形不成压抑的防御机制,使得本我的发泄过于肆无忌惮。

20 世纪 50 年代,精神卫生学界越来越感受到这种神经症—精神病二元模式的局限性。因为在咨询实践中发现一些患者虽然情绪冲动,常用冲动的初级防御模式来处理内心的痛苦,但是从未有过幻觉、妄想的局限性,无法诊断为精神病;另外,这些患者又没有神经症的协调性,常常控制不住自己的情绪,这类患者的症状比神经症更严重。简而言之,他们神志清醒,不能称为疯子;但又过于疯狂,又不能归为正常人。

一些心理学家把这类既不属于精神病、又不属于神经症的症状称为"边缘综合征"。后来,经过奥托·柯恩伯格、詹姆斯·F. 马斯特森等人的系统论述,边缘型人格结构这一概念最终在精神分析领域得到了广泛认可。1980 年,"边缘型人格障碍"这一诊断术语被收入《精神障碍诊断与统计手册(第 3 版)》(DSM-Ⅲ,美国精神病学协会,1980)。不过,这里的边缘型人格障碍已经失去了原初意义,它的内涵小了很多,变成与其他人格障碍(如偏执型人格障碍、冲动型人格障碍等)并列的概念。

医学界从生物学角度理解这种边缘型问题,直到现在很多精神科医生在临床上仍然将边缘型人格障碍看作精神病的一种。精神分析学者,如柯恩伯格、马勒、克莱因、拉康等,更愿意把边缘型结构向神经症靠拢。《中国精神障碍分类与诊断标准(第 3 版)》(CCMD-3)中的人格障碍没有这一亚型。

本书将继续沿用精神分析的传统理念,把边缘型心理看作一系列游离于神经症与精神病之间恒定的不稳定的心理状态。这种心理问题的特征包括:缺乏认同的整合,内心容易受环境影响;人际关系不稳定,过于在意别人的评价;情绪变化快且剧烈,敏感、冲动,易激惹;过度应用原始防御机制,常常摔打东西,甚至有攻击行为;在应激状态下,可能会出现短暂的现实检验能力丧失的现象。

需要补充说明的是,这里的边缘型心理问题与以科胡特为代表的美国心理学家经常提及的"自恋型人格障碍",以及以费尔贝恩为代表的英国客体关系精神分析学者提出的"分裂样人格障碍"的概念,是同一问题的不同表达。名称上的区别不是建立在临床症状基础上的,而是取决于彼此信仰的理论基础和思考问题的角度。本书中的"边缘型"是相对于精神病和神经症而形成的位置定位(游离于神经症与精神病之间恒定的不稳定的心理状态);"自恋"是忠诚于或基本忠诚于驱力模型(驱力理论是弗洛伊德经典精神分析理论的精髓)的理论家(比如科胡特)的诊断术语,以此来保持与驱力理论的联结;"分裂样"是倾向于关系模型(客体关系理论的精髓)的理论家(比如费尔贝恩等)的诊断概念,强调客体关系是患者的致病因素而非驱力,以此表明与驱力理论的决裂。

结合马勒的精神分析理论,我们可以看出边缘型心理问题的症状类似于分离—个体化的"和解亚阶段"的心理特征。在这一亚阶段,婴儿已经知道自己和妈妈是两个不同的生命个体,有了部分自主性,既想离开母亲,感受自己全能感的探索欲,又恐惧离开母亲,担心失去母亲无微不至的关怀,所以时而断然拒绝母亲("我自己来"),时而又黏着母亲("妈妈抱抱我")。

正常的心理发展线索是,在妈妈的抱持环境中,孩子感受到妈妈的爱永远在,并在妈妈的引导、鼓励下敢于探索,进而形成自体恒定性,无论在什么情况下都能维持基本的积极的自体表征。而边缘型心理问题患者可能在孩子渴望分离的阶段,妈妈压抑或者打击了孩子的独立愿望;也可能是孩子想要回到妈妈的怀抱时,妈妈漠视或者呵斥孩子的依附愿望。在这种打击和漠视的状态下,孩子内心极度缺少安全感,害怕分离,时时有被抛弃的恐惧感。

从拉康的精神分析理论上看,边缘型心理问题固着在镜像阶段,儿童与世界的关系是主观的,儿童通过想象感知自己和外界,享受着母亲的照料,把母亲看成自己的欲望对象,同样也幻想着母亲从他这里得到欲望的满足,把自己看作母亲所缺少的欲望对象,而且是唯一的,在孩子眼里这是一个母子二元关系的世界。所以儿童不仅希望得到母亲全方位的关注,也希望自己是母亲的一切,希望母亲的生活以他为中心,否则就会感到被抛弃的空洞感和恐惧感。边缘型心理问题患者对客体主观的感知和强烈的控制欲与此类似。在拉康的理论中,要化解想象界的主观冲动的控制欲,需要经历象征界父亲的阉割,使自身成为一个真正独立的主体,进而客观地看待自己和周围的世界。

下面是我咨询的一个案例:

患者,女,37岁,某基层事业编员工,敏感、冲动,控制欲强,情绪变化快,人际关系差,感到总是从一个痛苦走向另一个痛苦,看不到希望,内心非常苦恼,有多次自残行为。

患者自述,母亲是农民,爱唠叨,控制欲强。童年时母亲对自己多是拒绝、呵斥和责骂,甚至殴打。爸爸寡言少语,性格内向,曾被人陷害坐过牢。有时候爸爸对患者很好,但是一旦心情不好,就对患者不分轻重地殴打,有好几次患者感到自己就要被打死了。

中学期间,患者处了一个男朋友(是患者主动追的)。有一次约会的时间到了,男朋友因母亲有病,送母亲去医院,没有按时赴约。患者感到自己在男朋友眼里不如他妈妈重要,就坚决地分手了,即使男朋友苦苦哀求也没有复合。大学毕业后在基层工作,一次下雨,患者没有带雨伞,一个男同事给了在雨中奔跑的患者一把雨伞,患者感动得热泪盈眶,很快就跟这位同事恋爱、结婚。结婚后,双方经常生气、打架。丈夫寡言,脾气不好,有暴力倾向,患者多次要求离婚,因丈夫不同意,没有离成;患者最怕与丈夫冷战,在冷战中,感到自己要窒息一样,甚至认为宁可被丈夫打一顿,也不愿意丈夫不搭理自己。如果丈夫不搭理自己,患者心里就空荡荡的,非常痛苦。患者害怕孤独,如果丈夫值夜班,她一个人在家就会感到非常恐惧、心慌;也不愿意待在人多的地方,患者在人多的地方就会产生一种被挤压感。

前几年,患者与初恋男友见面,并迅速发生性关系。后来,患者感觉前男友心里还装着他老婆而忽视自己,就坚决要求分手。另外,患者感到自己的性欲很强,控制不住,在单位与两个男同事(其中一个还是快要退休的老员工)多次发生性行为,甚至在其他同事都在办公室的情况下,患者和那个同事还在办公室后面的草地上发生过几次性行为;曾经在电梯里与邻居发生过性行为。患者感到一旦性欲望来临,就控制不住自己,在任何场合都敢发生性行为。

从这个案例看得出来,患者内心是空洞的,也是冲动的;是缺少依靠的,也是渴望依靠的。患者无法忍受一个人独处,自己独处时会感到非常恐惧、心慌,如果老公值夜班，自己一个人在家就感到非常恐惧。对于患者来说，孤独时的虚无感受，仿佛让患者坠入无尽的黑洞，这是存在感的缺失。因为存在感缺失，所以渴望关系的存在，患者最怕的是丈夫与自己冷战，在冷战中，感到自己要窒息一样，甚至认为宁可被丈夫打一顿，也不要不搭理自己。为驱逐和逃避这种被淹没的虚无，患者不断地抓取一个又一个人来与自己发生性行为，通过肢体的接触，通过别人的关爱来感受自己的存在感，来填充自己的空洞感。

这种空洞感是如何形成的呢？在自我心理理论、客体关系学理论以及拉康理论中，我们可以找到依据，生命个体的成长，无论是躯体的，还是心理的，都离不开健康的养育环境，如果母婴关系严重不足，自体就会在客体的干扰中胆战心惊，无法形成正面的内在客体意象，也自然无法通过内摄、内化等机制来形成正面的内在自体意象（即自我存在感缺失）。

在案例中，患者的父母情绪不稳定，动不动就打骂患者，给不了患者稳定的客体关系，而自我存在感恰恰依赖于母亲或其他抚养者稳定的认同。在与母亲或其他养育者的接触中，孩子通过内摄、内化的方式来建构所体验到的满足，在满足中孩子形成自我认同和自我存在感。如果养育关系不好，孩子没有感受到可以依赖的认同，就不能发展出对原始母性功能的假想，形不成客体恒定性，自然也形不成自体恒定性，这样就在自我的构成上产生空洞感——一种永远无法填满的空洞的感受。患者病态的依恋，就是试图填补内心空洞感的一种方式。患者中学恋爱，工作后因为同事给了一把遮雨的伞就嫁给他；疯狂地与同事、甚至陌生人发生性关系；"最怕与丈夫冷战"……患者试图在别人的认可中寻找自我存在感，进而填补内心的空洞感。

个体一旦缺少存在感，没有形成完整的、独立的自我，就会以他人的评价和反应作为自我存在的坐标和依据。患者因为男朋友爽约就坚决分手，有了对丈夫的不满就坚决要求离婚。每一段关系中，患者都想融合，都要对方百分之百地满足自己。如果客体突然中断或丧失，个体就会体验到濒死感，要么因无法忍受的内在空虚或空洞而精神萎靡，要么因被抛弃、被忽略而歇斯底里，甚至有自杀的冲动。但是，这种绝对的低落和愤怒是短暂的，一旦患者感受到另外的客体可以给自己依恋，哪怕是大海里漂浮的一根稻草，患者的情绪也会为之大变，内心因空洞而形成的精神崩溃就会迅速消失。

回顾患者的成长经历，我们发现患者母亲对患者的唠叨、指责和殴打，父亲对患者爱恨的两极情绪反应,都让患者感到内心的混乱,感受不到自我存在感。患者渴望依恋却看不到依恋的客体,就像溺水的儿童,寻求岸边的依附而不得。在客体关系的理论里,个体的自我存在感是通过客体来构建的。父母的赞许和肯定,让个体感到充实和满足,进而形成自我存在感;相反,如果个体体验到的不是温暖和肯定而是拒绝和打击,个体内心就会因存在感缺失而形成巨大的空洞,进而衍生出巨大的毁灭本能。所以一旦感受到被抛弃或者被否定,个体就会立即暴怒,用付诸行动之类的初级防御机制来保护自己。

冲动的、剧烈的、喜怒快速转换的反应模式,折射了患者内心极度恐惧,对世界的认知是非黑即白。这是马勒理论中分离—个体化阶段的心理状态,对他人有强烈的依赖心理,对外界的风吹草动都感到草木皆兵、风声鹤唳。患者不断地与人建立关系,甚至发生性关系,就是因为只有在关系中,患者才能体验到安全感。

患者的这种状态正处在马勒理论分离—个体化阶段中的和解亚阶段,这个时候的孩子开始认识到,自己是与母亲分离的个体,而这种分离也让个体感受到脆弱,进而出现分离焦虑。为了抵御产生的分离焦虑,孩子就会回到母亲身边,而且往往是用控制的方式回到母亲身边,不让母亲做这,不让母亲做那。同时,这种依附行为,也让孩子产生另一种恐惧——害怕失去刚刚获得的分离和独立,既想分离,又怕分离,内心形成了冲突,这种冲突就是和解亚阶段的危机。和解亚阶段的孩子处在全能感和脆弱感的交替变化中,往往充满愤怒和敌意,情绪波动大,而这恰恰是边缘型患者的主要特征。

边缘型患者情绪的剧烈和多变性,给咨询工作带来了挑战,因为边缘型患者属于缺少安全感的依恋类型,且不具备"反省能力",不能客观地、理性地看待自己和他人的行为。患者视觉的转化就像电影中的快镜头,瞬间就发生天翻地覆的变化,一分钟天堂一分钟地狱,咨询师在患者眼里一分钟前是充满关爱的仁慈的长者,一分钟后又变成冷酷自私的恶人。

无疑,边缘型患者的内心是痛苦的,这种痛苦是严重的成长缺失带来的。当咨询师明白了边缘型心理问题产生的原因,自然也就有了化解边缘型心理问题的思路。

边缘型心理问题是成长中的问题。由于在成长经历中,患者缺乏客体(母亲)对于自己作为真实主体感觉的确认,无法进入客体的位置,不能设身处地体察他人的感受,急剧变化的情绪反应是面对焦虑与挫折的自我保护。在治疗的过程中,自我心理学认为要针对患者分离—个体化成长阶段的欠缺,进行修补,而不是鼓励患者退行,所以要对边缘型患者进行高度结构化的治疗,以完善患者的人格结构,形成自我和他人的边界感;在拉康学派看来,要设法让患者理解镜像理论,来认识自己的主观意象。

为了完善边缘型患者的人格,形成患者的客体恒定性和自我恒定性,咨询师可以通过辩证行为治疗来加强患者的自我功能;也可以通过心智化技术来引导患者用第三只眼睛来看自己;还可以通过移情焦点治疗,在患者的原始防御方面进行工作,让患者改变情绪。

与上述结构化的治疗模式不同,自体心理学家海因兹·科胡特认为在对边缘型心理问题(在本书的定义中,边缘型心理问题与科胡特理论中的"自恋性人格和行为障碍"的概念基本重合)患者进行治疗时,咨询师最需要做的是引导患者重新启动心理成长中由于创伤而被中断的过程,"从而让患者停滞的发展过程再次开始"[1]。咨询师要作为"替代性父母"提供给患者一个抱持环境,让患者充分感到自己受到关注和关爱,在三种客体移情(即镜像移情、理想化移情、孪生移情)中,获得安全感,而不是对患者质疑或反驳,更不是一针见血地指出患者冲动的防御模式(如果一针见血地指出患者的问题,往往会使患者脆弱的自我感受到毁灭性的打击)。

对于边缘型心理问题的治疗,无论哪种治疗技术,咨询师都要为患者提供恒定的、安全的治疗环境,以安抚患者混乱的内心,引导患者多角度思考、感受自己,并保持边界。比如,在咨询中,如果边缘型患者提出延长咨询时间,改变缴费方式等要求,建议咨询师要一一做出解释,并坚守咨询的原则性。另外,对于患者生活中的困境,咨询师在倾听的基础上,可与患者讨论,启发患者从多角度思考问题。

---

[1] 米切尔,布莱克.弗洛伊德及其后继者:现代精神分析思想史[M].陈祉妍,黄峥,沈东郁,译.北京:商务印书馆,2007:162.

第六节 神经症性心理问题

一、概述

与精神病和边缘型心理问题多运用初级防御机制不同,神经症多运用压抑等次级防御机制。在弗洛伊德看来,神经症就是因人格结构内部本我、自我、超我的冲突而形成的痛苦心理,即童年期未解决的并被压抑在潜意识中的婴儿冲突,在青春期和成年期被类似的创伤再度激活。神经症在情绪上主要表现为焦虑、抑郁、强迫、神经衰弱等症状。

按照弗洛伊德的理论,神经症症状是被压抑的内容以伪装形式的返回,也就是说,压抑在潜意识里的观念通过症状的形式,重新表达出来。

我们看一下法国精神病学家让·皮埃尔做的一个案例:

"1890 年,艾克进行了一次商业旅游,几个星期后回家。尽管他声称他感觉很好,并努力让自己高兴起来,但妻子还是感觉他发生了巨大的变化。他常常怔怔地发呆,几乎不吻她和孩子。他说话很少,几天过后,缺乏交流的情况更加严重了,这个可怜的人甚至在一天之内说几个字都非常困难。他的沉默有其特征:突然而来,戛然而止。艾克保持沉默不是因为他不想说话,而是因为他不能说话。"①一位医生将其诊断为广泛性虚弱、适应不良症状外加糖尿病,另一位医生诊断为"胸部心绞痛"和"心脏肥大"。后来,艾克又出现言行不受控制的症状——狂笑,说一些魔鬼、撒旦之类毛骨悚然的话语,到处乱跑甚至自杀。

让·皮埃尔引导艾克进入梦游状态(催眠状态),发现艾克的症状起因于他在那次春季旅行中犯的一个错误:在那一段时间他忘记了自己的家和妻儿。对此,艾克一直耿耿于怀,脑海中就有了不让妻子知道他所犯错误的想法,这个想法使艾克谨慎地检查自己说的每一句话,最后就连话也说不出来了。由此看来,对悔恨情绪的压抑是艾克发病的主要原因("说不出话"就是艾克因压抑而导致的躯体化症状)。另外,医生的诊断又进一步加重了艾克的死亡恐惧,在死亡恐惧下,艾克就产生了魔鬼、撒旦之类恐怖的幻觉,甚至出现匪夷所思的

---

① 徐光兴.西方精神分析经典案例[M].长春:吉林出版集团有限责任公司,2012:124.

行为。

我曾经咨询过这样一个案例：

患者，女，37岁，两个月前，突然手臂麻木，在医院里查不出有任何躯体问题。后经过自由联想，患者回想起小时候，母亲重男轻女，更疼爱弟弟，经常打患者。患者内心压抑了很多的愤怒，脑海里时时涌现要把母亲打一顿的冲动。每次出现这画面，她就感到很痛苦。两个月前，母亲来到患者家里，吃饭的时候母亲不断给患者夹菜。患者看着母亲讨好的神情，非常厌恶，突然感到手臂麻木，无法抬起来。

这个案例的症状，源于患者对攻击母亲冲动的压抑：患者一方面对母亲不满，想攻击母亲；另一方面，内心又无法接纳攻击母亲的愿望，只好压抑攻击母亲的冲动，使心理问题躯体化，以手臂麻木的症状表达出来。

由此可见，神经症的防御机制主要是压抑。在弗洛伊德看来，被压抑的潜意识冲动就像梦的形成一样，通过凝缩、移置、象征等手段以症状的方式表达出来，这种被表达出的症状就是神经症。而且也正是压抑，使潜意识里的内容与意识层面形成隔离，所以意识层面的说教根本无法触及潜意识压抑的情结。

提及压抑这种防御机制，自然就会让人想到精神分析理论中的俄狄浦斯情结。在前俄期的母子二元关系时期，孩子的力比多能量投向母亲，这个时候的孩子坦然地接受母亲的照顾，并理所当然地把自己看作母亲欲望的对象，希望独占母亲。后来，大约3岁左右，儿童的性别角色产生以后，男孩与女孩对母亲的关系就发生了变化，男孩依然偏爱母亲，试图独占母亲的爱，而把父亲作为竞争对手，对父亲产生不满甚至忌恨；女孩则对自己的父亲产生爱恋，而把母亲作为竞争对手。弗洛伊德把这种爱恋异性父母、怨恨同性父母的现象称为俄狄浦斯情结（发生在女孩身上的这种现象称为厄勒克特拉情结）。有俄狄浦斯情结的孩子内心是纠结的：一方面对异性父母排斥；另一方面又感到异性父母很爱自己，认为排斥异性父母是大逆不道的。这样，孩子只能对自己原始的欲望进行压抑。在弗洛伊德看来，人类的俄狄浦斯情结具有普遍性，"人的一切存在都以控制俄狄浦斯情结为己任"[1]。

后来弗洛伊德认识到阉割情结对化解俄狄浦斯情结具有更大的价值。阉

---

① 王国芳.后现代精神分析：拉康研究[M].福州：福建教育出版社，2019：106.

割情结是弗洛伊德精神分析理论中的重要概念,指男孩害怕失去生殖器官,女孩则幻想曾有过男孩生殖器官但后来被阉割,因而感到非常惶恐。"阉割情结聚焦于一种恐惧感上,即个人潜意识里时常无缘无故地出现被切除掉性器官的恐惧"①。

无论是对社会道德的认同,还是对阉割的恐惧,都是对力比多的压抑。被压抑的力比多,要么形成能量转移(拉康称之为"能指的转移"),升华为文化;要么使个体退行到俄狄浦斯期或其他心理成长阶段,形成神经症或精神病。

拉康在其理论中,放弃了弗洛伊德理论中对俄狄浦斯情结生物学上的探讨,而从主体关系的角度来阐述阉割对个体成长的价值。拉康引入了"象征"这一具有语言特征的手段,他认为"父亲""父亲的阳具""父亲的名字"等象征法律、道德,这使得"父亲"这一概念具有了力量和阉割的威胁。在拉康看来,个体接纳了"阉割",认同了"父亲",父亲也就不再是竞争对手,而是学习、模仿和认同的对象。"父亲"的出现和介入,打破了个体和母亲之间的亲密关系,使个体从恐惧分离、情绪冲动的主观想象界,经历了一次象征秩序的阉割,进入了客观的、社会化的象征界。在这里,我们看得出来:阉割在拉康理论中是化解俄狄浦斯情结的手段,是对社会文化的适应,也是对原始本能的压抑,这是个体成长必需的程序;而在弗洛伊德理论中,阉割是创伤,是形成心理问题的原因。

无论弗洛伊德,还是拉康,都认为神经症是人格结构内部元素之间冲突的表达:一方面本我的欲望需要表达,另一方面超我要压抑本我欲望的表达;无论哪一种表达占上风,都会形成这样或者那样的具有神经症性质的心理问题。

客体关系学者克莱因和费尔贝恩则是从抑郁心位的角度来阐述神经症的病理性特征,认为随着自我整合能力的提升,孩子认识到客体有好的一面,也有不好的一面;如果对不好的客体进行攻击,好的客体也会受到伤害;为了保护好的客体,孩子只好压抑对不好客体的攻击;有了压抑就有了纠结、懊恼等神经症病症。

柯恩伯格的理论则是对经典精神分析理论和客体关系理论的整合,既不否定经典精神分析理论中的人格结构论,又重视养育环境对个体心理的影响:在早年的成长经历中,养育者的价值观、评价、指责、要求、给予的创伤,以及在以

---

① 赵小明. 新精神分析:心理咨询师必知的 100 个核心概念[M].北京:中国人民大学出版社,2021:70.

后成长经历中感受到的社会文化价值观等,都会促使超我的形成("超我是由多层的沉淀构成,首先是反应儿童投射过程的早期敌对的客体意象的沉淀;其次,是由融合的理想自体与理想客体表征构成的自我理想的沉淀;最后,是真实父母意象整合的沉淀,包括父母的价值观、禁止与要求"①),有了超我,就有了超我对本我冲动的压抑,而压抑则是神经症病理的核心。

我认为无论是弗洛伊德和拉康的俄狄浦斯情结说,还是克莱因及其他客体关系心理学者的抑郁心位说,都是为了说明随着个体心理整合功能的提升而形成了"压抑"这类相对成熟的次级防御机制:弗洛伊德从生物学的角度,通过形象化的俄狄浦斯冲突和化解的方式来表达内部的冲突;拉康抛弃了弗洛伊德理论中对俄狄浦斯情结生物学上的探讨,重视社会文化对个体心理的塑造;克莱因则从抑郁心位的角度,强调对偏执心理的整合功能。

为了更形象地说明本我和超我的冲突,这里引用我曾经咨询的一个厌食症案例和一个贪食症案例来做具体说明:

某男,16岁,男,高中生,疯狂减肥,感到身体都透明了,无论家长、老师、同学怎么劝阻,都无济于事。患者总感到自己胖,每吃一口饭,就会感到长了很多肉。患者母亲是一位医生,知识分子家庭出身,非常漂亮,有才华;爸爸是工程师,有点胖。爸爸非常爱妈妈,妈妈在家里的地位很高。患者从小就非常崇拜妈妈,妈妈对患者的要求很高,给他报了很多培训班,患者感到自己总达不到妈妈的要求。一次,妈妈仔细地打量患者很长时间,然后冷不丁地对患者说:"你怎么这么胖啊!"(其实,对于这件事,妈妈根本没有印象了)还有一次,患者戴了一顶女人的假发,因为患者长得很像妈妈,感觉自己戴上假发,长得与妈妈一模一样,就高兴地问妈妈自己像不像她,妈妈不经意地看了一眼就说:"我的脸有这么大吗?"患者感到很受伤,认为妈妈嫌弃自己,自己不配做妈妈的儿子,于是就开始减肥,吃不下饭。

在这个案例中,由于对母亲的高度认同,患者形成了以瘦为美的价值观,这种以瘦为美的超我,对本我的饮食快感进行了压抑,甚至形成了厌恶进食的主观感受。这是超我控制本我的案例。在治疗的时候,应该引导患者软化代表患者理想的超我,去触及、释放本我的需要。

---

① 格林伯格,米歇尔.精神分析之客体关系理论[M].王立涛,译.上海:华东师范大学出版社,2019:263.

某女,31 岁,单身,父母都是工人,关系不好,患者在父母的忽视和打压下长大。患者专科毕业后,在北京打工,住在地下室,收入也很低,即使这样也不愿意回到父母那里。患者从小就比较胖,控制不住饮食,毕业后多次减肥,均效果不好,稍微有点压力,就控制不住饮食,吃过了就后悔。患者说只有在吃东西的时候,才能感受到自己的真实存在。

案例中患者控制不住饮食,跟自己的心理状态有关系。患者面对压力的时候,内心非常痛苦。吃,能让患者感受到肠胃蠕动带来的舒服感,进而感受自我的存在,于是,饮食成了患者应对压力的防御机制。面对本我进食的欲望,患者制订的减肥计划总是被束之高阁。

上述两个案例的症状,都体现了本我和超我的不协调,厌食症是超我战胜了本我;贪食症是本我占主导。这种人格结构内部本我和超我的冲突形成的心理问题,我们称为神经症。虽然神经症不像精神病性心理问题和边缘型心理问题那样有剧烈的情绪反应,但是有神经症性心理问题的患者内心纠结而形成的痛苦,也让患者苦不堪言,甚至会导致自杀行为。

神经症又称神经官能症(目前在 ICD 中已经没有这种诊断),主要包括神经衰弱、强迫症、焦虑症、恐怖症、人格解体神经症等等。神经症患者深感痛苦,心理功能或社会功能受到不同程度的影响,但没有任何可证实的器质性病理基础。从精神分析理论的观点看,神经症跟患者早年的成长经历有关系,早年未解决的并被压抑在潜意识中的冲突,在青春期或者成年后被类似的情景再度激活而形成神经症的心理体验。神经症患者对自己的症状能够自知,常用压抑等比较成熟的次级防御机制作为基础防御方式,较少应用否认、分裂、投射性认同等较为原始的防御机制。

神经症源于早年未解决的并被压抑在潜意识深处的本我和超我之间的冲突,如果想化解这种冲突,首先就要将潜意识意识化,提升患者观察性自我的洞察力;其次就是帮助患者找回早年停滞的或者遗失的那部分自我。简而言之,就是完成"自我同一性"的成长,进而增加自我的调节功能。如果一个人的自我非常弱小,不知道"我是谁""我到哪里去",自我的协调功能不足,那么面对本我和超我的冲突,往往无能为力,就像《白蛇传》中的许仙(自我)面对法海(超我)和白娘子(本我)的冲突,无力化解,只能在本我和超我的冲突之中感受痛苦。如果一个人的自我非常强大,就能够根据现实原则来协调甚至左右超我和本我的冲突。例如,唐明皇李隆基在对爱情的处理上,同样面临本我和超我的冲突,他的做法就与许仙完全不同:先让杨玉环出家,满足社会道德中不能与儿媳妇结婚的超我要求;然后将她纳入后宫,满足了本我的欲望。

二、抑郁症

我们先看前文谈到的抑郁症案例:

某男,18岁,高三学生,学习艺术,不愿意起床,不愿意去学校,总是把自己封闭在房间里,感到浑身乏力,没有精神,觉得干什么都没有意义,曾经自杀过,没有咨询意愿,在爸爸妈妈的陪同下来到咨询室。患者小时候在溺爱的环境下长大,父母总是强迫患者学习很多的乐器和其他技能。患者喜欢玩,父母给患者的却是永远也上不完的补习班。后来,患者连玩也不喜欢了。进入青春期后,患者越来越感到活着没有意义,而死亡反而是一种解脱。

这是一个抑郁症患者,父母的溺爱剥夺了患者成长的快乐,强迫性的学习使得患者内心压抑了很多的不满,进入青春期后越来越感受不到生命的快乐和价值。

抑郁症是对情绪的过度压抑而形成的神经症性心理问题,主要表现为:情绪低落,自我认可度低,精神疲惫,对生活乃至生命感受不到快乐,并伴随着进食困难、睡眠障碍、自我调节失常等植物性神经紊乱,以上症状至少持续两年,且三分之二的时间处于抑郁状态。一些心理学家常常把抑郁症分成两类:一类是内摄型,总是感到自己不好,一切都是自己的错,自己是一个废人,这类抑郁患者常常自我虐待(攻击);一类是依赖型,感到自己很空虚、很孤独、很绝望,渴望别人的关心。

在患者成长的经历中,养育者的拒绝、责备、辱骂、殴打,甚至溺爱,都会使生命本能的释放受到压抑,社会伦理道德的灌输也在某种程度上压抑了患者生命的本能欲望。一方面生命本我需要释放,另一方面超我和社会现实又不允许生命本我释放欲望,久而久之,生命本我的快感就被深深地压抑在潜意识深处,患者感受不到生命的快感,陷入情绪低落的深谷,甚至认为活着不如死了好。

有时候重要客体的丧失形成的分离创伤,也会诱发患者的抑郁情绪。个体在成长的过程中,离不开对重要客体的依赖和依恋,并把重要客体看成自己的能量来源,一旦重要客体丧失,个体就会陷入极度悲观和绝望之中。遭受分离创伤的患者,一方面要疲惫地应对当下的生活,另一方面还要深深地体味分离形成的生命无意义感。

对于抑郁症患者的治疗,应该根据抑郁症的病理特征有针对性地采取个性化的方式。不过,释放压抑的情绪是对所有抑郁症患者的治疗中都不可忽略的一个环节,因为只有释放了压抑在潜意识深处的负面情绪,患者内心才有接纳正能量的空间。

三、强迫症

下面是我咨询过的一个强迫症案例:

某男,17岁,高二,不能集中精力学习,总是控制不住想高考时自己的试卷万一出现印刷问题怎么办,即使老师、同学多次开导也不能让其停止担心和焦虑。患者从小就跟着奶奶;爸爸是退伍军人,对患者从小就进行军事化管理;妈妈是私企员工。在患者的印象中,爸爸妈妈总是吵架、打架,爸妈吵架、打架带给患者的是数不清的恐惧。以至于放了学,患者都不愿意回家,因为患者知道回到家等待自己的永远是父母吵架、打架。不仅如此,爸爸妈妈还经常无端地指责患者,而且从来不给患者道歉。

患者内心深处极度缺少安全感,总是担心不好的事情("高考时自己的试卷万一出现印刷问题怎么办")会发生,属于强迫思维。这种担心跟患者小时候的成长经历有关。在严厉的管教和充满冲突的家庭环境中,患者一直诚惶诚恐、惴惴不安,如惊弓之鸟,担心发生不好的事情。久而久之,恐惧就成了患者内心的现实,患者总担心自己行为不当而遭到责备或惩罚。进入高三,患者的压力增加,而这种压力进一步激发了患者压抑在潜意识里的恐惧。这个时候,对患者来说,最重要的是高考,所以患者的恐惧就集中在高考的失败上,担心万一试卷出现印刷问题,而影响了自己的成绩。

强迫症是一种强迫与反强迫之间形成的冲突,属于焦虑障碍的一种。强迫症分为强迫观念和强迫行为,强迫观念是控制不住想做某件事或者控制不住担心某个事情出现。例如,一位研究生患者,总是担心自己在做实验的时候,向师姐水杯里投毒,内心非常痛苦。强迫行为是控制不住反复做某种行为。例如,有的患者总是担心手上有细菌,不停地洗手。

弗洛伊德认为强迫症是肛欲期的固着,要求整洁和规范的症状是为了对抗肛欲期力比多的愿望。在肛欲期,婴儿本能的欲望是想搞乱弄脏,目的是违背社会要求的整洁规范,而强迫洗手等行为则是为了对肛欲期本能的破坏欲望进行理性对抗。人际关系心理学家沙利文不认同弗洛伊德认为的强迫症患者的控制需求是肛欲期力比多能量的反映,他认为强迫症"是对预期将要发生的羞辱和极度焦虑做出的提前防御"[①]。强迫症患者内心深处充斥着对潜在危险的焦虑,正是这种焦虑,才使得患者形成了自己的防御机制:有强迫观念的患者惯用情感隔离的防御机制,竭力用理性思索来对抗恐惧;有强迫行为的患者惯用抵消的防御机制,通过一遍遍的动作来抵消自己内心的焦虑;既有强迫观念又有强迫行为的患者,则兼具两种防御机制。

如果通过自由联想技术,对强迫症患者的成长经历进行追溯,就会发现强迫症患者早期生活的体验往往带有很多敌意、拒绝和责备的痕迹。强迫症患者的父母在患者早期的生活中,往往给患者设定很严厉的行为标准,并且强迫患者必须恪尽职守。一旦患者有不符合"规范"的言行,父母就会严加指责,甚至体罚。在严厉的控制下,患者就会在担心犯错误的焦虑中形成一个刻板的行为模式。

对于强迫症患者的治疗,咨询师首先要有极大的包容性,要理解而不是批评和指责患者不可理喻的强迫行为和思维。我曾经接触过一个总是控制不住偷东西的患者,在咨询的时候,我表达了对患者这种偷窃行为的理解,进而引导患者探索偷盗行为背后的快感,从而让患者知道自己行为的背后是早年创伤经历所形成的被压抑的恐惧心理。其次是避免理智化,面对患者强迫的想法和行为,很多咨询师常常采取讲道理的治疗方式来印证患者想法和行为的不合理,这种做法只会增加患者内心本来就已经很多的羞愧感,对治疗的价值不大。强迫症患者在治疗中需要提升患者自我的"主宰"感,而不是对其进行理性化的压抑。

四、焦虑症

我曾经咨询过一个案例:

女,31 岁,公务员,一个星期前,在单位突然惊恐发作,身体抖动,不停流汗,

---

① 米切尔,布莱克.弗洛伊德及其后继者:现代精神分析思想史[M].陈祉妍,黄峥,沈东郁,译.北京:商务印书馆,2007:94.

极度恐惧,过了一会儿内心才平静下来。从此之后,患者就总是担心再次发作,后来又担心自己得了精神病,再后来听同事说抑郁症的可怕,又担心自己得了抑郁症,近半个月来非常紧张,睡眠不好。

小时候,妈妈比较强势,控制欲强。妈妈喜欢打麻将,在打麻将的时候,总是把患者丢在一边不管不问,患者感到很孤独。爸爸比较严厉,在家里很少说话,即使说句话也是冷冰冰的,直到现在患者依然对爸爸有恐惧。在患者的印象中,爸爸从没有认可过自己,总是拿别人与自己比较,说自己那不好这不好。患者从小就认为别人不喜欢自己,自己不好。上学的时候,患者不敢站在课堂上读书,担心别人笑话自己。爷爷重男轻女,有一次患者和堂哥都在爷爷家,爷爷家正好吃水饺,爷爷给堂哥吃水饺,却不给患者吃,患者感到很自卑。

童年是渴望爱、也是需要爱的年龄阶段,只有在爱的滋养中,个体才能内摄父母给予的爱、理解和认可,并且把内摄的爱、理解和认可内化为自我人格中的重要元素,获得自身的安全感和存在感。在这个案例中,母亲对患者的忽略、爸爸的否定、爷爷奶奶的重男轻女,都在不断地冲击着患者幼小脆弱的心灵。患者内化的是养育者给予的忽视、否定和指责,久而久之就形成了这个世界是不安全的、自己是无能的、不受欢迎的心里定位。

孩子内心极度脆弱、敏感,容易被他人的情绪感染:如果养育者是轻松、稳定的,孩子的需求能得到及时地回应,孩子也会以放松的状态与客体发生关系;如果养育者焦虑,孩子也会被养育者的焦虑感染,形成莫名的、没有指向和原因的焦虑感。在孩子眼里,父母是安全的保障,也是权威和超我。在父母的否定和指责中长大的孩子,常常把父母的否定和指责内化为超我对自身的否定和指责,一旦孩子不认可自己了,就会陷入自卑和焦虑的泥潭。小时候遭受的叠加性创伤,也会在孩子的潜意识深处留下恐惧的阴影,有了恐惧阴影的孩子即使长大了,也会带着焦虑和恐惧看待周围和未来的世界,甚至形成焦虑症。另外,情绪具有感染力,正如优美的环境能够让人放松,性感的美女很容易唤醒男人性冲动的快感,案例中妈妈的强势、爸爸的严厉也容易让患者感到紧张不安。

焦虑症,又称为焦虑性神经症,患者总是夸大未来潜在的危险,担心会发生不好的事情,而且这种担心没有明确的客观对象,并伴随着植物性功能失调,如心悸、手抖、出汗、尿频等,以及运动性不安。焦虑可分为广泛性焦虑和惊恐发作两种形式。广泛性焦虑是弥散性的无明确对象和固定内容的过度担心、紧张,其紧张程度与现实事件不相称。惊恐发作是突然感到强烈不适,伴有胸闷、心悸、出汗、颤抖、手足发麻,有强烈的濒死感、要发疯感或失去控制的感觉,每次发作一刻钟左右,多见于广场恐惧、幽闭恐惧、动物恐惧、过桥恐惧、社交恐惧。

精神分析理论认为个体出生后,在不同的年龄阶段会有不同的发展任务,如果个体早年成长经历中遭受叠加性创伤,失去重要客体或重要客体的爱,内心就会担心被惩罚,产生孤独、恐惧的心理。创伤使个体在该阶段应该完成的发展任务不能完成,一旦早期心理发展阶段的任务不能完成,个体内心就会固着在受伤的心理发展阶段,进而带着受创伤阶段的恐惧看自己周围的世界,总担心一些不好的事件发生,形成广泛性焦虑。

惊恐发作乃至其他恐惧症是对引起焦虑的各种意象和情感防御的结果。当潜意识里的焦虑积累到一定程度后,个体为了保护自己,往往就会通过置换的防御机制,把原初的焦虑置换到被认为危险度更低的情景或物体上。具体而言,就是个体在成长的经历中,通过压抑防御的机制让早年的创伤进入潜意识,然后通过置换,原初的内在恐惧和焦虑变成了事实上与外界相关的危险和焦虑,外在的物体就被投射了患者内心的恐惧,一旦恐惧与外在的物体形成联结,患者往往会通过回避的防御方式来逃避恐惧。

我咨询过这样一个案例:

患者,女,36岁,早年在母亲打骂的环境下长大,结婚后与婆婆关系不好,经常发生冲突。半年前患者开车载着婆婆在高速路上行驶时,突然心跳加快,眩晕,感到要失控了,情绪极度恐慌,出现惊恐发作的症状。幸运的是患者还没有失去意识,放慢速度,竭力稳定情绪,大约10分钟后,心境缓和。从此,患者不敢开车上高速,一旦驶上高速,就天旋地转,情绪极端恐惧。

在自由联想的状态下,患者觉察到在她驾车上高速后,产生了一个要带着婆婆撞车的冲动,而且这种冲动非常强烈。对于这种自残性的攻击冲动,患者感到非常恐惧。患者不能接纳自己对婆婆的大逆不道,于是就运用自我防御机制把这种针对婆婆的攻击冲动压抑在潜意识里,并且为了减轻自身的痛苦,患者在潜意识深处把这种毁灭的冲动与高速公路形成了联结。此后,患者独自驾车时,一上高速就有强烈的失控感。经过进一步的分析,患者发现患者与婆婆的冲突其实是重复了她早年与母亲之间的冲突。患者驾车对高速公路的恐惧可以被分析为一种置换性的恐惧,这种恐惧来源于对母亲毁灭性攻击的担心。患者通过置换使得恐惧减轻,最终以对高速公路惊恐发作的症状形式表达出来。

对于焦虑症的心理咨询,就是要引导患者发现自己潜意识深处的心结,潜意识意识化,进而修复曾经的创伤,让患者重新认知自己、认可自己,激发自己的正能量。

五、躯体形式障碍

躯体形式障碍是一种持久地担心或相信患有各种躯体疾病的神经症。患者总感到躯体不适而反复就医,各种医学检查和医生的解释均不能打消其疑虑。虽然经常伴有焦虑或抑郁情绪等心理感觉,但是患者总是否认心理因素的存在。躯体形式障碍主要包括躯体化障碍、疑病症等。

躯体化障碍就是当一个人有情绪上或是心理上的问题时,不是通过心理和行为的异常表达出来,而是以各种躯体上的症状表现出来,例如躯体某个部位的疼痛、胃肠道症状、泌尿生殖系统症状、呼吸循环症状等。

下面的案例选自《精神分析性心理治疗》:

某男,55 岁,眩晕,情绪低落,空虚,无聊,入睡困难。半年前患者认为自己得了心脑血管疾病,在各大医院做过各种检查,均为阴性,后被诊断为躯体形式障碍,但其坚决否定。患者是一个有 100 多人的公司的老板,目前经营困难,负债较多,工作压力大,非常焦虑。患者现在是再婚家庭,第一任妻子跟秘书跑了,留下一个男孩,第二段婚姻有一个女孩。

患者回忆第一次出现眩晕是因为与一个员工吵架。吵架之后,患者突然感到天旋地转,一下子想起了同母异父的弟弟。患者在 2 岁的时候,父母离婚,母亲带着自己再嫁;在患者 6 岁的时候,母亲和继父又有了一个儿子,也就是患者的弟弟。自从有了弟弟,患者就感到继父和母亲不喜欢自己了,弟弟是全家人的所爱,所有的关注点都放在弟弟身上,弟弟无论做什么都是对的。于是患者就变得非常听话,学习也很刻苦,尽力做家务,以此来获得家庭的认可。[①]

---

① 格拉克. 精神分析性心理治疗［M］. 仇剑崟,徐勇,译. 北京:人民卫生出版社,2018:402.

本书对此处文献做了叙述性整理。

患者的眩晕并不是躯体的原因,而是压抑的情绪所致,在患者潜意识中有深深的恐惧,他害怕"弟弟"会夺走他的一切。患者通过置换的防御机制,把内心的恐惧转化为眩晕的躯体感受。通过眩晕,患者来逃避压抑在潜意识深处的恐惧。

精神分析学说把躯体化的形成看作是一种潜意识过程,患者将自己内心的矛盾或冲突转换成内脏和植物神经功能障碍,从而摆脱自我的困境。在躯体化过程中,患者用躯体化症状置换内心不愉快的心情,以减轻由某种原因造成的自罪感,进而表达某种想法和情绪等。躯体化是患者为了达到压制潜意识痛苦的一种自我防御方式。

疑病症又称疑病性神经症,目前归类为躯体形式障碍中,主要指患者担心或相信自己患有一种或多种严重的躯体疾病,并反复就医,尽管经反复医学检查显示阴性以及医生给予没有相应疾病的医学解释,也不能打消病人的顾虑,患者常伴有焦虑或抑郁情绪。

下面是我咨询的一个案例:

女,36岁,某公司员工,离异,父母都去世了,没有兄弟姐妹。近几年她总认为自己的身体有病:一旦感到心跳加快,就担心会有心脏病;曾经被狗嘴碰了一下,就担心得了狂犬病,打了疫苗,又担心疫苗会对身体形成伤害;连着两天上夜班,就担心睡眠不好,身体会垮掉……

患者从小就很孤独,小学的时候在学校里都是自己一个人玩,在家里看电视做作业,也是一个人。患者记得在小学6年级的时候,妈妈突然流血不止,爸爸带妈妈去外地就医,患者一个人在家,孤单地吃饭、睡觉、上学,感到很冷、很孤独。爸爸思想守旧,不允许自己跟男同学玩,在中学因为跟男同学出去,爸爸找警察来抓自己。在大学,患者虽然摆脱了爸爸的控制,但与室友关系不好,感到孤独。两次恋爱都失败了,还被骗了几万元钱。后来妈妈突然去世,患者陷入恐惧中,梦中一直闪现出妈妈还活着的画面。结婚后,因老公有暴力行为而离婚。

离婚后与爸爸住在一起,彼此都不说话,日子过得冷冰冰的。一天,爸爸突然脑梗,患者眼睁睁地看着爸爸躺在床上,头歪着,口吐鲜血,手脚一直抽搐。患者非常恐惧,不知道怎么办,也不敢靠近去看他,躲在自己房间里,不断地重复说"没事的,没事的",打120都一直按错,后来好不容易将爸爸送去医院。抢救了一星期,爸爸的病情才稳定下来。住院的时候,患者宁愿找护工看护爸爸,也不敢靠近他,甚至不敢住在以前的家里。最终,爸爸还是因肺衰竭去世。

从此之后,患者就陷入恐惧、孤独的状态,不敢一个人睡,与人合租,看到电视上说什么病,就担心自己得了什么病,不断地去医院检查。虽然没有发现躯体疾病,但患者不相信,依然不断去医院检查。

该案例的患者一直在孤独、恐惧的感受中长大,久而久之,孤独、恐惧的感受就沉淀在患者的潜意识深处,形成潜意识深处的焦虑心结;成年后,患者又先后经历了母亲的病逝、父亲的病逝,亲人的死亡进一步加深了患者内心深处的焦虑感,担心自己也得了某种疾病,并不自觉地把该疾病的病理性特征置换到躯体的表达上(例如心跳加快、疼痛、失眠等等),躯体的病理性表达又进一步加深了患者的主观认知:我确实得了该疾病。

躯体形式障碍是把内心的恐惧转移到躯体的感觉上,通过躯体症状来表达患者内心的恐惧,因为患者坚信不疑地认为自己的躯体出现了问题,咨询师或者医生无论向患者做出什么样的解释,都不能打消患者坚信自己的躯体有严重疾病的念头。在咨询中,咨询师首先应该让患者释放自己的恐惧情绪,引导患者看到担心躯体疾病背后被压抑在潜意识深处的恐惧心结,使潜意识意识化,进而达到治愈的目的。

第七节　小　　结

综上所述,幻觉妄想类精神病多呈现出共生期的创伤体验;边缘型患者可能在分离—个体化阶段发育受阻;神经症患者多源自"俄狄浦斯期"人格结构内部冲突。幻觉妄想类精神病患者感受到的是对毁灭的恐惧;边缘型患者体验到的是分离焦虑;神经症患者感受到的痛苦主要是与潜意识有关的内疚感。由此可见,各类心理问题不仅症状不同,发病机理也不同,并不是一盘"东北乱炖",而是"一个萝卜一个坑",每一类心理问题都有自己的特征,因此在心理治疗的时候要有的放矢。

第三部分

心 理 治 疗

心理咨询的历史渊源

精神分析理论的治疗理念

心理咨询过程的程序化

第十八章　心理治疗的历史渊源

第一节　曾经的"心理治疗"

科学已经证实"心理是脑的机能,脑是心理的器官"[1],心理现象是在生命进化过程中为适应环境,随着神经系统的产生而出现,又随着神经系统的不断发展和完善,从初级的"刺激—反应",发展到高级的复杂的内心体验。由此看来,人的心理是伴随着生命的诞生而存在的,心理问题与人类的形成是同步的,也就是说自从有了人,就有了人的心理问题。

有了心理问题,自然就会产生化解心理问题的方式,那么早期的人类是怎么化解自己的心理问题的呢?

人类最初是通过各自的感觉器官认知自己和周围的世界,也是通过各自的感觉器官来抒发情绪的,正因如此,歌、舞等表达方式得以产生。例如,古希腊的酒神节上,一些男女披着兽皮,戴着花冠,放声高歌,尽情地扭动自己的身体,来表达各自的喜悦和痛苦。中国《毛诗序》更明确记述:"情动于中而形于言,言之不足故嗟叹之,嗟叹之不足,故咏歌之,咏歌之不足,不知手之舞之,足之蹈之也。"[2]歌、舞是表达,是释放;西方宗教的忏悔、舞动身心疗法,也是表达,也是释放。

如果说歌、舞是情绪的释放,那么伴随着歌、舞产生的巫术,则对个体心理进行直接干预了。例如,巫师在施展法术时,要么念念有词地诵咒语;要么做出种种莫名其妙的动作;要么既诵咒语,又做莫名其妙的动作。从现代心理学的视角看,这些诵词和动作都是巫师为化解患者痛苦而做的心理暗示。催眠术改变患者心态的原理也在于暗示。"英国学者弗里克在其《催眠疗法》一书中说:古代文献中最早关于催眠治疗术的文字记录,描述了早在公元前 1552 年在古

---

[1] 郭念锋. 心理咨询师:基础知识[M]. 北京:民族出版社,2005:3.

[2] 隗芾,吴毓华. 古典戏曲美学资料集[M]. 北京:文化艺术出版社,1992:17.

埃及医药领域的使用情况。文中写道,医生将手放在病人的额头,声称具有超自然的治疗功效,他发出奇怪的言语和暗示,而这的确具有治疗效果。古埃及国王庇鲁赫思、韦斯帕西恩皇帝、法国的弗朗西斯一世及至查理十世的其他法国国王都曾用过这种治疗方法。"①

后来的宗教则是利用神灵对个体的苦恼和迷茫进行重新归因,进而改变心态,比如佛教的"因果报应",基督教的"原罪论"和"救赎说"。宗教的重新归因,让我们可以看到认知疗法的雏形。对当代心理治疗最有影响的佛教经文《五停心·四念处》记载:"唯有看破了世法的聚散无常,才能悟透彼此物我的虚幻不实,才能放下一切而从彼此物我等幻景的妄执之中得到绝对的解脱,既然解脱了爱憎取舍的束缚之后,乃至对于解脱境界也是要解脱的。所以看破放下的结果,乃在无上积极地净化世间,并且是突破时空(大自由)地建设世间和拯救世间。这就是菩萨的本色,也就是佛教的根本精神。"②这里的"看破""悟透""解脱""突破时空地建设和拯救",就是让患者不要沉溺在自己的创伤里,而是用一种新的大宇宙观看待当下的自己,这种理念是符合认知疗法原理的。

第一节　中医五行理论治疗技术

中国古代医学利用五行相生相克的原理对心理问题进行调理。

我们通常把五行定义为金、木、水、火、土,认为构成宇宙和大自然的是金、木、水、火土五种物质,五种物质相生相克促成了宇宙万物的发展变化。其实这个说法是对五行学说的误解。

何谓五行?五行就是气的五种运行趋向。古人认为任何生命体的体内都存在着气的升降出入运动,没有了升降出入运动,生命也就不存在了。《黄帝内经》曰:"非出入,则无以生长壮老已;非升降,则无以生长化收藏。是以升降出入,无器不有。"③

金、木、水、火、土仅仅是代表气的五种运行状态:木代表气的扩展运行,扩

---

① 邰启扬. 催眠术教程[M].北京:社会科学文献出版社,2009:51.
② 圣严法师. 五停心·四念处[M].北京:华夏出版社,2011:103.
③ 杨永杰,龚树全. 黄帝内经[M].北京:线装书局,2009:136.

展就是气向四周运动,树木的根向下、向四周伸展,树木的枝条向上、向四周伸展,树木的生长特性代表着气的扩展运动;火代表气的上升运行,火焰向上跳跃,是气的上升运行;金代表气的内收运行,金属密度大、质量重,象征着收敛、聚集;水代表气的下降运行,水向低处流,是气向下运行;土代表气升降出入的平衡,土壤是不运动的,用土代表气相对稳定的平衡状态。

人的情绪乃至人的五脏也体现出气的升降出入运动方式。怒,气流舒展,为木为肝;喜,气流上升,为火为心;忧,气流内敛,为金为肺;恐,气流下沉,为水为肾;思,气流平衡,为土为脾。

抑郁症患者之所以晨重暮轻,是因为患者情绪压抑,气流内敛,肝的阳气不足,疏泄能力低下。早晨五脏六腑靠肝胆阳气推动和疏泄,如果肝胆阳气疏泄无力,症状就发作了。过了中午,人体的脏器功能开始由兴旺状态,转为沉静状态,对肝胆阳气展放疏泄的依赖性降低,症状就自然减轻了。

按照中医理论,五行是相生相克的:五行相生表现在木生火,火生土,土生金,金生水,水生木;五行相克表现在火克金,金克木,木克土,土克水,水克火。五行相生相克是一个动态的平衡,若一方虚弱,另一方就会乘虚而相克过度,这叫相乘;若自身虚弱,就会遭受被克方的恃强凌弱,这叫相侮。

同理,对于抑郁症患者的治疗也可以借用五行理论,例如:可以通过早晨运动,疏肝解郁;可以适当吃一些偏辛辣的食物,通过辛辣食物的疏散特性,使得肝胆得以疏泄;当然也可以依据火克金的五行理论化解抑郁。

我曾治疗过这样一个案例:

患者,女,22岁,情绪低落,感受不到生活的乐趣,也不愿意与人交往,精神疲惫,什么都不愿意做,感到人活着没有意思,手腕有多处自残的痕迹,看见高的楼房就产生强烈的从上面跳下来的冲动。在咨询的过程中,我建议患者每天早上起来锻炼身体;并告诉患者父母,如果患者早上痛苦,不愿意起床,就揉搓、拉扯患者的四肢(一般5到10分钟,就有效果),然后再让患者起床锻炼。这就是借用五行相生相克的原理,通过运动疏肝解郁。

古代有很多利用五行相生相克理论治疗心理问题的案例,现转载如下:

案例一:"如《名医类案》:一女子出嫁后,夫经商二年不归,因不思食,困卧如痴,无他病,多向里床睡。朱丹溪诊之曰:此思想气结也,仅靠药物治疗是不行的,得喜可解,但丈夫未回来,喜不起来,不然令其怒,脾主思,过思则脾气结而不食,怒属肝木,木能克土,怒则气升发,而冲开脾气矣。令激之大怒而哭,令慰解之,与药一服,即索粥食矣。"①

此案例中,该女子因思虑过度得病,久病伤脾,"思"对应的是五行的"土",而"木"克"土","木"对应的情志是"怒",即"怒克思"。怒发,情志一顺畅,病就好了。至于案例中说的"得喜可解",是因为思生忧,喜克忧。

案例二:"《儒林外史》中的范进中举,五十四岁的范进乡试中举,他一辈子穷困潦倒,无数次的乡试未果,当他拿到梦寐以求却又以为不可能到来的捷报的时候,这突如其来、从天而降的大喜,就变成了一种巨大的冲击力量,他承受不住这强烈的刺激,突然发了疯。最后是范进最怕的岳父胡屠夫,打了他一个大嘴巴,当场就把范进打醒了。这既是喜伤心,又是恐制喜。"②

此案例中,范进狂喜,得意忘形,精神失常。"喜"对应的是五脏中的心,五行属于"火",而"水"克"火"。"水"对于五脏里的肾,情志里的"恐"。所以,"恐克喜"。范进突然遭到恐吓,病好了。

案例三:"息城有一官僚有一天突然得知他的父亲被人杀死,就异常悲痛,放声大哭,哭罢便觉心痛,逐渐加重。一个多月后自觉胸中有一团块,时常剧痛难忍。经服药、针灸等治疗均无效果。最后求治于著名医家张子和。张子和到病人家中时,恰好一位巫者也在场,他就学巫者的样子,信口开河,乱说一顿,同时又和病人开玩笑,又唱又跳,弄得病人忍不住捧腹大笑,甚至笑得只能面向墙壁。过了一二日病人发现胸中结块消失,自此心痛好了。张子和说,忧愁可使气郁结,大喜则可使百脉舒和,这又叫喜胜悲。"③

此案例中,官员因忧伤而抑郁,"忧"对应于五脏中的肺,五行属"金",根据五行相克理论"火克金","火"对应的情志就是"喜",即"喜克忧"。张子和通过一些搞笑动作和语言,让官员笑出来,进而疗愈抑郁。

---

① 董湘玉.中医心理治疗医案图解[M].北京:中医古籍出版社,2015:16-17.
② 董湘玉.中医心理治疗医案图解[M].北京:中医古籍出版社,2015:16.
③ 董湘玉.中医心理治疗医案图解[M].北京:中医古籍出版社,2015:79.

第二节　自由联想技术的诞生

心理伴随着生命的诞生而产生,但是心理学的研究却是非常短暂的。直到19世纪,科学心理学的两个分支——实验心理学和精神分析——才开始出现。实验心理学是由德国的冯特在19世纪70年代建立的,精神分析是奥地利的弗洛伊德在19世纪90年代末建立的。

精神分析理论的形成离不开催眠的启蒙。1885年,弗洛伊德师从沙可,到巴黎学习与研究神经病学。在学习的过程中,弗洛伊德目睹了沙可利用催眠技术让被催眠者出现"癔症"现象的表演:在催眠中,被催眠者很快出现了幻觉、意识丧失、肌肉僵硬……种种神奇的现象。沙可高超的催眠手法让弗洛伊德感到震撼,催眠中出现的癔症现象也激发了弗洛伊德对癔症病理的思索:催眠状态下手臂失去感觉,不是神经上的受损,而是心理上的暗示;癔症问题的根源在于想法而不是神经。于是,作为神经科医生的弗洛伊德关注的内容,从大脑神经转移到心灵深处的秘密。

其实,早在去巴黎之前,弗洛伊德就开始了对癔症的研究。在26岁到28岁期间,他遇见了自己人生中的重要人物——布洛伊尔博士,布洛伊尔对年轻的弗洛伊德讲述了安娜·欧的案例(此案例第一章已经提及,这里不再复述)。

后来,弗洛伊德和布洛伊尔根据这个案例和其他案例,共同创作了《癔症研究》,他们一致认为癔症是由被抑制的创伤经历以及有关的情感所造成的,这些创伤经历和情感与心灵其他部分解离和割裂,最终导致破坏性的症状出现。不过,布洛伊尔和弗洛伊德的观点又有所不同:布洛伊尔认为这种症状之所以发生是因为患者的先天体质("他们天生的素质是兴奋的"[①])更容易进入催眠状态,曾经的痛苦感受与正常的心理形成解离,从而改变了正常的意识状态;弗洛伊德认为癔症致病的原因,不是创伤的感受改变了正常意识状态,而是因为曾经的创伤感受让自己无法接纳而被压抑在潜意识里了。安娜·欧就是因为无

---

① 弗洛伊德,车文博. 弗洛伊德文集:卷1　癔症研究[M]. 北京:九州出版社,2014:342.

法喝被狗舔过的液体,而把这段记忆排除在意识之外。在弗洛伊德看来,个体与自己无法接纳的思维、记忆和感受相抗争,就把它们从意识中隔离出去,但是这些思维、记忆和感受又需要表达,只好以癔症的形式展现出来。后来弗洛伊德又把自己对癔症的探索成果,延伸到其他神经症性心理问题产生的原因上。

对于癔症的治疗,弗洛伊德提出了自己的见解:"当我们能使患者把激发的事件及其所伴发的情感清楚地回忆起来,并且患者尽可能详细地描述这个事件,而且能用言语表述这种感情时,则每一个癔症就会立刻和永久消失。"[1]事实上,布洛伊尔也是采用这种方式疗愈了安娜·欧。

1886 年,弗洛伊德的心理诊所开业。在治疗时,弗洛伊德多使用催眠技术,先引导患者进入催眠状态,然后用命令的方式来移除症状。但是,弗洛伊德很快发现用催眠暗示的方法治疗患者有很多的不足:并非所有的患者都能顺利进入催眠状态;经过催眠术治疗的患者,即使治愈了,也容易复发;而且某些患者在催眠状态,很容易对催眠师产生强烈的性冲动移情。

催眠治疗的弊端,促使弗洛伊德探索一种新的治疗技术。

有一天,弗洛伊德在分析 Elizabeth Von N. 夫人时,弗洛伊德时不时的提问引起了她的不满:"你的提问总是打断我的思考。"当时,弗洛伊德正处在对催眠治疗的失望而寻求新的治疗技术的时候,Elizabeth Von N. 夫人的话让弗洛伊德获得了灵感:既然患者们的想法像水一样流动,何不让无意识流动出来呢! 所以弗洛伊德开始鼓励患者躺在长沙发上将所想的说出来。[2]

于是,精神分析最重要(严格地说是唯一的,因为释梦之类的技术也是通过自由联想来实现的)的技法——自由联想产生了。

在自由联想中,咨询师首先让患者在一个相对安静平和的环境中,放松地躺在躺椅(或长沙发)上;咨询师坐在患者的头后面,通过引导,让患者进入放松状态(介于正常的清醒状态与催眠状态之间的状态);咨询师引导患者在放松的状态下说出进入脑海的任何事情。在整个自由联想过程中,患者不需要思考,

---

① 弗洛伊德,车文博.弗洛伊德文集:卷 1 癔症研究[M].北京:九州出版社,2014:149.

② 李武石.寻找弗洛伊德:精神分析理论与经典案例[M].李光哲,李东根,杨华瑜,译.修订本.北京:科学出版社,2014:153.

不需要逻辑,只是让一些想法或者意象自由地呈现。

弗洛伊德在他的自传中对自由联想叙述如下:

让患者自由自在地进行联想,换句话说,让患者躺在长沙发上,将脑中浮现出的所有的想法和盘托出,不要自认为不重要、无关系、无所指而删掉一些内容,不要进行评判。当然,要求患者要坦率。坦率是分析治疗的基本前提。

事实上自由联想并不自由。患者即使不被指定联想的主题,也会不可避免地受到分析情景的影响。与分析情境有关的事情,会在患者心中出现。①

在自由联想中,患者脑海里会呈现出一些杂乱的记忆画面或意象。这些看似毫无意义的零碎拼图,一旦串联起来,就会浮现出一段完整的记忆和感悟。在自由联想的状态下,患者是有意识的,一旦患者意识到藏在潜意识深处的冲突过程,就会豁然开朗,达到治愈效果。精神分析的治疗理念就是"潜意识意识化"。安娜·欧把曾经看到的狗舔水杯的潜意识记忆意识化,狗舔水杯的阴影就暴露在意识的阳光下,进而烟消云散,达到治愈效果。

在自由联想中,安全舒适的环境非常重要,因为个体只有在安全舒适的环境下,才能放下自己的防御机制,摆脱欲望和执着,产生漂浮的自我感觉,进而涌现出带有患者情感的记忆或者意象。至于治疗用的长沙发,目的也是为了诱发患者形成治疗性退行,因为患者在平躺的状态下,能够让自己尽快消除紧张,进入带有创伤的幼年、童年。患者一旦进入了曾经的创伤,储存在潜意识中的事件便逐渐进入意识层面;因为意识是带有认知元素的,情结一旦被重新认知,心理的疗愈也就自然而然地发生了。

弗洛伊德在他的自传中是这样阐述自由联想优点的:

自由联想的优点很多。首先对分析家而言,自由联想简便省力;对患者而言,不受强制,不失去与现实世界的接触。其次,分析家的愿望或期待不影响分析。

进行自由联想时,患者自由选择主题,分析的主题和联想内容的选择完全掌握在患者手里,不可能对特定的情结及症状进行系统的操纵,不可能对其加以系统化,但是在某一点看似无关联的事就会显出其关联性,并呈现出其真正

---

① 李武石.寻找弗洛伊德:精神分析理论与经典案例[M].李光哲,李东根,杨华瑜,译.修订本.北京:科学出版社,2014:151 – 152.

含义。于是，就能毫无遗漏地浮现出引起神经症的内心要素。催眠术则是针对一个症状或主题逐一解析的方法。

自由联想法的另一个优点是从不失败，就是因为在任何时候都可以使用联想。①

---

① 李武石.寻找弗洛伊德:精神分析理论与经典案例[M].李光哲,李东根,杨华瑜,译.修订本.北京:科学出版社,2014:155.

第十九章　精神分析理论的治疗理念

第一节　概　　述

　　弗洛伊德理论认为心理问题是性驱力在超我和自我压抑下受挫而形成的妥协表达,成人神经症是基于俄狄浦斯期冲突的婴儿式神经症的派生物。心理咨询的目的就是阐明患者心理结构内在的冲突,使潜意识意识化,具体而言,就是让患者在咨询师的帮助下通过自由联想技术回到过去,再次看到自己所经历的创伤,使带着情结的意象和记忆突破超我和自我的压抑,自由地呈现出来。一旦带着情结的意象和记忆在意识状态呈现出来,那么本我与自我、超我在潜意识中的冲突就有了认知成分的参与,疗愈也就开始了。经典精神分析,更重视本我的释放和觉察,认为本我操纵着个体。

　　自我心理学更强调自我的成长,认为如果驱力得不到自我的充分控制,就会在人格结构内部形成与超我的病理性冲突,精神分析治疗就是通过潜意识意识化,促进观察性自我的发展,提升自我对驱力的理解与支配权。在心理咨询的过程中,咨询师工作的方向就是解译患者的自我防御机制和产生防御机制的潜在动力,通过咨询师的解译,使潜意识的冲突在意识领域展现出来,最终使有意识的选择代替了潜意识的防御,进而达到疗愈的目的。自我心理学重视自我的成长和对移情的解译,移情使过去的冲突能够在当下显现,并导致领悟,而领悟本身就具有疗愈价值。

　　拉康认为,个体作为一个精神的存在被撕裂成了三块,分别为镜像、小a和大他。镜像就像是一个人在镜子里看到的自己,是主观的自己,类似于弗洛伊德理论中的自我;小a是原始的欲望,表达的是向母亲发出的原初需要,类似弗洛伊德理论中的本我;大他是个体成长经历中接受的价值观,是父亲形象的替代物,类似于弗洛伊德理论中的超我概念。生命是一个源于母亲、走向大他的过程,当“我”离开了母亲的怀抱爬向大他的时候,也就离开了母亲给予的温暖——小a,个体在爬向大他(社会、文明、法律、法规、道德等)的路途中,会看到镜子里的自己(即镜像我)。由于路途的艰辛和未来的恐怖(阉割的痛苦和对大他的恐惧),一部分"我"不愿意再往前爬,而迷恋于母亲给予的原始快感,进入主客体不分的幻觉状态;还有一部分"我"被镜子里的"我"吸引了,也停止了前行的脚步,变得自恋和冲动;另外一部分"我"则过度认同大他,而被大他控制。由此看来,"不管是镜像我、小a,还是大他,都是意味着人的精神世界想要找到一种依靠、依托或者找到一个可以立得住脚的地方"①。在生命的过程中,永远没有绝对独立自我的存在,每个人都带有因依赖而产生的症状。

"所谓症状,就是心里或体内的某种东西闯入了你的生活,而且给你带来了痛苦。它代表着欢愉的残存部分,又回来破坏你的生活。"②在拉康的理论中,症状是不可避免的,"不仅没有疯癫就无法理解人的存在,而且,如果存在不能在自身之中将疯癫作为其自由的限度而保持,这种存在就不是人的存在"③。因此,拉康认为心理咨询就是引导患者穿越幻想,认识到"对象小a不过是自己维持欲望的一个诱饵而已"④,因此"分析并不带来自由——人仍陷在象征的秩序与自身的独特经历及宿命的限制中。但分析令人能够乐于接受自己的宿命"⑤。

比昂强调在心理咨询的时候,咨询师要进入无欲无忆状态,放下自己所有的事情和对心理咨询结果的期待,既不要担心错过某些信息,因为有价值的信息一定会重复出现;也不要想着让症状赶快消失,因为一旦患者真正"悟"了,疗愈自然会发生。反之,一旦有了某种念想,反而会阻碍咨询师真正进入患者的内心。同理,患者也不要带着某种念想来做咨询,因为念想会限制自由联想,咨询的双方都要进入"幻想"(即弗洛伊德说的"自由悬浮性的注意"⑥)。在比昂

① 赵小明.新精神分析:心理咨询师必知的100个核心概念[M].北京:中国人民大学出版社,2021:106.

② 里德,格罗夫斯.拉康[M].黄然,译.北京:文化艺术出版社,2003:145.

③ 马元龙.雅克·拉康:语言维度中的精神分析[M].北京:东方出版社,2006:106.

④ 马元龙.雅克·拉康:语言维度中的精神分析[M].北京:东方出版社,2006:313.

⑤ 米切尔,布莱克.弗洛伊德及其后继者:现代精神分析思想史[M].陈祉妍,黄峥,沈东郁,译.北京:商务印书馆,2007:234.

⑥ 琼,赛明顿.思想等待思想者:比昂的临床思想[M].苏晓波,译.北京:中国轻工业出版社,2015:200.

看来，"患者要求治愈的欲望，是一种精神分析的障碍，治愈或痊愈，实际上是精神分析过程的副产品"①。

客体关系心理学重视母婴关系，认为心理问题是早年客体关系失败而形成的内在扭曲的客体关系对现实的投射，因此修复关系也就是心理治疗的立足点。咨询师要给患者提供一个抱持环境，使"一度中断的自我发展可以在这个环境中重新进行，真我可以在这个足够安全的环境中开始呈现"②。疗愈发生在咨询互动（咨询师作为"好客体"对患者给予理解、包容和支持）时形成的新的客体关系，而不是仅仅靠咨询师对患者心理问题的解译。不过，我认为，这种修复式的治疗，如果脱离了对早年成长经历的觉察，就成了无源之水、无本之木，疗愈将无从谈起。

由此，我们看得出来，无论是弗洛伊德提出的对本我的释放，还是自我心理学提出的对观察性自我的提升、客体关系心理学提出的对成长经历中破坏的客体关系的修复、比昂和拉康提出的对自我生命的觉察，精神分析所有流派都强调"领悟"（即潜意识意识化）的作用，其原因在于领悟了不仅能瓦解潜意识中人格结构的冲突，而且能改善和修复内在客体关系。虽然费尔贝恩认为仅有领悟不能化解问题，治愈的前提是剔除患者内心的坏客体，让患者相信存在新的客体和新的与人交往的模式，但是剔除掉患者内心的坏客体和新的交往模式的形成，都离不开领悟。

精神分析理论是一种发展中的理论，经过弗洛伊德及其后继者的不断完善，现在精神分析理论已经成为一个系统的理论体系。这个系统的理论体系对各类心理问题的病理性特征都有系统的论述（前文已经详细讲述），而且针对不同的心理问题，也提出了具体的治疗方向：精神病患者要走出恐惧的幻觉感受，需要感受到自身的安全；边缘型患者要稳定偏激的情绪，需要完成分离—个体化的成长历程，形成与他人的边界；神经症患者要化解自己趋避冲突的纠结，需要形成对生命内在结构的觉察，完善人格内部结构之间的协调。无论是安全感的获得，还是分离—个体化的完成，或是人格内部结构的协调，都离不开养育者

---

① 琼，赛明顿.思想等待思想者：比昂的临床思想［M］.苏晓波，译.北京：中国轻工业出版社，2015：202.

② 米切尔，布莱克.弗洛伊德及其后继者：现代精神分析思想史［M］.陈祉妍，黄峥，沈东郁，译.北京：商务印书馆，2007：158.

提供的抱持环境。作为患者的替代父母的心理咨询师,在咨询的过程中,要提供给患者一个抱持环境,并在这种环境下进入并影响、引导患者的内心,使患者能够洞察并完善自己成长中的缺失,形成对自己生命的觉悟。

心理咨询的目标是帮助患者的自我力量逐步走向完善,在治疗中应该根据个体心理的发展规律,把精神病性心理状态推到边缘型心理状态,把边缘型心理状态推到神经症状态,进而达到疗愈目的。不过,值得注意的是,虽然精神分析理论适用于各种心理问题,但是因为不同心理问题的心理现实不一样,所以精神分析治疗过程中的侧重点也是不同的。当然,心理问题的三种状态并不是截然分开的,有时候这三种心理问题会出现在同一个人身上,所以在治疗中要综合各种技术。

第二节　幻觉妄想类精神病性心理问题的治疗理念

精神病患者内心深处充满了生存与死亡、存在与湮没、安全与恐惧的原始冲突,有一种被毁灭、被消融的危机感,非常敏感、冲动,外界的风吹草动,都会让精神病患者感到草木皆兵。他们总是惴惴不安地感知外在世界,并按照自己的感受要求他人,稍不满意就会恐惧、暴怒甚至形成攻击行为。

对幻觉妄想类精神问题进行心理咨询,最重要的就是理解患者的心理状态,感受到这类患者极端恐惧的被毁灭心理。精神病患者对现实世界缺乏安全感,总感觉灾难即将来临,而幻觉、妄想正是内心深处极端恐惧感受的形象化表达:有的患者感到好像有一把锋利的刀正劈开他们的身体;有的患者感觉好像自己的身体被无边的虚无一点一点地吞噬;有的患者感到陷入深深的泥潭之中,越挣扎越向里面陷……

下面是我咨询的一个案例:

患者,男,24 岁,某大学大四学生,在校外租房子住。大约晚上 10 点的时候,患者给我打电话,说他非常恐惧,看到墙壁上张开血盆大口,晃动着舌头,要把他吞下去。床底下伸出一双手,用力地把他向床底下拉。

患者看到墙上张开血盆大口,床下伸出一双大手,这是一种幻觉,而这种幻觉是患者内心恐惧的形象化表达。只要缓解了患者内心的恐惧,幻觉自然会消失。经过 20 分钟深呼吸,患者的情绪平稳下来,幻觉消失了。患者讲述,他是一名精神分裂患者,正在药物治疗,平时没有这种幻觉状态。今天上午有论文答辩,当时患者内心非常紧张,感到自己的回答都不到位,担心不能顺利毕业。从这个案例来看,患者论文答辩时,考官的考察给患者带来了极大的心理压力;夜深人静的时候,患者潜意识深处濒临死亡的恐惧被激发出来,形象化为一张要把自己吃掉的血盆大口和一双要把自己拉到床底下的大手。

精神病患者的心理状态就如同共生期的婴儿一样,内心充斥着濒临死亡的恐惧感,他们最需要的是安全感。婴儿的安全感源于母亲,在养育孩子的过程中,母亲要搁置自己的需求,对婴儿产生"原初母性专注",感受婴儿的心理状态,为婴儿提供一个由婴儿主宰的生存环境。足够好的母亲凭着直觉能够感受到孩子的需要和感受,并且无条件地满足孩子。婴儿就是在满足中感受到自己是一个全能中心,任何需要都在他的愿望中呈现出来:饿了,乳房就会存在;冷了,母亲温暖的体温就会产生;困了,周围就变黑了⋯⋯婴儿在这种主观全能感中,感受到自身的安全感,并且慢慢形成自我存在感。同理,对于精神病患者的治疗,咨询师也要从满足患者的安全感入手,主要采取"支持性精神分析"的治疗理念,对患者的尊严、自信和自我给予积极性支持,并提供必要的指导。

支持性精神分析是和探索性精神分析、表达性精神分析相对而言的一种精神分析治疗方式。探索性精神分析主要针对神经症患者,以"解译、分析"为主,提升患者的观察性自我能力。由于神经症是人格内部结构元素之间的冲突形成的扭曲表达,一方面本我欲望想表达,另一方面超我不允许本我表达。面对本我和超我不可调和的冲突,自我通过防御方式使冲突以症状的形式呈现出来。探索性精神分析就是通过自由联想,让患者再现早年的创伤经历,从而引发顿悟。

表达性精神分析侧重于矫正,客体关系理论学者多采用这种理念对边缘型心理问题患者进行治疗。因为边缘型心理问题患者的人格结构不完整,常用分裂的防御方式来感知外在世界,容易受外在环境影响,情绪冲动。在咨询的过程中,咨询师针对患者移情激发的早年创伤感受,进行面质和矫正,进而促使患者形成完整的人格结构。不过,自体心理学家科胡特并不认可这种疗法,认为矫正式的面质和否定会使患者脆弱的内心再次受到创伤。

支持性精神分析主要提供感情支持,是针对精神病患者和边缘型心理问题患者的一种治疗方式。由于处在母子一体融合状态的精神病患者和处在母子二元世界依赖状态的边缘型心理问题患者,内心脆弱,对客体有严重的依赖心理,敏感、冲动。咨询师就要在支持性精神分析的理念下,用心呵护患者脆弱的心灵,帮助患者把压抑的情绪释放出来,并不断对患者表达理解、支持和鼓励,最终使患者对咨询师投射来的正能量形成内化,完善其人格结构。这种精神分析理念即温尼科特理论中的"抱持"、比昂理论中的"容器"。

运用支持性精神分析理念对精神病患者进行心理咨询时,咨询师要共情地进入患者的内心世界并且给予理解、支持和鼓励,进入患者的思维框架,因势利导,把患者带入现实生活。精神病患者主客体不分,用幻觉、妄想的方式来感知外在世界,并坚信自己的感受是真实的。任何试图质疑或纠正的咨询行为,对于患者来说,都是一种否定和打击。例如,曾经有一个精神病患者非常痛苦地对我说,他的意念造成了地震,并且煞有其事地举出很多例子。这时候,如果我对精神病患者说:"那是你的幻觉,意念根本不会引起地震,这是无稽之谈。"那么患者就会感到愤怒,认为咨询师不信任他,从而形成阻抗,甚至中断咨询。正确的处理方式是接受并进入患者的思维框架,顺势而为,所以我说:"看得出来你内心非常痛苦,感到地震造成的灾难应该由你来承担,那么你认为你应该怎么来处理这件事呢? 是不是要查阅一下资料,研究一下灾后重建的措施呢?"因此,咨询师对精神病患者形成有效对话的前提,就是要进入患者的思维框架,跟着患者的思维走,然后利用患者的心理现实把患者带入现实生活中来。

南希·麦克威廉斯在《精神分析诊断:理解人格结构》一书中,举出这样一个例子。

一个女患者旋风般冲进治疗师的办公室,指责治疗师参与谋害她的阴谋。此时治疗师并不急于否认,也没有指出来访者实际上投射了自己的杀戮冲动,而只是答道:"我很抱歉! 假使我真的卷入这样一个阴谋,也是毫不知情的。发生什么事了?"[①]

咨询师并没有否认患者的认知,而是进入患者的思维框架,诱导患者说出有这种认知的原因。患者在与咨询师的互动过程中,没有被否定,也就没产生挫败感和与之相应的剧烈情绪反应。接着,咨询师顺着患者的话题,问患者"发

---

① 麦克威廉斯.精神分析诊断:理解人格结构[M].鲁小华,郑诚,译.北京:中国轻工业出版社,2015:87.

生什么了"，把患者带入了治疗框架。随着患者的叙述，患者的情绪得到释放，逐渐趋于平和，进而回归理性。

另外，精神病患者内心是极度缺少安全感的，总认为别人会伤害他。这种状态下，患者需要一个坚强的后盾，一个能够保护自己的后盾，患者只有感受到自己有强有力的后盾，情绪才有可能稳定下来，一旦情绪稳定了，由恐惧而形成的幻觉画面自然就会消失。所以咨询师面对患者的"胡言乱语"，千万不要露出束手无策的表情，而是要沉着冷静，要胸有成竹，不仅要让患者相信治疗师足够强大，能够承受这些幻想，而且还要能够为患者做出决定，或者指导患者怎么做。

我咨询过这样一个案例：

某男，32岁，精神病患者，一天找到我，神情非常痛苦和恐惧。我问他是不是发生什么事情了，他说："你相信不相信，我在另一个世界的存在？"我说："噢，我理解你，不过有些好奇。"患者说在另一个世界他是许仙，现在他的白娘子正与法海在另一个世界里殊死搏斗，法海越战越勇，白娘子要招架不住了，而作为白娘子老公的自己却无能为力。听了患者的这种匪夷所思的论述，我知道患者处在被毁灭的极端恐惧中，如果这时告诉患者这是他的幻觉，不仅于事无补，而且会让患者陷入被抛弃的痛苦，于是我冷静而有力量地说："另一个世界的许仙，其实和你的能量是相通的，现在我作为咨询师也拥有无限的能量，你闭上眼睛深呼吸，感受我给你的能量，然后转给另一个世界的许仙，然后再让另一个世界的许仙传给白娘子。"于是患者按照我的说法，闭上眼睛，感受自己的能量源源不断地传给另一个世界的许仙，然后另一个世界的许仙再把能量输送给白娘子……很快，患者的情绪就趋于稳定了，然后我趁机与患者讨论遇到挫折时稳定情绪的价值。

最后，在心理咨询的过程中，咨询师还应该尽量引导患者弄清楚是什么原因导致他情绪爆发。精神病患者缺乏"反省能力"，应对外界的方式大多采用分裂、付诸行动和躯体化等初级防御机制，直接把内心的情绪通过行为表达出来。别人的一个眼神、一个动作，都有可能会触发患者暴怒的情绪或者冲动的反应。咨询师就是要通过引导进而让患者觉察到自己运用这类初级防御方式的心理动力。

下面是我咨询的一个案例：

一次一位精神病患者走进咨询室,看到我之后,突然变得非常惊恐和愤怒。此时我并没有惊慌,也没有指责患者投射过来的情绪,而是和蔼地对他说:"我能感受到你内心非常痛苦,以前你并不这样,你能说说是什么原因让你突然产生这种感觉吗?"在我和蔼的引导下,患者的情绪慢慢平息下来,原来是因为我那天穿的是黑色的皮夹克(我平时都是穿西装),这种穿着让他感受到不适应,在他的认知世界中,只有坏人才穿黑色的皮夹克。

现代医学的发展,让人们对精神病的病因有了更深入的了解。根据功能性磁共振成像研究发现,受创伤影响的发育期大脑的成像与精神病患者大脑的成像有许多相似之处,因此很多精神病研究专家认为精神病患者的病因可能是遗传、生化和环境因素的共同作用,至于是情绪引起躯体(大脑神经系统)的变异,还是躯体(大脑神经系统)引起情绪的失常,依然没有确切的定论。现代医学的发展为精神病患者的治疗提供了新的医疗思路:对于精神病患者,特别是幻觉、妄想比较严重的患者,主要进行药物治疗。当然,心理咨询作为一种辅助治疗方式也可以起到锦上添花的作用,心理咨询师可以对临床治愈的精神病患者进行治疗。[1]

第三节　边缘型心理问题的治疗理念

边缘型心理问题是游离于精神病与神经症之间恒定的不稳定的心理状态,患者缺少心理整合功能,过度应用初级防御机制,情绪冲动而变化快。患者一方面较少出现幻觉和妄想甚至从来没有幻觉和妄想,不适合被诊断为精神病;另一方面他们又不会产生趋避冲突的纠结,情绪和行为不受控制,也不能被诊断为神经症。简而言之,边缘型患者主客体清晰,不能称为"疯子";但他们又过于疯狂,不能归为正常人。

多年的心理咨询实践一再证实,人的心理健康水平跟自我的成熟程度有关系。幻觉妄想类精神病患者正如共生期的婴儿一样,一旦生理上的需求和心理上的安全感没有获得,内心就会产生即将被毁灭的恐惧,进而产生幻觉和妄想,

---

① 郭念锋.心理咨询师:基础知识[M].北京:民族出版社,2005:418.

并做出相应的行为反应。边缘型患者的心理发育正处在马勒理论中的分离—个体化阶段，已经初步完成了主客体的分离，脱离了幻觉妄想状态，但是没有形成完整的人格内部结构，超我还没有形成（雅各布森等人认为前俄期已经有了超我的萌芽），非常脆弱，对客体有严重的依赖心理，"我"与"你"的边界模糊。边缘型患者无法使用压抑这类次级防御机制，往往对客体的投射照单全收。也正因此，边缘型患者的情绪和行为容易受外在客体左右，过于在意别人的看法，敏感，一旦感受到别人的否定、指责、忽视、讽刺，就控制不住自己，多用分裂、付诸行动等初级防御机制，这是以利己为核心的反应模式。而神经症患者在心理年龄上处在俄狄浦斯期，完成了分离—个体化的成长历程，人格内部结构已经形成，有了利他心理，但是人格结构成分之间还不协调，没有形成自我同一性，往往陷入趋避冲突，内心充满纠结，多用压抑等次级防御机制。

对边缘型患者的治疗，在精神分析界，一直有两种截然相反的声音：

一派以当代精神分析理论的修正者奥托·柯恩伯格为代表，主张高度结构化的治疗（即上文提及的表达性精神分析），要把患者从冲动的、紊乱的、非黑即白的两级反应状态，调整到稳定的、和谐的、辩证的反应状态，给患者边界感，让患者的整个人格更加结构化。为此，柯恩伯格提出了移情焦点治疗模式，在咨询中通过面质、解译等手段聚焦患者的原始防御机制，调整并改变患者偏执的认知理念。

一派以自体心理学家海因兹·科胡特为代表，他认为在分析情境中，咨询师要引导患者重新启动心理成长中因创伤而被中断的过程，从而让患者停滞的发展过程再次开始，即上文提到的支持性精神分析。首先，咨询师要像患者的替代父母一样，提供给患者一个抱持环境，让患者充分感到别人理解和关注自己，而不是质疑和反驳，也不是一针见血地指出患者冲动的防御模式（如果咨询师强行纠正患者冲动的防御模式，患者脆弱的自我就会受到毁灭性的打击）。其次，要引导患者对咨询师产生理想化移情，使患者通过与咨询师这个强有力的角色的联结而感到自己更加强大和重要。最后，咨询师在咨询的过程中要引导患者形成第二自我移情（又称孪生移情），让患者感受到自己与咨询师有本质的相似，自己也可以成为咨询师那样心理健康而且有巨大能量的人，进而让自己发展出更大的活力和更多的幸福感。

如果说精神病患者就像一颗埋入地下的种子，处在与土壤融合的过程中，那么边缘型患者的自我就像种子刚刚破土,开始长出了弱不禁风的嫩芽,她们需要温暖的阳光和雨露无微不至地呵护,而不是疾风暴雨似的指责、呵斥和拒绝。咨询师在与患者交流的过程中,要耐心地倾听,并表达自己的理解和共情,而不是过早地指出患者冲动行为背后的心理防御机制。抱持的养育环境,使患者形成客体恒定性和自体恒定性(获得客体恒定性和自体恒定性是一个终生的过程,所以情绪的忽高忽低总是伴随着生命的始终),成长为一个独立的、并与他人有清晰边界的自我。

边缘型患者处在精神病和神经症之间的中间地带,有的更多呈现类似精神病患者敏感、冲动的暴力倾向,也有的会呈现类似神经症患者内心纠结的痛苦,甚至两种状况同时出现在一个患者身上。对于边缘型患者的治疗,越靠近精神病性的,就要更多使用支持性精神分析;越靠近神经症的,就要适当地采用探索性精神分析;两种状态都有的,就要综合运用两种治疗方式。

我咨询过这样一个案例:

患者,女,35 岁,在某企业工作,内心非常痛苦,出生之后自己和母亲就被父亲赶出家门。母亲动不动就发脾气,内心焦虑,时常打骂自己。在患者 6 岁的时候,母亲改嫁,继父比较老实,妈妈总是抱怨继父没有本事,家里冲突不断。在学校里,患者一直被称为"拖油瓶",害怕每一个同学,后来感到所有的人都在针对自己,大脑控制不住想事情,睡眠不好。患者高中没有毕业,后来因机缘巧合进入某企业,常常因为别人一句话就控制不住自己的情绪,与别人发生冲突。患者情绪冲动,易激惹,过于在意别人的言行,被诊断为边缘型问题。

在咨询的过程中,我小心陪伴患者,倾听患者的委屈,并表达适当的共情。记得有一次患者因为自己的过错,与同事发生冲突,我对患者说:"对方热情地同你打招呼,你冷冰冰的原因是什么呢? 你这种处理同事关系的方式是不是需要重新思考?"听了这句话,患者突然暴怒,甚至要离开咨询室,并且愤怒地说:"我难道就没有一点好吗? 连你也否定我。"

这个案例中的患者内心脆弱,总是带着防御心理与人相处,非常敏感。咨询师的一言一行都会被患者过度解读,甚至激发出其剧烈的情绪反应。处理这类案例的过程中,咨询师要耐心地守护,让患者感到安全,并形成自我感悟,而不是过早地指出患者防御背后的心理问题。后来,经过 3 个多月的陪伴、共情和引导,该患者的情绪得到初步的改善,情绪平和了许多,也能对一些问题进行反思。

根据精神分析理论,我们可以大胆设想:幻觉妄想类精神问题患者是婴儿在共生期心理发育受挫,没有完成主客体分离的发展任务,感受到的是被毁灭、被吞噬的恐惧,呈现出幻觉妄想类症状,患者多采用投射、分裂、付诸行动之类的初级防御机制来保护自己;边缘型心理问题患者,可能存在分离—个体化阶段心理发育受挫问题,面对外界的否定和抛弃,往往会形成分离性焦虑,进而激活内心深处的惊恐和愤怒,所以边缘型心理问题患者也像幻觉妄想类患者一样,情绪冲动,多采用分裂、付诸行动等初级防御机制。

第四节　神经症性心理问题的治疗理念

神经症是一种自认为应该加以控制的,却又感到不能控制的心理症状,包括神经衰弱、强迫症、焦虑症、恐怖症、神经性抑郁、躯体形式障碍等等,患者深感痛苦,且妨碍心理功能或社会功能,但没有任何可证实的器质性病理基础。简而言之,神经症性心理问题患者是指那些有痛苦情绪困扰,但却有一定自知力的人群。

弗洛伊德经典精神分析理论认为神经症性心理问题是由于人格结构内部本我、自我、超我的冲突而形成的。当个体进入俄狄浦斯期后,超我逐渐形成,超我遵循道德原则来应对生活事件,必然与渴望按照快乐原则来释放本能欲望的本我产生冲突。在超我的压抑下,本我只能改头换面,以神经症形式表达出来。

新精神分析代表人物卡伦·霍妮的理论更重视社会文化对个体心理的影响,认为生命就像种子一样,只有在适当的环境、适合的温度下才会发芽、生长。人类的成长也需要有一个适当的环境,友善、关爱和对成长有利的环境是个体成为成熟、有思想、有成就个体的前提。父母的基本罪恶(即在养育孩子的时候,父母对待孩子的态度皆以自己的喜怒哀乐为前提,恐吓、殴打、忽略或者溺爱孩子),会让孩子缺乏"归依感",产生莫名的恐惧和得不到安全保障的心理反应。霍妮把孩子"在充满敌意的世界里,不知不觉增长起来的、无处不在的孤独和无助感"①状态称为基本焦虑。这种基本焦虑所产生的压力会让孩子无法以

---

① 舒尔茨 D P,舒尔茨 S E. 人格心理学:全面、科学的人性思考:原书第 10 版[M]. 张登浩,李森,译. 北京:机械工业出版社,2016:91.

自己真实的情感自然地与人沟通,并且会强迫自己去寻求对付心中假想的"敌人"的方法,要么无限度地讨好他人,要么对抗他人,要么逃避他人。而这种过度的讨好、对抗、逃避行为就是神经症心理的行为体现。霍妮的理论对后世的精神分析学者特别是客体关系心理学影响非常大。

在我看来,霍妮的理论与弗洛伊德的理论并不矛盾,个体早期的养育环境,形成个体和养育者之间早期特定的客体关系,进而影响个体人格结构的内部关系,而人格结构中的本我、自我、超我如果不和谐,就会形成冲突,呈现出神经症症状。

神经症性心理问题是因人格结构内部冲突而形成的,人格结构的内部冲突又跟早年的养育环境有关系。因此,在对神经症患者治疗的时候,修复了早年成长经历中形成的心理创伤,也就理顺了本我、自我、超我的关系,患者的情绪自然就改善了。

经典精神分析理论认为应该减少超我对本我的压抑,让本我释放出来;自我心理学理论认为要扩大自我的功能,让自我有能力协调本我和超我的冲突;客体关系心理学家温尼科特认为应该给患者提供一个抱持环境,使一度中断的自我发展可以在这个抱持环境中重新进行,真我可以在足够安全的环境中开始呈现;自体心理学家科胡特主张发展患者成长过程中中断的正常的自恋功能,让患者感受自体的强大,拥有带来活力的扩张野心和基本的理想化目标……无论哪种精神分析理论,在咨询师提供的抱持环境下让患者"潜意识意识化"对神经症性心理问题的治疗都非常重要,因为实现了潜意识意识化,患者的观察性自我就能洞察本我、自我、超我的冲突,更好地协调人格结构内部的关系,进而解除患者对爱和创造的抑制,提升自我功能,感受到自体的强大。

与边缘型患者心理治疗多用支持性治疗不同,神经症患者的"观察性自我"("观察自我是来访者自我的一部分。这部分是意识的、理性的,能识别自己的情感活动的,并鉴此与治疗师结成同盟。与之对应的是'体验自我',是治疗中来访者对治疗关系的感受和身临其境的自我部分"①)已经形成,能够理性地识别自己的情感活动,也能够接受与自己相左的观点(精神病患者和边缘型患者还不具备观察性自我,不能接受与自己不同的观点),所以在治疗神经症性心理

---

① 麦克威廉斯.精神分析诊断:理解人格结构[M].鲁小华,郑诚,译.北京:中国轻工业出版社,2015:30.

问题的过程中应多采用探索性精神分析（又称为洞察性精神分析），尽可能地让患者聚焦于自己的感受，把自己压抑的情绪释放出来，并对患者的心理问题进行"挖掘""探究"，进而引导患者反思自身的问题。

我咨询过这样一个案例：

患者，女，26 岁，某工厂员工，近 10 年来一直陷入痛苦和纠结中，本来想考自学本科，一直学不进去，总感到自己很"脏"，后悔、懊恼。患者在 10 多年前上学时，被一个 60 岁的老人诱惑，与之发生性关系，并保持 1 年之久。后来随着年龄的增加，患者认识到自己的行为的错误，感到自己很"脏"，非常痛苦，学不进去，没有考上大学，工作后依然不能摆脱。

在咨询的过程中，患者谈到她的成长经历。在患者 1 岁的时候，爸爸就去世了，妈妈带着患者住在姥姥家，生活贫穷，妈妈焦虑，经常打骂患者。上学后同学也欺负患者，患者一直在胆战心惊中长大。12 岁的时候，患者进入初中，学校门口一个开小卖部的 60 岁老人，对患者非常好，经常给患者一些好吃的东西，下雨了还给患者送伞。患者感觉仿佛有了父亲，后来在老人的引诱下与之发生了性行为。患者初中毕业后，进入工厂，想起这种不正当的性关系就恶心，一直没有谈对象。

在咨询的过程中，咨询师引导患者感受自己内心的状态，并逐步觉察到内心的恐惧与早年创伤的相关性，妈妈的呵斥、同学的欺负、家庭的贫穷……一件件都浮现在患者脑海里。别人的一个眼神、一句话，都让患者胆战心惊，如惊弓之鸟。正是由于这种恐惧心理，患者内心才渴望有一个强大"父亲形象"，这给了看门老人可乘之机。后来随着年龄的增加，患者的超我（道德感）增强，对曾经受诱惑与人发生性行为的经历越来越纠结和懊恼。

在一次次的倾诉、一次次的引导中，患者慢慢地理解了、也接纳了自己的过去，并且对自己、对生命有了新的解读，心静了下来，学习效率明显提升。

在咨询的过程中，有时候会遇到神经症退行现象：神经症患者面临突然的压力，会形成强烈的情绪反应；在激烈的情绪状态下，患者完全淹没观察性自我功能，进入边缘状态。不过，经过修复，患者的情绪会趋向稳定，随着患者观察性自我的回归，患者的觉察功能也会随之而来。对于这类患者，我们依然称之为神经症，而不是边缘型问题。

总之，无论对精神病患者，还是边缘型患者、神经症性患者的治疗，都重在帮助患者形成并完善自我功能。

我们把心理问题分为幻觉妄想类精神问题、边缘型心理问题、神经症性心理问题三类,这不是贴标签,而是建构一个框架,进而制订有针对性的心理治疗方案。同时我们也要清楚,事实上,患者的心理状态不会单纯地呈现某一类心理问题的特征,可能同时呈现两类甚至三类心理问题的特征。因此,支持性治疗和探索性治疗也不是绝对割裂开来的。在咨询中,咨询师要根据患者的具体情况,一会儿支持,一会儿面质,甚至同时运用支持和面质技术。

第二十章 心理治疗过程的程序化

正如世界上没有两片相同的树叶,人世间也没有两个完全相同的人,更没有两种完全相同的心理问题,所以心理咨询必然是个性化的;另外,心理问题也是不断变化着的,即使同一个人的心理问题,今天和昨天也不一样,所以说心理咨询又必然是动态化的。不过,心理咨询的个性化和动态化,并不能否定其内在的规律性,正如一年有春夏秋冬,诗歌有起承转合,心理咨询也有它内在的规律性。根据多年的实践,我感到每一个患者的心理问题,从求助到化解,一般都要经历宣泄、觉察、修复、成长、自性化五个阶段。当然,具体情况具体分析,这五个阶段也并非依次出现,甚至有时候仅仅经过一两个阶段就能疗愈。

第一节 心理治疗程序化之宣泄

每个生命出生的时候,无论身体还是心理都是脆弱的,这个时候不仅身体需要充足的物质,而且心灵也需要爱的哺育。温尼科特把利于个体成长的养育环境称为抱持环境,在抱持环境中,养育者不仅要及时满足婴儿的物质需求,而且还要恰如其分地与婴儿互动,甚至在不被需要的时候及时退场。"在这个物理心理空间中,幼儿得到保护而不知自己受保护,这种特有的无知无觉为接下来自发出现的体验打下了基础。"①

与之相反,养育者的呵斥、拒绝、冷落甚至溺爱等,都会让个体受到创伤,在受到创伤的情况下,内心的欲望必然被压抑。例如,当孩子想抓、握、扔东西的时候,如果养育者大声呵斥、责备,那么婴儿抓、握、扔东西的欲望就会受到压抑,因为压抑,婴儿内心就会积压情绪。有的家长溺爱孩子,不让孩子按照自己的内心探索,孩子稍微一动,家长马上把孩子保护起来。例如:下雨了,孩子想

---

① 米切尔,布莱克.弗洛伊德及其后继者:现代精神分析思想史[M].陈祉妍,黄峥,沈东郁,译.北京:商务印书馆,2007:151.

体验一下被雨淋的感觉,父母马上说"回来,宝贝,别淋坏了身体";下雪了,孩子想用手触摸一下雪,家长马上制止孩子,说"宝贝,脏,有细菌"……这些行为表面上是保护孩子,实质上却扼杀了孩子的好奇心,使孩子不敢做事。这类事件如果仅仅发生一两次,也许对孩子影响不大;如果经常发生,甚至天天发生,就会形成叠加性创伤。生活中的叠加性创伤(溺爱,从某种意义上也是一种创伤,因为溺爱本身就是对孩子探索欲望的剥夺),往往会让孩子感到这个社会是不可信任的,自己是不安全的,进而形成恐惧心结。

按照霍妮的理论,每个人的婴儿期乃至童年期都有安全感及免于恐惧的需要;如果缺少温暖和喜爱,孩子会失去安全感,进而产生无助感,而婴儿期的无助会导致基本焦虑,引发神经症。

弗洛伊德和拉康的理论则是从人格内部结构来解读个体成长经历中的创伤对个体生命的影响:本我伴随着生命的诞生而产生,个体的吃、喝、拉、撒、睡等都是本我欲望。在养育孩子的过程中,养育者往往根据自己的想法来管理和约束孩子,养育者的思想和主流的社会文化被孩子内化为超我;超我坚守道德原则,本我遵循快乐原则,二者必然会发生冲突,有了冲突就有了痛苦。

如果个体本能的欲望得不到释放,内心就会积压很多的创伤情绪,众多类似的情绪聚集在一起形成创伤情结。一旦个体内心深处有了创伤情结,就会带着防御心理应对周围的一切。即使外界阳光灿烂,个体也会感到风雨凄凄;即使周围的人对他笑脸相迎,个体也会认为是笑里藏刀而感到胆战心惊。每一个走进咨询室的患者,内心都积压了很多负面能量,这些负面能量被封锁在身体里面,控制着患者的潜意识,左右着患者的意识。荣格曾说:"一种神经症极有可能是因为秘密占据了优势而造成的,而另一种神经症则是由于受抑制的感情占了上风所致。"①

患者内心埋藏的秘密和情绪,就像身体里潜伏的野兽,控制着患者的内心,所以化解患者心理问题的第一步就是引导患者说出内心深处的秘密和释放内心积压的情绪,也就是要尊重身体的"野兽"。来访者一旦说出内心的秘密、释放出内心的情绪,内心就会趋向理性,进一步的疗愈才有可能开始实现,而且释放本身就具有疗愈价值。

---

① 申荷永.荣格与分析心理学[M].北京:中国人民大学出版社,2012:150.

宣泄,作为一种疗愈的方式,最早出现在布洛伊尔治疗安娜·欧的案例中。当安娜·欧把潜藏在自己潜意识深处的秘密说出来后,不能喝水的症状一下子就消失了。安娜·欧对这种张口说话就能治病的情况感到新奇,于是就将这种治疗方式称为"谈话疗法",又称为"扫烟囱",布洛伊尔称之为疏泄法。宣泄治疗的方法就是让被压抑的情绪得到释放,以达到疗愈的目的。

后来,弗洛伊德把这种宣泄治疗从催眠术中独立出来,让患者躺在椅子上,在清醒状态下把自己脑海中浮现的画面用语言表达出来,形成了自由联想的治疗技术。在自由联想中,患者随心所欲地把内心压抑的情绪释放出来,一方面能够让沉积在大脑深处的情感得以宣泄,进而缓解自己的痛苦;另一方面通过叙述,让压抑的情绪通过思维逻辑的整理,用语言表达出来,也有助于对问题症结的觉察和整理。

现在很多咨询师抛弃了弗洛伊德式的躺椅,也放弃了让患者处在半催眠状态的自由联想模式,而是让患者在轻松的环境下,坐在椅子上,讲述自己的创伤经历,咨询师适当表达共情。这种方式依然可以达到释放患者情绪和治疗心理问题的效果。

我咨询过这样一个案例:

患者,女,44岁,父母都是领导,老公从小家庭贫寒,患者在家人的反对中与老公结婚。结婚后老公很上进,后来担任某公司的重要领导岗位。为了支持老公的事业,患者在家里教育孩子,伺候公婆,任劳任怨。一天,患者在老公的手机上,看到老公与某一女性暧昧的聊天记录,知道老公与该女性发生了性关系。患者感到很委屈,想到这么多年为了支持老公的工作付出了一切,没有想到老公竟然背叛了自己。但是老公毕竟是公司领导,为了老公的形象,患者又无法向人倾诉,内心非常痛苦,晚上睡不着,白天没有精神,整天恍恍惚惚。

在咨询的过程中,我引导患者把整个事件的来龙去脉说出来,伴随着倾诉,患者对自己内心进行整理和调理,不仅缓解了痛苦,也明白了自己应该怎么做。

在引导患者讲述自己故事的时候,咨询师的倾听尤其重要。

首先,咨询师要无条件地接纳患者。接纳是倾听的前提,患者和咨询师是两个独立的个体,有着不同的人生观、价值观和生活习惯。咨询师在倾听的时候,要不带偏向,不设框架,不做评判;对患者讲的任何内容,咨询师不要表现出厌恶、激动、奇怪、气愤的心态,否则很可能会向患者传递错误的信号,阻碍患者的表达。

其次,咨询师的倾听要以共情为基础。在倾听时,咨询师要注意患者的语音、语调和言行姿态。倾听不仅要用耳朵听,也要用心听;不仅要听懂患者表达的东西,也要听懂患者省略的、未表达的内容或隐藏的含义,甚至也要听出连患者自己都不知道的潜意识。

另外,在倾听的同时,咨询师要适当地参与。这种参与不是主观臆测,也不是打断患者的话,而是在恰当的时候,在不打断患者思路、情感表达的基础上,让患者深入谈下去。适当的参与,既可以是言语性的,比如"然后呢""我明白了,后来呢""你可以再详细一点吗";也可以是非言语性的,比如只需要点点头、皱皱眉,发出一些"嗯""哦""啊"的声音。

其实,心理咨询并不复杂,有时候只要用好"嗯""哦""啊"三个字,就能帮助患者减轻痛苦甚至达到疗愈目的。"嗯"表示"我听到了,你可以继续说";"哦"表示"我在听呢,你可以再多说一点吗";"啊"表示"我不太相信,麻烦你能解释一下吗"。在咨询师"嗯""哦""啊"的诱导下,患者不知不觉中就把内心压抑的情绪释放了出来。

宣泄作为一种心理咨询技术与我们日常生活中的"发泄"不同。发泄是任由不良情绪盲目地、破坏性地爆发,是不良情绪嫁祸于他物的行为方式。宣泄疗法是让患者把过去在某个情境或某个时候受到的心理创伤和郁积的情绪释放出来,以达到缓解和消除患者消极情绪的目的。比如亲人离世、被冤枉误解等事件,使当事人内心压抑着很多委屈而郁郁寡欢,甚至试图回避这类事情。咨询师在治疗的时候可以主动引导患者回忆过去经历的可怕场面,体验当时的情绪,让患者把内心积压的消极情绪释放出来,进而达到疗愈目的。

在心理咨询的过程中,宣泄的方式有很多,可以引导患者说出来、喊出来、哭出来、扭起来;也可以引导患者通过爬山、跑步、骑车等运动来挑战自己的极限;还可以通过情景模拟或者空椅子技术表达出来。一位大学生患者说,他每次生气的时候,控制不住自己,就顺势倒在人行道上,打几个滚,然后情绪就平息了。这就是通过身体的扭动来释放情绪的行为。

《心理治疗的创造性突破》中记载了美国咨询师杰弗里咨询的一个案例:

弗兰克极度沮丧到甚至要自杀,为了阻止他自杀,(杰弗里)每天都需要给他一段时间的干预,即使是在这种超常规的支持和抗抑郁药物治疗中,他的情况还是越来越差。毫无疑问：他的忧伤一点一点侵蚀他的生命力。仅仅几个月前，他8岁的儿子在他家门前被学校班车夺去了生命。很显然这一不幸毁灭了整个家庭，最糟糕的是，弗兰克认为自己对这次事故负有责任。

我想尽一切办法，但对弗兰克没有任何作用。在药物治疗无效后，我尝试了催眠、冥想、认知疗法、精神干预和其他我可以利用的疗法，所有这些都没有明显的效果……我们的工作徒劳无功，这让我感到恐惧……然而我不能放弃他，我必须要做些事情。所以我到当地的运动商店买了一双弗兰克能穿的跑步鞋……（我对弗兰克说）"我们即将开始一场马拉松训练……我知道你差点死去，但是我也知道你的心是一块肌肉，能通过锻炼强壮起来。所以我计划每天早上7点到你家门口，然后我们一起去散步。每周我们可以跑得更远些，最后我们就能跑42.2公里。"……一个月之后，我们计划着慢跑，路程通常是8公里或者更长。弗兰克开始减肥，并获得信心，所以开始回去工作。他开始停止服用抗抑郁药物，因为他感觉已经不再需要这些药物。6个月后，他开始准备他的第一次马拉松比赛。了解他跑完全程需要更长时间，我们获得了组织者的特殊批准，比官方时间提前3个小时开始。事实上，他只花了7个小时就跑完全程，整个过程我都在他身边，提供鼓励和支持。当我们最后跨过终点线的时候，我俩眼中噙满泪水。

这之后我们的"治疗"结束了，但是我答应他每年的马拉松比赛我们都会见面，就这样一直持续了9年。①

在这个案例中，我们不可否认咨询师杰弗里对患者弗兰克的陪伴和关怀在疗愈中的作用。不过我认为对弗兰克最有价值的应该是跑步运动，高强度的肌肉运动调整了患者神经递质的分泌，进而使弗兰克的情绪得以改善。

---

① 科特勒，卡尔森. 心理治疗的创造性突破［M］. 周玥，贾晓明，译. 北京：机械工业出版社，2012：6－7.

第二节　心理治疗程序化之觉察

一、自由联想

宣泄,可以舒缓患者内心的痛苦,甚至化解心理问题。但是,并不是所有的心理问题都能通过宣泄来化解。当宣泄不能化解心理问题的时候,患者的觉察就变得非常重要。

患者来到咨询室,一般都是因为自己内心痛苦、抑郁、恐惧、焦虑、强迫,或者出现躯体症状,比如头昏、头痛、耳鸣、乏力、胸闷、心慌、失眠、慢性疼痛等。患者往往把自己的这种状况归结为他人的蔑视、打击、社会的炎凉甚至自己的命运。所以在患者内心深处总是有很多的抱怨,抱怨他人、社会、命运的不公平。

我咨询过这样一个案例:

患者,女,56岁,某国有企业退休。该患者内心非常郁闷、痛苦,易激惹,一旦发起脾气来就歇斯底里,控制不住自己。老公61岁,事业单位退休,喜欢喝酒。在患者发脾气的时候,老公一般沉默,平时不与患者交流,也不愿意回家。老公不在家,患者就感到内心空空的,孤独、痛苦、委屈,感到一个人守在婚姻的空壳里,常常流泪;老公在家,如果对患者说的话没反应,甚至老公没有按照患者说的做,患者就暴跳如雷,甚至想拿刀把老公杀了。患者把自己的心理问题归结为老公,认为老公把自己的一辈子耽误了。

患者如果带着这种认知,对当下的他人、社会、命运抱怨,往往就会越陷越深,很难化解自己的痛苦。

其实,我们每个人都有两个世界,一个是内心的主观世界,一个是外在的客观世界。主观世界是个体对外在世界的内心感受,客观世界是个体意识活动之外的一切物质运动的总和。从某种意义上说,在每个人的视觉中没有绝对的客观世界,个体看到的世界,都多多少少带有自己的主观情绪。如果心态平和,看到的世界相对客观;如果内心焦虑,看到的外在世界往往是"危险的",正所谓"如果一个人心里有鬼,看到的总是鬼"。

一个人的心理状态(主观情绪)往往跟他的成长经历有关系,我们常说的

"三岁看大,七岁看老""小孩是成年人的父亲",就是这个道理。如果一个人在成长的经历中积累了很多的恐惧心理,那么他看到的这个世界往往是恐惧的,在潜意识深处形成恐惧心结。有了恐惧心结的个体,就会把自己封闭起来或者敏感地攻击别人或者惴惴不安地讨好别人。症状就是潜意识深处恐惧心结的扭曲表达。

在咨询的时候,咨询师要引导患者看清楚自己心理问题的实质,知道自己的痛苦来自潜藏在潜意识深处的心结,而不是外界的环境;即使与外部环境有关系,外界的环境也仅仅是引爆自己心理问题的导火索。

患者的症状是患者情绪的表达。正如上述案例中,患者对老公的抱怨、愤怒,折射了患者被压抑的心理状态。因此在治疗的过程中,咨询师(我)与患者进行了以下对话:

咨询师:你这种愤怒、孤独的心理状态,出现多久了?

患者:从结婚就开始了。

咨询师:结婚之前,你在单位的心理状态是什么样的?

患者:那时候也会愤怒,看到企业里的不公平现象心里也感到憋屈。不知怎的,我遇见的工友总是有几个人对我不友好,所以我时常感到被排挤,非常委屈,有时候想狠狠揍他们一顿。

咨询师:这样看来,你的这种愤怒和孤独的感受,在结婚之前就有了。

患者:也是,很早就有了。现在仔细回想一下,我感到我一辈子没有真正快乐过。

患者的觉察是一个自觉的过程。一旦觉察了,患者会有一种豁然开朗的感觉,也会有一种醍醐灌顶般的领悟。在前文多次提到的安娜·欧的案例中,安娜·欧一看到水就恶心、呕吐。至于为什么这样,她自己是不清楚的,布洛伊尔也不知道。当时,布洛伊尔采用的是催眠技术,通过催眠,引导安娜·欧进入早年生活,再现小时候狗舔杯子里的水的画面,当画面在意识层面呈现出来的时候,安娜·欧一下子就恍然大悟,彻底治愈了恐惧喝水的问题。

弗洛伊德认为人的心理包括意识、前意识、潜意识。潜意识是心理活动的主体和动力所在,控制着人的意识和行为。不过,意识虽然被潜意识控制,但是却对潜意识一无所知,所以患者常常也不知道内心痛苦的原因。在治疗中,如果能把患者潜意识的秘密暴露在阳光之下,患者就会"恍然大悟,豁然开朗",患者潜意识深处的纠结和痛苦，马上就烟消云散。布洛伊尔治愈安娜·欧的原因就在于"潜意识意识化"。

"潜意识意识化"即为觉察，是经典精神分析理论的精髓。弗洛伊德认为精神分析的治疗过程就是要实现"潜意识意识化"。那么，怎么让患者的潜意识意识化呢？弗洛伊德所主导的经典精神分析学派主要是通过自由联想技术和释梦技术实现的。

所谓"自由联想技术"就是让患者在一个安全、安静、放松的环境中，躺在椅子上随意地联想，并把自己脑海里呈现的内容说出来。在自由联想过程中，咨询师不要轻易打断患者的表达。当然，当患者无法进行自由联想的时候，咨询师还是要给予必要的鼓励或引导。随着自由联想的深入，患者童年的经历、曾经的创伤、过去的悲痛就会显现出来。一旦显现出来，患者可以自我觉察，咨询师也就可以根据自己的精神分析知识，抓住关键点进行点化，这样患者就完成了"潜意识意识化"。

二、释梦

释梦是弗洛伊德心理治疗的另一种技术。在弗洛伊德看来"梦中有一种元素是不可或缺的，这就是潜意识中的欲望"①。咨询师通过分析患者的梦可以了解患者的潜意识内容，使潜意识意识化，进而达到疗愈目的。潜意识的内容因意识状态受到压抑而无法觉知。进入睡眠状态后，个体的防御功能减弱，潜意识就通过凝缩、移置、象征等手段，以画面的形式展现出来。简而言之，精神分析学派认为梦是潜意识情绪的形象表达。不过，由于梦中的画面是经过改造的，是歪曲的，需要进一步解释梦的真实含义。

弗洛伊德在他的《梦的解析》一书中，把梦分为显梦和隐梦两种，显梦是梦者能讲述出来的梦，但是梦一般都是支离破碎的，有的没有逻辑性、不符合常理。隐梦是显梦背后的意义，隐梦是释梦者所要关注的。释梦就是通过分析显梦中的画面，找出隐梦真正想表达的含义，也就是通过梦中出现的画面找到潜意识想真正表达的内容。

弗洛伊德曾经接触过这样一个案例：

---

① 弗洛伊德.图解精神分析引论[M].文思,译.北京:中国华侨出版社,2013:212.

一名女性患者4岁的时候,做过一个关于母亲葬礼的梦。患者之后出现了强迫症状,一刻也不敢离开母亲,一旦离开母亲,就焦虑不安,总感到有一些恐怖的事情要发生。

患者在梦中看到:野猫在房上行走,像是有什么东西掉下来或是摔倒了……母亲死了,人们正在把她的尸体搬到屋外。①

弗洛伊德通过分析患者的梦,认为患者在潜意识中有过杀母的念头。患者小时候的绰号是"野猫"。在患者3岁的时候,房上掉下瓦片砸在母亲头上,母亲流了很多血。在患者的梦中,母亲被落下的瓦片砸死,而瓦片是野猫在房顶上碰落的。在梦中,野猫象征患者,野猫碰落的瓦片砸中母亲说明患者潜意识里想让母亲死去。患者对于自己杀母的潜意识欲望,产生了内疚心理,形成了负罪感,所以患者总担心母亲离开,害怕自己的潜意识愿望实现。

弗洛伊德在《释梦的理论与实践》中,将解梦的方法归结为四种:

1. 将梦的内容按时间发展的顺序进行自由联想,并对其进行解释。在弗洛伊德看来,这是有解梦知识的人自我分析梦的最好方法。

2. 重点关注梦中的特殊成分和印象中最深、最清晰的内容,因为梦在形成中大都通过凝缩、移置和象征等手段对潜意识的内容进行了改造,所以越是特别的成分,往往越是含义丰富。咨询师在解梦的过程中,要先让梦者自由联想,咨询师和梦者共同分析讨论,然后再运用心理学知识进行解释。

3. 抛开显梦,直接询问梦者过去是否发生了跟梦相关联的事情。

4. 如果梦者了解释梦的方法,那么就不要先给梦者引导与指示,而是让梦者随意进行梦的联想。

咨询师所属的流派和受训的经历不同,对梦境的解释也具有很大的差异。对于同一个梦境,不同的咨询师有可能把它解读为凝缩、移置等方式的某一种,即使解读为同一种方式,对梦境所代表的含义的看法也会有很大的分歧。另外,显梦中出现的东西,与患者的潜意识也并不是一一对应关系,比如梦见蛇,有可能是性的表达,有可能是恐惧的表达,也有可能是疗愈的表达……释梦一方面取决于患者早年的成长经历,另一方面也取决于咨询师基于自己的理论倾

---

① 李武石. 寻找弗洛伊德:精神分析理论与经典案例[M]. 李光哲,李东根,杨华瑜,译. 修订本. 北京:科学出版社,2014.

本书对此处文献做了叙述性整理。

向对患者梦境元素的解读,最终的答案也缺乏可重复性和可验证性。

美国心理学家斯蒂芬·A.米切尔夫妇合著的《弗洛伊德及其后继者:现代精神分析思想史》一书中,有这样一个例子:

罗纳德因为抑郁和无力感来到咨询室求助,他虽然在很多方面非常成功,但是内心深处总感到自己的活动和成就不真实,总觉得自己是局外人。

罗纳德的童年早期,母亲一直癌症缠身,在罗纳德12岁时去世。父亲是一个政治家,热衷于公共事业,给人的感觉是性格开朗,然而回到家里父亲就变得冷漠或者发怒。经过3年的精神分析,罗纳德对自己早年经历与当下的困境有了许多理解:感到父亲在公众面前的表现是装假欺骗,真实的内心是为母亲生病而感到羞耻。童年情感的剥夺使得罗纳德内心受到了严重的损害,于是他就模仿父亲学会了在公开场合隐藏自己内心的真实。经过一段时间的精神分析治疗后,罗纳德开始用心地投入生活,并且感到了自我生命的真实感。此时他做了下面的梦:

我从(就读的研究所的)后窗向外望。我看到一团东西向楼这边移动过来。它缓慢地挪动,吞没它所经过的一切。每当它靠近某件东西,比如一张椅子或一丛灌木时,它首先变成那个东西的样子,只是大很多。过了几秒钟,那件东西就不见了,那团东西也变回原状。它越来越近。你的椅子就在外面,那团东西开始变得像你的椅子,这时我醒了。①

对梦中出现的“这团东西”,不同分析师在解梦的时候,往往会根据自己的理论,有不同的理解:按照经典精神分析理论,可以看作是肛欲肆虐的表现;按照客体关系理论,可以理解为这是真实的尚未成型的自己,在寻求可能获得自身成长的条件;按照自我心理学理论,可以认为这是他畸形的、缺乏结构、缺乏稳定性的内心;按照自体心理学理论,还可以把这团东西看成发展中止的自体状态……哪种观点是正确的? 哪种观点是错误的? 我们无从辩论。

霍妮认为:“理解梦最可靠的线索存在于患者做梦时所表现出来的感觉

---

① 米切尔,布莱克.弗洛伊德及其后继者:现代精神分析思想史[M].陈祉妍,黄峥,沈东郁,译.北京:商务印书馆,2007:214－215.

本书对此处文献做了叙述性整理。

中。"①霍妮的理论非常契合现代精神分析对梦的理解。在我看来,梦是潜意识压抑的情结的表达,也就是说梦中表达的情绪是真实的,而梦中的故事则是虚构的,更没有预言价值。如果梦到一个朋友去世了,感到非常伤感,梦所表达的是梦者内心的伤感就像朋友去世一样悲痛,而不是这个朋友在现实中真的去世了;如果有个女性反复梦到她丈夫背叛她和另外一个女人在一起而令她感到痛苦,这个梦表达的是梦者的焦虑,而这种焦虑就像被老公背叛的感觉一样,而不一定是老公真的背叛了她。

梦表达的是梦者内心的真实,这里的"真实"是指梦流露的情绪(隐梦部分),而不是梦中的故事情节(显梦部分),梦中的情节是为表达情绪而进行的形象化虚构。人不是因为梦见了鬼而恐惧,而是因为恐惧才梦见鬼。梦就像一部小说,梦中所表达的情绪是小说的主题,而梦中的故事(显梦部分),是为表达主题而虚构的情节。

当代精神分析学者罗伊·沙弗认为"梦的解译的价值不在于它的客观或准确,而是在于可能开启新的经验形式并让做梦者承认更深更广的对自己主宰性的感受"②。我认为沙弗的理论对心理咨询中的释梦,很有启迪价值。在解梦的时候,分析师就要根据梦中所表达的情绪,引导梦者理解梦,并利用梦境中的元素提升梦者对自己主宰性的感受,进而化解心理问题。

三、认识领悟疗法

传统的精神分析治疗主要通过自由联想,让潜意识压抑的创伤事件浮现出来,这些事件潜伏了动辄三五年,甚至更长时间;而且因为自身就是创伤的受害者,正所谓当局者迷,患者很难觉察自己心理痛苦的根源。基于此,中国精神分析学家钟友彬教授结合中国社会的具体情况和中国文化特点提出了认识领悟疗法。

钟友彬教授认为,早年创伤经历形成的压抑造成了心理成长的停滞,患者的心理问题就是患者潜意识深处被压抑的幼稚心理感受和行为模式。也就是说,患者当前的挫折,激发了患者隐藏在潜意识的心结,导致患者年龄退行和焦

---

① 舒尔茨 D P,舒尔茨 S E. 人格心理学:全面、科学的人性思考:原书第 10 版[M]. 张登浩,李森,译. 北京:机械工业出版社,2016:97.

② 米切尔,布莱克. 弗洛伊德及其后继者:现代精神分析思想史[M]. 陈祉妍,黄峥,沈东郁,译. 北京:商务印书馆,2007:216.

虑再现,于是幼稚的心理感受和行为模式就呈现了出来。比如:露阴癖往往与幼年生殖器裸露产生快感的经历有关系;强迫症往往与早年严格的管教模式形成的担心"万一出现危险"的感受有关系;恐人症往往与幼年自责的经历形成的羞愧感有关系……

认识领悟疗法与传统的精神分析治疗不同,它并不强调回忆过去,而是把重点放在帮助患者分析症状的幼稚性上,主动向患者解释他幼稚行为的根源出自幼年期的情绪体验。每次咨询后,为了促进患者觉察领悟,咨询师都要求患者写出自己本次咨询的心得。在认识领悟疗法的治疗过程中,咨询师的积极参与,加快了患者觉察的速度,大大缩短了治疗的时间。

钟友彬教授治疗了这样一个案例:

患者,男性,44岁,工作十多年,业务能力强,平时为人忠厚老实,但是总是控制不住在公共厕所、商店等其他场所向女性显示生殖器,事后就非常后悔、痛苦。在了解患者的露阴癖经历后,有了以下咨询对话:

钟友彬:你到底是怎样评价自己的这些行为的?

患者:是一些流氓行为。

钟友彬:为什么说是流氓行为呢?

患者:在公开场合叫妇女看我的生殖器,还用生殖器"顶"她们,这太不礼貌了,谁说不是流氓行为呢?

钟友彬:既然你知道这是流氓行为,而且多次受到惩罚,为什么还要去干呢?

患者:(停了一会儿)我也不知道。

钟友彬:在做出这些行为的时候,你是怎么想的?

患者:我也说不清楚……当时"糊里糊涂"地就拿出来了,事后才后悔、害怕,但已经来不及了。

钟友彬:可是,据你的同事们说,你人很老实,而且头脑清楚,怎么能糊里糊涂地做出这些坏事呢?

患者:(不答)

钟友彬:你认为你的这些行为别人能理解吗?

患者:(低头不答)

钟友彬:你认为你的这些行为别人能理解吗?

患者:不能,(停了一会儿)我也不能理解为什么那时候非做不可。

钟友彬:有谁强迫你做吗?

患者:没有。

钟友彬:既然知道是坏行为,而且受过多次处罚,为什么非做不可呢?

患者:(不答)

钟友彬:假如,我们带一个两三岁的孩子到商店里去,他突然说要撒尿,便拿出"小鸡"在许多女顾客面前撒起尿来,人们会理解他的行为吗?会惩罚他吗?

患者:人们不会惩罚他,会理解他。弄脏了地,我们给人家擦干净就是了。

钟友彬:人们为什么不惩罚他,为什么会理解他呢?

患者:因为小孩不懂事,人们当然不会惩罚他。

钟友彬:你说小孩子不懂得社会道德,不懂得这种行为是不礼貌的行为,对吗?

患者:对。

钟友彬:回过头来,你在公共场所取出阴茎向妇女们显示甚至触碰她们,就行为本身来说,和上面讲的儿童行为有什么不同呢?

患者:(沉思)我从来没有这么想过……就行为本身来说,好像没有什么不同。

接着钟友彬向他解释,就行为本身而言,没有什么不同,但是一个身体和智力都正常的成年人做出小孩子的行为本身就是不对的。就心理学而言,成年人的行为也不是无缘无故产生的,往往都有幼年的痕迹。

后来患者回忆道,在他6岁前后,他和同村的一个比他大2岁的女孩一起玩,两个人在屋里都脱下裤子,女孩用手玩弄他的阴茎,当时感到很舒服,有些兴奋。患者回忆到这里的时候,就一下子明白了他感到妻子摆弄他的阴茎比性交时的快感还要强烈的原因。

经过几次咨询后,患者慢慢体会到内心好像有两个人在支配着自己的行动,一个是成年人,一个是小孩。在工作的时候是成年人在支配,但是在"冲动"的时候,是小孩在支配。做了蠢事后,大人又回来了,就感到羞愧和后悔。患者觉察了自己心理的现实后,知道自己的暴露癖是小孩子的心理,现在自己是成年人了,不应该再有这种行为了,心理就豁然开朗了许多,童年经历的快感也就淡化了很多,患者暴露阴茎的冲动也就减轻了许多。①

咨询师的主动参与,加快了患者对自己心理问题的觉察,这种治疗方式对神经症性心理问题疗效比较显著。神经症性心理问题的实质就是超我和本我形成的冲突,一旦觉察了,童年的感受和当下理性的认知就不再形成交集,矛盾冲突就不在了,患者的情绪自然就有所改善。不过,前俄期心理问题产生的原因是还没有顺利完成分离—个体化,患者内心积压了很多的情绪,容易受外在环境干扰,很难控制自己的情绪,咨询的当务之急是释放患者的情绪,所以咨询师对患者要有充分的理解、包容和支持,而不是指出患者冲动行为背后的幼稚的情绪体验和行为模式。

第三节　心理治疗程序化之修复

修复创伤是心理咨询过程中一个非常重要的环节。患者在叠加性创伤的成长经历中一路跟跟跄跄地走来,内心深处承受着巨大的伤痛。在心理治疗中,咨询师就要帮助患者包扎这些伤口,让伤口长出新的肌肉,帮助患者完成心理成长,使其内心"重回正轨"。

一、通过触碰创伤修复

一些后现代心理治疗流派常常认为精神分析总是关注甚至撕开患者过去的伤口,让患者一遍遍承受痛苦,而忽略了患者的当下和未来。其实,在心理治疗中,患者对过去创伤的回忆和触碰,本身就是在修复、疗愈创伤。

形成患者心理问题的原因大都与个体早年的创伤有关系。创伤让个体感到恐惧,一次次创伤形成一次次的恐惧,这种叠加性创伤感受进入个体潜意识形成创伤性。在创伤性心结的支配下,个体感受不到安全感,每天提心吊胆。而个体在婴幼儿阶段,大脑尚在发育中,如果他们总是生活在苛责、匮乏的环境中,大脑为了适应环境会发育成"求存模式"的结构,形成懦弱、自卑、焦虑型人格。即使成年后,他们内心深处的自卑和焦虑也一直存在,时常苛责自己。

---

① 钟友彬,张坚学,康成俊.心理咨询与心理治疗[M].北京:人民卫生出版社,2011:353.

"温尼科特认为,如果母亲无法提供巩固健康的自体感受所必需的足够好的环境,儿童的心理发展基本会停止。他在心理上就停滞于那一刻,而残存的人格成分在人格核心缺失的情况下继续发展。"①这样,个体成年后虽然在生理上、认知思维上达到成年人应有的水平,但是心理感受却一直停留在受伤时期的感觉之中,形成对外在世界的过度防御,直到个体在新的抱持环境中重新修复曾经的创伤,才能形成独立的、内心强大的自我。

因此在治疗过程中,咨询师要善于营造抱持环境,通过倾听、认可、理解等方式,陪着患者重新接触曾经的创伤,引导患者对曾经的创伤脱离敏感并感受到自我的存在。另外,在重新感受创伤的时候,成年之后的患者对曾经的创伤感受也会进行一定程度的修复:一则患者现在已经是成年人了,在回忆、触碰曾经的创伤的时候,自然会带着成年人的认知和能量(观察性自我)来看待过去的事情,会重新建构曾经的经历;二则患者在回忆的过程中,咨询师一直陪着患者,并一直给予理解和支持,患者内心深处自然而然地也多了几分安全感和力量感。

我咨询过这样一个案例:

某女,大四学生,情绪低落,精神疲惫,有自杀想法,感受不到生活乃至生命的快乐,处于抑郁状态。在咨询的时候,我试着引导她回忆童年经历,该患者脑海里一下子出现了一个镜头:

在3岁左右的时候,妈妈骑着自行车驮着患者,行走在乡间的路上,因为患者不听话,妈妈非常生气,突然停下车子,把幼小的患者从自行车上抱下来,然后妈妈就骑着自行车走了。妈妈骑着自行车越走越远,幼小的患者看着周围空荡荡的世界,感到自己非常脆弱、渺小,认为妈妈不要自己了,陷入极度恐惧之中。

然后我问患者:"现在,你以22岁的年龄,回头再看这件事,同过去有什么不同的认知和感觉吗?"

患者说:"现在知道当时妈妈是生气,吓唬我呢,并不是真的抛弃我。"

我说:"你的感受呢?"

患者说:"比过去好多了,这就是生活中平常的一件事而已。"

---

① 米切尔,布莱克.弗洛伊德及其后继者:现代精神分析思想史[M].陈祉妍,黄峥,沈东郁,译.北京:商务印书馆,2007:154.

患者触摸过去的创伤的时候,会不自觉地用成年人当下的认知来解读过去的创伤,这样,创伤也就变成了一次普通的经历,内心的痛苦自然也就减少了。而且现在回忆的时候,患者本身就是站在旁观者的角度再现小时候的经历,心情自然也会平静得多。另外,从行为主义理论的角度看,一次次回忆就是一次次脱敏,这样也会减少恐惧的成分。所以咨询师引导患者触碰过去的创伤,本身就有修复价值。

二、通过重新建构修复

"霍妮认为,童年时期的社会力量而不是生物力量,影响着人格的发展"①,个体对世界的认知是根据个体童年经历的感受进行主观建构的。如果婴幼儿遭受到父母(或其他养育者及重要他人)的冷漠、拒绝、敌意、羞辱、嘲笑、不公平的惩罚、让孩子远离他人等行为,孩子就会体验到对父母的敌意,并把这种敌意构建到生活的各个方面,觉得每件事情、每个人都是潜在的危险,从而使自己陷入焦虑之中,成年后也往往会带着焦虑的感觉去构建自己周围的环境。

婴幼儿由于不具备独立的生活能力,在躯体上,需要成人的喂养。心理上婴幼儿也同样需要养育者的呵护,只有成年人能满足婴幼儿的好奇心、对爱的需求、对认可的需求,婴幼儿才能感受到安全,进而把别人的认可内化为自信,成就积极乐观的品质;如果在成长经历中,没有得到养育者的爱、认可和支持,婴幼儿往往形成自己是无助的、无能的,是得不到关爱的、也不配得到关爱的认知,总是担心被抛弃、被毁灭。

婴幼儿之所以有这种负面的感受,往往跟孩子当时的身体状况和心理状态有关系。因为在婴幼儿时期孩子身体是柔弱的,心理也是脆弱的,外在环境的风吹草动,都有可能让婴幼儿如临大敌。有时候,养育者的一次白眼或指责,就有可能会让婴幼儿感受到天塌地陷般的恐惧;父母的冲突,也会使孩子感到自己的世界是充满战争的,自己随时有危险……婴幼儿经历一系列的创伤后,潜意识深处往往会形成恐惧心结。一旦内心有了恐惧心结,婴幼儿就往往把当下安全的世界建构为恐怖的、不安全的;即使身体继续长大,潜意识的感受却依然停留在早年主观构建的负性认知中,这样就形成了心理和生理的不同步。很多

———————————

① 舒尔茨 D P,舒尔茨 S E.人格心理学:全面、科学的人性思考:原书第 10 版[M].张登浩,李森,译.北京:机械工业出版社,2016:90.

有心理问题的成年人依然保留着内在创伤的小孩心理,总是带着恐惧、自卑来看周围的世界,就是此理。

我咨询过这样一个案例:

患者,女,50多岁,大学老师。该患者感到自己的童年是一直在恐惧中度过的。记得有一次,患者当时也就四五岁,在家里用勺子吃面条。比患者大4岁的哥哥非常生气,对患者说:"你怎么能用勺子吃面条呢?"患者说:"怎么啦,我就这样吃。"患者刚刚说完,就被哥哥的拳头狠狠地击了一下,幼小的患者一下子就吓蒙了,以后再看到哥哥和其他家人就惴惴不安,甚至有一种随时大祸临头的感觉,而且这种感觉一直持续到成年以后。

下面是我对这个案例的心理疏导:

咨询师(我):现在闭上你的眼睛,让自己回到当时的状态,能不能感受到当时的情境呢?

患者:能感受到当时的情境。

咨询师:试着描述一下当时的情境。

患者:一家人正在围着饭桌吃面条,有爸爸,有妈妈,有哥哥。当时我恐惧地看着哥哥,哥哥七八岁,挥舞着拳头,怒气冲冲地瞪着我。

咨询师:当时你有什么感受?

患者:我感到非常恐惧,担心被哥哥打傻了,内心非常委屈。

咨询师:看得出来你内心非常恐惧和委屈,在这个时候你内心一定有很多的话,想对你的哥哥说。假如这个时候你可以对你哥哥说一些话,你会说些什么呢?

患者:(沉默一会儿后说)哥哥,我用勺子吃面条怎么啦,值得你这样生气打我吗?

咨询师:现在假如你是你的哥哥,当你听到你妹妹说的这些话的时候,你有怎样的感受?会怎么对妹妹说?

患者:我很生气,别人都是用筷子吃面条,你却用勺子,我打你是为了让你知道要用筷子吃面条。

咨询师:当四五岁的你听到哥哥的这些话,你会有什么感受,会对你哥哥说些什么呢?

患者:我很委屈,我还是一个孩子呢,不会用筷子吃面条很正常,哥哥你知道吗？你因为这件事打我，让我内心很受伤，我感到非常恐惧，而这种恐惧心理有可能会影响我将来的人生。（涉及专业知识的话语，咨询师可以引导患者说。）

咨询师：假如你是哥哥，当你听妹妹说你的行为让她内心非常恐惧，甚至这种恐惧心理会影响她以后的人生，你会有怎样的感受，又会说些什么呢？

患者：我感到很内疚，我真的没有想这么多，我只是想纠正她吃饭的习惯。

咨询师：当你听了你哥哥的这些话，你会有什么感受？

患者：心情好了很多。

当换一种角度看待曾经的创伤，知道哥哥不是故意伤害自己，并没有恶意的时候，患者内心就会重新建构曾经的经历，恐惧情绪也就释然了。另外，患者在自由联想的时候，即使回到童年状态，内心依然保留着成年人对问题的相对成熟的看法，而这种看法恰恰就是化解创伤的灵丹妙药。

再看我咨询的另一个案例：

一个患有焦虑症的白领女性患者，虽然已经30多岁了，依然记得小时候（具体年龄不记得了），自己穿着紧身裤和几个伙伴在爸爸面前蹦蹦跳跳。爸爸看着患者，自言自语地说了一句："丫头怎么这么瘦啊，就像柴火棒一样。"患者的情绪当时就一下子跌落了下来，感到自己长得丑，爸爸不喜欢自己。从此之后，患者就认为自己长得非常难看，非常在意别人对自己的看法。

下面是我对这个案例的心理疏导：

咨询师（我）：现在闭上眼睛，试着进入当时的状态，你正在和几个小伙伴蹦蹦跳跳地玩耍，爸爸在一边看着，这个时候你无意中听到爸爸说："丫头怎么这么瘦啊，就像柴火棒一样。"当时是什么感受？

患者：一下子惊呆了，非常伤心和自卑，原来我在爸爸的眼里是非常难看的啊，爸爸嫌弃我瘦。

咨询师：试着把你内心的这种伤心和自卑，对爸爸说出来，好吗？

患者：爸爸，我一直认为你很爱我，没有想到你这么嫌弃我，原来在你眼里我这么丑啊！

咨询师：假如你是你爸爸，当听到自己唯一的女儿说你认为她很丑的话，你会怎么对自己的女儿说呢？

患者：孩子，爸爸从来没有说过你丑啊，爸爸只是说你瘦，以后要多给你增加营养,爸爸是爱你的啊!

咨询师:当听了爸爸这些话,你是什么感受,会说些什么呢?

患者:心情好多了,我会对爸爸说:"你真的不认为我很丑吗?"

咨询师:假如你是爸爸,当自己的女儿不确定你是不是真的认为她丑的时候,你会怎么说呢?

患者:在爸爸眼里你永远是最美的,是爸爸妈妈的最爱,爸爸是一直爱着你的,而且永远爱着你。

咨询师:当你听了你爸爸的话,你又有什么样的感受,会对你爸爸说些什么呢?

患者:非常高兴,这么多年,我一直认为我自己很丑,所以很自卑,总是担心别人嫌弃我,原来我并不丑。

…………

在这个案例中,患者把小时候爸爸无意中说的她瘦这句话,解读为自己很丑,爸爸不喜欢自己,形成了自卑心理,总认为别人嫌弃自己,所以无论做什么都非常在意别人的看法,缺少自我,活得很累。通过自由联想,与爸爸对话,患者站在爸爸的角度重新解读当时的事件。患者一旦知道爸爸是爱自己的,自己并不丑,就会重新建构自我的形象,心情自然也就好了许多。

另外,婴幼儿看世界的角度,总是站在自己的视角,而不是全面地、多角度地看问题,特别是不能从对方的角度来思考。比如看见父母吵架的时候,孩子感受到的是天塌地陷般的恐惧,而不知道父母之所以吵架是因为父母之间的问题,父母吵架并不意味着他们不爱自己。

下面是我咨询的一个案例:

有一个13岁的孩子回忆道,在患者上三年级的时候,有一次爸爸给患者讲题,讲了多次,患者都没有听懂,爸爸突然拿起一个盒子砸在患者头上。盒子里有一个电灯泡,灯泡的玻璃在患者眼皮上划了一道口子。患者当时一下子就感觉到原来自己在爸爸眼里不如成绩重要。从此,患者再也不愿意跟爸爸说话了,而且对学习产生了恐惧。

下面是我对这个案例的心理疏导:

咨询师(我):看得出来,这件事对你造成的伤害很大,现在你能试着闭上眼睛,重新回到当时的情境吗?

患者:(闭上眼睛)可以的。

咨询师:现在你眼前出现了什么情境呢? 能不能描述一下?

患者:我正趴在桌子上做作业,桌子上摆着课本和作业,有一道数学题我怎么也不会做。爸爸瞪着眼睛,俯下身子,站在我旁边。我可以听到爸爸急促的呼吸,可以感受到爸爸的怒气,内心非常害怕,大脑一片空白。突然爸爸拿起一个盒子砸在我的头上,我感到非常疼,好像出血了……

咨询师:当你爸爸看到你出血了,有什么反应?

患者:爸爸也很恐慌,一直问我有没有事,然后打开盒子,原来里面有一个电灯泡,电灯泡打碎了。我当时非常痛苦,也没有搭理爸爸,就跑到厕所里,一瞬间我突然明白了"原来在爸爸眼里,成绩比我重要",然后眼泪就哗哗地流了下来。

咨询师:看得出来你当时很委屈,也很伤心,在你内心积压了很多要对爸爸说的话,你能说出来吗?

患者:我不会说的,说了他也不懂。

咨询师:假如你爸爸会明白,你会说些什么呢?

患者:(停了一会说)成绩真的就这么重要吗? 我在你眼里真的不如成绩重要吗?

咨询师:假如你是爸爸,当你听到女儿的质问,你会怎么回答呢?

患者:孩子,爸爸也不知道盒子里有电灯泡。打了你,爸爸也很后悔,爸爸是重视成绩,因为成绩能够使你更优秀,但是爸爸最爱的是你啊,这次是爸爸错了,爸爸向你道歉。

咨询师:当你听到爸爸的忏悔,有什么感受,你会对爸爸说些什么呢?

患者:心情稍微好一些,但是我不会原谅他。我会对他说:"难道我不想学习好吗? 我也很焦虑啊,当你打我的时候,你想到我的感受吗? 我也是一个活生生的人啊。"

咨询师:知道女儿这么委屈和愤怒之后,作为爸爸,你会怎么对自己的女儿说呢?

患者:爸爸非常后悔,其实爸爸知道你是好孩子,也知道你平时学习非常努力。正因为你学习一直很好,爸爸就不自觉地对你有了更高的期盼。爸爸一着急,就失去了理智,爸爸再次向你道歉。从今以后,爸爸会尊重你,爸爸相信你,爸爸也永远爱你。

咨询师:当你听了你爸爸这些话,你又有什么感受呢?

患者:心情好了很多,不过还是想哭。

…………

案例中,因为患者的爸爸对患者要求比较严格,患者在内心深处感到爸爸其实并不爱自己,爸爸在意的是自己的学习成绩,患者内心就建构了一个充满压力的生存环境,感受不到快乐,不愿意说话,学习也缺少了动力,甚至认为活着没有意义。通过联想对话,患者真实感受到爸爸的内心,知道爸爸是一直爱着自己的。这样,患者就能够重新建构自己的觉知,更理性地认知周围世界,情绪自然会趋向缓和。

创伤之所以是创伤,就是因为主观的创伤认知和感受。即使天塌地陷,如果个体认为没有什么,一点也不害怕,那么天塌地陷就不会对个体的内心造成创伤。如果一个人缺少自我,把自我存在感建立在别人评价的标准上,那么别人的一举一动、一个眼神,都会让他琢磨半天,甚至胆战心惊。个体心灵的创伤,往往来源于对早年经历的主观认知而形成的思维定式,所以重新建构求助者的认知,就变得尤其重要。然而,时过境迁,人生不能回头,又如何修复创伤呢?

自由联想是不受时空限制的,在咨询时,咨询师可以引导患者,进入自由联想状态,回到过去,转变看问题的角度,释放患者受压抑的情绪,完成患者曾经缺失的遗憾,进而重新建构患者的认知和感受,以达到疗愈效果。另外,在自由联想时,即使是模拟当时的情境,患者依然带有当下相对成熟的理性认知,所以对问题的看法往往会更成熟。

三、通过意象修复

弗洛伊德把个体的心理分为三个层次:意识、前意识、潜意识。对于潜意识,荣格的观点与弗洛伊德的观点有所不同:弗洛伊德认为潜意识是被压抑的原始本能的冲动,是妖魔鬼怪,是洪水猛兽;荣格认为潜意识是有智慧的、有生命力的,是灵感的源泉,例如,在荣格心理崩溃的时候出现的智慧老人斐乐蒙的形象。

荣格把潜意识分为个体潜意识和集体潜意识。个体潜意识是个体经历的

"曾经意识到,但后来由于遗忘或压抑而从意识中消失掉的内容"①。个体潜意识由情结组成,"情结这东西……是一种非常隐匿的,以特定情调或痛苦的情调为特征的内容的聚集物"②。简而言之,情结就是由于早年创伤而形成的某类情绪的集结。早年的创伤事件在岁月的流逝中,会慢慢地淡出个体的记忆,但是创伤性事件对当事人形成的创伤情绪会留下来,类似的创伤情绪聚集在一起,进入个体的潜意识而形成了情结。在荣格看来,每个人都有多多少少的情结,都在不同程度上受情结的摆布,当被某种情结摆布的时候,就会出现心理问题。心理咨询就是引导患者了解情结,帮助患者解开情结,进而形成积极健康的人生观。

集体潜意识指人类祖先进化过程中形成的、应对外界环境的精神沉积物,是通过遗传传承下来的、处于人类精神的最底层的、不能意识到的、为人类所普遍拥有的部分。集体潜意识由原型组成,比如英雄原型、母亲原型、智慧老人等等。无论是原型,还是个体潜意识中的情结,它们的表达方式都是意象。意象就是患者大脑呈现的带有患者情感的形象画面,在患者主观世界中的一人、一物、一花、一草,都带有患者的主观情感,都是意象。例如,如果一个人内心恐惧,往往在梦中或冥想中呈现出魔鬼或者其他形象的恐惧画面。

荣格在咨询的过程中非常重视潜意识层面的工作,认为潜意识情结表达的方式是意象,意象是带有患者情绪能量的画面,只要抓住了患者的意象,就能把握甚至疗愈患者的心理问题。

另外,荣格还提出了积极想象技术。对于荣格的积极想象技术,申荷永教授总结说:"积极想象意味着意象有自己独立的生命,意味着象征性事件的发展有自己的逻辑根据,意味着通过某种方式,我们可以与这些具有生命的意象进行直接的沟通。"③积极想象技术,让潜意识通过意象进入意识领域,一旦意象的呈现有了意识领域认知成分的参与,意象的转化就成了必然,修复和疗愈往往就是在意象的转化中悄悄发生的。

1935 年荣格在讲述积极想象这一技术的时候,举出自己童年的例子(这个

---

① 荣格.荣格文集[M].冯川,译.北京:改革出版社,1997:83.

② 荣格.分析心理学的理论与实践:塔维斯托克讲演[M].成穷,王作虹,译.北京:生活、读书、新知三联书店,1991:76.

③ 申荷永.荣格与分析心理学[M].北京:中国人民大学出版社,2012:96.

例子,前文已经提及,为了阅读的连贯性,现转录如下):

"在荣格的姑妈家里,有他爷爷的一幅像:作为主教的爷爷,配带着徽章,走出房门,站在台阶上……荣格说,他常常跪在一把椅子上凝视着这幅画像,直到觉得他走下了台阶。……荣格说,在 1935 年在塔维斯托克讲演的时候,'但我知道我看见他走了下来'。荣格接着说,你们看,就这样,那幅画像开始动了起来。同样,当我们全神贯注于头脑中的一幅图景的时候,它会开始动起来,意象会变得更加丰富,还会变化发展下去。"①

结合荣格的描述,我们就可以总结出利用意象进行心理治疗的实质:当患者专注于自己的意象的时候,意象就有了自己独立的生命;咨询师引导患者主动参与到意象中,让患者与意象融为一体,甚至进行互动,以达到修复目的。这是一种通过意象调整内在心理的方法。

我咨询过这样一个案例:

患者 21 岁,大学生,内心极度恐惧。在成长经历中,患者多次受到创伤。在一次心理咨询中,患者呈现出非常多的意象。

下面是治疗中的一个片段。

患者:有一个黑影。

患者:我看到一个木偶人。

患者:又出现了一堆老鼠。

患者:一堆尸骨。

患者:有一个人,那个人在捶打我,它代表恶,一个恶魔。

患者:牛魔王出现了。

患者:又看到一个巫婆,一个很恶心的人,它每天把的痰盂给老鼠吃。

患者:又出现了一个阴影人。

患者:所有的人都在,把我笼罩起来,不停地给我戴帽子。

患者:一个头盖骨凸出、裸露的人。

患者:一个惊慌失措的机器猫,哆啦 A 梦。

患者:看到一个只有骨头的人,头盖骨凸出,这个头盖骨很凸出的人在哭,他变成了一个武士,变成了一个奇侠,他变成了一只狗,一只哮天犬一样的狗,

① 申荷永.荣格与分析心理学[M].北京:中国人民大学出版社,2012:96.

又变成了一个小象,一只大象,被我吸收了。

患者:但是我又看到一只蝙蝠,一只蝙蝠一样的狗,一只蝙蝠侠想要活吞一个公主,吞了又吐出来,吞了又吐出来,又出现了一只小蛇。

患者:小鹅,一只小鹅在河里游泳,带着几只小小鹅。

患者:这只小鹅,变成了我手中的一只玩具。

患者:变成了我手中的鹅肉。

患者:我好像吃不了那么多。

患者:我请了我爸、我妈来吃,我们三个人有一个温馨的家。

患者:我手中抱着一个孩子,好像我刚出生的孩子,一个孩子,带着这样的印记,带着这个幽灵一样的印记,变成了我这个教授。

患者:我是一个教授,高兴地抱着孩子,好像变成了特朗普,又变成了一只公鸡,我看到了特朗普的面容,看到了这个搞笑的美国总统。

患者:鸡飞蛋打。

患者:一只雏鸡飞出来了。

患者:一只鹰飞出来。

患者:一只高卢雄鸡、一只兔子飞出来。

…………

患者:(睁开眼睛)回想起刚才脑海里出现的意象,感到有点可笑,又感到有点悲催。

…………

患者:这个创伤的阶段,告一段落了。

患者:现在我发现我身边的每一处景物都是那么美,我甚至可以把注意力完美地投放在任何一个应该注意的事物上。

四、通过调整认知角度修复

弗洛伊德最初把人的心理分为三个层次:意识、前意识和潜意识。意识是个体能够觉知的想法和情感;前意识是能够变成意识的想法和情感;潜意识是未被觉察的想法和情感。潜意识影响甚至左右意识,但是作为人格结构层次之一的意识,面对压抑在潜意识深处的情绪也并非完全无能为力,个体是可以通过改变意识层面的认知方式来瓦解甚至改变负性情绪的。(这一点已经被美国合理情绪疗法理论家阿尔伯特·埃利斯所证实)而认知改变的关键是观察问题的角度:观察问题的角度变了,认知也就变了,情绪也会随之改变。正如苏轼说的"横看成岭侧成峰,远近高低各不同",观察问题的角度不同,看到的景物不同,心里的感受也自然不相同。因此,在心理咨询中,咨询师引导患者适当调整认知角度,也会起到修复作用。

下面是我咨询的一个案例的片段:

患者,男,21岁,大三学生,性格内向,总是担心别人说自己的坏话,内心非常痛苦。听不进去课,学习不能集中精力,甚至有辍学的想法。

患者:上课的时候,我总感到很多同学,无论认识的,还是不认识的,无论男生,还是女生,对我指指点点,都说我傻。

咨询师(我):看得出来你内心非常痛苦,总想远远地离开这些同学。

患者:是的,非常痛苦。

咨询师:从你的交谈中,我感到你非常在意别人对你的评价,是不是这样的呢?

患者:是的。

咨询师:这种状况,从什么时候开始的?

患者:从高二下半学期,我也不知道什么原因,就感到所有人的眼光,就像利剑一样盯着自己,以致我不敢去学校,最后只考上了一个普通大学。

咨询师:你是说,从高二开始,你经常请假不去学校,然后你考上了一个普通大学的本科?

患者:是的。

咨询师:你在经常不上课的情况下,居然能考上大学本科,怎么做到的呢?

患者:有时候就在家自学。

咨询师:真是难以想象,你仅靠自学居然能考上本科,看得出来你非常聪明。

患者:我在高二上学期之前几乎每次考试都是全校一二名,数学几乎都是得满分。

咨询师:那个时候你在课堂上是什么状态?

患者:全神贯注,感到自己每天都处在学习的成功感中。

咨询师:现在你能不能再次感受那种全神贯注的状态呢?

患者:好的。

咨询师:(过了两分钟)你是怎么做到这种全神贯注的?

患者:我也不知道,就是什么也不想,只是关注自己做题的感觉。

咨询师:你如果一直延续这种全神贯注的状态,对周围同学的眼光和议论视而不见、听而不闻,你一定会是学霸式的存在。

患者:是的,可惜,现在再也回不到过去的状态了。

咨询师:现在你回忆一下,以现在的角度,回头看高中时你在意的别人的议论是不是真的非常重要呢?

患者:其实,也没有这么重要,过去的同学都已经各奔东西了,彼此之间说了什么,也真的不重要了。

咨询师:看得出来,你的悟性非常高,非常棒!

患者:谢谢。

咨询师:再过五六年,你如果回头看当下同学的看法,是不是还让你感到可怕呢?

患者:噢,老师,我现在明白了一些。

咨询师:再说,别人说你傻,你就傻? 如果你傻,你能考上大学吗?

患者:是的。

咨询师:如果你知道自己不仅不傻,还很聪明,而别人却说你傻,那么到底是谁傻呢?

患者:(笑了)谁说我傻,谁才傻呢。

咨询师:是啊,别人说什么,都是他自己内心的折射,跟我们有什么关系呢? 我们做好我们自己该做的就是了。

患者:(恍然大悟)是的。

咨询师:另外,我想问你一下,你每天在校园里,看到很多的同学,一旦你回到宿舍,你还记得几个?

患者:几乎不记得了。

咨询师:如果你走在校园里,突然有一个人对你打了个招呼,或者指责了你几句,你会记得那个人吗?

患者:会的,我会一直记得。

咨询师:这样看来,你关注的仅仅是与你有关系的人,而与你没有关系的,你是不会关注的。

患者:是的。

咨询师:那么别人呢？是不是也是关注与他们有关系的,与他们自己没有关系的,也不会关注,是不是呢？

患者:也是啊,他们都关注他们自己的事,谁关注我呢？老师,现在感到一下子轻松了很多。

在咨询的过程中,我通过与患者的交流,不断调整患者观察问题的角度:先是引导患者看到过去优秀的自己,进而使患者更全面地看自己;再引导患者从未来的角度看当下的自己,明白别人的看法不重要;再从每个人观察问题的角度,让患者明白每个人都只关注与自己有关系的事情,没有人关注患者。

第四节　心理治疗程序化之成长

一、缺什么补什么

自我精神分析学家勒内·斯皮茨在《医院制度》一书里,记录了他在育婴堂观察到的现象:那些仅仅获得食物给养,而没能获得养育者的触摸和情感互动的弃婴,会变得异常抑郁、孤僻和体弱多病,甚至在满两周岁前,有三分之一的孩子会死亡。即使一部分婴儿活了下来,但难以像正常孩子那样发育,甚至不能坐、立、行、言。[1]　由此,"无论人类天生可能具有什么样的心理潜能,如果缺乏与另一个人的心理连接,潜能必将无法实现"。[2]

现代科学实验表明:"虽然所有细胞中的 DNA 非常相似,但 DNA 的表达关键取决于在特定细胞和特定发展时期的功能活化(表达)。"[3]由此看来,成长经历中的故事可以并且正在影响着个体基因的改变。

针对成长环境对个体的影响,有人对成年老鼠的母性行为进行了研究。

[1] 米切尔,布莱克.弗洛伊德及其后继者:现代精神分析思想史[M].陈祉妍,黄峥,沈东郁,译.北京:商务印书馆,2007:54.

[2] 米切尔,布莱克.弗洛伊德及其后继者:现代精神分析思想史[M].陈祉妍,黄峥,沈东郁,译.北京:商务印书馆,2007:54.

[3] 巴拉顿.母婴关系创伤疗愈[M].高旭滨,瞿伟,胡华,等译.北京:世界图书出版公司北京公司,2014:8.

"研究表明幼鼠在出生后就感受到母性行为有助于个体应激发展和成年后母性行为的形成,而且灵长类动物出生后早期母性行为被剥夺的影响是很难逆转的。母性被剥夺的成年猴子在正常环境下能够正常活动,但不能够处理压力。"①

为了研究人类特定的等位基因与负性社会环境的相互作用。Caspi 和他的同事做了具有里程碑意义的研究,结果显示,"在童年期受过虐待的男性并携带低活性的 MAOA 等位基因者,其反社会行为的分数较高;相反,在童年期未遭受过虐待的男性并携带高活性的 MAOA 等位基因者,其反社会行为的分数较低……这个研究突出了基因与环境的相互作用,因为单方面的低活性 MAOA 和单方面的童年虐待都不足以产生反社会行为。因此,基因与环境的联合是行为显性化的必要条件"②。

自我心理学家勒内·斯皮茨认为,出生后的婴儿与母亲进入一种心理融合的状态,延续着在子宫中时与母亲的心理寄生关系。母亲行使婴儿的"附属自我"功能,安抚婴儿,满足婴儿,避免婴儿遭受过度刺激和干扰,直到婴儿具有调节自我的能力。

在自我心理学家玛格丽特·马勒看来,婴儿在心理意义上的诞生并不与从子宫里出生的身体相一致;母亲的关怀滋润着新生儿脆弱的心灵,就如同母亲的子宫容纳胎儿生长一样;婴儿前俄期的心理发展需要经历正常的自闭、共生和分离—个体化几个阶段,养育者不仅要满足婴儿的物质需求,而且要及时地给予情感上的互动,特别是满足婴儿的"全能感",让婴儿充分体验自己"无所不能的感觉"。

客体关系心理学家温尼科特认为,婴儿生命最初几个月的体验质量是个体心理成长的关键。一般而言,婴儿的出生会激发母亲"原初母性专注",有原初母性专注的母亲,会营造一个一切以婴儿为核心、为婴儿提供由婴儿主宰的养育环境,这对婴儿心理的成长具有关键作用。在抱持的养育环境下,婴儿感到自己是全能的中心,形成主观全能感,这种主观全能感对婴儿将来形成自信的

---

① 巴拉顿.母婴关系创伤疗愈[M].高旭滨,瞿伟,胡华,等译.北京:世界图书出版公司北京公司,2014:13.

② 巴拉顿.母婴关系创伤疗愈[M].高旭滨,瞿伟,胡华,等译.北京:世界图书出版公司北京公司,2014:13.

品质价值非常大。当然,在抱持环境里,当婴儿需要母亲消失的时候,母亲也会主动消失,母亲的使命就是给予婴儿爱、理解和支持,最终使得婴儿内化母亲的接纳和认可,形成自体恒定性。反之,如果母亲无法提供形成婴儿健康的自我感受所必需的足够好的环境,不能让婴儿得到爱的滋养,婴儿的心理发展基本上会停止,就只能被动地压抑自己以适应环境。

斯蒂芬·A. 米切尔认为:"根据科胡特最终建立的理论,健康的自体是在三种特殊自体—客体经验的发展环境中形成的。"[①]第一种是需要照顾者(主要是母亲)"回应并肯定儿童天生的活力、伟大和完美的感受"[②],也就是养育者及时的认可和正面回应;第二种是需要有强有力的他人的联系,也就是一个可靠而且强大的靠山;第三种是需要"对儿童坦率并与儿童相似的自身客体,唤起儿童与他们之间重要的相似感"[③],也就是儿童有一个可以模仿的对象。咨询就是在分析情境中,咨询师的肯定、认可,使得患者重新启动被中断的发展过程。

这样看来,个体心理的成长,正如一棵幼小的树苗,需要轻风细雨、温暖的阳光和营养充足的水分。树苗在阳光的照射和水分的滋养下,才能慢慢长成参天大树。一旦成为参天大树,即使遇到恶劣天气,大树也能顶天立地。个体心理的成长亦需要来源于早年养育者提供的抱持环境,养育者的理解、支持和爱的互动,让个体产生并形成独立的自我。一旦拥有了独立而稳定的自我,个体就能适应各种生存环境。所以在咨询的过程中,咨询师首先要提供患者曾经缺失的抱持环境,使得一度中断的自我发展能够重新进行,进而形成并完善自我的独立性。由此看来,咨询师在咨询过程中对患者的理解、支持和认可,尤为重要。

我咨询过这样一个案例:

患者,16岁,男,读高一。今天上午,一个女课代表发作业本子的时候,患者向课代表要自己的作业本。这个课代表突然大怒,把一摞本子砸在患者的头上,还说患者不配。然后有五六个同学都指责患者,患者感到非常生气。

---

① 米切尔,布莱克. 弗洛伊德及其后继者:现代精神分析思想史[M]. 陈祉妍,黄峥,沈东郁,译. 北京:商务印书馆,2007:187.

② 米切尔,布莱克. 弗洛伊德及其后继者:现代精神分析思想史[M]. 陈祉妍,黄峥,沈东郁,译. 北京:商务印书馆,2007:187.

③ 米切尔,布莱克. 弗洛伊德及其后继者:现代精神分析思想史[M]. 陈祉妍,黄峥,沈东郁,译. 北京:商务印书馆,2007:187.

患者:这是什么事啊?明明是她的不对,但大家却都指责我。

咨询师:看得出来,你内心非常愤怒。

患者:是的。我也感到莫名其妙,我不就是要我的作业本吗?以前我发作业的时候,她也跟我要,为什么她就用作业本砸我呢?

咨询师:是啊,看得出来这个女课代表,确实做得过火了,你非常生气是可以理解的。

患者:唉,真倒霉。

咨询师:是的,如果我没有猜错,你心里一定狠狠地骂了她几句。

患者:确实这样。

咨询师:甚至想着把这个女课代表和那几个男生狠狠地揍一顿。

患者:是的,不过,你怎么知道的?

咨询师:当受到冤枉的时候,我们通常都有这种想法。

患者:噢,老师,听你这样一说,我轻松了很多。

咨询师:不过,你还是没有动手,为什么呢?

患者:我觉得不值得,再说如果我打了她,就真的成了我的错了,班主任知道一定又会叫家长,更麻烦。

咨询师:非常棒,看得出来,即使遇见不顺心的事情,你依然是理智的。

患者:(笑了)算了,好男不与女斗,不想这件事了。

在这个案例中,咨询师并没有长篇大论的说教,只是在理解、接纳、认可的基础上,一步一步引导,使得患者放下这段不愉快的经历,把主要精力放在学习上。

再看我咨询的另一个案例:

某患者,女,52岁,在国企做宣传工作,小时候父母双亡,跟着姥姥长大。姥姥一直情绪低落、敏感、冲动。患者从小就感到孤独,总担心有不好的事情发生,总是怀疑别人对自己不接纳。昨天公司组织本单位员工郊游,午饭前,患者出去打了个电话,回来后发现同事居然没有人在饭桌旁留下一把让自己坐的椅子。患者的情绪一下子低落了下来,感到孤单、伤心。

患者:今天春游本来很高兴。

咨询师:是啊,大自然总是能够让我们轻松下来。

患者:但是在最后吃饭时发生了一件事,让我特别气愤。

咨询师：噢，能说说吗？

患者：饭前，我去了洗手间，同事居然没有在饭桌旁给我留一个座位。

咨询师：噢，你当时一定很伤感。

患者：是啊，我感到非常伤心和委屈。

咨询师：后来怎么解决的呢？

患者：饭总要吃啊，我只好去旁边其他科室的饭桌，非常痛苦地吃完了这顿饭。

咨询师：噢。

患者：我当时没说什么。

咨询师：嗯。能够理解你的心情。

患者：同事这么多年，我一直真心地对他们，他们平时对我也都是"亲人，亲人"地喊，吃饭了，居然没有一个想到我，给我留一个座位，真是日久见人心。

咨询师：是啊，确实不像话。

患者：换作您，您会没有想法吗？

咨询师：也会不舒服。

患者：吃完饭，我一直闷闷不乐，也不愿意搭理他们。

咨询师：嗯。

患者：后来一个平时与我关系比较好的同事，走过来没话找话说。我就禁不住把自己内心的伤心事说了。

咨询师：她听了有什么反应？

患者：看得出来，她也不好意思，说不知道我出去了，认为我一直在那里坐着呢，后来看到我去了别的桌，她也感到很不好意思。

咨询师：你听了她的话，有什么感觉？

患者：依然感到不快乐。不过，当我把我的委屈说出来后，心情好了很多。

咨询师：是的，如果把委屈一直憋在心里，会非常痛苦的。说出来，就好了很多。

患者：老师，您认为是我有问题吗？

咨询师：我觉得谁遇见这种情况都会不舒服。你能把自己的委屈委婉地表达出来，这很好。

患者：是的，我就是要表达。但是我仍然不舒服。

咨询师:嗯。

患者:但是我也知道,大家难得放松一次,我不能让这件事把自己的情绪毁了。

咨询师:看得出来你还是很理性的,也会调整自己,非常棒。

患者:后来,我在房间里睡了一觉,感觉好一些。

咨询师:是的,我觉得这件事,只能折射出某些同事做事不周全,考虑问题不全面。不过,你在整个过程中虽然内心有情绪,但是处理得还是非常恰当的。

患者:也是,他们做得不好,是他们素质不高,并不能说明我不好。其实,我在团队活动的时候,一直是非常考虑别人的。毕竟在一起工作,就是缘分,应该相互帮助。

咨询师:是的。你能这样想就很好,你和某些同事相比,素质的高低一看便知。

患者:(笑了)算了,这也不是多大的事情,接纳别人的不完美,理解万岁吧。

患者从小生活在一个缺少关爱的家庭里,内心缺少安全感,孤独、敏感,非常在意别人对自己的评价,她需要的是别人对自己的接纳和关爱。在咨询的时候,咨询师就要做好替代父母的角色,及时并且准确地表达对患者的理解和支持。一旦感到别人理解和支持自己了,患者就会逐渐内化咨询师对自己的认可,接纳、认可自己,自然也就看淡了别人对自己的做法。

二、通过自我暗示来提升心理能量

在弗洛伊德的理论中,个体的心灵是由各种结构(本我、自我、超我)和心理动力学能量(力比多和攻击力)构成的精神装置,而个体的意识仅仅是心灵的冰山一角,被无意识中的精神结构和动力学力量所操控,因此人常常不了解自己真正在做什么。

20世纪五六十年代,克莱因理论和客体关系理论蓬勃发展,客体关系心理学者更强调早期的养育环境,认为个体心理的成长受内部客体、内摄、认同等心理机制所左右。

20世纪70年代,当代精神分析学者罗伊·沙弗发现经典精神分析和客体关系学说在对心理问题的理解和与患者沟通的方式上存在着重大的方向性错误。沙弗发现几乎所有的患者都带有一套自身的生活信念:世界是危险的;我是受伤的;自己是不受欢迎的。而治疗过程中的转变,则往往体现在患者逐渐感受到自己有了更多的主宰力:一旦患者感受到"自己有更多的主宰力",而不是被环境和命运所摆布,就会以更加开放、更具建设性的方式行动和组织自己的经验。"从沙弗的观点来看,主宰性起先被否认而后逐渐得到重新承认这一问题,从一开始就处于临床精神分析的核心位置,亦是每个真正的分析过程的核心。"①"心灵是由叙述产生并根据叙述而组织的"②,咨询的过程中,无论是咨询对话,还是释梦,并不在于它的客观或准确,而在于可能开启新的经验并让患者产生对自己主宰性的感受。

自体心理学家科胡特更是在咨询中,把患者"自我实现的主观感觉和自己的潜在体验良好地组合为一体"③作为主要的关注焦点。他认为自我实现包含两种基本成分,分别为"带来活力的扩张野心与基本的理想化目标"④。科胡特所强调的不是"做"的正确,而是能让患者感受到生活充满能量、创造性和个人意义的能力。由此看来,科胡特的自体心理学,更强调的是个体内心深处的主观感受而不是客观的现实。

下面是世界著名的催眠大师米尔顿·艾瑞克森战胜小儿麻痹症的故事。

"我的先夫米尔顿·艾瑞克森在他 17 岁(1919 年)罹患了小儿麻痹症,那是一次极为严重的感染,他完全瘫痪,除了说话和动眼之外不能做其他的事情,而且他知道自己被视为无法活下来……米尔顿靠自己发展出一套方法,他运用精神专注力去产生细微的移动,他在精神上反复体验这样的移动。等到他恢复更多的元气,他把握每个机会去锻炼更多的肌肉,来强化肌力,他学着用拐杖走路、保持身体平衡来骑脚踏车……"⑤

艾瑞克森战胜小儿麻痹症最根本的原因就是他有主宰自己命运的信念,坚

---

① 米切尔,布莱克.弗洛伊德及其后继者:现代精神分析思想史[M].陈祉妍,黄峥,沈东郁,译.北京:商务印书馆,2007:212.

② 米切尔,布莱克.弗洛伊德及其后继者:现代精神分析思想史[M].陈祉妍,黄峥,沈东郁,译.北京:商务印书馆,2007:213.

③ 米切尔,布莱克.弗洛伊德及其后继者:现代精神分析思想史[M].陈祉妍,黄峥,沈东郁,译.北京:商务印书馆,2007:193.

④ 米切尔,布莱克.弗洛伊德及其后继者:现代精神分析思想史[M].陈祉妍,黄峥,沈东郁,译.北京:商务印书馆,2007:193.

⑤ 萨德.催眠大师艾瑞克森和他的催眠疗法[M].陈厚恺,译.北京:化学工业出版社,2016:5 - 6.

信自己能够站起来,并在意念上付诸行动。

因此,在心理咨询的实践中,咨询师要有意识地引导患者看到自己生命的优点,当患者觉察到自己的优点了,自身的存在感和价值感也就被激发了出来;也可以通过布置作业的方式,让患者每天对自己积极暗示:"我很幸福,我很快乐,我每天都做得更好!"(切记:自我暗示不能有否定词,不能有负能量的词语。)

我咨询过这样一个案例:

患者,男,20岁,恐惧社交,高中时常常不去学校,大学开学一个月,因为太恐惧学校的生活,只好再次休学。后来经过多次咨询,患者在新的学年入学,其间一直没有间断咨询。一年后,患者基本上能够适应大学生活,但是依然不太自信。一天他发出感慨,与咨询师(我)有以下对话。

患者:老师,你认为我是一个怎样的人?

咨询师:你是一个很好的小伙子啊。

患者:我懦弱吗? 我没用吗?

咨询师:不懦弱,反而很坚强,敢于接受挑战,只是有时候过于在意别人对你的看法。

患者:是吗?

咨询师:比如虽然你有心理问题,很痛苦,恐惧见到人,但是却能坚持上学,乃至完成你的学业。

患者:嗯,这样看来,我还是挺坚强的。

咨询师:是啊。

患者:我觉得我不会一直都郁寡欢下去,而且能够面对任何挑战。

咨询师:是的。

患者:不管别人怎么误解我,看我,认为我傻,认为我没用,我都应该勇敢前行。

咨询师:对,而且是快乐地前行。

患者:要快乐,是的,要快乐。

咨询师:是的。

患者:享受真正的快乐。

咨询师:对。

患者:我明白了,老师。

咨询师:嗯。

患者:我觉得人想要变得优秀,就必然要经历很多困难,是吧?

咨询师:是的,艰难困苦,玉汝于成。

患者:那些大人物,哪个没被别人指责过?

咨询师:对。

患者:但他们就是很厉害,不在乎别人怎么说。

咨询师:对。

患者:他们也是经历过很多磨难的。

咨询师:从某种意义上说,经历的痛苦,都是自己的资源。

患者:我记得我妈跟我说过我爸爸小时候家里条件不好,穿得也不怎么样。

咨询师:嗯。

患者:他班上的女生就在背后说他,你看那个人穿得破破烂烂的,还那么努力,能考上大学吗? 不可能。但爸爸没理他们,自己不断努力,低调做人。

咨询师:是啊。

患者:到最后班主任念到爸爸名字,说他考上大学了。

咨询师:是啊。

患者:那些在背后说他的同学一个个都惊呆了。

咨询师:最后的笑,才是最美的笑。

患者:是的,爸爸的故事让我明白了这个道理。

咨询师:对,你也会成功的。

患者:我会努力的,我感觉现在比之前做得更好了。

咨询师:是的,一定的。

在这个案例的咨询片段中,我通过认可、鼓励的方式,不断强化患者的"强大",来鼓励患者增加对自己命运的"主宰力"。

第五节 心理治疗程序化之自性化

症状是情绪的表达,也是疗愈的呼唤,心理咨询的近期目标是为了化解症状,而最终目标是让患者的人格得以提升,活出自己的生命意义,具体而言,就是荣格理论中的自性化。

所谓"自性化",就是让一个人"最终成为他自己,成为一种整合性的,不可分割的,但又不同于他人的发展过程"①。这个过程的发展主题就是在不断克服无我的幻觉状态、全我的偏激状态、内心冲突的纠结状态、自我存在的迷茫状态、自我价值感缺失状态的过程中,最终成长为一个独立的、稳定的、个性化的生命个体。

生命的躯体从出生的那一瞬间,就已经完成了与母体的分离,然而心理上的独立,却需要一个漫长的过程,甚至终生。开始是处在母子融合的幻觉状态,良性的母子互动使婴儿形成指向母亲的驱力,进入婴儿期的母子二元关系时期,然后在分离—个体化的发展过程中,婴儿逐步脱离了母子二元关系偏激的心理状态,知道"我"和"母亲"是两个不同的个体,和母亲之间是有边界的,"我"可以独立做一些事情。从某种意义上说,这个时候心理意义上的自我才算真正诞生。

伴随着主客体的分离,婴儿进入幼儿期(3～6岁),幼儿期的孩子已经能够体验到妈妈(客体)是完整的个体,并不是单纯的"好"与"坏",对"坏"妈妈的攻击的同时,也会伤害到"好"妈妈,为了保护"好"妈妈,必须压抑对"坏"妈妈的攻击。这样,人格结构中的超我就形成了。婴儿曾经单纯的非黑即白的分裂防御机制,逐渐让位于压抑防御机制,纠结、懊恼成了幼儿期心理的主要特征。弗洛伊德把这种来自人格结构内部的爱恨冲突形象化为俄狄浦斯情结。在良性的养育环境下,幼儿期孩子的自我认知功能逐步增强,能够协调甚至左右人格结构内部本我和超我的冲突,从而使幼儿的纠结、懊恼心态(俄狄浦斯情结)得以化解。

---

① 申荷永.荣格与分析心理学[M].北京:中国人民大学出版社,2012:77.

进入青春期，个体面临的最大课题是自我同一性问题，"青春期在 12～18 岁，是我们必然会遇到并解决自我同一性危机的阶段"①，这是走向自我独立的关键一步。青春期的孩子内心是迷茫的，迷茫的原因就是对自己身份的不确认，感受不到自我存在感，不知道自己的人生方向。所以青春期孩子的发展任务就是明白"我是谁""我将要去哪里"。当生命的个体知道"我是谁""我将要到哪里去"，就有了前行的动力，就能风雨兼程，而不为他人的言行所左右。

到中年后，经历了众多风风雨雨的个体对自己曾经的激情和奋斗有了进一步反思，这个时候往往会出现"中年危机"，感到生命缺少了价值感，一下子没有了方向，或者突然意识到曾经的奋斗目标都是自我欺骗。荣格认为如果不能很好地应对这一危机，个体轻则抑郁沮丧，重则精神崩溃。事实上，荣格本人对中年危机创伤就有深入骨髓的体会："与弗洛伊德分道而行后，我的内心有好长一段时间产生了一种无可适从的感觉，甚至可以说失去了方向，那个时候，我还没有找到立足点，感觉就像完全被悬在了半空中。"②最终，痛苦激发了"斐乐蒙"意象的产生，荣格化解了中年危机，进而提出了自性化的理论。

首先，自性化是一种自我觉察，即"潜意识意识化"的顿悟。当一个人有了对自己心灵深处的觉察，就可以与自己的天性保持更大的和谐，而不会妄自菲薄或怨天尤人。心理问题都是潜意识压抑情绪的表达，一旦个体把潜意识意识化，明白了所有的痛苦都来源于自己潜意识情绪的压抑，就不需要再找一个替罪羊进行攻击和诋毁了。这样，自己与自己、与整个世界就会趋向和谐。有了自我觉察，就有了自我内部关系的整合，"自性化过程是围绕以自性为人格核心的一种整合过程。换句话说，使一个人能够意识到他或她在哪些方面具有独特性，同时又是一个普普通通的男女"③。

其次是冷静地觉察自己与世界的关系。奥地利著名的哲学家、教育家、神学家马丁·布伯认为人与周围的世界有两种关系：一种是"我—它"关系，一种是"我—你"关系④。所谓的"我—它"关系，即为一种功能性关系，就是把自己

① 舒尔茨 D P，舒尔茨 S E. 人格心理学：全面、科学的人性思考：原书第 10 版[M]. 张登浩，李森，译. 北京：机械工业出版社，2016：106.

② 荣格. 荣格自传[M]. 张小燕，译. 长春：吉林出版集团股份有限公司，2019：122.

③ 申荷永. 荣格与分析心理学[M]. 北京：中国人民大学出版社，2012：77.

④ 亚隆. 存在主义心理治疗[M]. 黄峥，张怡玲，沈东郁，译. 北京：商务印书馆出版，2015：384.

以外的世界(包括人、物、自然)看作一个资源场,正如对于日月,我们可以享受其精华;对于果蔬,我们可以吸收其营养;对于他人,我们可以寻求其帮助。

我咨询过这样一个案例:

一位18岁的患者,内心有无数的恐惧,总认为有无数双毒蛇似的眼睛在盯着自己,不敢去学校,不敢与人交往,总是请假,甚至休学,常常几个月不走出自己的房间。经过多次咨询,患者豁然开朗。正如他自己说的:"现在感到很轻松,发现周围的人,就像周围的东西一样,他们有他们的生命形态,都是在表达自己,而不是盯着别人看。即使别人盯着看我,也没什么可怕,我做好我自己该做的事就是了,生命其实是很简单的。"

从根本上说,人类和周围世界的关系是和谐共赢的,即古人说的"天人合一"。苏轼在《赤壁赋》中说道:"惟江上之清风,与山间之明月,耳得之而为声,目遇之而成色,取之无禁,用之不竭,是造物者之无尽藏也,而吾与子之所共适。"人在这种状态下,不会愁肠百结,也不会愤世嫉俗,而是平静地接纳环境,和谐地与他人相处,即使人生不如意,也能拥有豁达的心态。正如荣格所言"自性化的目标主要表现在两个方面,其一,为自性剥去人格面具的虚伪外表;另一方面,消除原始意象的暗示性影响"[1]。

所谓"我—你"关系,则是一种完全相互性关系,包含着对他人完全的体验,是自己的感情投入。例如,我们在大街上给一个乞丐一个馒头,是我们自己可怜对方的处境,是想帮他一把,而不是在意乞丐是否对我们感恩,即使这个乞丐对我们的帮助嗤之以鼻,我们也能坦然处之。这种感受就像父母对子女的不求回报的付出,就像教师对学生发自内心的关心,就像我们沉醉于某处自然风景的超然。当一个人的专注力从繁杂的外部世界,回归到内在最原始的核心,这个过程就蕴含了生命和意识的统一。阿德勒把这种促使个体认同他人、同情他人、与他人合作的固有潜能称为"社会兴趣",并把它作为衡量心理健康的标准。

另外,自性化的形成往往也跟对苦难的觉察有关。人生不如意者八九,苦难是人生无法避免的,也是必不可少的,因为苦难在教导我们,在引导我们觉察:人咀嚼了"苦",才能感受到"甜";经历了离别,才能珍惜与家人的相聚相守。中国俗语"吃一堑,长一智"亦为此理,荣格就是在中年危机的痛苦中发现

---

[1] 申荷永.荣格与分析心理学[M].北京:中国人民大学出版社,2012:78.

了"斐乐蒙",形成了自性化。

自性化是一种源自无意识、自然发生的过程,咨询师并不能将自性化给患者,咨询师所能做的,仅仅是创造一种促进自性化的环境,并且在自身所能表现的耐心和共情中充满信心地守望患者。咨询师的守护、包容、引导乃至解译,可以促进患者自性化的形成。在这种意义上,心理咨询对患者自性化的形成依然是有价值的。

第六节　小　　结

无论是患者,还是心理咨询师,都渴望在极短的时间里化解心理问题。不过,遗憾的是,这种理想化的疗愈效果,只能在影视作品或小说虚构的情节中出现。事实上,咨询师不是神,不是巫师,更没有特异功能,不可能通过一句意味深长的话、一个穿透式眼神、一个潇洒的动作,就能让患者的心理问题烟消云散。当然,我们也不排除在心理咨询的过程中患者会出现灵光一现的顿悟,不过即使有这种顿悟,也不可能引起情感体验、思维模式、认知逻辑和人际关系模式的持久性改变。

心理咨询是一个过程,甚至是一个漫长的过程。之所以如此,是因为每一个患者,无论是成年人,还是未成年人,在治疗伊始就已经建立了感受、思考和行为的个性化模式。对于模式的改变,我们只能用"渗透"一词来描述。咨询师作为一种疗愈的"容器",需要利用自身的阿尔法功能,对患者的 β 元素,一点一点地渗透并将它转化为 α 元素,这是一个不断投射、内摄、认同和内化的过程,患者需要在咨询师的理解、认可、支持和解译的过程中,扩大自己的心理空间,完成自我同一性的成长。其间,有移情、领悟,也有阻抗。不过,让人欣慰的是,患者一旦长期沉浸在治疗的环境中,其心理状态乃至思维模式的改变也是必然的。

心理咨询的成功,需要咨询师协助患者对其潜意识进行觉察,也需要咨询师协助患者完成其内在客体关系的改变,而这些需要的实现,离不开咨询师对患者心理状态的洞悉和对健康心理成长规律的了解。一旦咨询师洞悉了患者的心理状态,了解了健康心理的成长规律,具体的咨询技术就如武林高手眼中的飞花摘叶、草木竹石,用之不竭。也正因为如此,本书的主要内容是对健康心理的形成和心理问题产生缘由的论述而不是对众多专业术语不厌其烦的探讨。

另外,需要特别指出的是,"动力"作为精神分析(心理动力学派)的核心概念,在治疗中的价值是至关重要的,因为任何症状的表达,都是以动力为核心,所以治疗的核心也是动力。动力是在先天生物性设置的基础上,被早期的生活环境塑造的,具有生物性和社会性的双重特性,动力的这种特性决定了其形成和改变都需要一个过程。鉴于此,在心理治疗的过程中,无论咨询师,还是患者,都要有足够的耐心,给疗愈充足的时间。

【附】本书提到的心理学家（按出生年龄排序）

西格蒙德·弗洛伊德（1856—1939）

阿尔弗雷德·阿德勒（1870—1937）

卡尔·荣格（1875—1961）

梅兰妮·克莱因（1882—1960）

卡伦·霍妮（1885—1952）

勒内·斯皮茨（1887—1974）

W. R. D. 费尔贝恩（1889—1964）

哈里·斯塔克·沙利文（1892—1949）

海因兹·哈特曼（1894—1970）

安娜·弗洛伊德（1895—1982）

D. W. 温尼科特（1896—1971）

伊迪思·雅各布森（1897—1978）

威尔弗雷德·比昂（1897—1979）

玛格丽特·马勒（1897—1985）

雅克·拉康（1901—1981）

爱利克·埃里克森（1902—1994）

海因茨·科胡特（1913—1981）

奥托·柯恩伯格（1928—　　）

参 考 文 献

[1]弗洛伊德,车文博.弗洛伊德文集:卷1　癔症研究[M].北京:九州出版社,2014.

[2]邰启扬.催眠术教程[M].北京:社会科学文献出版社,2009.

[3]弗洛伊德.图解精神分析引论[M].文思,译.北京:中国华侨出版社,2013.

[4]李武石.寻找弗洛伊德:精神分析理论与经典案例[M].李光哲,李东根,杨华瑜,译.修订本.北京:科学出版社,2014.

[5]沃德尔.内在生命:精神分析与人格发展[M].林晴玉,吕煦宗,杨方峰,译.北京:中国轻工业出版社,2017.

[6]弗洛伊德.性学三论[M].廖玉笛,译.北京:台海出版社,2018.

[7]奥金克洛斯.精神分析心理模型[M].钱秭澍,译.北京:人民邮电出版社,2019.

[8]格林伯格,米歇尔.精神分析之客体关系理论[M].王立涛,译.上海:华东师范大学出版社,2019.

[9]米切尔,布莱克.弗洛伊德及其后继者:现代精神分析思想史[M].陈祉妍,黄峥,沈东郁,译.北京:商务印书馆,2007.

[10]申荷永.荣格与分析心理学[M].北京:中国人民大学出版社,2012.

[11]月半弯.极简心理学:精神分析的那些事儿[M].北京:民主与建设出版社,2019.

[12]荣格.分析心理学的理论与实践:塔维斯托克讲演[M].成穷,王作虹,译.北京:生活·读书·新知三联书店,1991.

[13]荣格.荣格自传[M].张小燕,译.长春:吉林出版集团股份有限公司,2019.

[14]舒尔茨ＤＰ,舒尔茨ＳＥ.人格心理学:全面、科学的人性思考:原书第10版[M].张登浩,李森,译.北京:机械工业出版社,2016.

[15]魏广东.心灵深处的秘密:荣格分析心理学[M].北京:北京师范大学出版社,2012.

[16]霍尔,诺德贝.荣格心理学入门[M].冯川,译.北京:生活·读书·新知三联书店,1987.

[17]卫礼贤,荣格.金花的秘密[M].邓小松,译.合肥:黄山书社,2011.

[18]阿德勒.自卑与超越[M].陈玢,译.北京:民主与建设出版社,2019.

[19]科里.心理咨询理论与治疗的理论及实践:第八版[M].谭晨,译.北京:中国轻工业出版社,2010.

[20]马莹.心理咨询理论研究[M].北京:人民卫生出版社,2010.

[21]阿德勒.洞察人性[M].欧阳瑾,译.北京:台海出版社,2018.

[22]迟毓凯.爆笑吧!心理学大神来了[M].北京:北京联合出版公司,2020.

[23]霍妮.自我的挣扎:神经官能症与人性的发展[M].邱宏,译.沈阳:万卷出版公司,2011.

[24]丁建略.霍妮的自我理论及其当代响应[J].医学与哲学(人文社会医学版),2008,29(1):34-36.

[25]丁建略,田浩.霍妮神经症理论述评[J].医学与哲学(人文社会医学版),2007,28(6):43-45.

[26]凌子倩.谁的"女性心理学"?:论霍妮对弗洛伊德的继承和反动[J].语文教学通讯,2017(9):77-80.

[27]沈德灿.精神分析心理学[M].杭州:浙江教育出版社,2005.

[28]霍妮.自我分析[M].霍文智,译.北京:北京理工大学出版社,2020.

[29]郭慧.生命的第一年:斯皮茨的自我心理学理论与实践[J].南京晓庄学院学报,2008(2):92-96.

[30]克莱尔.现代精神分析"圣经":客体关系与自体心理学[M].贾晓明,苏晓波,译.北京:中国轻工业出版社,2002.

[31]科胡特.精神分析治愈之道[M].訾非,曲清和,张帆,译.重庆:重庆大学出版社,2016.

[32]郭本禹.沙利文人际精神分析理论的新解读与心理治疗中的运用[J].南京师大学报(社会科学版),2017(3):86-96.

[33]琼,赛明顿.思想等待思想者:比昂的临床思想[M].苏晓波,译.北京:中国轻工业出版社,2020.

[34]郗浩丽.儿童攻击性的精神分析式解读:温尼科特的攻击性理论[J].南京师大学报(社会科学版),2007(5):111-115.

[35]库兹韦尔.结构主义时代:从莱维-斯特劳斯到福科[M].尹大贻,译.上海:上海译文出版社,1988.

[36]黄汉平.拉康与弗洛伊德主义[J].外国文学研究,2003(1):16-20,170-171.

[37]弗洛伊德.弗洛伊德后期著作选[M].林尘,张唤民,陈伟奇,译.上海:上海译文出版社,1986.

[38]王国芳.后现代精神分析:拉康研究[M].福州:福建教育出版社,2019.

[39]马元龙.雅克·拉康:语言维度中的精神分析[M].北京:东方出版社,2006.

[40]弗洛伊德.浪人:孩童期精神官能症案例的病史[M].陈嘉新,译.北京:社会科学文献出版社,2015.

[41]里德.拉康[M].黄然,译.北京:文化艺术出版社,2003.

[42]吴琼.雅克·拉康:阅读你的症状:下[M].北京:中国人民大学出版社,2011.

[43]庄周,思履.庄子全书[M].北京:中国华侨出版社,2016.

[44]赵小明.新精神分析:心理咨询师必知的100个核心概念[M].北京:中国人民大学出版社,2021.

[45]老子.道德经[M].张景,张松辉,译注.北京:中华书局,2021.

[46]麦克威廉斯.精神分析诊断:理解人格结构[M].鲁小华,郑诚,译.北京:中国轻工业出版社,2015.

[47]杨永杰,龚树全.黄帝内经[M].北京:线装书局,2009.

[48]荣格.荣格文集[M].冯川,译.北京:改革出版社,1997.

[49]郭念锋.心理咨询师辅导习题集[M].北京:民族出版社,2005.

[50]亚隆.存在主义心理治疗[M].黄峥,张怡玲,沈东郁,译.北京:商务印书馆,2015.

[51]孙思邈.千金翼方[M].鲁兆麟,等点校.沈阳:辽宁科学技术出版社,1997.

[52]中国就业培训技术指导中心,中国心理卫生协会.心理咨询师:三级[M].北京:民族出版社,2012.

[53]吴晓晴.玛勒关于儿童精神病的病理学和治疗观[J].南京晓庄学院学报,2007,23(1):84-89.

[54]徐光兴.西方精神分析经典案例[M].长春:吉林出版集团有限责任公司,2012.

[55]格拉克.精神分析性心理治疗[M].仇剑鉴,徐勇,译.北京:人民卫生出版社,2018.

[56]郭念锋.心理咨询师:基础知识[M].北京:民族出版社,2005.

[57]隗芾,吴毓华.古典戏曲美学资料集[M].北京:文化艺术出版社,1992.

[58]圣严法师.五停心·四念处[M].北京:华夏出版社,2011.

[59]董湘玉.中医心理治疗医案图解[M].北京:中医古籍出版社,2015.

[60]科特勒,卡尔森.心理治疗的创造性突破[M].周玥,贾晓明,译.北京:机械工业出版社,2012.

[61]巴拉顿.母婴关系创伤疗愈[M].高旭滨,瞿伟,胡华,等译.北京:世界图书出版公司北京公司,2014.

[62]钟友彬,张坚学,康成俊.心理咨询与心理治疗[M].北京:人民卫生出版社,2011.